国際法務概説

大江橋法律事務所 監修

国谷史朗・小林和弘 編

有斐閣

はしがき

　本書は，企業の法務部の方，国際取引や紛争を扱う弁護士を主な読者層として想定し，国際法務に関する実務の基礎から，相当程度の専門的なレベルまでを解説している。企業活動は国際化し，コンプライアンス対応を含む国際法務の理解は，企業法務担当者や弁護士にとって不可欠となっている。本書は，国際法務の基礎を分かりやすく説明するとともに，代表的な専門分野については一定程度まで掘り下げた解説をしている。そのため，国際法務を一から学びたい方や，ある程度，国際法務を取り扱っているがもう少し深く理解し，また，実務の勘所を把握したい方など向けの内容となっている。さらに，この分野に興味を持つ学生，研究者，公務員の方々にとっても有用であろうと思われる。

　本書の執筆者は，いずれも米国のロースクールに留学した後，米国，英国，シンガポール，インド，ベトナムの法律事務所などで実務研修を経験してきた。また，いずれの執筆者も，執筆を担当した分野における法律相談，契約書のドラフト，契約や関連取引の交渉，訴訟・仲裁・調停などの紛争処理，企業のグローバル化に伴うコンプライアンス対応などに従事している。そのため，理論面のみでなく，実務的な事案解決の視点から執筆にあたっている。

　本書の第1編「国際法務の基礎」のうち，国際契約（**UNIT1**），国際売買（**UNIT2**），販売店契約（**UNIT3**），国際貿易（**UNIT4**），海外進出・投資（**UNIT5**）の各 UNIT においては，国際契約・取引，海外進出・投資に関わる基本的な概念，用語，ルールなどについて整理しつつ，各 UNIT に特有の解説を加えている。そのうち，国際契約（**UNIT1**），販売店契約（**UNIT3**）の各UNIT では基本的条項のサンプルも提示し，解説を加えている。Joint Venture（**UNIT6**），M&A（**UNIT7**）においては，国際的な事業提携の基本類型である合弁契約と企業買収に焦点を当て，それらの取引における典型的な条項について解説しつつ，実務的観点から逃してはならない必須の注意点についてまとめて解説している。海外腐敗防止（**UNIT8**）においては，対応を誤ると深刻な結果をもたらす贈収賄その他の腐敗防止関係を扱っている。リスク管理上，重要な UNIT である。

第2編の「紛争解決」では，紛争解決の代表的な手続である国際民事訴訟（**UNIT9**）と国際仲裁（**UNIT10**）について日本の企業，実務家からみた注意点をまとめており，紛争の予防法務にも役立つよう工夫されている。

第3編の「専門的な国際法務」においては，まず，日本の国際的競争力に不可欠な国際知的財産（**UNIT11**）および知的財産契約（**UNIT12**）について解説している。国際労務（**UNIT13**）では，企業の海外進出に関する労務問題に加え，海外から日本国内への人の動きに伴い生起する様々な労務問題に実務的観点から光を当てている。また，EU の GDPR（一般データ保護規則）による個人情報保護が注目を集めているが，米国カリフォルニア州，中国，フィリピン，ベトナム，タイ，インドなど多くの国や地域で同様の動きが加速している。データを基軸にした企業活動は，経済の中核となりつつある。企業活動に伴う個人情報の保護には未解決の多くの問題があるが，**UNIT14** では必要に応じて専門的に掘り下げた解説をしている。

一定規模の企業の活動が経済的困難に逢着した場合の倒産処理は，必然的に国際的色彩を帯びてきている。倒産は国別処理の時代から国際的な協力や相互牽制が必要な時代に移ってきている。**UNIT15** では実際に国際倒産を処理するうえで不可欠な論点を解説している。

企業の国際活動は今まで想定されなかったビジネス形態を生み，タックスヘイブンや移転価格も大きな問題になっている。国際課税（**UNIT16**）では課税の基本的考え方と論点を分かり易く解説している。

日本企業の国際的な活動の広まりに伴い，他国の競争当局の動きから目を離すことができなくなっている。米国，EU に加えアジア各国その他の国も競争法（独占禁止法）の運用を強化しているので，重要論点を掘り下げて理解することが不可欠である（**UNIT17**）。

本書の刊行にあたっては，執筆者がそれぞれの原稿をもちより，何度も議論と検討を重ねた。また，最終脱稿後は編者の小林と国谷が全原稿に目を通し，内容面のチェックを行った。さらに，各執筆者間でも各原稿を相互にチェックして完成度を高めるように心がけた。

本書は世界各国における立法や規制当局の動きなどの最新情報も十分に意識し，また，改正民法の施行をふまえた解説となっている。

最後に，本書の企画の当初から編集全般にわたって尽力して頂いた有斐閣法律編集局書籍編集部京都支店の一村大輔氏には，忍耐強くかつ細やかに編集作業を担当して頂いた。心より感謝したい。本書が国際関係の法律実務を扱っている多くの方々の一助になることを希望している。

2019 年 10 月 20 日

執筆者を代表して

大江橋法律事務所　代表パートナー

国谷　史朗

目　次

第１編　国際法務の基礎 1

UNIT1　国際契約 ————————————————————————2

第１節　はじめに……………………………………………2

第２節　英米法における契約の特徴的なルール…………………3

  1　大陸法と英米法（3）

  2　コモン・ローとエクイティ（3）

  3　約因（Consideration）（4）

  4　詐欺防止法（Statute of Fraud）（5）

  5　口頭証拠排除法則（Parol Evidence Rule）（6）

  6　契約違反（6）

    (1)契約違反の責任（6）／(2)救済方法（7）

第３節　国際契約の作成……………………………………7

  1　契約書面の作成（7）

  2　契約書の形態（8）

  3　契約書式の争い（Battle of Forms）——契約成立上の問題点（8）

  4　契約書の言語（10）

第４節　国際契約の構成 …………………………………10

  1　頭　　書（10）

  2　前　　文（11）

  3　本　　文（11）

    (1)定義・解釈（12）／(2)取引に関する規定（12）／(3)契約違反の救済
（12）／(4)契約期間および契約の終了（13）

  4　一般条項（14）

    (1)準拠法（Governing　Law）（14）／(2)紛争解決方法（Dispute　Resolu-
tion）（14）／(3)完全合意（Entire　Agreement）（14）／(4)契約変更
（Amendment）（15）／(5)権利義務の譲渡（Assignments）（15）／(6)通
知（Notice）（15）／(7)不可抗力（Force　Majeure）（16）／(8)不放棄
（No waiver）（17）／(9)分離可能性（Severability）（17）／(10)言語（Lan-
guage）（17）／(11)見出し（Headings）（17）／(12)副本（Counterparts）（18）

第５節　国際契約の締結 …………………………………18

  1　署　　名（18）

目　次　v

   2　契印とイニシャル（19）

第６節　国際契約の準拠法 ……………………………………………19

   1　準拠法の決定ルール（Conflict of Laws）（19）

   2　法の適用に関する通則法（20）

   　(1)当事者の合意による場合（20）／(2)当事者の合意がない場合（20）／

   　(3)反致等（21）

   3　契約における準拠法選択（21）

   　(1)準拠法選択の考え方（21）／(2)準拠法の規定（22）

第７節　国際契約の統一規則 …………………………………………23

   1　統一規則の作成（23）

   2　ユニドロワ国際商事契約原則（23）

第８節　国際契約の紛争解決 …………………………………………24

   1　紛争解決条項の重要性（24）

   2　裁判管轄の決定ルール（24）

   3　紛争解決方法（25）

   　(1)裁判と仲裁（25）／(2)調　停（26）

   4　紛争解決地（26）

UNIT2　国際売買 ————————————————————28

第１節　はじめに ………………………………………………………28

第２節　国債売買契約の概要 …………………………………………29

第３節　インコタームズ ………………………………………………30

   1　国際売買における商品の流れ（30）

   2　インコタームズとは（30）

   3　インコタームズが定める内容（30）

   4　取引条件の選択（31）

   5　各取引条件の内容（31）

   　(1)いずれの輸送手段の場合でも利用できる取引条件（31）／(2)海上およ

   　び内陸水路輸送の場合のみ利用できる取引条件（34）

第４節　信　用　状 ……………………………………………………37

   1　国際売買における決済方法（37）

   2　信用状統一規則 UCP600（38）

   　(1)独立抽象性の原則（UCP600 第 4 条）（38）／(2)書類取引性の原則

   　（UCP600 第 5 条）（39）

   3　信用状の種類（39）

vi　　目　次

(1)クリーン信用状（Clean　Credit）とドキュメンタリー信用状（Documentary Credit）(39) ／(2)一覧払信用状（Sight Payment Credit），後日払信用状（Deferred Payment Credit），引受信用状（Acceptance Credit），買取信用状（Negotiation Credit）(39) ／(3)確認信用状（Confirmed Credit）と無確認信用状（Unconfirmed Credit）(39) ／(4)回転信用状（Revolving Credit）(40) ／(5)スタンドバイ信用状（Stand by Letter of Credit）(40)

第5節　国際売買における保証（米国法）……………………………40

　1　米国統一商事法典（Uniform Commercial Code: UCC）(40)

　2　UCC が保証（Warranty）について規定している内容 (40)

　3　保証（Warranty）を否定するための条項 (41)

第6節　ウィーン売買条約（CISG）……………………………………42

　1　ウィーン売買条約（CISG）とは (42)

　2　CISG の適用範囲 (42)

　3　CISG の適用排除 (43)

　4　CISG の主な規定 (44)

　(1)申込みと承諾の不一致 (44) ／(2)履行の停止権 (44) ／(3)履行期前の契約解除 (45) ／(4)損害軽減義務（Duty to mitigate）(45) ／(5)契約適合性 (46) ／(6)知的財産権非侵害保証 (46) ／(7)契約解除 (47)

UNIT3　販売店契約（Distributorship Agreement）────49

第1節　はじめに ……………………………………………………49
第2節　代理店との違い ……………………………………………49
第3節　販売店契約における特徴的な条項 ………………………50

　1　対象製品の特定 (50)

　2　独占権の有無およびテリトリー (51)

　3　販売促進義務 (51)

　4　最低購入義務 (52)

　5　競合品取扱い禁止義務 (53)

　6　商標権のライセンス (54)

　7　アフターサービス (54)

　8　保証（Warranty）(55)

　9　製造物責任を含む，第三者によるクレームに対する補償（Indemnification）(55)

　10　法令遵守 (55)

　11　期　　間 (56)

目　次　vii

　　12　契約終了後の在庫〔56〕
　第4節　販売店契約の終了 ………………………………………………57
　　1　日　　本〔57〕
　　2　E　　U〔58〕
　　3　米　　国〔58〕
　　4　中　　国〔59〕
　　5　中　　東〔59〕

UNIT4　国際貿易 ─────────────────────── 61
　第1節　はじめに ………………………………………………………61
　第2節　貿易救済措置 …………………………………………………62
　　1　WTO協定について〔62〕
　　2　アンチ・ダンピング〔63〕
　　　(1)アンチ・ダンピングとは〔63〕／(2)アンチ・ダンピングの活用状況
　　　〔64〕／(3)アンチ・ダンピングの手続〔64〕
　第3節　安全保障貿易管理 ……………………………………………66
　　1　安全保障貿易管理とは〔66〕
　　2　日本の安全保障貿易管理制度〔67〕
　　　(1)規制の概要〔67〕／(2)規制の対象〔67〕／(3)違反に対する罰則等〔68〕
　　3　米中の輸出貿易管理制度〔69〕
　　　(1)米　国〔69〕／(2)中　国〔71〕
　　4　社内コンプライアンス体制の整備〔71〕
　第4節　経済制裁措置 …………………………………………………72

UNIT5　海外進出・投資 ─────────────────── 74
　第1節　はじめに ………………………………………………………74
　第2節　海外進出・投資の態様 ………………………………………74
　　1　海外進出の諸形態〔74〕
　　　(1)既存の外国企業を利用した海外進出〔74〕／(2)自らの投資を伴う海外
　　　進出〔75〕
　　2　単独での海外進出の方法〔76〕
　　　(1)駐在員事務所〔76〕／(2)海外支店〔77〕／(3)現地法人（外国子会社）〔78〕
　第3節　外国資本に対する規制と奨励 ………………………………79
　　1　外国資本に対する規制〔79〕
　　　(1)産業分野に着目した外資規制〔80〕／(2)外資規制の具体的手段〔82〕

viii　目　次

　　　／(3)土地保有の制限（83）／(4)不当な外資規制への対応（84）
　　2　外資に対する奨励（84）

UNIT6　Joint Venture────────────────────────86
第1節　はじめに ……………………………………………86
第2節　合弁形態のメリット・デメリット …………………87
　　1　外資規制の要請（87）
　　2　合弁パートナーの人的物的資源等の活用（88）
　　3　事業運営上の衝突（88）
　　4　事業撤退時等の紛争（88）
　　5　初期投資額・配当（89）
第3節　合弁会社組成の流れ …………………………………89
　　1　概　　要（89）
　　2　秘密保持契約書の締結（90）
　　3　意向表明書の提出／基本合意書の締結（91）
　　　(1)趣　旨（91）／(2)内　容（91）／(3)法的拘束力（92）
　　4　デュー・ディリジェンス（92）
　　5　合弁契約書の締結（92）
　　6　合弁会社の設立・出資（93）
第4節　合併契約書 ……………………………………………94
　　1　概　　要（94）
　　2　契約条項（94）
　　　(1)当事者（94）／(2)法人形態・商号・所在地・事業目的（95）／(3)資
　　　本金・出資（96）／(4)クロージング（98）(5)実行前提条件（101）／(6)表
　　　明保証（101）／(7)株主総会（102）(8)取締役会（105）／(9)全会一致事項
　　　（拒否権事由）（108）／(10)デッドロック（109）／(11)合弁会社の運営（111）／
　　　(12)競業避止義務（112）／(13)株式譲渡（113）／(14)期間・終了（116）／
　　　(15)補　償（117）(16)一般条項（118）
第5節　合弁会社の運営 ………………………………………118
　　1　概　　要（118）
　　2　合弁パートナーの尊重（118）
　　3　日本企業の積極的関与（119）
　　4　ルールの明確化・遵守（119）
　　5　意見交換の機会の確保（120）
　　6　専門家の関与（120）

目　次　ix

　7　監査の実行（121）

UNIT7　M & A ──────────────────────────122
第1節　はじめに ……………………………………………………122
第2節　M&A の手法 ………………………………………………123
　1　概　　要（123）
　2　株式譲渡（124）
　3　事業譲渡（124）
　4　株式引受け（125）
　5　合併・会社分割（126）
　6　スキーム・オブ・アレンジメント（126）
第3節　M&A の流れ ………………………………………………127
　1　概　　要（127）
　2　秘密保持契約書の締結（127）
　3　意向表明書の提出／基本合意書の締結（128）
　　(1)概　　要（128）／(2)内　　容（128）／(3)独占交渉条項（129）／(4)法的拘束力（129）
　4　デュー・ディリジェンス（130）
　　(1)概　　要（130）／(2)法務分野における調査項目（131）
　5　最終契約書の締結（135）
　6　クロージング（136）
第4節　株式譲渡契約書 ……………………………………………137
　1　概　　要（137）
　2　契約条項（137）
　　(1)当事者（137）／(2)株式譲渡（138）／(3)クロージング（139）／(4)価格調整（141）／(5)実行前提条件（143）／(6)表明保証（144）／(7)クロージング前誓約事項（146）／(8)クロージング後誓約事項（148）／(9)解除（149）／(10)補　　償（150）／(11)一般条項（153）
第5節　企業結合規制 ………………………………………………153
　1　概　　要（153）
　2　各国の制度（154）
　　(1)米　　国（154）／(2)欧　　州（155）／(3)中　　国（156）／(4)その他（157）
第6節　国家安全保障規制 …………………………………………158
　1　概　　要（158）
　2　審査対象（159）

x　目　次

(1) FIRRMA における規制（159）／(2)試行プログラムにおける規制（161）

3　審査の流れ（162）

(1)通知・申告（162）／(2)審査・調査（162）／(3)軽減措置合意・取引一時停止・大統領への回付（163）

4　総　　括（164）

UNIT8　海外腐敗防止─────────────────165

第1節　はじめに ………………………………………165

第2節　海外腐敗防止に関する条約 …………………167

1　OECD 外国公務員贈賄防止条約（167）

(1)経　緯（167）／(2)内　容（167）

2　国連腐敗防止条約（168）

(1)経　緯（168）／(2)内　容（169）

第3節　不　競　法 ……………………………………169

1　外国公務員贈賄罪の立法経緯（169）

2　外国公務員贈賄罪の構成要件（169）

(1)主　　体（169）／(2)外国公務員等（170）／(3)国際的な商取引（170）／(4)営業上の不正の利益（171）／(5)職務に関する行為（171）／(6)目的（171）／(7)金銭その他の利益（171）／(8)供与，申込み，約束（172）

3　外国公務員贈賄罪の罰則等（172）

4　外国公務員贈賄罪の事例（172）

(1)はじめに（172）／(2)九電工（172）／(3) PCI（サイゴン東西ハイウェイ建設事業事件）（173）／(4)フタバ産業（173）／(5)日本交通技術（174）／(6)三菱日立パワーシステムズ（174）

第4節　FCPA …………………………………………175

1　FCPA の経緯（175）

2　FCPA の構成要件（176）

(1)種　類（176）／(2)主　　体（176）／(3)客　　体（177）／(4)目　　的（177）／(5)不　　正（178）／(6)賄　賂（178）／(7)行　　為（178）／(8)ファシリテーション・ペイメント（178）／(9)積極的抗弁（178）

3　FCPA の罰則等（179）

(1)罰　　則（179）／(2)その他（179）

4　FCPA で処罰された事例（179）

(1)日本企業の事例（179）／(2)その他の事例（183）

第5節　Bribery Act ……………………………………184

目　次　xi

 1　Bribery Act の経緯（184）

 2　Bribery Act の構成要件（184）

  (1)違法類型（184）／(2)贈賄罪（185）／(3)外国公務員贈賄罪（6 条）
  （186）／(4)営利団体の贈賄防止懈怠罪（7 条）（186）

 3　罰　　則（187）

第 6 節　コンプライアンス・プログラム ……………………………………187

 1　コンプライアンス・プログラムの意味（187）

  (1)日　本（187）／(2)米　国（188）／(3)英　国（188）

 2　コンプライアンス・プログラムの内容（188）

  (1)外国公務員防止指針（188）／(2)FCPA のガイド（190）／(3) Bribery
  Act のガイダンス（192）／(4)海外贈賄防止ガイダンス（195）

第 2 編　紛争解決　197

UNIT9　国際民事訴訟 ──────────────────198

第 1 節　はじめに ………………………………………………………………198

第 2 節　国際裁判管轄 …………………………………………………………199

 1　はじめに（199）

 2　日本の裁判所の国際裁判管轄（199）

  (1)民訴法の規定（199）／(2)不法行為に関する訴え（200）

 3　米国の裁判所の国際裁判管轄（202）

  (1)米国の裁判所の体系（202）／(2)米国の裁判所の国際裁判管轄（203）／
  (3)フォーラム・ノン・コンビニエンス（204）

 4　外国等を被告とする国際民事訴訟──主権免除の原則（204）

  (1)はじめに（204）／(2)日本の民事裁判権が及ぶ範囲（204）

第 3 節　準　拠　法 ……………………………………………………………206

 1　準　拠　法（206）

 2　不法行為・製造物責任に関する準拠法（206）

  (1)日本における民事訴訟（206）／(2)米国における民事訴訟（208）

第 4 節　外国における送達・証拠調べ ………………………………………209

 1　「手続は法廷地法による」の原則と国際司法共助（209）

 2　送　　達（210）

  (1)送達に関する条約（210）／(2)日本の民事訴訟について外国で行う送達
  （210）／(3)外国の民事訴訟について日本で行う送達（210）／(4)米国の民
  事訴訟について日本で行う送達（211）

xii　目　次

　　3　証拠調べ（212）

　　　(1)米国の民事訴訟の流れ（212）／(2)ディスカバリー（213）／(3)文書提
　　　出要請（213）／(4)弁護士依頼者間秘匿特権・ワークプロダクト法理
　　　（214）／(5)デポジション（215）／(6)ディスカバリーの利点と負担（216）

　　4　米国のクラスアクション（217）

　　　(1)クラスアクションの意義（217）／(2)クラスアクションの要件（217）／
　　　(3)クラスアクションの効果（218）

　第5節　外国判決の承認・執行 ………………………………………………218

　　1　はじめに（218）

　　2　外国判決に基づく日本国内における強制執行（219）

　　　(1)はじめに（219）／(2)判決をした外国裁判所の国際裁判管轄（同条1
　　　号）（219）／(3)被告に対する呼出状等の適法な送達（同条2号）（220）／
　　　(4)外国判決の内容および訴訟手続が日本の公序良俗に反しないこと（同
　　　条3号）（221）／(5)相互保証があること（同条4号）（223）

UNIT10　国際仲裁 ——————————————————————225

　第1節　はじめに ……………………………………………………………225
　第2節　国際仲裁の特徴と基本概念 ………………………………………226

　　1　国際仲裁の特徴（226）

　　　(1)仲裁判断の執行可能性（226）／(2)手続の中立性・公平性（227）／
　　　(3)判断の専門性（227）／(4)手続の柔軟性・簡易性（227）／(5)手続・判
　　　断の秘密性（228）

　　2　国際仲裁の基本概念（228）

　　　(1)ニューヨーク条約（229）／(2)仲裁法（229）／(3)仲裁機関（230）／
　　　(4)仲裁地（232）／(5)仲裁合意の準拠法（233）／(6)仲裁可能性（234）

　第3節　仲裁条項のドラフティング …………………………………………236

　　1　はじめに（236）

　　2　仲裁条項ドラフティングにあたっての留意点（236）

　　　(1)仲裁条項ドラフティングの基礎（236）／(2)実務上のポイント（237）

　第4節　国際仲裁の手続 ……………………………………………………242

　　1　一般的な手続の流れと留意事項（242）

　　2　仲裁手続の開始段階（244）

　　3　仲裁人の選任（245）

　　　(1)仲裁人の数（245）／(2)仲裁人の選任方法（246）／(3)仲裁人の忌避・
　　　開示義務（247）

目　次　xiii

4　審理手続（248）

⑴準備手続（248）／⑵証拠の収集・提出（249）／⑶審　問（251）

5　暫定措置（251）

⑴裁判所による保全処分（252）／⑵仲裁手続上の保全処分（252）

6　仲裁費用（253）

⑴仲裁費用の種類（253）／⑵仲裁の時間と費用を抑制するための仕組み（254）

7　仲裁判断（255）

⑴仲裁判断の作成・交付（255）／⑵仲裁判断の取消し（256）／⑶仲裁
判断の承認・執行（258）

第5節　投資仲裁 ……………………………………………………………260

1　投資仲裁の概要（260）

⑴投資協定と ISDS 条項（260）／⑵投資仲裁の利用状況（261）／
⑶ICSID について（261）

2　投資仲裁における仲裁手続の特徴（262）

⑴仲裁手続の開始段階（262）／⑵仲裁人の選任（262）／⑶審理手続
（263）／⑷仲裁判断（263）／⑸仲裁手続の時間と費用（264）

第3編　専門的な国際法務 265

UNIT11　国際知的財産 ——————————————————266
第1節　知的財産の国際的保護の原則 ………………………………266
第2節　国際的な知的財産権の取得 …………………………………268

1　特　許　権（268）

⑴パリルート（268）／⑵PCT ルート（269）／⑶パリルートと PCT ルー
トの組み合わせ（270）

2　商　標　権（270）

3　意　匠　権（271）

4　著作権その他登録によらないで生じる権利（272）

第3節　知的財産権を巡る国際紛争 …………………………………274

1　知的財産権を巡る国際紛争において問題となる事項（274）

2　国際的な知的財産権訴訟の裁判管轄（275）

⑴知的財産権の存否または効力に関する訴えの国際裁判管轄権（275）／
⑵知的財産権の侵害に関する訴えの国際裁判管轄権（276）

3　国際的な知的財産権訴訟の準拠法（280）

⑴知的財産権の存否および効力についての準拠法（280）／⑵知的財産権

xiv　目　次

　　の侵害に基づく請求の準拠法（281）

　第４節　並行輸入 ……………………………………………………284

　　1　問題の所在（284）

　　2　特許製品の並行輸入（285）

　　3　登録商標を付した商品の並行輸入（286）

UNIT12　知的財産契約 ────────────────────288

　第１節　海外企業との間の知的財産契約 ……………………………288

　第２節　秘密保持契約 ………………………………………………288

　　1　秘密保持契約の意義（288）

　　2　秘密保持契約の条項（289）

　　　(1)秘密情報の定義（289）／(2)秘密保持義務・目的外使用禁止義務（290）／
　　　(3)秘密情報の返還・破棄（291）／(4)義務違反の場合の救済規定（292）／
　　　(5)有効期間（292）／(6)準拠法・紛争解決条項（293）

　第３節　ライセンス契約 ……………………………………………295

　　1　ライセンス契約（295）

　　2　ライセンス契約の条項例（295）

　　　(1)ライセンスの許諾（295）／(2)ライセンス料（297）／(3)技術情報の提
　　　供・技術指導（298）／(4)権利侵害への対応（298）／(5)改良発明の取扱
　　　い（300）／(6)ライセンサーの義務（302）／(7)ライセンシーの義務（302）

　　3　その他の留意点（304）

　第４節　共同研究開発契約 …………………………………………305

　　1　はじめに（305）

　　2　共同研究開発契約の主要条項（305）

　　　(1)共同研究開発の対象の設定（306）／(2)共同研究開発における当事者の
　　　役割分担（306）／(3)費用負担（308）／(4)進捗状況の報告（309）／(5)成
　　　果の帰属・利用（309）／(6)競合する研究開発の禁止（312）

UNIT13　国際労務 ──────────────────────314

　第１節　はじめに──問題となる三つのパターン ……………………314

　第２節　日本法人が外国人を日本において雇用するケース（①）…315

　　1　序　論（315）

　　2　外国人労働者の雇入れおよび離職の際の留意点（316）

　　　(1)届出義務（316）／(2)在留資格（317）／(3)社会保険（318）

　第３節　日本法人に雇用される日本人が海外勤務するケース（②）…319

1　序　　論（319）

　　2　海外出張について（320）

　　　⑴法令の適用関係（320）／⑵命令の権限について（320）／⑶労働時間
　　　および休日等（321）／⑷給与・社会保険・所得税等（321）

　　3　海外派遣について（322）

　　　⑴命ずる権限について（322）／⑵準拠法の問題について（322）／⑶海
　　　外派遣者の給与について（324）／⑷社会保険に関する問題（325）

　　4　海外勤務者の健康管理──海外出張・海外派遣共通（326）

　　　⑴安全配慮義務（326）／⑵健康診断について（327）

　第4節　現地法人が現地人を雇用するケース──各国労働法のポイント（③）…328

　　1　序　　論（328）

　　2　米　　国（328）

　　　⑴序　　論（328）／⑵Employment at will の法理（328）／⑶差別禁止法
　　　（330）／⑷EEOC について（332）／⑸採用の際の留意点（332）／⑹解
　　　雇の際の留意点（333）／⑺最低賃金と労働時間および White-color ex-
　　　emption, 有給など（334）／⑻仲裁合意について（335）

　　3　中　　国（335）

　　　⑴序　　論（335）／⑵労働契約の締結について（336）／⑶解雇と経済補
　　　償金（337）／⑷その他の労働条件関係（339）／⑸工会（労働組合）（340）

UNIT14　個人情報保護制度───────────────342

　第1節　はじめに……………………………………………………342

　第2節　各国における制度の状況……………………………………343

　　1　米国における個人情報保護制度（343）

　　　⑴概　　要（343）／⑵連邦法による規制（344）／⑶州法による規制（345）

　　2　欧州における個人情報保護制度（345）

　　　⑴概　　要（345）／⑵EU における現在の政策動向（347）

　　3　米国および欧州以外の国における状況（348）

　第3節　実務的対応①──個人情報保護制度の範囲と原則の確認…349

　　1　概　　要（349）

　　2　実務的対応において検討すべき法制度の範囲（350）

　　3　個人情報保護制度の地理的範囲（350）

　　　⑴地理的範囲についての基本的な考え方（350）／⑵越境データ移転規制
　　　とデータローカライゼーション規制（351）

　　4　個人情報保護制度の物的範囲──個人情報の範囲（353）

(1)概　要（353）／(2)個人情報の範囲（353）／(3)加工による個人情報性の喪失（354）

5　個人情報保護制度の原則（356）

(1)概　要（356）／(2)OECD8 原則（356）／(3)米国および EU における原則（357）

第 4 節　実務的対応②――個人情報保護制度遵守体制の構築 ………358

1　概　要（358）

2　データマッピング（358）

3　対策対象となる個人情報保護制度の整理（359）

4　対策の実施（360）

(1)個人情報の取扱いに関する内部体制の整備（360）／(2)データ主体である個人との関係（364）／(3)情報セキュリティとデータ侵害に関する対応（366）

UNIT15　国際倒産──────────────────368

第 1 節　はじめに ……………………………………………368

第 2 節　UNCITRAL 国際倒産モデル法 ……………………369

1　経　緯（369）

2　適用範囲（370）

3　外国管財人および外国債権者の内国手続へのアクセス（370）

4　外国手続の承認（371）

5　外国手続への協力（372）

6　並行手続（concurrent proceedings）（372）

7　モデル法の意義（372）

第 3 節　日本の国際倒産法 …………………………………373

1　経　緯（373）

2　日本の手続（373）

(1)申立要件（373）／(2)効　果（374）

3　並行倒産（375）

(1)債権者の権利（375）／(2)管財人等の権利（375）／(3)外国管財人の権利（376）

4　承認援助手続（377）

(1)申立要件（377）／(2)効　果（378）／(3)手続間の競合（378）

5　企業グループの倒産（379）

第 4 節　米国の国際倒産法 …………………………………380

1　米国倒産法（380）

目　次　xvii

　2　チャプター11 (380)

　3　チャプター15 (382)

　　(1)経　　緯 (382) ／(2)適用範囲 (382) ／(3)外国手続の承認 (382) ／(4)外国手続への協力 (384) ／(5)並行手続 (384) ／(6)事　例 (385)

　4　企業グループの倒産 (386)

第5節　EU 倒産手続規則 ……………………………………………386

　1　経　　緯 (386)

　2　適用範囲 (387)

　3　倒産手続の承認 (388)

　4　倒産登録 (389)

　5　二次的倒産手続 (389)

　　(1)申立て (389) ／(2)協　　力 (390) ／(3)債権者の権利行使 (390) ／(4)財産換価手続の停止 (390) ／(5)倒産手続の転換 (391) ／(6)再生計画案の提出 (391) ／(7)主倒産手続の後続開始 (391)

　6　外国債権者への通知および債権届出 (391)

　7　企業グループの倒産 (391)

　　(1)協　　力 (391) ／(2)グループ調整手続 (392)

第6節　実務的側面 ……………………………………………392

　1　プロトコル (392)

　2　親子会社の倒産 (393)

　　(1)問題点 (393) ／(2)SpansionJapan の事例 (393) ／(3)アシストテクノロジーズジャパンの事例 (394)

　3　そ の 他 (394)

UNIT16　国際課税 ————————————————————396

第1節　はじめに ……………………………………………396

第2節　国際課税の基本的考え方 …………………………………396

　1　国際課税の基本的課題とその対応 (397)

　　(1)二重課税の基本的な構造とその対応 (397) ／(2)源泉地課税の考え方 (398)

　2　国際的租税回避への対応（BEPS プロジェクト）(399)

第3節　海外展開と国際課税 …………………………………400

　1　駐在員事務所・支店に関する国際課税 (400)

　　(1)恒久的施設該当性 (400) ／(2)外国税額控除（所税 95 条 1 項，法税 69 条 1 項）(401)

　2　外国子会社・外国関係会社に関する国際課税 (401)

xviii 目 次

(1)本店所在地国での課税（401）／(2)外国子会社配当金益金不算入制度（法税 23 条の 2）（402）

第 4 節　移転価格税制（租税特別措置法 66 条の 4）·······················402

1 国外関連者（403）

2 国外関連取引（404）

3 独立企業間価格（405）

4 相互協議（406）

5 事前確認制度（407）

6 文 書 化（407）

第 5 節　外国子会社合算税制(タックスヘイブン対策税制,租税特別措置法 40 条の 4,66 条の 6)···408

1 外国関係会社（408）

2 納税義務者（409）

3 会社単位の合算課税（409）

(1)特定外国関係会社（409）／(2)対象外国関係会社（410）／(3)主たる事業の判定（412）／(4)適用対象金額（412）

4 部分合算課税（413）

(1)部分対象外国関係会社（413）／(2)部分適用対象金額（414）／(3)適用免除（414）

5 課税対象金額（415）

第 6 節　過少資本税制・過大支払利子税制 ·······················415

1 過少資本税制（租税特別措置法 66 条の 5）（415）

2 過大支払利子税制（租税特別措置法 66 条の 5 の 2）（415）

UNIT17　競争法（独占禁止法）————————417

第 1 節　はじめに ···417

第 2 節　適用される競争法 ··418

第 3 節　カルテル・入札談合等について ···························419

1 カルテル等（419）

2 情報交換・業務提携等（420）

(1)はじめに（420）／(2)情報交換（421）／(3)業務提携等（422）

3 実務上の留意点（423）

(1)競争者との接触の制限（423）／(2)競争者との接触時の対応（423）

第 4 節　水平的共同行為以外の行為の規制について ···················424

1 はじめに（424）

2 垂直的制限（425）

目　次　xix

　3　市場支配的地位の濫用（426）

第5節　ガン・ジャンピング ……………………………………………427

　1　はじめに（427）

　2　競争上重要な情報の交換（428）

　　(1)はじめに（428）／(2)M&Aにとって必要な情報（429）／(3)入手の必
　　要性がある者への限定（429）／(4)適切な措置（430）／(5)M&Aが頓挫
　　した場合（431）

　3　業務遂行への関与等（431）

第6節　競争法違反のリスク等 …………………………………………432

　1　罰金・制裁金等（432）

　2　被害者からの請求（433）

　3　ビジネス上のリスク（433）

　4　調査費用等（434）

　5　取締役の責任（434）

　6　小　　括（434）

第7節　競争当局への対応 ………………………………………………434

　1　調査対応（434）

　2　リニエンシーの活用（436）

　　(1)リニエンシーとは（436）／(2)調査開始前のリニエンシー（436）／
　　(3)調査開始後のリニエンシー（437）／(4)リニエンシーの方法（438）

　3　和解手続・確約手続等（438）

　4　複数の競争当局が関係する場合（439）

第8節　被害者からの損害賠償請求 ……………………………………440

　1　請求の主体等（440）

　2　競争当局の調査対応等との関係（441）

　3　損害賠償請求への対応（442）

事項索引（443）

執筆者紹介

掲載は執筆順，「＊」は編者

国谷　史朗（くにや　しろう）＊

現職：大江橋法律事務所代表パートナー（1982 年弁護士登録 34 期）

　　　ニューヨーク州弁護士（1987 年登録）

学歴：1980 年　京都大学法学部卒業

　　　1986 年　Georgetown University Law Center（LL.M.）卒業

主要著作・論文：「事業提携契約交渉における説明義務違反と救済」伊藤眞ほか編集委員『経済社会と法の役割──石川正先生古稀記念論文集』（商事法務，2013 年），「株主間契約による企業（資本）提携・再編」旬刊商事法務 1534 号（1999 年，共著），Protecting American Technology Transferred to Japan, including Patent, Trademark and Licensing Issues（日本に移転された米国技術の保護）The Journal of Proprietary Rights, Volume 2, Number 3 Prentice Hall Law & Business, Inc.（1990）

川島　裕理（かわしま　ゆり）【UNIT1】

現職：大江橋法律事務所パートナー（2004 年弁護士登録 57 期）

　　　ニューヨーク州弁護士（2011 年登録）

学歴：2003 年　神戸大学法学部卒業

　　　2010 年　University of Southern California Law School（LL.M）修了

主要著作・論文：アジア・太平洋会社法実務研究会他編『東南アジア 4 か国のコーポレート・ガバナンス』（ぎょうせい，2018 年，分担執筆），「ベトナムにおける国際商事仲裁」国際商事法務 634 号（2015 年），「渉外実務の手引き（4）国際売買」国際商事法務 529 号（2006 年，分担執筆）

岡田　さなゑ（おかだ　さなえ）【UNIT2・3】

現職：大江橋法律事務所カウンセル（1999 年弁護士登録 51 期）

　　　ニューヨーク州弁護士（2003 年登録）

学歴：1997 年　東京大学法学部卒業

　　　2002 年　Columbia Law School（LL.M.）修了

主要著作・論文：「結合商標の類否判断基準──分離観察──リラ宝塚事件」小野昌延先生喜寿記念刊行事務局編『知的財産法最高裁判例評釈大系 II　意匠法・商標法・不正競争防止法』（青林書院，2009 年），「渉外実務の手引き（5）国際的 M&A の法務入門」国際商事法務 530 号（2006 年，分担執筆）

執筆者紹介　xxi

多田　慎（ただ　しん）【UNIT4・10】
現職：大江橋法律事務所アソシエイト（2009 年弁護士登録 62 期）
　　　ニューヨーク州弁護士（2016 年登録）
学歴：2006 年　東京大学法学部卒業
　　　2008 年　慶應義塾大学大学院法務研究科修了
　　　2015 年　Columbia Law School（LL.M.）修了
主要論文：「ICC 仲裁実務概説（1）〜（4）」国際商事法務 671 号・672 号・675 号・677 号（以上
　　　2018 年，共著），「英国が EU から離脱した場合の実務への影響」Business law journal 100 号
　　　（2016 年，共著），"Electronic Documents in international Arbitration: Recent Developments and
　　　Challenges" JCAA Newsletter No.35（2016）

若林　元伸（わかばやし　もとのぶ）【UNIT5・16】
現職：大江橋法律事務所パートナー（1999 年弁護士登録 51 期）
　　　ニューヨーク州弁護士（2004 年登録）
学歴：1997 年　東京大学法学部卒業
　　　2003 年　Northwestern University School of Law（LL.M.）修了

谷内　元（たにうち　はじめ）【UNIT6・7】
現職：大江橋法律事務所パートナー（2004 年弁護士登録 57 期）
　　　ニューヨーク州弁護士（2011 年登録）
学歴：2002 年　同志社大学法学部卒業
　　　2010 年　University of Chicago Law School（LL.M.）修了
主要著作：『事業譲渡の実務——法務・労務・会計・税務のすべて』（商事法務，2018 年，共著）

小林　和弘（こばやし　かずひろ）【UNIT8・15】＊
現職：大江橋法律事務所パートナー（1994 年弁護士登録 46 期）
　　　ニューヨーク州弁護士（2001 年登録）
学歴：1991 年　京都大学法学部卒業
　　　2000 年　University of Michigan Law School（LL.M.）修了
主要著作・論文：オープン・イノベーション・ロー・ネットワーク編『共同研究開発契約ハンドブ
　　　ック——実務と和英条項例（別冊 NBL 149 号）』（商事法務，2015 年，共著），"Product Recall,
　　　Liability and Insurance" Globe Business Publishing Ltd（2012，共著），"Japan Corporation Law
　　　Guide" CCH Asia Pte Limited（2006 年，共著）

山田　真吾（やまだ　しんご）【UNIT9】
現職：大江橋法律事務所パートナー（2003 年弁護士登録 56 期）
　　　ニューヨーク州弁護士（2012 年登録）
学歴：2002 年　京都大学法学部卒業
　　　2011 年　Boston University School of Law（LL.M.）修了

古庄　俊哉（ふるしょう　としや）【UNIT11・12】
現職：大江橋法律事務所パートナー（2006 年弁護士登録 59 期）
　　　ニューヨーク州弁護士（2013 年登録）
　　　弁理士（2015 年登録）
学歴：2004 年　京都大学法学部卒業
　　　2012 年　University of Washington School of Law 知的財産修士課程（IP LL.M.）
　　　　　　　修了
主要著作・論文：小野昌延ほか編『商標の法律相談Ⅱ』（青林書院，2017 年，共著），"International
Advertising Law［Japan］（国際広告法制［日本編］）" A Practical Global Guide（2014，共著），
"Unfair Competition" Doing Business in Japan Vol.3 § 6.07/LexisNexis（2014，共著）

牟礼　大介（むれ　だいすけ）【UNIT13】
現職：大江橋法律事務所パートナー（2000 年弁護士登録 53 期）
　　　ニューヨーク州弁護士（2008 年登録）
学歴：1998 年　東京大学法学部卒業
　　　2007 年　University of Michigan Law School（LL.M.）修了
主要著作・論文：下井隆史ほか編『企業のための労働契約の法律相談〔改訂版〕』（青林書院，2014
年，共著），「メンタルヘルスの労務問題」伊藤眞ほか編『経済社会と法の役割——石川正先生古
稀記念論文集』（商事法務，2013 年），「人事担当者が留意すべき独占禁止法上の諸問題——日米
競争当局の検討を契機として」NBL1119 号（2018 年）

黒田　佑輝（くろだ　ゆうき）【UNIT14】
現職：大江橋法律事務所パートナー（2009 年弁護士登録 62 期）
　　　ニューヨーク州弁護士（2016 年登録）
学歴：2005 年　大阪大学大学院人間科学研究科博士前期課程修了
　　　2008 年　大阪大学大学院高等司法研究科修了
　　　2015 年　University of California, Berkeley, School of Law（LL.M. with Law &
　　　　　　　Technology Certificate）修了

主要論文：「匿名加工医療情報を用いた医学研究の可能性」論究ジュリスト 24 号（2018 年），「研究開発（R&D）におけるパーソナルデータ利活用の留意点——個人情報保護法を中心に」Business Law Journal 113 号（2017 年），「アメリカにおける医療情報・健康情報の利活用を支える保護制度（上）（下）」NBL1082 号・1084 号（以上 2016 年）

酒匂　景範（さこう　かげのり）【UNIT17】
現職：大江橋法律事務所パートナー（2002 年弁護士登録 55 期）
　　　ニューヨーク州弁護士（2010 年登録）　公認不正検査士（2016 年登録）
学歴：2001 年　京都大学法学部卒業
　　　2009 年　UC Berkeley School of Law（LL.M.）修了
主要著作・論文：『実務に効く　公正取引審決例精選』（有斐閣，2014 年，共著），「独禁法事例速報——市場シェア 100% となる企業結合における行動的な問題解消措置の例」ジュリスト 1507 号（2017 年），「場面ごとにチェック！国際カルテルを疑われないために」ビジネス法務 15 巻 1 号（2015 年）

第1編

国際法務の基礎

UNIT 1

国際契約

第1節　はじめに

　外国の相手方との取引においては，契約の各当事者が使用する言語も違えば，その取引慣行・文化も異なる。それぞれの国の法律も異なる。そのため，外国の相手方と国際契約を締結する場合には，日本国内の相手方と契約を締結する場合とは異なる留意点がある。本 UNIT では，国際法務の最も基本的な事項である国際契約に関し，留意すべきポイントについて，国内契約との違いを踏まえて説明する。

　国際契約には，英米法の国や地域の法律を契約の準拠法として定めることも多い。また，英米法の国や地域の法律を契約の準拠法とせずとも，国際契約には英米法に由来する規定が置かれることも多い。そのため，英米法上の契約に関するルールを理解することは，国際契約を理解する上で重要である。そこで，本 UNIT では，まず英米法上の基本的な契約ルールについて解説する（**第2節**）。

　次に，国際契約を実際に作成し締結するにあたっての留意点として，国際契約の作成および成立にまつわる問題について述べた上で，国際契約の内容として，国際契約の一般的な構成に沿って，各構成部分における留意点を条文例を紹介しながら解説する（**第3節**，**第4節**）。また，国際契約締結時の注意点に

ついても触れる（**第5節**）。

　さらに，国際契約において，各当事者が異なる国にあることにより特に問題となる，契約の準拠法および紛争解決方法について，契約に規定する際の留意点や契約に規定のない場合の決定のルールを説明する（**第6節**，**第8節**）。準拠法に関するかかる問題を解消するために作成された国際的なルールについても，準拠法に関する解説に続けて紹介する（**第7節**）。

▌第2節 ＼ 英米法における契約の特徴的なルール

1 大陸法と英米法

　冒頭に述べたとおり法律は国や地域によって様々であるが，大きく分けると**大陸法（シビル・ロー：civil law）**と**英米法（広義のコモン・ロー：common law）**という二つの法体系が存在する。大陸法は古代ローマ法に由来する法体系であり，イギリスを除く欧州諸国，中南米，中国などが大陸法の国にあたり，日本もこれに属する。英米法は，イギリス法およびイギリス法を継受した国々の法の総称であり，イングランド，ウェールズ，北アイルランド，米国（ルイジアナ州を除く），カナダ（ケベック州を除く），オーストラリア，ニュージーランド，インドが英米法の国にあたる（丸山英二『入門アメリカ法〔第3版〕』〔弘文堂，2013年〕2頁）。

　前記のとおり，国際契約には，英米法に由来する規定が用いられることが多いため，英米法上のルールを理解することは国際契約の理解につながる。そこで，本節においては，英米法の特徴的なルールを紹介する。なお，英米法の法体系に属する国であっても，国によって法の内容は異なる。以下では，主として米国の統一的なルールを紹介する。

2 コモン・ローとエクイティ

　英米法の国々においても制定法があるが，第一次的な法源は裁判所が下す判決からなる判例法である。その判例法には，イギリスの国王裁判所が下した判決を集積したもの（それに由来するものを含む）である（狭義の）**コモン・ロー**と，コモン・ローによっては正義に叶う解決ができない場合に大法官が個別に行った救済判決が集積したもの（それに由来するものを含む）である**エクイティ（衡平**

4　UNIT 1　国際契約

法：equity）とがある。

　現在では，コモン・ローもエクイティも同じ裁判所で適用されることが多いものの，上記の歴史的経緯から，今でも，契約違反等の救済措置として，損害賠償はコモン・ローにより認められ，不動産の引渡請求や特許の使用差止請求等の特定履行や差止請求は損害賠償では救済が図られない場合にエクイティにより認められる。英文の秘密保持契約において，差止請求を行うことを想定して，契約違反の場合に，損害賠償では十分な救済が図られないことを予め確認する規定が置かれていることが多いのはこのためである（秘密保持契約については，**UNIT12**を参照されたい）。この他に，コモン・ローに関する裁判は陪審の対象になるが，エクイティに関する裁判は陪審の対象とならないという違いもある（米国の民事訴訟については，**UNIT9**を参照されたい）。

3　約因（Consideration）

　日本法の下では，契約は，申込みがあって，それに対応する承諾があれば有効に成立し，当事者に対して拘束力を生じる。他方，英米法の下では，申込みと承諾に加えて**約因（consideration**）がなければ，原則として拘束力がない[1]。

　国際契約は，一般的に，契約の当事者や契約日付の書かれた柱書の後に，契約締結に至る経緯が記載された前文がある。その前文の末尾に，「Now, therefore, in consideration of the premises and the mutual covenants set forth herein…」というフレーズが書かれていることが多いが，この「consideration」が約因である。実際に当該契約に約因が存在するか否かは契約の内容から判断されるが，このフレーズは当該契約に約因が存在することを確認するものである。

　約因とは，約束者がその約束と交換的に求め，受約者が約束と交換的に与える履行または約束であり（第2次契約リステイトメント77条参照[2]），相手方の約束と交換的に提供される「対価」の意味に近い（ただし，必ずしも「代金」を意味

---

1)　例外として，**捺印証書（deed**）など他に拘束力の根拠がある場合，**約束的禁反言の法理（promissory estoppel**）（約束者の約束を信頼して受約者が行為した場合に，その信頼を保護し，約束違反に対する救済をはかる法理）により救済を図る場合などがある（丸山・前掲131頁，141頁）。

2)　Restatements（2d）of Contracts. 米国のリステイトメントは，米国における判例法の原則を条文化し，注釈と設例を付したものである。

しない）。約因には，主として，以下のような特徴がある。

① 契約の相手方に提供され，または相手方から提供される必要はない

約因は，約束者に与えられる必要はなく，また約束の相手方によって与えられる必要もない。たとえば，不動産売買契約において，その代金を買主でない第三者が支払っても，あるいはその代金を売主でない第三者に支払っても，約因として有効である。

② 相当性は問われない

約因は経済的価値のあるものでなければならないものの，経済的な相当性は問われない。たとえば，1000万円の価値のある土地を100円で売却する契約であっても，約因としては有効である。

③ 過去の行為は約因にならない

約因は，相手方の約束と交換的に求められ，与えられるものでなければならないため，過去の行為を約因とすることはできない。たとえば，一定の営業成績をあげればボーナスを支払うと前もって約束することなく，良い成績が出た後に思い立ってボーナスを支払うという約束をしても，約因がなく当事者を拘束しない。

4 詐欺防止法（Statute of Fraud）

日本法と同様に，英米法の下でも，契約は口頭の合意で成立するのが原則である。しかしながら，書面で作成されなければ拘束力を有しない形態の契約がある（**詐欺防止法**〔**Statute of Fraud**〕）。以下のような契約がこれに該当する（**統一商事法典**[3] 2-201条・8-319条，第2次契約リステイトメント110条等）。

---

① 500ドル以上の物品売買契約

② 証券の売買契約

③ 保証契約

④ 土地に関する権利の売買契約

⑤ 締結後1年以内に履行が完了しない契約

---

3) 米国の統一商事法典（**Uniform Commercial Code**〔**UCC**〕）は，州が法分野によって法律を制定する権限を有する米国において，各州の法律の内容を統一することを目的として作成されたモデル法である。

6　UNIT 1　国際契約

5　口頭証拠排除法則 (Parol Evidence Rule)

英米法の下では，契約の当事者が最終の合意であることを意図して書面で契約を締結した場合，その内容を変更するために，その内容と矛盾する，それ以前になされた合意（同時になされたものを含む。また，口頭でなされたものに限らない）を証拠として用いることはできない。さらに，完全かつ最終の合意であることを意図して書面で契約を締結した場合には，その内容と矛盾せずともこれに関連する合意を証拠として用いることはできない（**口頭証拠排除法則〔Parol Evidence Rule〕**，UCC2-202 条，第 2 次契約リステイトメント 213 条参照）。

本法則を受けて，英米法を準拠法とする契約には，契約が完全かつ最終の合意であることを明確にするため，契約にその旨を規定するが，国際契約においては，その準拠法にかかわらず，本法則の影響を受けて，かかる規定を置くことが一般的である（**第 4 節 4 (3)**）。

口頭証拠排除法則は，（完全かつ）最終の合意の存在を前提とするものであるから，契約自体の有効性を争うために，契約以前になされた合意を証拠として用いることは許される。完全かつ最終の合意の内容に不明確な点がある場合に，その解釈のために契約以前の合意を用いることもできる。また，契約以前の合意を証拠として用いることを禁止するものであるから，完全かつ最終の合意の内容を変更した契約締結後の合意を証拠として用いることも許される。

6　契約違反

(1)　契約違反の責任

英米法では，契約違反に基づく債務者の責任は原則として無過失責任である[4]。その影響を受けて，国際契約では，自己の支配の及ばない事項によって債務を履行し得ない場合について責任を負わない旨を定める不可抗力条項を置くのが一般的であるが（**第 4 節 4 (7)**），英米法の下でも，債務者の過失なく，契約成

---

4)　日本法の下では，従来，契約違反（債務不履行）に基づく債務者の責任は過失責任であり，契約違反に基づく損害賠償や解除には，契約違反を行った当事者の責めに帰すべき事由が必要とされてきたが（民法の一部を改正する法律〔平成 29 年法律第 44 号〕による改正前の民法 415 条・543 条），上記法律による改正後の民法（以下，単に「民法」という）において，債務不履行があれば，責めに帰すべき事由がなくとも契約を解除でき（541 条・542 条），また，損害賠償については，原則として責任を負い，例外として責めに帰することができない事由がある場合に責任が免除されることが明確にされた（415 条 1 項）。

立後の事情変更により履行不能となった場合には，例外的に免責を認めるのが通例である（第2次契約リステイトメント261条参照）。

(2) 救済方法

契約違反に対する主な救済方法としては，コモン・ロー上は，損害賠償請求がある。エクイティ上は，特定履行や差止請求がある。

損害賠償は，原則として履行利益（契約が履行されていれば得られたはずの利益）の賠償である（第2次契約リステイトメント347条参照）。契約違反に基づく損害賠償額を予め契約に定めておくことはできるが（**損害賠償額の予定〔liqui-dated damage〕**），損害発生の有無や実際の損害額にかかわらず支払義務を課す**違約罰（penalty）**の規定は無効であり，損害賠償額の予定として規定しても，その額が不相当に大きいときは，違約罰として無効となる（UCC2-718条，第2次契約リステイトメント356条参照）。

▌第3節 ＼ 国際契約の作成

1 契約書面の作成

契約は，下記のとおり法律上書面性が求められるものもあるが，原則として口頭で成立する。しかし，口頭で契約をしたのでは，将来「言った」「言わない」の紛争になり得る。国際契約は，各当事者の取引慣行や文化も異なるから，紛争となる可能性が国内契約よりも高い。国際契約の締結に際しては，そのような紛争を防ぐために契約書を作成するのが通常である。

法律上書面性が求められる契約もある。たとえば，日本では，保証契約や定期賃貸借契約は書面で締結されなければならない（民446条，借地借家38条）。**第2節4**のとおり米国の多くの州においても，書面で締結されなければならない契約形態がある。また，**第2節3**のとおり，英米法の国や地域においては，過去の約因は約因として認められないことが原則であるが，書面で契約を締結することにより有効な約因として扱い，契約に拘束力を認める場合もある（ニューヨーク州統合法〔Consolidated Laws〕General Obligations 5-1105条）。

さらに，日本における根保証契約のように，一定の場合に，書面にとどまらず，公正証書の作成が必要とされる契約（民465条の6）や，ベトナムにおける

8 UNIT 1 国際契約

知的財産権の譲渡契約や使用許諾契約のように，法律上契約に規定すべき事項が定められている契約（ベトナム知的財産法 140 条・144 条）がある点にも留意する必要がある。

2 契約書の形態

契約書の形態としては，契約書（Agreement），覚書（Memorandum of Understanding），レター・アグリーメント（Letter Agreement）などがある。契約書および覚書は国内契約でもよく使用されている。

特段の要請がなければ契約書を使用することが一般的である。覚書は，正式契約に至る前段階でその時点での確認事項を定める場合や，より簡易な内容を定める場合に用いられることが多い。特に正式契約に至る前段階で使用する場合，覚書に，法的拘束力を有しない旨を定めることがあるが，特段このような規定を置かなければ，覚書も契約書と同様に法的拘束力を有する（法的拘束力を有しない旨を契約に定めた場合について，**UNIT7 第 3 節 3**(4)もあわせて参照されたい）。

レター・アグリーメントは，国内契約ではあまり見られない契約形態である。一方当事者が他方当事者に対して，契約内容を記したレター形式の書面を送付し，他方当事者がそれに署名することにより契約が成立する。契約の当事者の一方のみが義務を負う秘密保持契約などに使用されることが多いが，当事者の双方が署名をするものであり，契約として当事者双方を拘束するため，双方の当事者が義務を負う契約に使用されることもある。

3 契約書式の争い（Battle of Forms）──契約成立上の問題点

国際契約の締結に際しては，当事者間で協議をして契約内容を取り決めた上で契約を締結すべきであるが，実際には特に単純な売買契約や請負契約などについて，協議の上契約内容を取り決めるという手順を省略し，各当事者が裏面約款の内容の異なる注文書と注文請書あるいは買注文書と売注文書を出し合って契約をすることがある。この場合，各当事者が互いに自己に有利な内容で契約を締結しようと，自己の雛形を出し続けていつまでも合意に至らず取引が開

---

5) Law on Intellectual Property（No. 50–2005–QH11）（as amended by Law No. 36–2009–QH12 and Law No. 42–2019–QH14）.

始できない場合や互いに異なる内容の注文書や注文請書を出したまま取引を進めてしまう場合がある。**契約書式の争い**（Battle of Forms）と呼ばれる状況である。契約は，当事者の一方が申込みをし，他方がこれに承諾したときに成立し，本来は申込みと承諾は一致しなければならないため，特に後者の場合に，そもそも契約が成立したのか，成立したとしていずれの内容が優先するのかが問題になる。[6]

　契約書式の争いが生じた場合の契約の成否や内容については，当該契約の準拠法となる各国の規則に従うことになるが，大きく分けて**ラスト・ショット・ルール**（Last Shot Rule）と**ノックアウト・ルール**（Knock-out Rule）がある。[7]前者は，最後に提出された書式を契約内容とするものである。申込みの内容と異なる内容の承諾は，承諾ではなく新たな申込みと解し，相手方がそれに異議を述べなければ，新たな申込みが承諾されたとする考え方である。他方，後者は，申込みと承諾の内容が一致する部分についてのみ承諾されたものと解し，各当事者が提出した書面のうち共通する事項を契約内容とするものである。

　上記各ルールによれば，各当事者が自己の定型の注文書や注文請書を出し合ったまま取引を進めた場合，自己に有利な内容の注文書を提案したはずが，相手方の注文書や注文請書に従い契約を締結していることや，自己に有利な注文書や注文請書の雛形を整備したにもかかわらずその条件が契約内容として反映されていないということが起こり得る。国や地域によっては，申込みと承諾は一致しなければならないという原則に従い契約の成立すら否定される可能性もある。このような事態を避けるため，各当事者が互いの定型書式を提出し合う場合にも，相手方の書面に目を通し，齟齬がある場合には必要に応じて交渉の上調整を図るべきである。また，個別の取引契約とは別に当事者間の継続的な取引を対象とする基本契約を締結する場合には，基本契約と注文書や注文請書とに齟齬があるときは基本契約が優先する旨を規定することも考えられる。

---

6) 英米法の下では特に，申込みと承諾の完全な一致を必要とするのが従来の原則であり，これを**ミラー・イメージ・ルール**（Mirror Image Rule）という。

7) 必ずしも各国の規則が各ルールに明確に当てはまるものではないものの，国際物品売買契約に関する国際連合条約（同条約については**UNIT2**を参照されたい）は前者を（19条2項），UCC は後者を採用するとの見解がある（2-207条）（亀田尚己編著『現代国際商取引』（文眞堂，2013年）63頁）。

10　UNIT 1　国際契約

4　契約書の言語

　国際契約は，当事者の共通言語として英語で作成されることが多い。しかし，国によっては契約の言語の使用が求められる場合があることについて留意すべきである。たとえば，インドネシアでは，インドネシアの国家機関，政府，私企業，個人との間の契約書はインドネシア語で作成されなければならない（インドネシアの国旗，国語，国章及び国家に関する法律（通称言語法）31条1項[8]）。先例としての拘束性はないものの，英語のみで記載された米国企業とインドネシア企業の金銭消費貸借契約書について，言語法に違反し無効であると判断したインドネシア最高裁判所の判決も出されている[9]。また，このような法律がなくても，登録等のために現地当局に対して契約書の提出が求められるために現地語での作成が必要となる場合もある。

　現地語での契約書作成が必要となる場合，契約内容を理解するため，現地語に加えて，英語や日本語の翻訳を作成することになる。特に，現地語の契約書とその翻訳の双方に署名する場合や，一つの契約書に多言語を併記する場合には，万一言語間に齟齬がある場合に備えて，契約書には，いずれの言語を当該契約書の正式言語とするか，言語間に齟齬がある場合にいずれの言語が優先するかを規定しておくべきである（**第4節4**(10)参照）。

第4節　国際契約の構成

　国際契約の構成は，国内契約と大きな違いはないものの，特徴的な部分もある。本節では，国際契約の構成の概要とともに，各構成部分における留意点等について説明する。

1　頭　書

　国内契約と同様に，契約タイトルに続き，契約の当事者について規定する。国内契約では，当事者の住所を記載することは多くないが，国際契約では，当事者を特定する要請がより高く，また契約締結の権限や機関決定の手続を明確にするため，本店や本拠地の住所を記載し，加えて設立準拠法を規定すること

---

8)　Law No. 24 of 2009 on the National Flag, Language, Emblem and Anthem.

9)　Supreme Court Decision No. 601K/PDT/2015 dated August 31, 2015.

も多い。

国内契約では，契約日を，署名欄に規定することが多いが，国際契約では頭書で規定するのが一般的である。契約日は，当事者の合意で決めることができるが，当事者の双方の署名が整った日が契約日となるのが原則であり，特段の必要がない場合にはその日を契約日として記載する。特に別途効力発生日を設けなければ，その日に契約の効力が発生する。署名が揃った日とは異なる日を契約日として頭書に記載する場合，伝統的には，頭書の日付を「as of April 1, 2020」と記載し，これを効力発生日とするが，契約の効力発生を，ある程度の期間遡及または先延ばしする場合は，契約日とは別に効力発生日を契約本文に定める。

2　前　文

国内契約でも，最近では前文を置くものがあるが，国際契約では，契約書の冒頭に，前文を置き，当該契約の経緯や背景を記載することが多い。**第2節3**のとおり，英米法の下で契約に必要な約因が存在することを確認するため規定されてきたものである。前文の各文頭に「Whereas」という単語がつけられることから「Whereas 条項」と呼ばれることもあるが，必ずしもこの単語を使用する必要はない。「Preambles」「Recitals」などと冒頭に記載した上で，単に「1……，2……，3……」と記載して経緯等を列挙する場合もある。

前文は，契約本文の理解を助けるために記載されるものであり，契約としての法的拘束力を有しない。そのため，契約内容としての当事者の権利義務は，契約本文に規定し，前文には規定しない。もっとも，契約本文の内容が明確でない場合に，その解釈に利用されることがあるため，前文の内容は正確に記載すべきである。

3　本　文

前文に続いて，当該取引に係る当事者の権利義務その他の契約条件を契約の本文に規定する。取引慣行・文化も異なる当事者同士の契約であるから，理解に齟齬がないよう，契約の内容は，より明確・詳細に規定する。また，国内契約と異なり，必ずしも契約によく知った自国の法律が適用されるとは限らないため法律に委ねずにできるだけ契約書に落とし込むことになり，また製品輸送

12   UNIT 1   国際契約

や送金などについて国をまたぐために取り決める事項も多くなる。そのため，契約書としては国内契約よりも長くなる傾向にある。契約が長文となる場合には，目次や定義条項を置くこともある。

特に契約の本文は，取引により様々であるが，共通する条項を挙げるとすれば以下のような構成となる。

(1)　定義・解釈

特に契約が長文となる場合，本文の冒頭等に定義条項を置く。加えて，単数形の単語は複数形の意味を含む，性別の有する単語は他の性別を含む，「……を含む」という用語は「……を含むがこれに限られない」という趣旨を含む，といった文言解釈について規定する場合もある。

- The singular includes the plural thereof, and vice versa.
- Reference to a gender includes the other gender.
- "Including" or "include" shall be deemed to be followed by "without limitation."

---

(2)　取引に関する規定

取引の内容およびそれに関連する事項を定める。国際契約は多種多様であり，一般化することが困難であるため，簡単な説明にとどまらざるを得ないが，実際にはこれらの規定が契約の大部分を占める。たとえば，販売店契約（Distributorship Agreement）であれば，販売権（独占または非独占）の付与，目的物，個別売買契約（注文，納品，代金支払等），最低購入数量（特に独占的販売店契約の場合），製品保証，商標等の知的財産権の使用や責任，広告・宣伝やアフターサービスなどの販売店の義務やそれに対するメーカーの協力義務等が規定される（**UNIT3** 参照）。各取引形態の詳細な規定内容については各 UNIT を参照されたい。

(3)　契約違反の救済

契約違反があった場合の救済方法（remedy）は，主として**損害賠償（damages）**となるが，たとえば，秘密保持契約においては，損害賠償では十分な救済が図られないため**差止請求（injunction）**も救済方法として規定する。救済方法については，契約上明記したものに限定する場合もあるが，法律上（コモ

ン・ローおよびエクイティ上）認められている救済方法に追加して契約上記載したものも適用されると規定する場合もある。

　損害額の算定が容易でない場合等に，損害賠償額の予定を契約に規定することがあるが，**第2節6**(2)のとおり，英米法の下では，その額が不相当に大きいときは違約罰として無効となるおそれがあるため，規定を置く場合には注意を要する。

　また，国際契約では，損害賠償に加えてまたはこれに代えて，**補償（indemnification）**の規定を置くことがある。補償は，契約違反とは別に発生原因を定めることも可能であり，また，契約違反と因果関係のある損害を超えて補償対象とすることもできるため，契約違反と関係なく，第三者からのクレームについて責任を負担させる旨を定めることもある。また，金銭的な補償にとどまらず，義務者自身がクレーム対応を行うことも想定し，補償（indemnify）に加えて，相手方に害を与えない（hold harmless）ことも義務づける規定とするのが一般的である。

Party A shall indemnify, and hold harmless, Party B, from and against any and all liabilities, claims, losses, damages, fees, costs and expenses incurred by Party B, arising out of or in connection with any breach of this Agreement by Party A and any claim of a third party for injury or death of any person or damage to any property arising from or related to the performance or non-performance of Party A hereunder.

　損害賠償や補償の対象については，間接損害や結果損害に対する責任を負わないといった責任を制限する旨の規定を置くことも多い。

In any case, each Party shall not be resposible for any special, incidental, consequential or indirect damages to the other Party.

---

(4)　契約期間および契約の終了

　契約期間を定め，必要に応じて契約期間の更新についても規定する。また，契約期間の満了以外の契約の終了として，所定の事項が発生した場合の契約の解除について規定する。解除原因は，当事者の関係や取引の内容によって異なるが，一般的には，契約違反のほか，破産，事業停止，差押え等相手方の資力に不安を生じさせる事項などが定められる。

　なお，英米法の下では，契約違反が重大（material breach）でない場合，損

14   UNIT 1　国際契約

害賠償請求はできても解除はできないのが原則である。そのため，ある事項について，これが遵守されなければ契約を解除するという意図があるときは，その旨を明記する。

　取引によっては，契約終了後の当事者の権利義務を定める場合がある。たとえば，販売店契約については，解除後の在庫や販促物の処理など，契約解除後の当事者の権利義務を規定することが多い（**UNIT3** 参照）。

4　一般条項

　契約の本文に含まれるが，契約の末尾に一般条項を規定する。雑則（Miscellaneous）と呼ばれることもある。一般条項の例としては以下のようなものが挙げられる。

(1)　準拠法（Governing Law）

　契約の準拠法を定める規定である。準拠法の規定については，後述するが（**第6節**），条項例は以下のとおりである。

> This Agreement shall be governed by and construed in accordance with the laws of Japan without regard to its conflict of laws principles.

(2)　紛争解決方法（Dispute Resolution）

　契約にかかわる紛争の解決方法を定める規定である。条項例は，裁判を紛争解決方法とするものである。紛争解決方法として仲裁を選択する場合には，各仲裁機関がホームページなどで公表しているモデル仲裁条項に倣って規定する。本規定についても後述する（**第8節**）。

> For the purpose of any dispute arising out of or in connection with this Agreement, the Parties hereby submit to the exclusive jurisdiction and venue of the Tokyo District Court.

(3)　完全合意（Entire Agreement）

　当該契約の目的事項に関しては，契約に規定された事項が当事者間の合意のすべてであることを定める規定である。前述のとおり英米法上の口頭証拠排除法則に由来する規定である（**第2節5**）。効力を維持すべき別の契約等がある場合には，それを除外する旨を規定する必要がある。

> This Agreement constitutes the entire and only agreement between the Parties and super-sedes all previous negotiation, agreements, commitments and undertakings made between the Parties in connection with the subject matter contemplated herein.

(4) 契約変更（Amendment）

契約内容の変更について定める規定であり，当事者の合意をもって書面で作成されなければならない旨を定めるのが一般的である。

> No amendment or modification of this Agreement shall be binding upon the Parties unless made in writing and signed by the duly authorized representatives of the Parties.

(5) 権利義務の譲渡（Assignments）

契約に基づく権利義務の譲渡について定める規定である。契約当事者の双方について相手方の書面による同意なく権利義務を譲渡できないと規定することが多いが，譲渡先を限定して相手方の同意なしに譲渡できるとする場合や当事者一方のみに譲渡を禁止する場合もある。また，M&A に伴う権利義務の譲渡については，同意なしの譲渡を許容する場合もある。なお，合併や相続などの包括承継と，事業譲渡やその他の個別の権利義務の譲渡である特定承継とは英米法では区別されないため，包括承継を許容する場合はその旨規定する必要がある。権利義務の譲渡は起こらないものの，支配権の変更（Change of Control）について，相手方の解除権や同意を必要とする旨を規定することもある。

> Neither Party shall assign or transfer all or any of its rights, or delegate all or any of its obligations, under this Agreement to any third party without the prior written consent of the other Party.

(6) 通知（Notice）

契約上の各種通知の宛先と方法を定める規定である。宛先は，担当者が変わっても同じ部署に届くよう肩書のみ記載することもあれば，担当者の肩書が変わっても当該担当者に届くよう担当者名を記載することもある。電子メールやファクシミリでの通知を規定する場合，追って郵送する旨を規定することが多いが，最近では通信の容易さを重視して郵送での追送を求めずに電子メールやファクシミリのみとすることもある。

Any notice given by either Party to the other Party shall be in English and shall be sent by registered airmail, courier service, facsimile or electronic mail, to the following address and number or to such other address or number as a Party subsequently designates pursuant hereto. Any notice shall be deemed to have been served (i) seven (7) days after posting if sent by registered airmail, (ii) three (3) days after dispatch if sent by courier service, or (iii) one (1) day after dispatch subject to confirmation by registered airmail or courier service if sent by facsimile or electronic mail.

  (a) If to Party A:
    Address:
    Attention:
    Facsimile:
    Email:
  (b) If to Party B:
    Address:
    Attention:
    Facsimile:
    Email:

(7) 不可抗力（Force Majeure）

　天災地変等当事者に帰責性のない不可抗力事由により，契約上の義務の履行ができない場合には，契約上の責任を問われない旨を定める規定である。**第2節6**(1)のとおり，英米法の下では，債務不履行は原則として無過失責任であるため，帰責性のない債務不履行について債務者を免責すべく規定されるものである。不可抗力事由としては，天災地変のほか，特に新興国や発展途上国との取引の場合には，規制が頻繁に変わるため，法令や規制の変更を記載しておくのが望ましい。不可抗力事由が長期に及ぶ場合の契約解除権を規定することもあるが，たとえば，受注生産により機械をカスタムメイドで製造した後に輸出入規制の変更により納品が不可能になる場合等もあるため，解除権の要否や解除権の発生原因となる不可抗力事由の継続期間については取引内容を踏まえて慎重に検討する必要がある。

Neither Party shall be liable for any failure or delay in the performance of any obligation hereunder for the time and to the extent such failure or delay is due to an act of God, war, fire, flood, explosion, earthquake, change to any governmental policy, regulation or direction or any other circumstances that are beyond the control of the affected Party. If such event continues for more than six (6) months, either Party may terminate this Agreement.

第4節　国際契約の構成　　17

(8)　不放棄（No Waiver）

　契約上の自己の権利を長期にわたり行使しない場合に，当該権利を放棄したものとはみなされない旨の規定である。あわせて，ある権利を放棄したとしても他の権利を放棄したとはみなされない旨を規定することもある。契約上の権利を放棄する場合は権限のある担当者が書面で行う必要がある旨も規定する。

No failure or delay of either Party to exercise at any time any right or provision of this Agreement shall be construed to be a waiver thereof nor shall any single or partial exercise thereof preclude any other or further exercise thereof or the exercise of any other right or provision of this Agreement. No waiver shall be effective unless made in writing and signed by a duly authorized representative of the waiving Party.

(9)　分離可能性（Severability）

　契約上のある条項について無効と判断された場合に，他の条項が影響を受けて無効にならないことを確認する条項である。加えて，無効となった条項にできるだけ近い内容の新たな規定を定める旨の規定を置くこともある。ある条項が無効になることにより契約を維持する意味が失われるような場合には契約を解除することができる旨を規定する場合もある。

If any provision of this Agreement is held to be invalid or unenforceable, it shall not invalidate any of the remaining provisions of this Agreement. The Parties shall use all reasonable efforts to replace it with a valid and enforceable substitute provision which carries out, as closely as possible, the intentions of the Parties under this Agreement.

(10)　言語（Language）

　第3節4において述べたとおり，契約書を複数の言語で作成する場合に，正となるべき言語，または優先されるべき言語を定める規定である。

This Agreement shall be executed in both English and Japanese. In the event of any discrepancy between the English version and the Japanese version, the English version shall prevail.

(11)　見出し（Headings）

　各条項の見出しについて，契約解釈に影響を与えないことを確認する規定である。

18 UNIT 1 国際契約

> The section and paragraph headings contained in this Agreement are for reference purposes only and shall not affect in any way the meaning or interpretation of this Agreement.

⑿ 副本（Counterparts）

　契約書を複数作成した場合に（通常は当事者分を作成するため複数作成することになる），各1通が契約書として完全な効力を有することを定める規定である。また，最近では，当事者が一堂に会して，または契約書の原本を郵送し合って，一つの契約書に全当事者が直接署名することなく，署名した契約書をファクシミリや電子メールで送り合って済ませることもあるため，ファクシミリや電子メールによる署名の交付によっても，契約が有効に成立する旨をあわせて規定することもある。

> This Agreement may be executed in any number of counterparts, each of which shall be deemed to be one and the same instrument. Executed signature pages delivered by facsimile or electronic mail shall be treated in all respects as original signatures.

　なお，国内契約の末尾には，契約に規定のない事項について当事者間で協議して決定する旨の条項が一般条項として定められることが多い。このような規定は，当該契約が完全かつ最終の合意といえるのか（**第2節5および本節4**(3)参照），また紛争が生じた際に訴訟や仲裁の前に当事者間での協議を要するのかという点について疑義を生じさせる可能性があるため，国際契約には規定すべきでない。

▌ 第5節 ＼ 国際契約の締結

1 署　名

　契約締結の証として，国内契約については，その末尾に記名押印することが多い。[10] 国際契約においては，相手方が印鑑を保有していない場合が多いため，押印ではなく，署名をすることが多い。日本以外にも会社に印鑑のある国はあ

---

10)　日本においては，民事訴訟法上は，押印も署名も同様の効果であり，必ずしも法的には契約書に印鑑を押す必要はないものの（民訴228条4項），登録印の押印により，代表権を有する者による真正な押印であることを確認することができる。

るが，押印の効果は当該国における印鑑の取扱いによることになるから，それが明確でなければ署名または署名および押印にて契約を締結するのが適当である。

国内契約の場合，重要な契約については，真正な押印であることを確認するため，印鑑登録証明書の交付を求めることもある。国際契約の場合に，真正な署名であることを確認するときは，公証人の面前で署名をし，公証人に本人の真正な署名であることを公証してもらうことになる。さらに，署名者の署名権限を確認するため，定款や取締役会議事録または決議書の写しの開示や現地弁護士の法律意見書の提出を受けることもある。

2 契印とイニシャル

契約書の差替防止のため，国内契約の場合は，各ページに契印を押したり，契約書を袋とじにした上で契約書の最初と最後のページに割印を押したりする。国際契約の場合は，各ページに当事者双方がイニシャルを記載するのが厳密な方法であるが，実務的には署名欄のみに署名をしてホチキス止めをして簡易に済ませることも多い。契約書の最終版を当事者にメールで回覧するという方法もある。

第6節 国際契約の準拠法

1 準拠法の決定ルール（Conflict of Laws）

日本国内において日本の会社同士で契約を締結する場合，外国の不動産を対象とする契約などを除き，規定を置かずとも，その契約には日本法が適用される。しかしながら，相手方が外国の会社である場合は必ずしも日本法が適用されるとは限らない。

欧州連合における契約債務の準拠法に関する規則（ローマⅠ規則）[11]のように，加盟国における契約の準拠法の決定に関する共通のルールを定めるものもあるが，通常このような共通のルールはない。契約の準拠法の決定ルールは，国や地域によって異なり，当該契約について紛争になったときに，訴えを提起した

---

11) Regulation (EC) No. 593/2008 of the European Parliament and of the Council of 17 June 2008 on the Law Applicable to Contractual Obligations (Rome I).

20   UNIT 1   国際契約

国や地域におけるルールに従い準拠法が決定されることになる。

このような準拠法の決定ルールは，日本においては**国際私法**，米国等においては**抵触法**（**Conflict of Laws**）と呼ばれている。

2   法の適用に関する通則法

まず，準拠法の決定ルールの理解のため，日本法上のルールを紹介する。日本では，**法の適用に関する通則法**（以下，本書では「通則法」と略す）に従い準拠法が決定される。

(1)   当事者の合意による場合

通則法によれば，当事者による準拠法の選択があればその選択に従う（7条。ただし，例外として11条・12条）。準拠法選択のポイントについては下記**3**において説明する。

(2)   当事者の合意がない場合

当事者による準拠法の選択がない場合には，法律行為の成立および効力は，当該法律行為の当時において当該法律行為に最も密接な関係がある地の法による（**最密接関係地法の原則**。8条1項[12]。ただし，例外として11条・12条）。すなわち，当該契約に最も密接な関係がある地の法が適用されることになる。

「最も密接な関係がある地」に関し，通則法は，不動産を目的物とする法律行為については，その不動産の所在地がこれにあたると推定すると定める（同条3項）。それ以外の法律行為については，「特徴的な給付を当事者の一方のみが行うものであるときは，その給付を行う当事者の常居所地法（その当事者が当該法律行為に関係する事業所を有する場合にあっては当該事業所の所在地の法，その当事者が当該法律行為に関係する2以上の事業所で法を異にする地に所在するものを有する場合にあってはその主たる事業所の所在地の法）」がこれに該当するものと推定される（**特徴的給付の理論**。同条2項[13]）。

---

12)   欧州連合や韓国など，最密接関係地法の原則を採用する地域・国は少なくない（ローマⅠ規則4条3項・4項，韓国国際私法26条1項）。

13)   欧州連合や韓国など，特徴的給付の理論を採用する地域・国も少なくない（ローマⅠ規則4条1項・2項，韓国国際私法26条2項）。

第6節 国際契約の準拠法 21

「特徴的な給付」とは，「ある契約を他の種類の契約から区別する（特徴付ける）基準となる特徴的な給付」をいう（小出邦夫『逐条解説 法の適用に関する通則法〔増補版〕』〔商事法務，2015年〕108頁）。単なる物品の売買契約においては，代金支払ではなく，物品の引渡しが特徴的給付と解されるため，売主の常居所地法が適用される（前同）。OEM契約については，基本的には受注者が特徴的な給付を行うと考えられるものの，契約の内容によっては，発注者が製品の仕様や規格を決定し，発注者の所在する市場で発注者の名で販売されることから，発注者の側にその契約の重点があるものもあり，発注者の常居所地法が適用される場合もある（小出・前掲118頁）。また，賃貸借契約については，目的物の賃貸が特徴的給付と解されるため貸主の常居所地法が，また役務提供契約においては役務提供が特徴的給付と解されるため，請負契約については請負人の，委任契約については受任者の常居所地法が適用される（櫻田嘉章＝道垣内正人編『注釈国際私法 第1巻』〔有斐閣，2011年〕209頁〔中西康〕）。

(3) 反 致 等

通則法によれば，日本法ではなく，外国の法律が適用される場合に，当該外国の法律によれば日本法が適用されるときは，翻って日本法が適用される（反致。41条）。

また，外国の法律が適用される場合に，その適用が日本の公の秩序または善良の風俗に反するときには，これを適用しない（42条）。

3 契約における準拠法選択

(1) 準拠法選択の考え方

契約に準拠法を規定しなければ，上記のように，訴えを提起した国・地域のルールに従い準拠法が決定される。しかしながら，一定のルールに従い決定するといっても，紛争解決を申し立てた地におけるルールを適用するため申立てをするまで決定されず，また当事者や取引の内容により判断されるため，必ずしも申立てをすれば直ちに決定されるものでもない。準拠法を契約に定めなければ，上記のようにして準拠法が決定されるまで，当事者は，権利義務の内容を確定できず，法的安定性に欠ける。また，紛争になったときに，準拠法が何かという点から争いになり，より解決が困難になり，また争点が増える結果弁

22　UNIT 1　国際契約

護士費用等の増加にもつながる。したがって，契約には予め準拠法を取り決め
ておくのが望ましい。

　特定の国・地域の法律がすべて自社に有利なものとは限らず，また契約上の
どの点が紛争になるかは契約時に予想することはできないから，準拠法の選択
はそう容易ではない。準拠法選択のポイントは様々であるが，自社の法務部や
自国の弁護士の方が相談しやすいという理由から自国の法律を求めることはあ
る。また，合弁契約においては，合弁会社の組織関係には現地法が適用される
ため，適用範囲についての争いを避けるため，契約法に関しても現地法を準拠
法としておくことが多い（**UNIT6 第 3 節 2**(16)参照）。あるいは必ずしも自社に
とって有利な内容であるとは限らない準拠法よりも紛争解決地を自社に有利な
場所にするため，紛争解決地と交換的に準拠法を譲ることもある。準拠法と紛
争解決地が異なる場合，両地の弁護士を起用する必要が生じる場合があるため，
その費用を抑えるべく，第三国の紛争解決地の法律に合わせる場合もある。た
だし，米国ニューヨーク州のように，第三国の法律の選択が制限される場合も
ある。[14)]また，該当国の準拠法のルールにより当事者が準拠法を選択できない場
合もある。

(2)　準拠法の規定

　米国，カナダ，オーストラリアのように連邦制の国においては，準拠法を，
米国法，カナダ法，オーストラリア法と定めるのではなく，ニューヨーク州法，
オンタリオ州法，クイーンズランド州法のように，州法を規定する。

　第 4 節 4(1)のとおり，準拠法の規定として，「本契約の準拠法を日本法とす
る（This Agreement shall be governed by the laws of Japan）」と記載した後に，
「抵触法の原則を考慮しない（without regard to the conflict of laws principles）」と
の文言が追加されることが多い。これは，たとえば，上記のように規定した場
合に，日本法の準拠法の決定ルールを適用して中国法を適用するということが
ないよう，本契約の準拠法を定めるにあたり当該国の準拠法の決定ルールを考
慮しないという趣旨である。

---

14)　同州に合理的な関係を有しない場合，25 万ドル以上の取引に関する契約にのみ同州法を
　　準拠法として合意することができる（ニューヨーク州統合法 General Obligations 5-1401
　　条）。

第7節　国際契約の統一規則　　23

第7節　国際契約の統一規則

1　統一規則の作成

　大陸法と英米法という二つの大きな法体系があるといっても，各法体系内の
国々においてもその法律の内容は様々である。複数の国や地域に適用される共
通の規則があれば，当事者が共通の理解の下に契約を締結することができる。
また，国内取引を想定して作成されている各国・地域の法律と異なり，もとも
と国や地域をまたいだ取引への適用を想定して作成されている点で実際の国際
取引に馴染みやすい。このような点から，国際契約に関し，各国・地域の共通
規則を定める条約やモデル法が作成されている。**UNIT2** で取り上げる国際物
品売買契約に関する国際連合条約は，物品売買に適用の範囲が限定されるが，
国際契約を規律する規則として作成され，多くの国が批准している。また，モ
デル法としては，国際連合国際商取引法委員会（UNCITRAL）が作成した電子
商取引に関するモデル法がある。

2　ユニドロワ国際商事契約原則

　国際契約全般を規律する統一規則として作成されたものとして，**ユニドロワ
国際商事契約原則**[15]がある。これは，条約やモデル法ではなく，国際契約におけ
る一般原則に注釈を付したリステイトメントとして，1994 年に作成されたも
のであり（ユニドロワ国際商事契約原則 1994 年版「はじめに」），2004 年および
2010 年の改訂を経て，現在は 2016 年版が最新となっている。

　ユニドロワ国際商事契約原則は，契約に準拠法として規定することが想定さ
れている（前文）。しかしながら，同原則は国家法ではないため，その公式注
釈にも指摘されるように，契約にこれを準拠法と定めても準拠法合意とみなさ
れず，同原則の適用とは別に，紛争に係る手続が申し立てられた法律により準
拠法が決定される可能性がある（前文正式注釈 4.a）。仲裁の場合は，仲裁人によ
る判断の基礎として国内法以外の法準則を当事者が選択することを認めること
が一般的であるため，より柔軟に同原則の適用が認められる傾向にあるものの

---

15)　UNIDOROIT Principles of International Commercial Contracts 2016.

24　UNIT 1　国際契約

（前同），現時点では，同原則の適用について未だ確定したルールが存在する状況ではないという点について，同原則を準拠法として契約に規定する際には紛争解決方法が仲裁であっても留意する必要がある。

■ 第8節 ＼ 国際契約の紛争解決

1 　紛争解決条項の重要性

　国内契約であっても，紛争解決地を定めるものは多いが，国際契約の場合，紛争解決に関する規定を置く必要性はなお高い。国際契約の相手方の本拠地は遠隔地となるため，移動による負担等を軽減するべく，自己の本拠や，相手国との中間地で紛争解決を図る要請は高くなる。後述のとおり，紛争解決方法を契約に規定しない場合，紛争解決方法は裁判となり，裁判が申し立てられた国・地域における法律に従い当該裁判所の管轄の有無が決定されるため，自身が提起する場合だけでなく，相手方が自国で提起した裁判に対応しなければならないおそれもある。また，たとえば，米国の裁判では，証拠開示手続や陪審制等の同国特有の手続のために莫大な費用がかかることや（**UNIT9** 参照），新興国では，現地の裁判所は汚職の問題があり（**UNIT8** 参照），公平な判断が期待できないことなども，紛争解決条項を定めて，それとは異なる紛争解決方法を指定しておく必要性が高い理由として挙げられる。

2 　裁判管轄の決定ルール

　紛争解決方法を契約に規定しない場合，原則として，紛争解決方法は裁判となり，裁判が申し立てられた国・地域における法律に従い，当該裁判所の管轄の有無が決定される。なお，準拠法と同様，欧州連合においては，加盟国における裁判管轄に関する共通のルールとして，民事および商事事件における裁判管轄ならびに判決の承認および執行に関する規則（通称ブリュッセル規則）[16]が置かれている。

　日本においては，国際契約に関する紛争に対する裁判管轄について以下のと

16）　Regulation（EU）No. 1215/2012 of the European Parliament and of the Council of 12 December 2012 on Jurisdiction and the Recognition and Enforcement of Judgments in Civil and Commercial Matters（Recast）.

おり規定されている。まず，当事者は，合意により管轄を定めることができる（民訴3条の7第1項）。かかる合意は，書面で行われなければならない（2項）。ただし，消費者契約や労働契約に関する紛争については，一定の場合を除き，合意の効力は否定される（5項・6項）。また，会社組織や株式会社の責任追及，役員の解任等に関する訴え，日本で行うべき登記・登録に関する訴え，日本で登録された知的財産権の存否や効力に関する訴えは，当事者間の合意にかかわらず，日本の裁判所が専属管轄を有する（3条の5）[17]。逆に，外国会社組織等に関する訴えは，当事者間で日本の裁判所に管轄を定める合意をしても，訴えは却下される（145条3項・146条3項ただし書き参照）[18]。

　管轄の合意がない場合，①主たる事務所または営業所が日本国内にあるとき，これがない場合または所在地が知れない場合には代表者その他主たる業務担当者の住所が日本国内にあるときに，日本の裁判所に管轄が認められる（3条の2第3項）。また，②契約上の債務の履行請求，債務不履行に基づく損害賠償請求等を目的とする訴えについては，契約上の債務の履行地が日本国内にあるとき，③財産権上の訴えについては，請求の目的が日本国内にあるときまたは金銭支払を請求する場合には差押可能な被告の財産が日本国内にあるとき，④事務所または営業所を有する者に対する当該事務所または営業所における業務に関する訴えについては当該事務所または営業所が日本国内にあるとき，⑤日本で事業を行う者に対する訴えについては，当該訴えがその者の日本における業務に関するものであるとき，⑥不動産に関する訴えについては，不動産が日本国内にあるとき等にも，日本の裁判所に管轄が認められる（3条の3）。

3　紛争解決方法

(1)　裁判と仲裁

　終局的な紛争解決の方法としては，裁判と仲裁がある。

　日本は，**UNIT9**において詳述するとおり，外国判決の承認および執行について，いかなる国とも条約を締結しておらず，また必ずしも日本の判決の外国での執行および外国の判決の日本での執行を認めた先例が多く存在するもので

---

17)　名古屋高判平成25年5月17日ウエストロー・ジャパン，最決平成26年6月26日ウエストロー・ジャパン参照。

18)　東京地判平成18年1月19日判タ1229号334頁参照。

26　UNIT 1　国際契約

はないため，未だ多くの国について，日本の判決を執行し，またその国の判決を日本で執行することができない可能性がある。これに対して，外国でなされた仲裁判断の執行については，外国仲裁判断の承認及び執行に関する条約（通称ニューヨーク条約。その詳細は**UNIT10**を参照されたい。）があり，日本を含む150か国以上の国が条約を批准している。同条約に定める要件を満たせば，原則として，加盟国でなされた仲裁判断は他の加盟国で執行することができる。そのため，国際契約の紛争解決の方法としては，裁判ではなく，仲裁を定めることが多い。その他には，手続が非公開であること，取引や紛争の内容に適した専門家を仲裁人に選択し得ることなどがメリットとして挙げられる。他方，デメリットとしては，上訴審がなく，異議申立ての機会がないことがある。仲裁を紛争解決方法として契約に規定する場合の留意点は，**UNIT10**を参照されたい。

　判決の執行可能性（外国の判決の日本での執行につき，**UNIT9第5節**参照）を確認した上で裁判を紛争解決方法として定める場合，**第4節4**(2)のとおり，第一審となる裁判所を具体的に記載し（例：「Tokyo District Court」）または管轄を有する裁判所のある地域・都市を示し（例：「the state and federal courts in New York, New York」），当該裁判所が専属的な管轄裁判所であることを明確にして規定する。

(2)　調　　停

　紛争解決方法として，裁判や仲裁の前段階として調停の実施を規定する場合もある。かかる規定を置かずに，裁判や仲裁を申し立てる前に，または申し立てた後に，当事者が合意をして調停を行うこともできる。日本の裁判所が行う調停の手続は，1回数十分ほどの期日が何回かに分けて開催されるのが通例であるが，国際紛争の調停については，職業調停人の主導の下，数日間集中して協議を行う方法が主流である。調停を紛争解決方法として契約に規定する場合の留意点も**UNIT10**を参照されたい。

4　紛争解決地

　紛争解決地としては，当事者のいずれかの本拠地とする場合，第三国とする場合，訴えられた当事者の本拠地とする場合がある。

当事者のいずれかの本拠地とする場合は，当事者の力関係によるところが大きい。力関係に差がない場合は，当事者のいずれもが譲らないため，第三国あるいは訴えられた当事者の本拠地とすることになる。なお，各国の司法権は，基本的には自国と何らかの連結点が認められる場合に（義務履行地，不動産所在地等）行使されるべきものであるから，連結点が認められない場合にも，管轄を認めるシンガポール国際商事裁判所や，条件つきで管轄を認める米国ニューヨーク州のような例外はあるものの，原則として，当該取引に何ら関係のない第三国での裁判を選択しても合意管轄として認められない。また，上述のブリュッセル規則，ならびに欧州連合，メキシコおよびシンガポールが批准する国際裁判管轄合意に関するハーグ条約によれば，加盟国内であれば第三国での裁判を選択することができる。

紛争解決地を訴えられた当事者の本拠地とする規定については，取引内容（当事者のいずれが訴える側になる可能性が高いか）や，相手国の状況（公平な裁判を受けることができるか，仲裁の場合に不当な裁判所の介入の可能性が高くないか等）を考慮して適否を検討する。

---

19) ニューヨーク州に合理的な関係を有しない場合，100万ドル以上の取引に関する契約についてのみ同州の裁判所を管轄裁判所として合意することができる（ニューヨーク州統合法 General Obligations 5-1402 条）。

UNIT 2

国際売買

第1節　はじめに

　国際売買契約においては，売主と買主が別の国に所在することにより，国内の売買契約とは異なる特徴的な定めがいくつか存在する。たとえば，国内売買においては商品の納入は陸上輸送によることが多いが，国際売買においては，日本は島国であるから，海上輸送または航空輸送が行われ，輸送費は高くなる上，時間もかかることが多い。そのため，輸送費の負担や，輸送中の商品の破損等についての危険負担が明示的に定められる。また，輸出国および輸入国においてそれぞれ通関が必要となるから，その役割分担および費用負担についても定められる。これら輸送費の負担，危険負担および通関に関する分担を類型的に定めたのがインコタームズである（第3節）。さらに，遠隔者間の安全な代金支払手段として歴史的に発達した信用状が用いられることもある（第4節）。加えて，米国企業との契約あるいは米国の法律を準拠法とした国際売買契約等では，保証（Warranty）について特有の定めもある（第5節）。ウィーン売買条約（CISG）の適用がある売買契約においては，同条約およびその内容に言及することもある（第6節）。本 UNIT では，これらの国際売買契約に特徴的な定めについて概説する。

第2節　国際売買契約の概要

まず，典型的な国際売買契約の全体像を概観すると，以下のとおりである。

① 売買（Purchase and Sale）　対象製品を売主が買主に売り，買主は売主から買い受ける旨の規定。

② 製品（Products）　対象製品を特定する条項。

③ 価格（Price）　価格を定める条項。

④ 支払（Payment）　売買代金の支払条件を定める条項。支払方法として信用状が用いられる場合はここに記載される。

⑤ 予測購入量（Forecast）　継続的売買の契約については，予測される年間購入量等について記載されることがある。

⑥ 個別契約（Individual Contract）　継続的売買契約において，個々の売買契約の成立方法を規定する条項。

⑦ 引渡し（Delivery）　対象製品の引渡条件を定める条項である。ここにインコタームズが引用されることが多いが，インコタームズは売価設定の前提条件でもあるので，加えて価格条項（上記③）でも言及されることがある。

⑧ 所有権および危険移転（Title and Risk）　所有権および危険移転の時期について規定される。

⑨ 保証（Warranty）　対象製品について売主が保証する内容を規定する。

⑩ 製造物責任（Product Liability）　対象製品について事故等が発生した場合の製造物責任の負担について定める。

⑪ 知的財産権（Intellectual Property Rights）　対象製品が第三者の知的財産権を侵害している場合等の負担について定める。

⑫ 守秘義務（Confidentiality）　売主および買主の守秘義務を定める。

⑬ 期間（Term）　売買契約の有効期間を定める。

⑭ 契約の終了（Termination）　売買契約の終了事由を定める。

⑮ 一般条項（Miscellaneous）　内容については **UNIT1**（国際契約）を参

30　UNIT 2　国際売買

照。ウィーン売買条約の適用を排除する場合は，準拠法の条項において
その旨を記載することが多い。

第3節　インコタームズ

1　国際売買における商品の流れ

　国際売買における商品の流れを概観すると，まず商品は売主の工場または倉
庫を出て，輸出する港または空港に持ち込まれ，税関を通って，船または飛行
機に積まれ，輸入する港または空港に到着し，税関を通って買主のところに届
けられる。国際売買契約においては，この一連の流れの中で，どの時点までが
売主の責任で，どの時点からが買主の責任なのかを定める必要があるが，これ
を類型的に整理し，アルファベット3文字（EXW，FOBなど）の略語で表すよ
うにしたのがインコタームズである。

2　インコタームズとは

　インコタームズ（**Incoterms**）とは，国際取引条件（International Commercial
Terms）の略語で，**国際商業会議所**（**International Chamber of Commerce**：
ICC）が作成している規則である。インコタームズは，商人間で用いられてき
た取引条件についての解釈上の争いを防止するため，1936年に初めて公表さ
れた後，1953年，1967年，1976年，1980年，1990年，2000年，2010年およ
び2020年（予定）に改訂されていて，最新版は「インコタームズ2020」（2020
年1月1日発効）である。インコタームズは条約でも法令でもなく，任意的な
ルールであるから，当事者が契約に際してこれに準拠する旨を合意して初めて
適用される。インコタームズへの準拠を契約書に記載する場合，前述のとおり
インコタームズは何度も改訂されており，旧版も無効になったわけではないた
め，「インコタームズ2020（Incoterms 2020）」など，どの版のインコタームズ
に準拠するのかを明確にする必要がある。

3　インコタームズが定める内容

　インコタームズは，売主から買主への物品の引渡し，運送費用と危険の分担

および輸出入その他の許可・認可，通関手続に関する分担について規定する。逆に，これ以外の条件，すなわち所有権の移転や，予見できない事情が発生した場合の義務や責任の免除，あるいは様々な契約違反の効果等については，インコタームズは規定していない。契約当事者がインコタームズへの準拠を合意した場合，これらインコタームズの規定外の事項については，後述する CISG や，国際私法の準則により決定された内国法に従って解釈されることになる。

4 取引条件の選択

インコタームズが定める 11 の取引条件のうち，いずれの取引条件を選択するかは，売主および買主が交渉して決定するため，その力関係に大きく影響される。すなわち，売主の立場が強い場合（商品の需要が高い場合など）は，売主の義務が最小限となる EXW が選ばれる傾向があるし，逆に買主の立場が強い場合は，売主の義務が最大となる DDP が選ばれることが多い。

売主か買主のいずれかが輸送手段の手配（傭船契約など）に慣れている場合や，安く手配できる場合，あるいは輸送中の保管条件について特別な配慮が必要な商品について適切な輸送手段を手配できる場合は，当該当事者が輸送費用を負担する取引条件を選択することになる。ただし，たとえば買主が輸送費用を負担する FCA を選択しつつ，上記のような理由で輸送手配のみ売主が行う（輸送費用はあくまで買主が負担する）ということも実際には時々行われている。

いずれかの当事者がその系列会社に損害保険会社を抱えていれば，輸送中の付保については自身で手配したいと考え，それに沿った取引条件を選択するだろう。

なお，従前は，FOB，CFR および CIF が多く用いられてきたが，近年は貨物がコンテナ化し，商品が売主の施設または貨物ターミナルで運送人に引き渡されるため，船上での引渡しを前提とするこれらの条件は不適当とされる場合が多い（代わりに FCA，CPT および CIP が適切とされる）。

5 各取引条件の内容

(1) いずれの輸送手段の場合でも利用できる取引条件[1]

(a) **EXW（Ex Works）／工場渡**

売主が売主の施設またはその他の指定場所（工場，製造所，倉庫など）におい

て物品を買主の処分に委ねたとき、引渡しが完了し、危険が移転する。すなわち、EXW は売主が最小の義務を負う取引条件である。契約書における書き方は、「Seller shall deliver the Product to Buyer on the basis of EXW［*売主の施設名またはその住所*］(Incoterms 2020)」のように、EXW に続いて指定場所を記載する。

(b) FCA (Free Carrier) ／運送人渡

売主が売主の施設またはその他の指定場所において物品を買主によって手配された運送人その他の者の処分に委ねたとき[2]、引渡しが完了し、危険が移転する（詳しくは図表の注１を参照）。売主は自己の費用により輸出通関をする義務を負う。契約書における書き方は「FCA［*指定引渡地*］Incoterms 2020」となる。インコタームズ 2020 では、当事者が合意した場合、買主が売主への船荷証券発行を運送人に指示する義務を負うというオプションが新設された。引渡しの指定場所が陸地内で、その後買主の運送人により海上輸送が行われる場合、船積み前に引渡しが完了するため、買主の協力なしに売主が船荷証券（信用状取引において売主が支払を受けるために必要である）を受け取れないからである。

(c) CPT (Carriage Paid To) ／輸送費込

売主が当事者間で合意された場所または（そのような合意がない場合は）売主が選択した場所で、売主によって指名された運送人またはその他の者に物品を引き渡したときに引渡しが完了し、危険が移転する。一方で、売主は指定仕向地へ物品を運ぶために必要な運送契約を締結し、その費用を支払う義務を負い、輸出通関をする義務も負う。契約書における書き方は「CPT［*指定仕向地*］Incoterms 2020」となるが、危険が移転する地点である指定引渡場所についても契約で規定するのが賢明である。

(d) CIP (Carriage and Insurance Paid To) ／輸送費保険料込

売主が当事者間で合意された場所または（そのような合意がない場合は）売主が選択した場所で、売主によって指名された運送人またはその他の者に物品を引き渡したときに引渡しが完了し、危険が移転する。一方で、売主は自己の費

---

1) 船舶による海上輸送、航空機による航空輸送、鉄道やトラックによる陸上輸送。

2) 輸送中に物品が複数回連続して売買された場合（string sales）の、中間の売主については、売主がそのように引き渡された物品を調達したとき。以下、EXW 以外のすべての取引条件について同じ。

用で，指定仕向地へ物品を運ぶために必要な運送契約を締結し，その運送中における物品の滅失または損傷についての買主の危険に対する保険契約（別途合意のない限り，補償範囲の広い保険が必要）を締結する義務を負う。また，売主は輸出通関をする義務も負う。契約書における書き方は「CIP［*指定仕向地*］Incoterms 2020」となるが，危険が移転する地点である指定引渡場所についても契約で規定するのが賢明である。

（e） DAP（Delivered at Place）／仕向地持込渡

指定仕向地において，到着した輸送手段の上で，荷下ろしの準備ができていた状態で，物品が買主の処分に委ねられたとき，引渡しが完了し，危険が移転する。売主は自己の費用で指定仕向地までの物品の運送を手配しなければならない。売主は，輸出通関を自己の費用で行う義務を負う。契約書における書き方は「DAP［*指定仕向地*］Incoterms 2020」となる。

（f） DPU（Delivered at Place Unloaded）仕向地荷下ろし渡

インコタームズ 2020 では，DAT（Delivered at Terminal）が廃止され，かわりに DPU が新設された。仕向地における合意された場所で，物品が到着した輸送手段から荷下ろしされて買主の処分に委ねられたときに引渡しが完了し，危険が移転する。仕向地において引渡しが行われる場合，その場所は必ずしもターミナルに限られず，合意されたどの地点でもあり得るという事実を考慮したものである。DAP との違いは荷下ろし前か後かという点のみである。契約書における書き方は「DPU［*指定仕向地*］Incoterms 2020」となる。

（g） DDP（Delivered Duty Paid）／関税込持込渡

物品が，指定仕向地において，荷下ろしの準備ができている，到着した輸送手段の上で輸入通関を済ませ，買主の処分に委ねられたとき，引渡しが完了し，危険が移転する。売主は自己の費用で指定仕向地までの運送を手配し，輸出通関および輸入通関のいずれをも自己の費用で行う義務を負う。DAP との違いは，輸入通関を売主が行うか買主が行うかの点である。契約書における書き方は「DDP［*指定仕向地*］Incoterms 2020」となる。

3）協会貨物約款（Institute Cargo Clauses）（A）相当の保険。

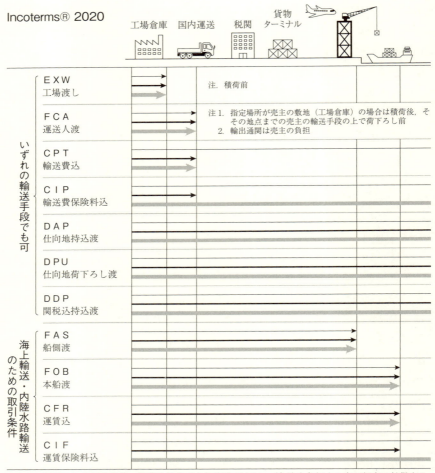

※CIPとCIFを除き，保険は任意であり義務ではない（危険を負担する方が任意で付保する

(2) 海上および内陸水路輸送の場合のみ利用できる取引条件

(a) **FAS（Free Alongside Ship）／船側渡**

物品が指定船積港において買主によって指定された本船の船側（たとえば埠頭または艀（はしけ）の上）に置かれたとき，引渡しが完了し，危険が移転する。なお，物品がコンテナに入っている場合には，本船の船側ではなく，ターミナルで運送人に引き渡されることが多いので，FASは不適当であり，前記のFCAが適当とされる。売主は輸出通関をする義務を負うが，運送契約または

第3節 インコタームズ　35

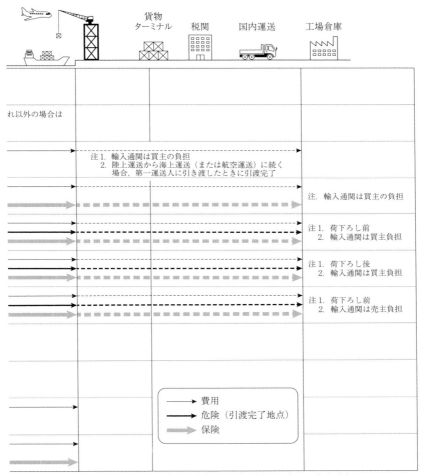

ことになる）。　※※点線は，点線の範囲で合意された場所までであることを示す。

保険契約を締結する義務を負わない。契約書における書き方は「FAS［*指定船積港*］Incoterms 2020」となる。

　(b) **FOB（Free On Board）／本船渡**

　物品が指定船積港において買主によって指定された本船の船上に置かれたとき，引渡しが完了し，危険が移転する。売主は輸出通関をする義務を負うが，運送契約または保険契約を締結する義務を負わない。物品がコンテナに入っている場合に不適当とされる点は FAS と同様であり，その場合は FCA が適当

とされる。貨物がコンテナ化する以前はFOBが非常に広く使われていたことから，コンテナを利用するにもかかわらず依然としてFOBを使用している契約書が実務では多く見受けられるが，改められるべきである。契約書における書き方は「FOB［*指定船積港*］Incoterms 2020」となる。

(c)　CFR（Cost and Freight）／運賃込

物品が本船の船上に置かれたとき，引渡しが完了し，危険が移転する。売主は，指定仕向港までの運送契約を締結し，費用を負担するが，保険契約を締結する義務を負わない。売主は輸出通関をする義務を負うが，輸入通関をする義務は負わない。契約書における書き方は「CFR［*指定仕向港*］Incoterms 2020」となるが，危険が移転する場所である船積港についても契約で規定するのが賢明である。物品がコンテナに入っている場合に不適当とされる点はFASおよびFOBと同様であり，その場合はCPTが適当とされる。

(d)　CIF（Cost Insurance and Freight）／運賃保険料込

物品が本船の船上に置かれたとき，引渡しが完了し，危険が移転する。売主は，指定仕向港までの運送契約を締結し，費用を負担するほか，運送中における物品の滅失または損傷についての買主の危険に対する保険契約（ただし，CIPと異なり，別途合意がない限り最低限の補償範囲の保険で良い）[4]を締結する義務を負う。売主は輸出通関をする義務を負うが，輸入通関をする義務は負わない。契約書における書き方は「CIF［*指定仕向港*］Incoterms 2020」となるが，危険が移転する場所である船積港についても契約で規定するのが賢明である。物品がコンテナに入っている場合に不適当とされる点はFAS，FOBまたはCFRと同様であり，その場合はCIPが適当とされる。CIFは貨物がコンテナ化する以前からFOBに次いでよく使われていた条件であり，コンテナを利用するにもかかわらずCIFを使用している契約例も未だに散見されるが，FOBと同様に改められるべきである。

---

4)　協会貨物約款（Institute Cargo Clauses）（C）相当の保険。

第4節 信用状

1 国際売買における決済方法

国際売買における主な決済方法は，銀行送金および荷為替手形である。

銀行送金には商品到着前に送金を受ける前払と，商品到着後に送金を受ける後払があるが，当然，前払は買主に不利であり，後払は売主に不利なので，どちらを選択するかは売主と買主の力関係によることになる。

荷為替手形は，代金決済のために売主（輸出者）が輸入者（買主）宛てに振り出す為替手形であり，信用状つきのものと，信用状のないものに分けられる。

信用状のない荷為替手形決済には，**D/P** 決済（Document against Payment）と**D/A** 決済（Document against Acceptance）がある。いずれの場合も，輸出者は船荷証券，インボイスといった船積書類に加えて為替手形を振り出し，取引銀行を経由して輸入者の取引銀行に送付する。輸入者は，D/P においては支払と引き換えに，D/A においては手形引受け（つまり後日支払をするという約束）と引き換えに，船積書類を受け取り，それを船会社に提示して商品を受け取る。D/P では船荷証券と引き換えに支払がなされる点が，輸出者にとっての安心材料となるが，輸入者が代金を支払わないとき，輸入地に到着済みで，引き取られもしない商品をどうするのかという問題が発生する。

一方，信用状つきの荷為替手形決済における**信用状**（Letter of Credit: L/C）とは，輸入地の銀行が輸入者の依頼を受けて開設するもので，輸出者が一定の船積書類を提出することを条件として，輸入地の銀行が輸出地の銀行を経由して輸出者に代金を支払うことを確約する書類である。貿易取引においては，外国にある取引先（輸入者）の信用力について分かりづらい場合が多く，また，国内取引と比較して，輸出地における船積みから輸入地における荷下ろしまで時間がかかるため，輸入者から代金支払を受けるまでのタイムラグが長くなる。そこで，輸入地の銀行が輸入者の信用力を補完し（つまり，輸入者が代金を支払えなくても輸入地の銀行が支払ってくれる），貨物が仕向地に到着する前であっても輸出地の銀行が輸出者に対して代金決済を行うことを可能とする信用状取引が発達してきた。

近年においては，貿易取引においても全世界的には銀行送金による決済が8

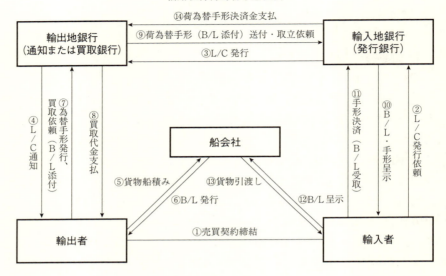

割以上を占めていると言われているが、新規の顧客や、世情の不安定な国の顧客との貿易取引における決済方法としては、信用状取引は今もなお多く利用されている（実際に、アジア圏では依然として信用状取引の割合が高い）。

2 信用状統一規則 UCP600

信用状取引については、前出の ICC が**荷為替信用状に関する統一規則および慣例**（Uniform Customs and Practice for Documentary Credits: UCP）を発行している。1933年に初版が発行された後、1951年、1962年、1974年、1983年、1993年および2007年に改訂されていて、2007年7月1日発行の最新版は、これに付された ICC の出版番号が600であったことにちなんで **UCP600** と略称されている。

UCP600 が定める信用状に関するルールのうち、重要なのは以下の2点である。

(1) 独立抽象性の原則（UCP600 第4条）

信用状取引は、対象物品の売買契約とは別個独立した取引であって、たとえ

第4節 信用状 **39**

信用状において売買契約への何らかの言及があったとしても，売買契約の影響を一切受けないという原則。

(2) 書類取引性の原則（UCP600 第5条）

銀行が支払をする際，輸出者が提出した船積書類を審査するのみで，船積貨物そのものの検査をするわけではないという原則。銀行は船積書類が信用状の記載と矛盾している場合は支払を拒絶できる。

3 信用状の種類

信用状には様々な種類があるが，主なものを以下説明する。

(1) クリーン信用状（Clean Credit）とドキュメンタリー信用状（Documentary Credit）

支払の条件として金融書類（為替手形，約束手形，小切手，支払受領書等）のみを要求している信用状をクリーン信用状といい，商業書類（インボイスや運送書類など，金融書類以外のすべての書類）を要求している信用状をドキュメンタリー信用状という。後者は要求書類が多い分，**書類不一致**（discrepancy: **ディスクレ**）によって支払を拒絶される確率も上がる。UCP600 はその英文名称が示すとおり，ドキュメンタリー信用状のみを対象とし，クリーン信用状に適用はない。国際売買で利用される荷為替信用状は，ドキュメンタリー信用状に含まれる。

(2) 一覧払信用状（Sight Payment Credit），後日払信用状（Deferred Payment Credit），引受信用状（Acceptance Credit），買取信用状（Negotiation Credit）

決済方法をそれぞれ，一覧払，後日払，指定銀行による引受けまたは買取りと指定した信用状である。

(3) 確認信用状（Confirmed Credit）と無確認信用状（Unconfirmed Credit）

発行銀行の信用に不安がある場合に，発行銀行以外の銀行が，発行銀行の信用力を補完する目的で，その信用状に基づく支払，引受けまたは買取りを約することを確認といい，これが加えられた信用状を確認信用状，そのような確認が加えられていない信用状を無確認信用状という。確認銀行は，発行銀行とは

40   UNIT 2   国際売買

別個独立の支払義務を負う。

(4) 回転信用状 (Revolving Credit)

同一当事者間で繰り返し売買を行う場合に，毎回信用状を発行する手間を省くため，信用状の有効期限までの期間，与えられた枠の中で使用した信用状金額が復活して繰り返し使用できるようになっている信用状。

(5) スタンドバイ信用状 (Stand by Letter of Credit)

債務保証目的のために発行される信用状。海外子会社が地元銀行から資金調達するときなどに日本の親会社の依頼で日本の銀行が発行する場合等がある。

▎第5節 ＼ 国際売買における保証 (米国法)

1 米国統一商事法典 (Uniform Commercial Code: UCC)

米国を相手国とする国際売買や，米国法を準拠法とする売買契約においては，**保証 (Warranty)** について国内取引にはない条項がしばしば見られる。これは，米国法における保証に関する規定を意識してのことである。

米国においては，商取引に関する法律は各州法によって定められている。とはいえ，州をまたぐ商取引が日常茶飯事の状況で，各州がばらばらの法規制をしていては実務に支障が出る。そこで，米国では UCC という統一のモデル法を作成し，それを各州が採択することで，ある程度の統一を図っている（ただし，各州が採択に当たって内容を修正している場合もある）。

2 UCC が保証 (Warranty) について規定している内容

UCC においては，契約の基礎となった売主による断言，約束，商品に関する説明，およびサンプルや模型は，明示の保証 (Express Warranty) となると規定されている (UCC§2–313 (1))。これらは「保証 (warranty または guarantee)」という言葉を用いなくても保証とみなされる（同 (2)）。

UCC はまた，売主が当該物品を扱う商人であった場合，（排除もしくは修正がない限り）物品に商品性 (merchantability) があることを黙示に保証 (Implied Warranty) しているものとみなす (UCC§2–314 (1))。商品性があると認められ

るためには，少なくとも下記を満たす必要がある（同 (2)）。

①　契約品目の業界において異議なく合格すること。
②　代替可能物の場合，当該品目の範囲内で中等品質を有すること。
③　当該物品が使用される通常の目的に適合すること。
④　契約が許容している変動の範囲内で，各単位またはその集まりの中で均一の種類，品質，数量であること。
⑤　契約が要求するとおりに収納され，包装され，ラベリングされていること。
⑥　容器もしくはラベルに記載されている断言または約束に合致していること。

　さらに UCC においては，排除もしくは修正をしない限り，上記以外にも，商慣習や取引の過程で黙示の保証は発生し得るとされているほか（同 (3)），買主が特定目的のために当該物品を要求していることを売主が知る理由があり，かつ適切な物品を選択し提供することについて，買主が売主のスキルと判断に頼っているときは，物品が当該特定目的に適合していることについて黙示の保証があるとされる（UCC§2-315）。

3　保証（Warranty）を否定するための条項

　UCC が定める上記の様々な保証を否定または修正するためには，UCC に従った方法で否定等しなければならない。

　まず，商品性に関する保証を否定するためには，商品性という言葉を使わなければならず，書面の場合は目立つように（conspicuous）記載しなければならない。また，目的適合性に関する保証を否定するためには書面で否定しなければならず，かつ目立つように記載しなければならない。「ここに記載している以外に何の保証もしない」旨の記載をすれば，目的適合性に関するすべての黙示の保証を否定することができる（以上につき UCC§2-316 (2)）。また，現状有姿（as is, または with all faults）という言葉を入れることによって，すべての黙示の保証を否定することができる（同 (3) (a)）。

　以上により，保証範囲を限定しようとする国際売買契約においては，限定的

42　UNIT 2　国際売買

な保証内容（一般的には，対象製品に欠陥がないことおよび当事者が合意した仕様書に対象製品が合致していることについては保証することが多い）を記載した上で，商品性（merchantability）や特定目的適合性（Fitness for Particular Purpose）の保証を含め，ここに記載した以外の保証をしない旨，あるいは現状有姿（as is）の取引である旨が大文字または太字で（上記のとおり，目立つ記載である必要があるため）記載されることが多い。

第6節　ウィーン売買条約（CISG）

1　ウィーン売買条約（CISG）とは

国際売買には，国際物品売買契約に関する国際連合条約（**ウィーン売買条約**。United Nations Convention on Contracts for the International Sale of Goods：**CISG**）の適用範囲に入る取引が多い。

CISG は，国際物品売買を対象とする私法に関する統一条約で，国連国際商取引法委員会（UNCITRAL）が作成し，1988 年 1 月 1 日に発効した条約である。2019 年 10 月 28 日現在，92 か国が加盟している。日本も 2008 年 7 月 1 日に加盟し，2009 年 8 月 1 日から発効したので，2009 年 8 月 1 日以降に締結される売買契約に適用がある（CISG 100 条 2 項）。

2　CISG の適用範囲

CISG は①異なる国に営業所を有する当事者間の

　　　　②物品売買契約で，

　　　　③ⓐこれらの国がいずれも締約国である場合，または

　　　　　ⓑ国際私法の準則によって締約国の法が適用される場合

に適用される（CISG 1 条 1 項）。

ここにいう営業所とは，当事者が 2 以上の営業所を有する場合には，「契約の締結時以前に当事者双方が知り，または想定していた事情を考慮して，契約及びその履行に最も密接な関係を有する営業所をいう[5]」とされている（CISG 10 条（a）号）。

---

5)　CISG には国連公用語である 6 か国語のバージョンがあるが，そこには日本語は含まれていないので，本章における和文は外務省の和文テキストによる。

第6節 ウィーン売買条約（CISG） **43**

　たとえば，いずれも締約国である日本とドイツの間の物品売買取引には CISG が適用される（上記③ⓐ）。また，締約国である日本と非締約国であるインドとの間の物品売買取引についても，訴訟が提起された裁判所が法廷地国際私法の準則（これには当事者による準拠法合意を含む）によって日本法を準拠法と判断した場合は，CISG が適用される（上記③ⓑ）。[6][7]

　なお，物品売買契約であっても，個人用，家族用または家庭用に購入された物品の売買（いわゆる消費者売買）やオークション，強制執行，有価証券，船または航空機，電気の売買には CISG の適用はない（CISG 2 条）。

3　CISG の適用排除

　CISG が適用される物品売買であっても，当事者は CISG 全体またはその一部の規定（ただし形式の自由を定めた 12 条を除く）の適用を排除することができる（CISG 6 条）。

　実際のところ，契約で CISG の適用を排除する合意がなされる事例は多い。その理由の一つには，CISG が規律する範囲が限定されていることがある。すなわち，CISG は売買契約の成立と，売買契約から生じる売主と買主の権利義務は規律するが，契約や条項の有効性や所有権は規律せず（CISG 4 条），物品によって生じた人身損害に関する売主の責任も規律しない（CISG 5 条）。したがって，CISG を適用したところで，契約の有効性や所有権の帰属等，CISG が規律していない部分については結局，どこかの内国法を参照しなければならない。

　また，契約作成にあたり CISG を排除しない場合，当該取引に CISG が適用されたらどのような結果になるかについて，CISG が適用された裁判や仲裁例を調査して検討する必要がある。UNCITRAL が運営している CLOUT と呼ばれるデータベースなど，いくつか調査方法はあるが，法廷地が様々であるため，その評価や先例的価値の判断をすることが難しい。

　さらに，CISG は国連公用語である 6 か国語がすべて正本であるが，6 か国

---

6)　なお，この裁判所が非締約国の裁判所の場合，当該裁判所が，締約国の法を準拠法としつつ，CISG は適用しないという判断をする可能性はある。

7)　ただし，締約国は上記③ⓑの適用を留保できることになっており（CISG 95 条・1 条 1 項(b)），米国，中国，シンガポールなどがこの留保を行っている。

44　UNIT 2　国際売買

語のバージョンにニュアンスの違いがあることも指摘されている。

　これらの理由により，CISG は売買契約において適用排除の合意がなされることが多い。CISG の適用を排除する方法としては，単に国内法（たとえば日本法）を準拠法として指定するだけでは足りず，「本契約には CISG は適用しない（The provisions of United Nations Convention on Contracts for the International Sale of Goods shall not apply to this Agreement.)」旨を明示的に記載する必要がある。

　実務において，売買契約書を締結しないまま，発注書ベースで実際の取引を開始してしまう例が時々見受けられるが，その場合は CISG の適用排除が合意されていない結果，当事者の意図に反して CISG が適用されることがあるので注意を要する。

4　CISG の主な規定

CISG の主な規定について，日本法との違いを中心に説明する。

(1)　申込みと承諾の不一致

　日本法においては，契約成立について申込みと承諾の厳格な一致を求めており，申込みに条件その他変更を加えた承諾はその申込みの拒絶とともに新たな申込みとみなされる（民 528 条）。これに対し，CISG においては，承諾に含まれた変更が実質的な変更でない場合に限ってではあるが，申込者がその相違について不当な遅滞なく異議を述べない限り契約の成立を認めている（CISG19 条2 項。**UNIT1** 参照）。

(2)　履行の停止権

　CISG は，①相手方の履行をする能力または信用力の著しい不足，あるいは②契約の履行の準備または契約の履行における相手方の行動，のいずれかの理由によって，相手方が義務の実質的な部分を履行しないであろうという事情が，契約の締結後に明らかになった場合には，自己の義務の履行を停止することができる旨を規定する（CISG 71 条 1 項）。この場合，履行を停止した当事者は直ちにその旨を相手方に通知しなければならず，また，相手方がその履行について適切な保証を提供した場合には，自己の履行を再開しなければならない（同

3項)。

これは，日本法における「不安の抗弁権」に該当するものであるが，日本法の「不安の抗弁権」は明文がなく（2017〔平成29〕年の民法改正においても議論されたが見送られた），一部の裁判例（東京地判平成2年12月20日判時1389号79頁等）で認められたにすぎないものであるため，その要件が明確ではない。

(3) 履行期前の契約解除

CISGはさらに，相手方が重大な契約違反を行うであろうことが契約の履行期日前に明白である場合には，契約の解除ができる旨を規定している（CISG 72条）。ただし，解除しようとする当事者は，相手方がその義務を履行しない旨の意思表示をした場合を除き，「時間が許す場合」には，相手方が履行について適切な保証を提供することを可能とするため，合理的な通知をしなければならない（同2項）。日本法では，履行不能の場合を除き，履行期前の解除の制度は存在しなかったが，2017（平成29）年成立の改正民法において，債務者がその履行を拒絶する意思を明確に表示したときは債権者は契約解除できる旨の規定が新設された（民542条1項2号・2項2号）。

(4) 損害軽減義務（Duty to mitigate）

CISGは，「契約違反を援用する当事者は，当該契約違反から生ずる損失（得るはずであった利益の喪失を含む）を軽減するため，状況に応じて合理的な措置をとらなければならない。」と定め，「当該当事者がそのような措置をとらなかった場合には，契約違反を行った当事者は，軽減されるべきであった損失額を損害賠償の額から減額することを請求することができる。」と規定する（CISG 77条）。

日本法においては，損害軽減義務についての明文の規定はないが，売主であっても買主であっても，損害の拡大をいたずらに放置することは信義則（民法1条2項）違反と判断され得る。2017（平成29）年成立の改正民法においても，「損害の発生若しくは拡大に関して債権者に過失があったとき」は損害賠償における過失相殺の対象になることが明記された（民418条）。

46　UNIT 2　国際売買

(5) 契約適合性

CISG においては，売主は買主に対し，契約に適合した物品を引き渡す義務を負い，契約に適合するとは，以下の各要件を満たすことをいう（CISG 35 条）。

① 契約に定める数量，品質及び種類に適合し，かつ，契約に定める方法で収納され，又は包装されていること（同条 1 項）
② 同種の物品が通常使用されるであろう目的に適したものであること。
③ 契約の締結時に売主に対して明示的又は黙示的に知らされていた特定の目的に適したものであること。ただし，状況からみて，買主が売主の技能及び判断に依存せず，又は依存することが不合理であった場合は，この限りでない。
④ 売主が買主に対して見本又はひな型として示した物品と同じ品質を有するものであること。
⑤ 同種の物品にとって通常の方法により，又はこのような方法がない場合にはその物品の保存及び保護に適した方法により，収納され，又は包装されていること。

買主は，「状況に応じて実行可能な限り短い期間内」に，物品を検査し，または検査させなければならない（CISG 38 条 1 項）。また，買主は物品の不適合を発見し，または発見すべきであった時から合理的な期間内（いかなる場合でも，遅くとも自己に物品が現実に交付された日から<u>2 年以内</u>。ただし契約上の保証期間がある場合はそちらが優先する）に売主に対して不適合の性質を特定した通知を行わない場合には，物品の不適合を援用する権利を失う（CISG 39 条）。

日本法においては，商人間の取引について，買主は目的物の受領後「遅滞なく」その物を検査しなければならないとされ（商 526 条 1 項），当該検査で契約不適合を発見したときは「直ちに」，直ちに発見できない不適合については<u>6 か月以内</u>に発見してから直ちに，売主に対してその旨の通知をしなければならないとされている（同条 2 項）。

(6) 知的財産権非侵害保証

CISG が適用される場合，売主は目的物が第三者の知的財産権を侵害してい

ないことについて重い保証義務を負う。すなわち，売主は，①当事者双方が契約締結時に想定していた転売・使用先の国または②買主の営業所が所在する国の知的財産権であって，売主が契約締結時に知り，または知らなかったはずがない（could not have been unaware）知的財産権に基づく第三者の権利または請求の対象となっていない物品を引き渡さなければならない（CISG 42条1項）。

　ここにいう「当事者双方が契約締結時に想定していた」とは，合意までは必要なく，買主が売主に転売・使用先の国を明らかにしていた場合や，契約交渉の経緯から，それらの国を売主が十分に認識できた場合も含まれる。また，複数の国が含まれる場合はそれらすべての国における知的財産権が対象となる。

　対象となる国で契約締結時に登録されていた知的財産権は，基本的に売主が「知らなかったはずがない」知的財産権に該当する。

　「第三者の権利または請求」には法的根拠のない請求も含まれるため，たとえ法的根拠のない主張であっても，第三者が目的物に関して知的財産権侵害を主張してきた場合は，売主は当該主張により買主に生じた損害を賠償しなければならない。

　売主がこのような重い知財保証義務から免責されるのは，①買主が契約締結時に第三者の権利または請求を認識可能であった場合と，②第三者の権利または請求が，売主が買主の指示（技術図面や設計，仕様など）に従った結果である場合，の二つである（CISG 42条2項）。

　日本法においては，売主が知的財産権非侵害保証をすべき範囲は，基本的に当事者間の合意による。したがって，当事者間で明示的な合意があればそれに従い，そうでなければ売買契約の個々具体的な事情によって黙示的合意の範囲が判断されることになる。

(7)　契約解除

　CISG においては，契約の解除は①相手方による重大な契約違反の場合または②相手方による引渡遅延（代金支払遅延）の場合において，付加期間を設定したがその期間が徒過した場合または引渡（代金支払）拒絶の意思表示があった場合，のいずれかに限られる（CISG 49条・64条）。

　契約違反の内容が目的物の不適合である場合には，(5)で述べたとおり，買主は不適合を発見し，または発見すべきであった時から合理的な期間内に売主に

48 UNIT 2 国際売買

対して不適合の性質を特定した通知をしなければ，不適合を援用する権利を失う（CISG 39 条 1 項）。

　また，解除権者は合理的な期間内に解除の意思表示をしない限り，解除権を失う（CISG 49 条 2 項・64 条 2 項）。

　ここにいう合理的期間がどれくらいの期間なのかについては，具体的な日数制限はなく，個々の事案ごとの判断になるため（8 週間が合理的期間を超えると判断した例もあれば，4 か月でも合理的期間内と判断した例もある），予測がつきにくい。

　このように，CISG の適用がある場合は，契約の解除が非常に狭き門となり，認められにくい。

　日本法においても，改正民法では，催告による解除について，（催告期間を）「経過した時における債務の不履行がその契約及び取引上の社会通念に照らして軽微であるときは，この限りでない。」との規定が新たに設けられた（民 541 条ただし書）。しかしながら，改正民法においては不履行が軽微であることについて不履行当事者が立証責任を負うのに対し，CISG では解除権を行使しようとする当事者が，重大な契約違反であることについて立証責任を負う点が大きく異なる。

UNIT 3

販売店契約 (Distributorship Agreement)

第1節　はじめに

　企業がある製品を外国において広く販売したいと考えたとき（以下本 UNIT においてそのような企業を「サプライヤー」という），自ら現地子会社または現地資本との合弁会社を設立して販売することも考えられるが，現地で既に販売網を有し，あるいはこれから構築しようとしている第三者と**販売店契約**または**代理店契約**を締結することも一つの方法である。特に，初期投下資本を低く抑えて現地の市場についてまずは様子を探りたい場合などには有力な選択肢となる（ただし，**第4節**で述べるとおり，契約の終了には注意が必要である）。本 **UNIT** では，継続的な売買契約の一形態である販売店契約について概説する。なお，販売店契約に規定される条項のうち通常の売買に関するものは **UNIT2** を参照されたい。

第2節　代理店との違い

　販売店も代理店も，それらが保有している販売網を利用してサプライヤーの製品を販売するビジネスモデルである点は同じである。

　しかし，**代理店（Agent）**は，あくまで本人たるサプライヤーの代理として

50 UNIT 3 販売店契約（Distributorship Agreement）

顧客に製品を販売するので，売買契約はサプライヤーと当該顧客との間に直接成立する。サプライヤーと代理店との間の契約は，代理店が製品の販売先を見つけてくればサプライヤーが手数料を支払うという内容の契約であって，売買契約ではない。したがって，代理店は売掛金回収リスクや在庫リスクを負わないし，顧客への販売価格は本人であるサプライヤーが決める。

　一方，**販売店（Distributor）**は，サプライヤーの代理ではなく，顧客との売買契約は販売店との間に成立する。サプライヤーと販売店との間の契約も売買契約であり，製品の所有権が販売店に移転するから，販売店は売掛金回収リスクと在庫リスクを抱える。顧客への販売価格は販売店が決定する。

　なお，日本における実務では，「販売代理店」という言い方をすることがあるが，これは代理店の場合もあれば販売店である場合もあり，名称だけではどちらなのか判断がつかない。さらに，独占権を持った販売店を「総代理店」と呼ぶこともあり，結局，契約内容を見なければどちらなのか判断できないのが実情である。

　日本企業がサプライヤーとして，自社製品の他国での販売を検討するときは，販売店の形式をとることが多い。その理由は企業によって様々であろうが，販売国に代理店を置くと，それがサプライヤーの恒久的施設（PE。**UNIT16**参照）として認定され，代理店の売上について販売国の当局からサプライヤーが課税されるリスクがあることや，後述するとおり，欧州などにおいて代理店の方が販売店よりも法的に厚く保護されていることも影響していると考えられる。そこで，本 UNIT では，代理店については取り扱わない。

■ 第３節　販売店契約における特徴的な条項

1　対象製品の特定

　通常の売買契約でも同様であるが，販売店契約では，まず，対象となる製品を明確に特定することが非常に重要である。既に販売中のものであれば商品名で特定してもよい。対象製品として，その改良品も含むのか否かも争いになることが多いので，この点も明記しておくべきである。独占的販売店契約においては対象製品が独占権の範囲となるほか，販売店に対し競合品の取扱いを禁止する場合にも，競合品の範囲を明確にするために，対象製品の明示は重要であ

第3節　販売店契約における特徴的な条項　　51

る。

2　独占権の有無およびテリトリー

　販売店契約においては，当該販売店が対象製品を販売することができるテリトリーを定める。テリトリーは，国，州などの行政単位で明確に規定した方がよい（下記文例では，「テリトリー」を含む用語の定義条項が別途存在することを前提としている）。また，当該販売店が対象製品についてテリトリーにおける独占的な販売店なのか，あるいは同テリトリー内に他にも販売店を指名する権利をサプライヤーに留保する（すなわち非独占）のかを明確にする（下記文例第1項）。独占的販売店契約の場合，サプライヤー自身も同じテリトリー内で販売してはならないのか（厳格な独占），あるいはサプライヤー自身は販売してもかまわないのかについても記載する方がよい（下記文例第4項）。また，サプライヤーと販売店との関係が代理関係を生じるようなものではないということも規定される（下記文例第2項）。　なお，テリトリー制（販売地域制限）と独占禁止法による規制については，**UNIT17第4節2**を参照。

Article ★ Appointment
1.　Subject to the terms and conditions set forth herein, Supplier hereby appoints Distributor as its exclusive distributor of the Products in the Territory during the effective period of this Agreement, and Distributor accepts and assumes such appointment.
2.　The relationship hereby established between Supplier and Distributor shall be solely that of seller and buyer, and Distributor shall be in no way the representative or agent of Supplier for any purpose whatsoever, and shall have no right or authority to create or assume any obligation or responsibility of any kind, express or implied, in the name of or on behalf of Supplier or to bind Supplier in any manner whatsoever.
3.　Distributor shall sell the Products only in the Territory and shall not sell or export the Products to any person, firm or corporation outside of the Territory, nor shall it resell the Products to any person, firm or corporation in the Territory who Distributor knows or has reason to believe intends to resell or export the Products outside the Territory.
4.　Supplier agrees to promptly forward to Distributor orders or inquiries received from the Territory regarding the Products. Distributor agrees to promptly forward to Supplier orders or inquiries received from outside the Territory regarding the Products.

3　販売促進義務

　サプライヤーは販売店の販売網および販売能力に期待して販売店契約を締結するのであるから，販売店には対象製品の販売促進活動を熱心に行う義務が課

される（下記文例第1項）。具体的には，十分な人員の配置や，人員の教育，適切な設備の用意等である（下記文例第2項）。さらに具体的に，売上額の一定割合または定額を毎年販売促進活動に使うことを義務づける例もある。また，受注生産の製品以外は，通常，販売店が常に適切な量の在庫を保持していなければせっかくの販売機会を失う場合もあるので，適正在庫の保持を販売店に義務づけることもある（下記文例第3項）。

このほか，販売店に販売努力をさせる一つの方法として，販売店がサプライヤーに対し，マーケティング活動の実施について定期的に報告する義務を課す場合もある。さらに，販売地域がサプライヤーの本国ではない場合には，販売店自身のマーケティング活動のほか，販売地域の市場全体の状況に関して定期的に報告をさせることが有用なことも多い。特に，サプライヤーが将来的な展望として，販売店による対象製品販売が好調な場合には，自ら現地子会社を設立するなどして，グループ内での販売に切り替えることを検討している場合には，市場に関するそれらの情報の取得はサプライヤーにとって重要である。

Article ★ Promotion and Advertising

1. Distributor shall diligently and adequately advertise and promote the sale of the Products throughout the Territory.
2. Distributor shall establish and maintain a fully staffed force of trained and qualified sales personnel, and the necessary facilities and marketing guidelines in order to fulfill its function and obligations as the exclusive distributor of the Products and maximize the sale of the Products in the Territory.
3. Distributor shall maintain such inventory of the Products as may be reasonably necessary to meet the market demands therefor.

---

4 最低購入義務

独占的販売店契約の場合，独占権の見返りとして，販売店に最低購入義務を課すことが多い。すなわち，独占的販売店の売上が伸びていなくても，サプライヤーは同テリトリー内でほかの者に対象製品を販売させることができないのであるから，契約期間中，たとえば最低でも1年間にこれだけはサプライヤーから購入しなければならない，という販売店の最低購入義務を定めるのである。バリエーションとして，1年あたりの最低購入量が未達でも，一定期間（たとえば3年間）は繰越しを認める（すなわち，3年間で3年分の最低購入量を達成すればよい）場合もある。なお，最低購入量は，販売店が同量を実際に顧客に販売

しなくても，サプライヤーから購入して在庫として抱えることで理論的には達成できるため，一歩踏み込んで，販売店による最低販売量を定める場合もある。

Article ★ Minimum Purchase
Within each calendar year during the term of this Agreement, Distributor shall place orders and purchase from Supplier a minimum quantity of ＿（数量）＿ Products.

　販売店が最低購入（または販売）義務に違反した場合，損失補償義務を定める場合や，契約違反として解除の対象となる旨を定める場合，あるいは独占的販売店契約であれば，サプライヤーがその裁量により，販売店の独占権を取り消し，非独占的販売店に変更することができるという条項を設ける場合もある。また，契約解除に至る前に，市場の状況に基づいた今後の方向性（最低購入量を減らす等）について当事者双方が協議する義務を定める場合もある。

5　競合品取扱い禁止義務

　独占的販売店契約の場合は特に，販売店に全力で対象商品の売上を伸ばす努力をしてもらわなければならない。そのため，競合品の取扱いを禁止することが多い。

　実務では競合品の範囲について争いになりやすいので，できるだけ明確に規定すべきであるが，下記はサプライヤーの立場に立ち，競合品の範囲が広くなるように記載した例である（「同種」〔same kind〕あるいは「類似」〔similar〕の製品という定めよりも，「競合する可能性のある製品」（in competition with）という定めの方が，一般的に対象が広くなる）。

　なお，非独占的販売店契約でも，サプライヤーの立場が強い場合，競合品取扱い禁止義務が定められることがある。しかし，競合品取扱い禁止義務はいわゆる垂直的制限の一つであり，サプライヤーおよび販売店の市場におけるシェアなどの具体的状況によっては，独占禁止法上問題となることがあるので，注意が必要である（**UNIT17 第4節2**参照）。

Article ★ . Non-Competition
For the entire duration of this Agreement, Distributor commits not to, directly or indirectly, import, purchase, sell, distribute or otherwise deal with any product that could be of the same kind as, similar to or in competition with the Products.

54   UNIT 3   販売店契約（Distributorship Agreement）

6 商標権のライセンス

　対象製品に付す商標について，サプライヤーはまず，販売国における商標登録を行う必要がある。その上で，販売店が対象製品を販売するにあたり，サプライヤーの指定する商標を付すことはもちろんであるが（下記文例第1項），販売店が対象製品の販売促進活動を行う過程で，サプライヤーの商標を販促物に載せる等の行為が必要な場合がある。そのため，サプライヤーから販売店に対する商標権の使用許諾（下記文例第2項）のほか，他の商標を使用しない等，商標取扱いにあたっての禁止事項（下記文例第3項）が規定される。

Article ★ Trademark
1. All the Products sold in the Territory shall bear the following trademarks of Supplier (hereinafter, the "Trademarks").

（商標の表示）

2. Supplier authorizes Distributor to use the Trademarks on or in relation to the Products in the Territory only for the purposes of exercising its rights and performing its obligations under this Agreement.
3. Distributor shall not use any Trademark in any way which might prejudice their distinctiveness or validity or the goodwill of Supplier therein, or use in relation to the Products any trademark other than the Trademarks without obtaining the prior written consent of Supplier.

---

7 アフターサービス

　販売店契約の場合，サプライヤーは対象製品のユーザーから地理的に離れていることが多く，逆に販売店は近い。したがって，販売後のアフターサービスは基本的に販売店が，サプライヤーのガイドラインに従って行う（下記文例第1項）。これを実現するため，サプライヤーが販売店の従業員をトレーニングする旨が記載されることもある（同第2項）。

Article ★ After-sales Service
1. Distributor shall provide maintenance and repair services to the users of the Products pursuant to Supplier's guidelines.
2. For three（3）consecutive days within the three（3）-month period from the Effective Date, Supplier shall provide the technical training for the employees of Distributor free of charge. The date and details of such technical training shall be separately agreed by Supplier and Distributor.

第3節　販売店契約における特徴的な条項　　55

8　保証（Warranty）

　国際売買契約における保証条項の内容（米国法）については **UNIT2 第 5 節**を参照されたいが，継続的取引である販売店契約においては，売買される対象製品の数量が多くなることが見込まれているから，知的財産権非侵害保証の有無および範囲を含め，保証内容を明確にすること（サプライヤーにとっては保証を限定すること）はより一層重要となる。

9　製造物責任を含む，第三者によるクレームに対する補償（Indemnification）

　対象製品に製造物責任法上の欠陥があった場合の販売店の損失補償について，サプライヤーが責任を負う旨の規定を入れることが一般的である（**UNIT1 第3 節 3**(3)参照。下記文例第 1 項）。保証（Warranty）と同様，販売店契約においては取引数量が多くなることが想定されており，製造物責任（Product Liability）による損害は莫大な額になる可能性がある。したがって，サプライヤーとしては補償責任に対し何らかの限定をすることを検討すべきである（下記文例第 3項）。

Article ★ Indemnification
1.　Supplier shall indemnify and hold harmless Distributor from any and all third-party claims, damages, liabilities and expenses, including reasonable attorney's fees and amounts paid in settlement of any such claim, arising from Supplier's breach of this Agreement, including, but not limited to, product liability.
2.　Distributor shall indemnify and hold harmless Supplier from any and all third-party claims, damages, liabilities and expenses, including reasonable attorney's fees and amounts paid in settlement of any such claim, arising from Distributor's breach of this Agreement.
3.　IN NO EVENT SHALL EITHER PARTY BE LIABLE TO THE OTHER PARTY FOR ANY SPECIAL, INDIRECT, INCIDENTAL AND CONSEQUENTIAL DAMAGES, PUNITIVE DAMAGES AND/OR LOSS OF PROFITS ARISING OUT OF OR IN CONNECTION WITH THE SALE, USE OR PERFORMANCE OF THE PRODUCTS OR ANY BREACH OF ANY PROVISION OF THIS AGREEMENT.

10　法令遵守

　販売店契約においては，サプライヤーは販売地域から地理的に離れていることが多く，必ずしも現地の法律や規則に精通しているわけではない。販売地域に拠点を有する販売店の方が，そのような法律や規則に詳しいことが多いため，

56   UNIT 3 販売店契約（Distributorship Agreement）

販売店契約において販売店に法令遵守を促す規定を設けることが多い。ただし，汚職行為や贈賄に対する規制については米国などが幅広い域外適用を認めているため，サプライヤー自身もその内容を確認して遵守すべきである。なお，当事者が別の国の法律を販売店契約の準拠法として合意した場合であっても，これらの法律や規則は強行法規として適用されることが多い。

Article ★ Compliance
Distributor shall strictly comply with any and all applicable laws, rules and regulations with regard to the sale of the Products in the Territory, as well as obtain and maintain the necessary governmental license or approvals.

---

11 期　　間

　継続的な売買契約である販売店契約においては，契約期間は当初期間（3年など）経過後に自動更新条項（たとえば，契約期間満了の3か月前までに当事者のいずれも契約を更新しない旨を相手方に通知しなかった場合は1年間の自動更新となる，というような条項）を定めることが多い。しかしながら，自動更新が行われた結果として，**第4節**において後述するとおり，継続的契約あるいは期間の定めのない契約[1)]としてその終了に法的制約がかかる場合があるので，販売地域の法令に従った対応が必要である。

12 契約終了後の在庫

　販売店契約の終了時に販売店が製品の在庫を抱えている場合は，販売店契約終了後の一定期間（下記文例では3か月間），当該在庫を販売することを販売店に許可するか，あるいは，販売店による廉売を避けるため，サプライヤーによる在庫の買戻権を規定する場合もある。

Article ★ Remaining Inventory
With respect to any remaining inventory held by Distributor as of the date of expiration or termination of this Agreement, Distributor shall sell the same within three (3) months from the date of expiration or termination hereof. The relevant provisions of this Agreement shall continue to apply with respect to the sale of such Products during the said three (3)-month period.

---

1)　たとえばベルギーの販売店保護法によれば，2回更新された販売店契約は期間の定めのない契約とみなされる。

第4節　販売店契約の終了

　販売店契約の終了については，一般的に，①契約期間満了による終了と，②契約違反等による契約期間満了前の解除による終了について契約の中で規定される。これに加えて，理由なき解約を認める条項が入れられることもある。

　しかしながら，販売店契約の終了については，契約上の文言にかかわらず，紛争が発生することが多い。販売店は販売店契約上の義務を履行するために，物理的または人的投資をしている場合もあるし，契約関係が長期にわたったときには，販売店が対象製品の売上に大きく依存している場合もある。一般的にサプライヤーに比して販売店の方が弱小である場合が多いため（多くの場合，販売店は小資本でもできるからである），サプライヤーによる理由なき解約や，繰り返し更新されてきた契約の更新拒絶は，販売店の死活問題となることが少なからずあるのである。

　そこで，各国法が特別な規律を設けて販売店契約の終了を制限し，販売店を保護しようとしていることがある。以下，日本，EU，米国，中国および中東における規律について概説する。

1　日　　本

　日本法においても，明文の規定はないものの，販売店契約を含め，長期間にわたって取引関係が反復継続された取引の終了については，解約相手方の当該取引に対する依存度や投下資本等に鑑み，相手方の取引上の不利益を回避するために合理的な予告期間をおいて解約するか，そうでない場合は両者間の信頼関係が破壊されたことなど解約することがやむを得ないといえる事由がある場合にのみ許されるというのが確立した裁判実務である（逆にいえば，販売店側の会社規模が比較的大きく，当該取引に対する依存度が低い場合で，自動更新されない確定期限による契約の場合等には，当該期間の満了による契約終了が認められる傾向にある）。合理的予告期間については，個々の事案に応じてまちまちであるが，特別な事情がない限り，1年間あれば解約が認められると一般的に理解されている。なお，合理的な予告期間と同じ期間分の相手方の損害を賠償した上で即時解約することも認められる。

58   UNIT 3　販売店契約（Distributorship Agreement）

2　E　U

　EUにおいては，代理店保護を目的とした1986年の独立商業代理店に関する EU加盟国間の法律の調整に関する理事会指令（Council Directive 86/653/EEC of 18 December, 1986 on the coordination of the laws of the Member States relating to self-employed commercial agents）が存在する。EU指令は，規則（regulation）とは異なり，それ自体が直接的に法的拘束力を持つわけではなく，EU加盟国に対して示される模範法にすぎないので，結局はそれぞれのEU加盟国の国内立法による。上記指令は，その名のとおり代理店契約について規律しており，販売店契約に直接の適用はないが，EU加盟国の国内立法において，販売店契約についても代理店保護法が類推適用される場合や，あるいは販売店を直接保護する法律が存在する場合がある。前者の例としてスペイン（ただし常に類推適用されるわけではない）やドイツがあり，後者の例としてベルギーが挙げられる。したがって，販売店契約を締結するにあたっては，販売店が所在する加盟国の国内法を調査することが望ましい。なお，代理店契約の解約に必要な合理的予告期間については，上記指令が，契約が継続していた期間に応じ，最大6か月までの事前通知を要求していることが参考になるが，具体的事案の事実関係に応じ，各加盟国の裁判所の判断でこれより長い期間が要求される場合もある。

3　米　国

　米国では，販売店契約一般を特に対象とした特別法は存在しない（ただし，自動車や酒類など特定の産業については販売店契約を規制する特別法が存在する）。

　しかしながら，フランチャイズ契約におけるフランチャイジーの保護を目的とした連邦法および州法があり，そのフランチャイズの定義に（予想外にも）[2] 販売店が該当することがあるので注意が必要である。[3] 連邦法（FTC Rule）[4] はフ

---

[2]　日本法では，中小小売商業振興法，独占禁止法，特定商取引に関する法律等がフランチャイジー保護に関連するが，フランチャイズだけを規律することを目的とした法律はまだない。

[3]　州によってフランチャイズの定義は異なる。販売店がイリノイ州におけるフランチャイズの定義に当てはまると判断し，合理的理由なき解約が違法であるとした例として，To-Am Equipment Co., Inc v. Mitsubishi Caterpillar Forklift America, Inc.（152 F.3d 658, 米国第7巡回区控訴裁判所 1998）。

[4]　連邦取引委員会（Federal Trade Commission）。

ランチャイザー（販売店契約においてはサプライヤー）に対し，事前にフランチャイザーや対象製品に関する23項目にわたる情報の開示を求めているが，契約関係の解消等については規律していない。一方，州法により，フランチャイザーに対し事前に州政府に登録をするよう要求している州もある（カリフォルニア州，ニューヨーク州など）。また，合理的理由なき解約（termination without good cause）や事前の通知なき解約を制限している州もある[5]（カリフォルニア州，デラウェア州など）。

これらフランチャイジーに対する保護法制は一般的に当事者の合意で排除することはできないと解されているので（当事者がフランチャイズ契約の中で他の州法を準拠法として指定している場合であってもなお適用されると判断された事例もある），販売店契約を解消する場合は，フランチャイズ法制の適用があるか否かに注意しつつ，慎重に行う必要がある。

4 中　　国

中国においては販売店契約を特に対象とした特別法は存在しない。販売店契約の終了は，契約一般と同様に，中国契約法によって規律される。中国契約法は，継続的契約の終了について特に制限はしていないが，契約締結時において明らかに公平を欠く契約は，当事者の請求により，裁判所が契約内容を変更または取り消すことが認められている（中国契約法54条1項2号）。したがって，合理的期間の通知を要せず，即時解約を認める内容の販売店契約は，裁判所によって変更され，合理的期間の通知または損害賠償を命じられる可能性がある。

5 中　　東

中東諸国は販売店保護が強い国々として知られ，多くの国で販売契約終了時における販売店の補償請求権（compensation claim）が認められている。ただし，サウジアラビアにおいては，基本的に補償請求権は認められておらず，認めら

5）たとえばカリフォルニア州では，更新拒絶のためには180日前の通知が要求されているほか，その180日の間にフランチャイジーが第三者又はフランチャイザーに事業譲渡することを認めるべきこと等が規定されている（California Business and Professions Code § 20025）。デラウェア州では，合理的理由なき更新拒絶は違法とされ，どのような場合であっても解約または更新拒絶には90日前通知が必要とされる（Delaware Code, Title 6, § 2552, 2555）。

60　UNIT 3　販売店契約（Distributorship Agreement）

れたとしても直接かつ現実の損害に限定されることが多い。

　他方で，サウジアラビアを含む中東の多くの国において，販売店契約には登録制度がある。サウジアラビアの場合，販売店契約の終了について紛争になっている間，当局はその裁量により新たな販売店の登録を拒絶することができるため，従来から，登録制度は契約終了の場面で販売店の強力な武器となるとされていた。しかしながら，当局が非独占的販売店契約については同じ製品について複数の販売店契約の登録を認めるようになったことや，サウジアラビア経済にとって重要な製品については，従前の販売店の登録があっても新しい販売店について仮登録を認めるなどの措置をとるようになったことで，その登録制度の影響力は相対的に弱まっている。

　中東諸国では，日本法や英米法とはまったく異なった法源であるイスラム法の影響も濃く，販売店契約の終了においては現地弁護士等と連携し，規律について理解を深めた上で対応するべきである。

UNIT 4

国際貿易

第1節 はじめに

　本 UNIT では，企業が国際的な取引活動を行う上で直面する国際貿易に関する法制度について概説する。本 UNIT で取り扱う通商法や貿易管理については，これまでは社内の法務部門が関与する場面は比較的限定され，輸出管理業務の担当者によって担われてきた領域である。しかしながら，米中の貿易戦争やテロリズムの脅威等にさらされた近時の国際情勢においては，国際的なビジネスを展開する中で発生する国際貿易にかかわる事象が事業面のリスクに直結する可能性があり，実際に，米国トランプ政権による対中追加関税，対イラン経済制裁の再開，ファーウェイに対する制裁措置は，日本企業のサプライチェーンにも影響を与えている。したがって，社内の法務部門や社外弁護士としては，企業の取引活動に関連する法制度を理解するとともに，最新の法制度の動きや執行状況を注視しておくことが重要である。

　企業が国境を越えた物品の輸出入を行う際に発生する通商法上の問題の代表例として，不公正な廉価による輸出（ダンピング）が挙げられる。世界貿易機関（WTO）による体制下で，そのような不公正貿易に対する救済措置としてアンチ・ダンピングが認められており，日本企業がその調査対象または申請者として関与することが想定される（第2節）。

62　　UNIT 4　国際貿易

　自由貿易下においても外国への輸出がまったく自由というわけではなく，安全保障等の観点から，国際的枠組みおよび各国法に基づく規制が加えられている。こうした輸出貿易管理に関する法令に違反すると，各国における刑事罰・行政罰の対象となるのみならず企業の社会的信用失墜にもつながるリスクがある。そこで，社内における有効なコンプライアンス体制の構築・運用が求められる（第3節）[1]。また，安全保障貿易管理の一環として，一定の国に対する経済制裁の実施により物品等の輸出や取引が制限されることもある（第4節）。

▌第2節 ＼貿易救済措置

1　WTO協定について

　世界貿易機関（WTO）は，1994年4月に採択された「世界貿易機関を設立するマラケシュ協定」により1995年1月1日に設立された国際機関である。協定採択に至るまでに成立した交渉の結果が四つの附属書として作成され，主として，①物品の売買に関する**GATT（関税及び貿易に関する一般協定）**，②サービスの貿易に関するGATS（サービスの貿易に関する一般協定），③知的財産権に関する**TRIPS（知的所有権の貿易関連の側面に関する協定）**の三つの実体的な協定に加えて，手続ルールとして，④各国の協定遵守に関する紛争解決手続を定める[2]DSU（紛争解決に係る規則及び手続に関する了解），⑤各国の貿易政策についての審査・改善を図るTPRM（貿易政策検討制度）を内容とする（併せて**WTO協定**）。なお，TRIPS協定については**UNIT11第1節**参照。

　WTOの加盟国は上記の協定すべてについて締約国となることが求められて

---

1)　**第3節**においては，貿易管理の代表例として安全保障貿易管理について説明するが，輸出入取引においては，ワシントン条約（正式名は「絶滅のおそれのある野生動植物の種の国際取引に関する条約」）などの特定品目に対する法規制についても留意する必要がある。

2)　WTO協定に不整合と考えられる他国の通商措置についての二国間の紛争の解決を図る準司法的手続であり，企業にとっては，政府を通じて他国の不公正な通商措置の撤廃等を求める手段となる。審理はパネル（小委員会），上級委員会の二審制であるが，実際には，パネルが設置される前の二国間協議を通じて解決されるケースが多い。一例として，日本の韓国に対する半導体材料など3品目の輸出管理厳格化措置（**第3節2(2)参照**）に関して，韓国は2019年9月11日にWTOに二国間協議の要請を行った。今後はWTOの紛争解決手続（二国間協議→パネル→上級委員会）を通じて，日本による措置がWTO協定に違反するかが争われることとなる。

おり，各国はその内容に拘束される。WTO協定の加盟国は，自国の法令等を
WTO協定の附属書の協定に定める義務に適合したものにすることを確保する
ことが義務付けられている（日本はWTO協定に合わせて国内法の改廃を行ってい
る）。2019年10月27日時点での加盟国は164カ国・地域である。

　GATTは，関税の撤廃等について加盟国間で「関税同盟」「自由貿易地域」
等の中間協定を締結することを許容しており，今日では，二国間または複数国
間の貿易を自由化する取決めとして広く**自由貿易協定（FTA）**が締結されてい
る。最近では，貿易自由化に加えて投資環境の整備，知的財産権保護等につい
ても対象に含めた**経済連携協定（EPA）**の締結が増加している。**環太平洋経済連
携協定（TPP**。米国の脱退を経て2018年12月に11カ国で発効），2019年2月に発
効した日本・EU経済連携協定も，WTO体制の下で加盟国間の物品貿易取引
を促進するために締結された個別協定である。なお，投資に関する紛争解決手
段として用いられる投資仲裁については**UNIT10第5節**参照。

2　アンチ・ダンピング

(1)　アンチ・ダンピングとは

　アンチ・ダンピング（Anti-dumping）とは，輸出国の国内価格よりも低い価格
による製品の輸出が行われ，輸入国の国内産業に被害を与えている場合に，当
該輸出価格を正常な価格に是正する目的で，輸入国の政府が当該製品の輸入業
者に対して価格差相当額の関税（**アンチ・ダンピング税**）を賦課する関税措置を
いう。

　WTO協定において，関税については多角的交渉によって作成された譲許表
に定める範囲内で賦課することが原則であるが，アンチ・ダンピングは，その
ような原則の例外として，不公正な貿易に対処するための措置として認められ
るものである（GATT6条）。

　WTO協定においては，GATT6条に定めるアンチ・ダンピングの解釈およ

---

3)　日本によるFTAおよびEPAの締結・交渉状況につき，外務省ホームページ「経済連携
　協定（EPA）／自由貿易協定（FTA）」参照。
4)　アンチ・ダンピング以外の例外としては，不公正貿易に対する措置として相殺関税，不
　法な措置に対する措置として報復関税，緊急輸入制限（セーフ・ガード）等に対する措置と
　して緊急関税がある。

64　UNIT 4　国際貿易

び実施のための手続についての詳細として，「1994 年の関税及び貿易に関する一般協定第 6 条の実施に関する協定」(**AD 協定**) が定められている。AD 協定は本文 (18 条) と二つの附属書から成り，ダンピングの認定方法，損害の認定，国内産業の定義，調査手続，証拠，暫定措置，価格に関する約束，アンチ・ダンピング税の賦課・徴収等について定めている。

(2)　アンチ・ダンピングの活用状況

　世界各国でアンチ・ダンピングが積極的に活用されており，2017 年にアンチ・ダンピング措置が発動された件数は 194 件であった（日本による発動件数は 1 件のみ）。日本は発動するよりも発動されることが圧倒的に多く，WTO 設立後の 23 年間 (1995 年～2017 年) における発動件数は 11 件，被発動件数は 152 件である。[5]

　特に，中国から日本企業に対する発動件数が多く，1995 年～2017 年末までにアンチ・ダンピング調査が開始された 258 件のうち，日本の産品が対象に含まれた案件は 46 件である（うち 36 件でアンチ・ダンピング措置が発動）。2018 年 6 月末時点で 18 件のアンチ・ダンピング課税が継続しており，WTO 協定との整合性に疑義のある決定もなされていると指摘されている。[6]

(3)　アンチ・ダンピングの手続

　日本では，WTO 協定および AD 協定に適合する国内法として，関税定率法 8 条，不当廉売関税に関する政令およびガイドラインが定められており，具体的な手続の流れは下記のとおりである。

---

①　申請者による課税の求め：「合理的に入手可能な情報」に基づき，ダンピング輸入の事実，国内産業の損害の事実，両者の因果関係，措置が国内産業を保護するために必要であることを説明する。

　　　↓

---

5)　経済産業省貿易経済協力局貿易管理部特殊関税等調査室「日本における貿易救済措置の活用動向と政策的取組」(2018 年 11 月) 5-6 頁。
6)　経済産業省通商政策局編「2019 年版不公正貿易報告書」(2019 年 6 月) 21-22 頁・238 頁以下参照。

第 2 節　貿易救済措置　65

② 　政府による調査：財務省・産業所管省・経済産業省の関係職員から構
　　成される調査担当団による。利害関係者への質問状の送付・回答，現地
　　調査等が実施される（期間は原則 1 年）。
　　　　　↓
③ 　政府による調査の結果，課税の要件が満たされれば措置（輸入関税の
　　賦課）が実行される（最長で 5 年以内）。

　アンチ・ダンピングによる関税が賦課されたとしても，その対象は調査対象
産品に限定されるため，輸出者としては，微小変更，輸入国迂回，第三国迂回，
カントリーホッピングなどによってアンチ・ダンピング関税を回避することが
可能であり，このような行為を**迂回**（circumvention）という。日本法上は迂回
防止措置について特段規定されていないため，調査対象産品の特定における工
夫が求められる。[7]

　(2)で述べたとおり，日本企業がアンチ・ダンピングの措置に主体的にかかわ
る場面は限定されているのが現状であるが，アンチ・ダンピングは，国際的に
販売される製品の競争力を維持・強化する手段としても有用であることから，
不当なダンピングが疑われる場面を早期に発見することが重要となる。[8]

　また，日本企業が外国においてアンチ・ダンピングの措置対象となった場合
には，短期間で調査当局からの質問状に回答を行う必要があり，社外弁護士を
起用するなどして，調査当局に対して適切な主張・立証を行えるように準備を
進める必要がある。アンチ・ダンピングは WTO 協定・AD 協定に根拠を有す
る制度であるが，実際の手続は各国の国内法に基づいて行われる国内法上の手
続・措置であるため，調査対応に際しては，現地の弁護士にも代理・助言を求
める必要がある。[9]

---

7)　松下満雄ほか『国際経済法』（東京大学出版会，2015 年）534–535 頁参照。
8)　前掲注 5) の経済産業省の資料では，不当なダンピング輸出が発生している可能性のある
　場合として，①競合製品が不合理に安値で輸入されている場合，②取引先から国産品の値下
　げを示唆された場合，③輸出先の中で日本への輸出価格が特に安い場合，④他国でのアン
　チ・ダンピング調査の開始により対象製品の日本への輸出が増えている場合が挙げられてい
　る（26 頁）。④は本文で述べた迂回が疑われる一場面である。
9)　他国におけるアンチ・ダンピング調査に対応する際の実務につき，経済産業省通商政策
　局編・前掲注 6) 234 頁以下参照。

66   UNIT 4   国際貿易

アンチ・ダンピングの措置内容が WTO 協定，AD 協定等に反していると考えられる場合には，WTO の紛争解決手続（本文脚注2）参照）を通じた是正を図ることになる。日本は，韓国による日本製空気圧伝送用バルブに対するアンチ・ダンピング課税措置について WTO に対する申立てを行い，約2年にわたる審理の結果，2019 年 9 月 11 日に上級委員会の報告書（アンチ・ダンピング措置について是正を勧告する内容を含む）が公表された。

第 3 節 ＼ 安全保障貿易管理

1　安全保障貿易管理とは

2001 年の米国同時多発テロ以降，テロリスト等の非国家主体による国際秩序を覆す動きが顕在化し，大量破壊兵器の脅威も現実化している。このような情勢において，**安全保障貿易管理**は，国際的な平和および安全の維持の観点から，武器そのものに加えて軍事的に転用されるおそれのある物・技術が，大量破壊兵器の開発者やテロリスト集団などに渡ることを防ぐために，貨物の輸出や技術の提供等を管理するものである。

この分野においては，国際的な脅威を未然に防止するため，各国の協力に基づく規制として，核兵器，生物・化学兵器そのものを規制する**国際条約**（核兵器不拡散条約，生物兵器禁止条約，化学兵器禁止条約），大量破壊兵器・通常兵器およびそれらの開発等に用いられる技術・汎用品の輸出を管理する**国際輸出管理レジーム**があり，こうした国際的枠組みに加えて，各国が国内法において安全保障貿易管理に関する規制を行っている[10]。

安全保障貿易管理の分野においては，これらすべての法令等について最新の規制内容を確認することが重要であり，経済産業省の「安全保障貿易管理」ウェブサイト，一般財団法人安全保障貿易情報センター（CISTEC）[11]のウェブサイトが国内外の最新情報を網羅しており，貴重な情報源となる。

---

10)　安全保障貿易管理に関する国際的枠組みの全体像につき，経済産業省貿易管理部編「安全保障貿易管理について」（2019 年 8 月）9 頁参照。

11)　CISTEC は 1989 年に設立された日本で唯一の輸出管理を専門とする非営利・非政府組織であり，安全保障貿易管理に関する提言や調査・分析，情報提供を行っている。日本の主要な輸出企業が CISTEC の会員となっている。

第3節　安全保障貿易管理　　67

2　日本の安全保障貿易管理制度

　以下においては，日本における安全保障貿易管理制度のうち，輸出貿易管理に関する法制度について説明し，経済制裁については**第4節**で取り扱う。また，M&Aに関連する対内直接投資に関する規制については，**UNIT7 第6節**を参照されたい。

(1)　規制の概要

　日本の輸出貿易管理制度は**外国為替及び外国貿易法（外為法）**に根拠があり，規制対象となる貨物の輸出や技術の提供について，経済産業大臣による許可の対象としている（国際売買における輸出の実務については**UNIT2 第3節**，外為法上の外資規制については**UNIT5 第3節**参照）。

　具体的には，貨物に関する外為法48条，技術に関する同25条を規制根拠規定として，具体的な規制対象は，貨物については「輸出貿易管理令別表第1」，技術については「外国為替令別表」にそれぞれ定めた上で，さらに下の省令において種類ごとに規制対象となる仕様（スペック）を定めるという構造となっている。[12]

(2)　規制の対象

　外為法の下での規制方法は「**リスト規制**」と「**キャッチオール規制**」の二つに分かれており，キャッチオール規制がリスト規制を補完する関係にある。[13]

(a)　リスト規制

　軍事転用が懸念される貨物・技術について，輸出貿易管理令別表第1の1〜15項および外国為替令別表の1〜15項において規制対象品として指定し，これに該当する場合には，貨物の輸出先や技術の提供先がいずれの国であっても事前に経済産業大臣の許可を受ける必要があるとする制度である。

(b)　キャッチオール規制

　上記リストに該当しない品目であっても，当該貨物・技術が以下の「**客観要

---

12)　法令体系の全体像につき，経済産業省貿易管理部編・前掲注10) 11頁参照。

13)　キャッチオール規制は，湾岸戦争終了後のイラクに対する国連等の査察の結果，イラクがリスト規制に該当しない製品を使用して大量破壊兵器の開発等を行っていた事実が判明したことから導入されたものである。

68   UNIT 4   国際貿易

件」または「**インフォーム要件**」のいずれかに該当する場合には，輸出または提供にあたって経済産業大臣の許可が必要となる制度である（輸出貿易管理令別表第1の16項および外国為替令別表の16項）。リスト規制が輸出管理の対象地域を限定していないのに対し，キャッチオール規制の対象地域は，グループA（輸出管理を厳格に実施している26カ国で，従前「ホワイト国」と呼ばれていた。2019年8月の政令改正により韓国は除外）以外の地域に限定される。

客観要件とは，輸出者が用途の確認または需要者の確認を行った結果，大量破壊兵器等や通常兵器の開発等に用いられるおそれがあることを知った場合に許可申請が必要となる要件である。「需要者の確認」にあたっては，経済産業省が公表している規制対象者のリストである「**外国ユーザーリスト**」（最新の改正は2019年4月26日）に掲載された者であるかどうかが基準となる。

インフォーム要件とは，大量破壊兵器等や通常兵器の開発等に用いられるおそれの有無について経済産業省が判断を行い，経済産業大臣から許可申請をすべき旨の通知（インフォーム通知）を受けている場合に許可申請が必要となる要件である。

技術の提供については，外国に技術を提供する場合に加えて，国内で居住者から非居住者に対して提供する場合（技術指導，メール送信等）についても対象となることに注意を要する。また，規制対象となる形態は書面・データの授受にとどまらず，技術情報が記録された媒体（USBメモリ等）の持ち出し，情報の送信（電子メール，海外から閲覧可能なサーバーへのアップロード等）も含まれる。なお，技術ライセンスに対する規制については**UNIT12第3節**参照。

(3)　違反に対する罰則等[14]

外為法上の規制対象となる貨物または技術について経済産業大臣の許可を得ることなく輸出・提供した場合，刑事罰として，10年以下の懲役，10億円以下または輸出・取引額の5倍以下の罰金（法人の場合），3000万円以下の罰金または輸出取引額の5倍以下の罰金（個人の場合）の対象となる。[15]

---

14)　最近の主な違反事例およびその原因につき，経済産業省貿易管理部・前掲注10）36頁以下参照。

15)　安全保障に関する機微技術等の海外への流出の懸念が増大していることを理由に，2017年の外為法改正（同年10月施行）により罰金額が引き上げられた。また，経済産業省では，

第 3 節　安全保障貿易管理　　**69**

　また，行政制裁として，3 年以内の輸出禁止（法人），別会社の担当役員等への就任禁止（個人）が課される可能性があり，輸出禁止がなされた場合には製品の供給が停止されるリスクとなる。違反企業に対しては，行政指導として経済産業省による警告（ウェブサイトで公表される）がなされることもある。

3　米中の輸出貿易管理制度

　以下では，日本企業の国際的な事業展開にあたって留意しておくべき海外の輸出貿易管理制度として，米国および中国の法制度の概要について説明する[16]。両国の法制度の動向については，CISTEC が 2019 年 3 月に「米中の新輸出規制等の動向」と題するウェブサイトを開設して随時最新の情報を提供しており，参考となる。

⑴　米　　　国

　米国では，国家安全保障を理由として輸出入を制限するための法規が複数存在し，管轄官庁も一元化されていない。輸出貿易管理において中心的な役割を果たしているのが，商務省・産業安全保障局（BIS）の所管する**輸出管理法**（**EAA**）およびその実施規則である**輸出管理規則**（**EAR**）である[17]。

　具体的には，輸出管理規則において，規制品目リスト（CCL：Commerce Control List）に規制品目を記載した上で，規制のレベルと仕向地（カントリーグループという懸念度に応じたリストがある）の組合せによって許可の要否を判断される。また，規制品目リストに該当しない品目は「EAR99」として規制対象となり，取引相手方が「**取引禁止リスト**」（**Entity List**）と呼ばれる規制対象者リストに該当する場合，仕向地が禁輸国やテロ支援国の場合等には許可申請の対象となる。EAR99 の対象については品目の限定がないため，日本のリスト規

　　適切な輸出管理の実行を確保するため，外為法 68 条の規定に基づき，毎年 100 社以上に対して抜き打ちの法令遵守立入検査を実施し，改善指導等を行っている。
16)　近時は日本企業がビジネスを展開しているアジア諸国においても輸出管理法令の制定・強化が進められており，たとえば，タイでは 2020 年 1 月にデュアルユースに関する輸出管理規制の施行が予定されている。
17)　他の関連法規としては，国務省が所管する武器輸出管理法，財務省・外国資産管理局（OFAC）が所管する国際緊急経済権限法（具体的内容は**第 4 節**で述べる），エネルギー省および原子力規制委員会が所管する原子力法がある。

70　UNIT 4　国際貿易

制やキャッチオール規制では対象とならない食品や木材についても，米国では
EAR の規制対象となる。上記リストは BIS のウェブサイトに公表される。

　EAR による規制の最大の特徴の一つは，米国産の製品・部品・ソフトウェ
ア等について，米国から輸出されるときに加えて，他国で再輸出される取引に
ついても，一定の場合，規制の対象としていることである（具体的には，米国原
産品，特定の割合を超えて米国原産品を組み込んだもの，特定の米国規制技術が使用さ
れている製品が再輸出規制の対象となる）。このような米国外に所在する企業の再
輸出に対する規制は，米国法の**域外適用**を行うものである[18]。

　また，EAR の違反行為に対しては，民事罰，刑事罰，行政制裁（**取引禁止顧
客リスト〔DPL〕**への掲載，EAR 対象製品の売買禁止）の対象となる。DPL に掲
載された場合，当該企業は米国企業との取引や米国以外の国との米国製の貨
物・技術の取引が禁止される[19]。

　さらに，米国は国家安全保障の強化を目的として 2018 年 8 月に国防権限法
（NDAA）を制定し，その一部として成立した米国輸出管理改革法（ECRA）に
おいては，「Emerging Technologies」（新興技術）および「Foundational Tech-
nologies」（基盤的技術）を規制対象に加えた。具体的な対象技術や EAR の適
用関係等の具体的規制内容については今後の公表を待つ必要があるが，新興技
術としては，人工知能（AI）・機械学習技術，測位技術（PNT），データ解析技
術等の分野が想定されている[20]。また，NDAA は中国企業 5 社（ファーウェイ，
ZTE ほか通信・監視カメラ関連企業）について米国政府に対する一定取引を禁止
する内容を含んでおり，これらの企業との取引関係については，米国政府によ
る制裁動向を注視する必要がある。なお，NDAA の一部として成立した外国
投資リスク審査現代化法（FIRRMA）については **UNIT7 第 6 節**参照。

---

18)　2019 年 5 月 15 日に BIS は中国通信機器大手のファーウェイおよびその関連会社 68 社を
　　取引禁止リストに追加することを発表した（同年 8 月 19 日に 46 社を追加）。これは米国政
　　府によるファーウェイに対する禁輸措置であったが，ファーウェイの取引先となる日本企業
　　も，ファーウェイ向けの製品の中に再輸出規制の対象となる部品が含まれていないかの確認
　　等を行うことが必要となった。
19)　近時の外国企業に対する制裁事例として，中国の ZTE グループによる EAR 違反に対し，
　　累計 25.9 億ドルの罰金の支払が求められたほか，DPL への掲載がなされた。
20)　ECRA の概要につき，CISTEC 事務局「米国輸出管理改革法（ECRA）に関する基本的
　　Q&A」（2019 年 3 月 19 日）参照。

（2）中　　国

　中国における安全保障輸出管理に関する現行の法令としては，対外貿易法，各輸出管理条例，両用品および技術輸出入管理規則等があり，基本的には，大量破壊兵器関連のみを規制対象とする法制度となっている。

　しかし，2017年6月に商務部が輸出管理に関する規制を統一する法律である「輸出管理法」の草案を公表し，審理待ちの状況にある。**輸出管理法草案**は，これまで規制されていなかった通常兵器関連の汎用品・技術等を対象として規制範囲を拡大するにとどまらず，米国EAR類似の再輸出規制が導入され，WTO協定との関係でも問題のある規定（稀少資源の保護，報復措置等）を含んでいる[21]。このように，輸出管理法草案は日本企業の活動の制約となり得ることが予想されることから，今後の立法作業の確認が重要となる[22]。

4　社内コンプライアンス体制の整備

　以上に述べた安全保障貿易管理の法制度の下で，企業には，適用される法令に違反することがないよう，海外子会社を含めた徹底的な自主管理が求められる。特に重要となるのは，輸出管理の中心的業務である該否判定と取引審査である。

　該否判定とは，輸出しようとする製品や提供しようとする技術が規制リストに該当するかを判定する作業である。**3**(1)で述べたとおり，米国のEARは海外における再輸出についても規制対象としていることから，該否判定を行うにあたっては，事業活動を行う国・地域において適用される法令（日本の場合は外為法のリスト規制）に該当するか否かに加えて，EARの域外適用による規制対象となっているかも確認する必要がある。

　取引審査とは，輸出先がどのような相手か（需要者の確認），どのような用途に使用されるのか（用途の確認）等のチェックを行い，当該取引を進めて良いか否かを判断することをいう。需要者の確認にあたっては，各国政府当局が提

---

21)　CISTEC事務局「米中の新たな貿易管理規制及び関連する諸動向」（2019年3月19日），経済産業省通商政策局編・前掲注6）20頁等参照。

22)　中国政府は，前掲注18）の米国によるファーウェイに対する措置への対抗措置として，2019年5月末に中国版Entity Listともいうべき「信頼できない企業リスト」（不可靠実体清単）の作成を発表しており，その動向にも注視が必要である。

72　UNIT 4　国際貿易

供している注意顧客に関する情報（外国ユーザーリスト，Entity List，DPL，**第4節**で述べる SDN リスト等）の確認が必要である。

　上記に加えて，**2**(2)で述べたとおり，技術の提供については，書面やサンプルの提供のみならず，口頭による提供，技術指導，技術資料の持ち出し，IT による提供等様々な方法が考えられることから，確認対象から漏れないように社内フローを徹底しておくことが求められる。

　社内において十分な管理体制を構築・運営するにあたっては，外為法上の**「輸出者等遵守基準」**（外為法 55 条の 10）に従い，輸出管理体制の構築，該否判定・用途確認・需要者確認についての手続の制定等が最低限求められている。最新の法令・制度に基づく**輸出管理内部規程**（CP：Compliance Program）を策定し経済産業省に届出を行っている企業も多い。輸出管理内部規程の届出は任意であるが，当該規程の整備・届出を行うことで，リスト規制品の輸出等についての特別一般包括許可（個別許可の申請を行うことなく一定の輸出を包括的に許可する制度）が取得できるという実務上のメリットがある。

▎第4節　経済制裁措置

　経済制裁とは，国際法に違反した国等に対して，貿易の制限，資本取引の制限，資産の凍結，出入国の制限等の措置を実施することをいう。**第3節**で述べた輸出貿易管理規制は一定の範囲の取引を規制対象としているのに対し，経済制裁措置はその国に向けたすべての取引を規制対象とする点が異なる。

　日本では，外為法上，①国際約束を誠実に履行するため必要があると認めるとき，②国際平和のための国際的な努力に我が国として寄与するため特に必要があると認めるとき，または③我が国の平和および安全の維持のため特に必要があるとして対応措置を講ずべき旨の閣議決定が行われたときには，経済制裁措置を発動することが可能である。日本がこれまで実施した経済制裁措置の多くは国連の安全保障理事会の決議に基づくものである。[23]

　実務上より重要なのは，米国の経済制裁法である。米国では，**国際的緊急事態経済権限法**を制裁の根拠法として，大統領の執行命令を受けて財務省外国資

---

23)　日本がこれまで実施した経済制裁措置につき，財務省ウェブサイト「経済制裁措置及び対象者リスト」（2019 年 10 月 24 日現在）参照。

産管理局（**OFAC**）が規則を発する形式により対象国に対する経済制裁がなされている。**第3節3**(1)で述べた輸出管理法と同様，国際的緊急事態経済権限法は，米国原産品または技術を含んだ製品の非米国民による再輸出取引にも適用され，域外適用が認められている（再輸出に対する規制につき**第3節3**(1)参照）。また，OFACが指定する国・政府機関・国有企業・個人のリストは**SDNリスト**と呼ばれ，非米国民がSDNリスト掲載者と取引することは禁止される。[24]

　対イラン制裁については，米国政府が従前イランの核開発に関する「共同包括行動計画（JCPOA)」に基づき対イラン経済制裁を解除していたことにより，非米国民が米国人や米国企業を介さずにイランとの取引を行うことは可能であったが，トランプ大統領が2018年5月にJCPOAからの離脱を表明し条約から離脱したことで，非米国民のイランとの再輸出取引は再び制裁対象になった。また，日本の金融機関が上記表明後早期にイラン関連取引を停止し始めたため，日本企業の多くがイラン関連取引を断念する結果となった。

　OFACは経済制裁の執行に関するガイドライン（Economic Sanctions Enforcement Guidelines）を公表し，企業によるコンプライアンス・プログラムの整備を規制執行の減免要素として挙げており，具体的には，**第3節4**で述べた取引審査時の確認が重要となる。また，契約時の対応として，相手方に対して制裁対象者・制裁対象国などの関与がないことの表明保証を求め，当該表明保証に違反した場合には直ちに契約を解除できるような条項を導入することも考えられる。

---

24)　OFACは米国財務省のウェブサイトにおいて，経済制裁に関する情報（規制内容についての最新FAQを含む）を公表している。OFAC規制の内容は複雑であるため，具体的な適用の検討に際しては，適切なタイミングで外部専門家への相談を行う必要がある。

UNIT 5

海外進出・投資

第1節　はじめに

　国外での事業展開に際しては，現地の法律による規制を受けるだけでなく，日本とは異なる商慣習や文化の中で活動することになる。そのような中での活動に際しては，国内では想定することのできない事態を伴うこともあり，その分大きな事業リスクを負担しなければならなくなる。特に，法令の整備が十分でない国や法令が整備されていてもその運用実績が十分でない国における事業展開には，より大きなリスクが伴うことになる。

　本 UNIT では，このようなリスクとの関係を踏まえながら，日本企業が国外に進出するに際して採用することが考えられる様々な進出形態について説明をする。

第2節　海外進出・投資の態様

1　海外進出の諸形態

(1)　既存の外国企業を利用した海外進出

　前述のような国外での事業展開において生ずる様々なリスクをできるだけ回避しながら，国外への進出を進める方法としては，まずは，既存の外国企業を

利用する形態が考えられる。

　中でも，進出リスクを回避する最も単純な方法としては，当該外国で既に対象となる事業を行っている者あるいは行うことを予定している者をして，自らの代わりに事業を展開させることが考えられる。たとえば，国内のメーカーが現地の会社との間で，販売代理店契約を締結して自社製品を販売させたり，フランチャイズ契約を締結してフランチャイズ展開をさせることなどが考えられる。もっとも，これらの方法では，国外での事業が成功して，当該事業から大きな収益を上げることができたとしても，その収益は相手方事業者に帰属することとなり，また，相手方事業者の事業活動をコントロールすることも難しいことから，国内企業としては，単独での事業展開に比べて，ビジネス・チャンスを十分に生かしきれない側面がある。

(2)　自らの投資を伴う海外進出

　そこで，国内企業が，国外での事業をコントロールし，事業からの収益を自ら取得するためには，当該国において自らが投資して，主体的に事業展開をする必要がある。この際，国内企業が自ら当該国で事業展開を行う場合と，別の事業体（Entity）を通じて間接的に事業展開を行う場合が考えられる。後者については，自ら新たに現地法人を設立して事業展開を行う場合の他，既存の現地法人を買収して，自らの管理下に置いた上で当該法人をして事業展開をさせることも考えられる。その他，当該国において事業を既に行っている第三者との合弁（**ジョイント・ベンチャー**）の形式を採る場合もあるが（外国資本による出資規制との関係で現地企業との合弁形式の採用が必要となる場合もあることについては，後述**第3節1**のとおり），この場合は，現地での事業リスクを現地資本と分け合うことができる反面，出資割合に応じた収益や支配権の配分が要求されることになる。

　以上の海外への進出形態のうち，既存の現地法人の買収については，**UNIT7**において，第三者との契約あるいは合弁の方式による海外事業展開については，**UNIT3**および**UNIT6**において詳細に説明することとし，本UNITでは，原則として単独での新規進出の形態について説明することとする。

　なお，第三者との合弁で事業展開する場合，合弁当事者がパートナーシップ（組合）等を立ち上げて，当該パートナーシップを通じて事業展開をする場合

もある。このようなパートナーシップ等は，単なる契約関係で結ばれる事業体と法人との中間形態として，ハイブリッド・エンティティと呼ばれ，合弁当事者として有限責任しか負わない形態（**リミテッド・ライアビリティ・パートナーシップ**〔limited liability partnership, LLP〕）のものもある[1]。このようなパートナーシップ等を形成するのは，その損益をパートナーシップの構成員たる合弁当事者に直接帰属させる（パススルー）こと（**パススルー課税**〔pass-through taxation〕）による税務メリットを得ることを目的とすることが多い。もっとも日本法上は，パススルー課税が認められない場合がある[2]ので，注意が必要である。

2　単独での海外進出の方法

国内企業が単独で海外進出を行う最も簡易な方法としては，特に外国に拠点を持たずに，従業員を外国に出張させて顧客を開拓することが考えられる。しかし，このような方法では，出張者が取得することができるビザの関係もあり，当該出張者の現地での活動の範囲と期間が制限され，当該外国での継続的な事業活動は困難である[3]。

そこで，国内企業が当該外国において自ら事業を継続的に行うべく進出するためには，何らかの拠点を現地に有することが必要になる。一般的に認められている拠点の形態としては，駐在員事務所，支店および子会社を挙げることができるので，以下ではそれぞれについて説明する。なお，それぞれの進出形態に関する具体的な規制内容等は国により異なることから，以下での説明はあくまで一般論であり，実際の進出に際しては，進出先の国の規制内容を具体的に検討する必要があることに留意されたい。

(1)　駐在員事務所

駐在員事務所（representative office, liaison office）は，一般的には特段

---

1)　さらには，一部の当事者が無限責任を負い（**general partner, GP**），他の当事者は有限責任しか負わない（**limited partner, LP**）という形態のものも存在する。

2)　最判平成 27 年 7 月 17 日判時 2279 号 9 頁は，米国デラウェア州法上のリミテッド・パートナーシップについては，我が国租税法上の「法人」に該当する旨を判示し，パススルーによるパートナー構成員への損益の帰属を否定している。

3)　海外出張については，**UNIT13** を参照。

の手続を経ることなく，設立することが可能である。日本においても，駐在員事務所の設立には特に手続を要しない。

具体的には，不動産を賃借するなどして，事務所を確保することだけで足り，多くの国では登記などが要求されない。その反面，その存在についての公的な証明をすることができないため，銀行口座の開設ができないことにより，その活動には制約も多い。また，駐在員事務所の活動は市場や事業環境の調査等の情報収集等一定の活動に限られ，収益をあげるような事業活動は行うことができないのが一般的である。したがって，駐在員事務所は，支店や子会社を設立して本格的に当該国において事業展開をするための準備を行うことを目的に設立されるのが一般的である。

なお，インドネシアやベトナムなど，国によっては駐在員事務所でも設立許可が必要とされ，許可の期間が設定される場合もある。これらの国においては，一定の要件の下で，建築プロジェクトなどの特定のプロジェクトの実施が認められることもある（**プロジェクト事務所**〔**project office**〕）。この場合，後述する支店や子会社等を設立しなくても，当該プロジェクトに限ってではあるが，プロジェクト事務所において収益をあげる事業活動を行うことが認められる。

(2) 海外支店

支店（**branch**〔**branch office**〕）は，国内企業の一組織として設置されるものであり，外国で設置することも可能である。一般的に，支店登記をすることで設置することができるので，新たに法人を設立するよりも簡単な手続で済ますことができる。外国において支店を設置することにより，当該国において幅広く事業活動を行うことができ，銀行口座の開設や不動産の賃貸に加え，収益をあげる活動も認められるのが一般的である。

日本においても，外国法人は外国会社の支店設置の登記をすることにより，取引を継続して行うことができるようになる（会社818条1項。なお，外国会社が日本において取引を継続して行う為には，日本における代表者を定め，これも併せて登記する必要がある〔会社817条1項・933条2項2号〕）。日本国内に設置される外国会社の支店は，後述する対内直接投資に関する規制業種に属する活動を除き，基本的には日本法に準拠して設立された同種の法人と同じ活動が保障されている。これに対し，中国，インド等一部の国では，支店において行うことができ

78   UNIT 5   海外進出・投資

る活動が限定されていることもあるので，実際に支店を設置する国の規制内容を個別に確認しておく必要がある。

支店は，当該設置国において収益活動を行うことができる反面，国内企業と同一の法主体として活動することから，その活動の効果は国内企業に直接帰属することになる。つまり，外国の支店において損失が発生する場合には，国内企業が自らその損失を負担することになるなど，当該外国での事業活動におけるリスクを国内企業が直接負担することになる。事業を実施する国の法制度等に精通しないままに，支店での活動を展開することにより，国内では予測することができないような法的責任を直接国内企業が負うという事態もあり得る。国外の事業リスクを管理するという観点からは，支店の設立には一定の限界があることに注意が必要である。

さらに，支店は恒久的施設とされることから，支店に帰属する収益については設置国で課税されることが一般的であり（PE課税），一定の範囲で当該国での課税リスクにもさらされることになる。設置国でPE課税を受ける場合でも，支店の所得については日本においても課税されることから，実質的な二重課税が起こることになるので，外国税額控除等を通じた調整が必要となる（これらの課税関係の詳細は**UNIT16**を参照）。

(3)　現地法人（外国子会社）

外国子会社（**foreign subsidiary**）は，国内企業が出資して国外に設立する法人（法主体）である。当該国の法律に従って設立されることになり，国内企業の支配下にあるものの，法律上は国内企業とは別個の独立した法主体となる。

子会社の設立については，国やその事業活動の内容によっては，後に説明する外資規制等を受けることもあるが，その設立が認められる事業領域においては，原則として，当該国の内国法人と同等の事業活動が保障される（内国民待遇）等一定の保護を受けることになる（後述**第3節1**(4)）。

外国子会社は，国内企業とは独立した法人であることから，その活動の効果は外国子会社自体に帰属することになり，出資者である国内企業は，当該国においては出資者としての責任を負うにとどまるのが原則である。国内企業は，出資者に有限責任を認める形式の子会社を設立することにより，当該国における事業リスクを出資額の範囲に限定することが可能となる。もっとも，外国子

会社がその独立法人としての実体を欠く場合には，法人格が否定され，外国子会社の現地での活動について国内企業が直接法的責任を負わされる場合もある。

　また，外国子会社は国内企業とは別法人である以上，その所得については，当該国において課税されるにとどまり，日本における課税は受けないのが原則である。しかし，国内企業が軽課税国に子会社を設立する場合には，外国子会社として独立した運営や実体を備えない単なるペーパー・カンパニーの場合はもとより，当該外国において独立性や一定の実体を有する場合であったとしても，日本における課税上，外国子会社の所得の全部または一部について，国内企業の所得に組み込まれて計算されることがあるので，注意が必要である（外国子会社合算税制。詳細は **UNIT16** を参照）。

　なお，外国企業は，事業上の理由から，日本における子会社を株式会社にすることが多いが，[4] 日本企業が，海外進出する場合，各国の会社法および証券取引規制から，**Corporation** ではなく **LLC**（**Limited Liability Company**），あるいは，**Public Company** ではなく，**Private Company** の形式を採用することも多い。

第3節　外国資本に対する規制と奨励

1　外国資本に対する規制

　国内企業が外国に子会社を設立するなどの直接投資をする場合には，当該国が定める外資規制の制約に服することになる。外資規制の内容は，国により異なるだけでなく，同じ国でもその時々の政策に応じて頻繁に改正される傾向にあるため，規制内容を随時確認することが必要となる。

　外資規制の方法としては，当該国における事業活動の内容に応じて，外国企業が出資することができる持分の割合を制限するという形を取るのが一般的である。その他，活動することができる産業分野を制限するのではなく，土地の保有の制限という形で，外国資本の活動を制限する国もある。さらに，一定の産業分野における事業活動について当局の許可や承認を必要とするという形で参入を規制する場合もある。また，外資規制そのものではないが，他の国内法

---

4)　米国企業は，母国の税制上，パススルー課税のメリットを享受できるので合同会社を設立することも多い。

80 UNIT 5 海外進出・投資

の適用により，結果として外資の参入が制限される場合もある。たとえば，競争法の観点から，一定以上の規模の投資をする場合には，各国の競争当局に対する届出が要求され，場合によっては，実質審査を経ることになり，その結論次第では出資そのものが制限されることもある。このような届出により最終的には出資が認められるとしても，当局による審査の時間を要する結果として，参入のタイミングを逸する可能性もある。

(1) 産業分野に着目した外資規制

　規制を受ける産業分野は，**ネガティブ・リストの方式**（規制される分野が限定的に列挙される形）で特定されているのが一般的である。規制される産業分野の数や内容については，国により異なることになるため，ここで詳細を論じることはできないが，一般論としては以下のような整理が可能であろう。

(a) 一般的な外資規制

　外国資本の参入が規制される産業分野としては，一つには**国防・安全保障上の観点**からの制限が必要とされる分野が挙げられる。防衛関連産業，武器や武器に用いられる可能性のある製品・部品の製造販売やソフトウェアの開発等について，外国企業の参入が禁止・制限されるのが，これにあたる。

　また，**公衆衛生や生活の安全などの観点**から国民生活に重大な影響を与える可能性のある産業分野に対する外国資本の参入も一般的に行われている。たとえば，電気・石油・ガス事業等エネルギー分野，水道事業や通信，放送事業，公共交通事業等の基本的なインフラにかかわる産業分野等についての参入規制がこれにあたると整理することができよう。

　以上のような産業分野に対する外資規制は，程度の差こそあれ，多くの国で行われている。日本においても，以上の観点からの外資規制が行われている。具体的には，**外国為替及び外国貿易法（外為法）における対内直接投資に関する規制**と**個別業法による出資規制**という二つの方法での規制がなされている。外為法上の規制としては，一定の業種（武器，航空機，人工衛星および原子炉等やこれらの付属品，これらの製作に使用するために特に設計した素材等の製造，これらを使用するために特に設計したプログラムに関するソフトウェア開発等）について事前届出を義務づけ，財務大臣および事業所轄大臣が，我が国の安全等に支障があると判断する場合には投資内容の変更や中止を命ずることができるとされている（外為

26条以下）。個別業法による規制としては，放送法（93条1項6号・159条2項5号），電波法（5条1項・4項）や航空法（101条1項5号イ・4条1項各号）等で一定の外国資本による出資あるいは経営参加が規制されている。

また，米国においても，国家安全保障の観点から，一定の米国事業に対して外国人が支配権を取得する投資（米国企業に対する投資に限らず，米国企業以外の企業であったとしても，米国の州際事業に従事する企業に対する投資全般が規制の対象となる点に注意が必要である）に対して，**対米外国投資委員会**の審査がなされることとされており，場合によっては取引阻止の措置が執られる可能性がある。2018年の**外国投資リスク審査現代化法**（Foreign Investment Risk Review Modernization Act of 2018）において，かかる審査・措置の対象が，外国人による支配権の取得に至らないような取引，特に対象となる米国事業が保有している重要技術情報にアクセスすることができるようにする投資にも拡大されることとなった。

(b) 各国の事情に応じた外資規制

一部の国においては，以上のような規制に加えて，**自国産業の保護・発展等を目的とした外資規制**が行われることもある。このような保護の対象となる産業分野は国により異なるが，特に，新興国においては数多くの，また多様な産業分野についての規制が行われる傾向にある。

自国産業の保護という観点から，国内の中小企業や零細企業が中心的な担い手となっているような産業分野への外資参入が制限されるというのが典型的であるが，それ以外にも，自国産業の戦略的な成長を企図している産業分野が外資規制の対象とされることもある。たとえば，銀行・金融業，あるいは医薬関係の分野への外資規制は，自国の公衆衛生や生活の安全を守るという観点からの規制であるともいえるが，このような観点からの規制と位置づけることもできよう。これに対して，農林水産業や当該国の伝統芸能に関する産業分野への参入規制は前者の観点からの規制といえる。

新興国において特徴的な外資制規として，小売業や卸売業についての参入制限が挙げられるが，これも主に前者の観点からの規制といえる。小売業や卸売業については，中小企業や零細企業が多いことから，外資参入がこれらの中小・零細企業に重大な影響を与える可能性を考慮して，外国資本の参入が制限されるのである。もっとも，世界貿易機関（World Trade Organization: WTO）

82　　UNIT 5　海外進出・投資

は協定加盟国に対して，サービス分野の事業についての外国資本への開放を求めており，その一つとして小売業を含む流通サービス分野の開放が要求されている。そこで，WTO への正式加入をした国については，小売業を含む流通サービス分野について外国資本の参入を順次認めることが要請され，各国で規制緩和が進められている。

(2)　外資規制の具体的手段

　外資の参入規制の方法としては，一定の産業分野についての**外国企業の出資割合を制限**することが一般的である。つまり，ある産業分野については，外国企業が一切出資することができないこととし，また，別の産業分野については，一定の割合以上の外国企業による出資を認めないこととする等の方法である。後者については，外国企業または外国人から 50％ を超える出資を受けた国内会社を実質的な外国資本と見なして，このような会社の参入を禁止するという手法を採用する国もあれば，産業分野毎に外国資本が出資することができる割合を細かく設定するという国もある。たとえば，ある産業分野については，一部でも現地資本が出資していればよいとし，他の産業分野については，外国資本の過半数の出資を禁止したり，30％ を超える外国資本の出資を禁止するというような制限が加えられていたりする。

　外国資本による出資割合を制限するという方法の他に，外国資本が特定の産業分野に参入するために**行政機関の許可**を必要とすることにより，外国資本の参入を制限する場合もある。また，一定割合以上の外国資本の出資の場合に行政機関の許可を必要とするというように，出資割合と許可とを組み合わせて外国資本参入の制限を行う場合もある。また，特定の産業分野については，内国企業も含めて許可制を採用することとして，形式的には外資規制の形を取らない場合でも，外国資本の参入については基本的には許可しない（あるいは国内企業よりも厳しい基準を採用する）ことにより，事実上外国資本の参入を制限することもあり得る。

　その他，インドネシア等外国企業が子会社を設立するに際して，一律に資本金の最低額（**最低資本金**）を設定したり，あるいは特定の産業分野に限って，最低資本金を設定する国もある。法律上は出資者の有限責任を認めることにより事業リスクを限定する一方で，一定規模以上の資本投入を義務づけることに

より，当該外国企業の経営の安定性を要求するものであるが，安易な撤退を防ぐという効果も期待されている。周辺インフラの整備を行わせることを企図して，かかる投資を義務づける場合も見受けられる。このような規制は，外資の参入を制限するという側面もあるが，外国資本が一旦ある産業分野に参入すると，関連する国内産業がこれに依拠することになる，あるいは特定の国内需要者が生じることが想定され，さらには，当該外国資本に雇用される国内労働者も多数生じることが想定されることから，これらの国内での関係者を保護するという観点をも踏まえた規制であると評価できる。

(3) 土地保有の制限

　土地保有に関しては，社会主義国のように，内国企業・外国企業を問わず，私人による保有を認めない国もある。他方で，タイ，フィリピン等，内国人による土地保有が一般的に認められるものの，外国企業や一定以上の外国企業の出資を受けた内国法人に対して，**土地の保有を制限**する国もある。このような場合は，外国企業等としては土地の長期使用権等を取得することにより，土地の利用を伴う事業を行うことになる。このような国で子会社を設立する場合には，使用期限の延長の可否および延長のための条件等について予め考慮した上で投資判断をする必要がある。

　以上に加え，外国資本による土地保有が制限されている国においては，内国企業を買収する場合に特に注意が必要である。つまり，内国企業が土地を保有しているような場合に，そのまま当該内国企業に対して外国企業が一定以上の出資をしてしまうと，土地の保有制限に抵触することになる。このような場合は，予め対象会社が保有している土地を別会社に移した上で，当該別会社との間で，対象会社の事業に支障が生じない内容の土地の使用権を設定しておくことが必要となる。さらに，外国資本としては，かかる土地の保有会社の経営を支配しておくことが事業継続の観点からより安全である。具体的には，内国企業の買収手続の中で，土地の保有会社に対しても一定の出資を行うなどして，その経営について，特に対象となる土地の処分に関して，一定のコントロールを及ぼすアレンジをすることもある。この点に関しては，たとえば，外国資本が過半数以上出資する会社による土地保有が制限される場合，外国資本の土地保有会社に対する出資割合が過半数未満となるような割合を維持しながら，種

84　UNIT 5　海外進出・投資

類株を用いたりすることにより，外国資本が当該会社の実質支配を確保すると
いうような実務も一部の国においては認められてきた。しかし，近年はこのよ
うな迂回措置を明確に禁止する態度を示す国も増えてきているので注意が必要
である。

(4)　不当な外資規制への対応

　国内企業等の外国における適切な投資環境を保全して，投資を行う国内企業
等および投資財産を保護するために，我が国は，多くの国との間で**二国間投資
協定**を締結している。自由貿易協定や経済連携協定の中でも，投資関連の章を
設けて同様の内容の規定を置くのが一般的である。かかる協定（投資関連協定）
においては，①投資受入国が**財産収用を行うことを原則禁止**し，もし財産収用を
行う場合でも厳格な要件の下で行い，投資家への適切な補償を行うこと，②外
国投資家に対して内国民と同じ待遇を確保すること（**内国民待遇**），③投資財産
の保護に対して適切な注意を払い，外国投資家の合理的な期待を裏切らないよ
うに，外国投資家を公正衡平に待遇すること（**公正衡平待遇**），および④第三国
の投資家に与えている待遇よりも不利に扱わないこと（**最恵国待遇**）等が規定
されるのが一般的である。

　投資受入国が以上の義務に反する形で外国投資家に対して不当な規制や待遇
をする場合には，投資関連協定上の義務違反として，当該投資家が投資受入国
に対して損害賠償を求めることが認められている。

　その場合，当該投資受入国の司法機関に救済を求める方法に加えて，**投資仲
裁**という方法が認められている場合がある。投資受入国の義務違反に対する当
該投資受入国の司法機関による司法判断については，その公正さに疑義が生じ
得ることから，私人で構成される仲裁人を選定して行う投資仲裁という手段が
確保されている（投資仲裁に関しては**UNIT10**参照）。

2　外資に対する奨励

　一定の国益に適合する活動については，外国資本を誘致するために，優遇措
置が講じられる場合がある。当該国が政策的に重視する産業分野への外国資本
の誘致や，当該国が開発を進めようとする一定の地域への外国資本の誘致を目
的として，一定の産業分野または一定の地域での外国資本の投資に対して，優

遇措置が講じられる。

　一定の産業分野または地域における外国資本の投資に自動的に優遇措置が与えられる訳ではなく，優遇措置を受けるためには様々な要件が付加され，その中で手続要件として申請の手続が要求されていることが一般的である。この場合，優遇措置を受けるに足りる実体要件を満たした外国資本の参入があっても，それだけでは優遇措置が受けられず，当局に対して申請を行うことにより，初めて優遇措置が認められることになるので注意が必要である。

　実体要件としては，たとえば，一定規模以上の雇用の創出，多額の設備投資，一定分野の技術移転を伴う開発行為，あるいは環境保護的な活動などを行うことなどが要求される。さらには外貨獲得策の一環として，一定以上の規模の輸出をする事業に対して優遇措置を認める国も見受けられる。

　優遇措置の内容としては，法人税の減免，具体的には一定期間の軽減税率の適用または税額の免除などが典型的であるが，特に投資を誘致するために，一定の投資については投資相当額（あるいはその一定割合）の所得控除を認めるという場合も見受けられる。その他，対象となる事業に関する一定の原材料などについての輸入関税を減免することもある。

　税金関係以外の優遇措置としては，国有地や国の施設についての使用料を減免したり，外資による保有制限が課されている産業分野について特に保有を認めるという形で優遇をすることもある。国によっては，外資の一定の活動に対して，端的に助成金を交付することもある。

　なお，一定の優遇措置を受けている内国企業を外国会社が買収する場合には，買収がかかる優遇措置に何らかの影響を与えることも考えられる。対象会社の支配権の変更や外国資本の参加が，優遇措置にどのような影響を与えるかについて予め調査検討しておくことが必要である。

UNIT 6

Joint Venture

第 1 節　はじめに

　Joint Venture とは，複数企業がある事業目的を実現するために行う共同事業を意味する。多くの場合，複数企業がある目的を行うため，共同で会社を経営し，その株式を各々一定の割合で保有するという形態をとるが，組合を結成する方式や，参加企業のうちあるものが中核会社または幹事会社となり，これが他者の協力を得て目的である事業を行う方式がとられることもある（田中英夫編『英米法辞典』〔東京大学出版会，1991 年〕478 頁）。本 UNIT では，最も一般的な方式である，共同で会社を設立し，その株式をそれぞれが保有する形態の Joint Venture（いわゆる**合弁会社**）について説明する。

　日本企業が海外に進出する場合，M&A によって既存の会社を買収するのでない限り，新規に会社を設立しなければならない（なお，会社形態以外の進出方法については，**UNIT5** を参照）。そして，新規に会社を設立する方法としては，自己資本のみで会社を設立する方法と，第三者との共同出資により合弁会社を設立する方法とがある。国際法務の観点からは，後者の第三者との合弁は，日本企業と進出先の現地企業との間での合弁となることが多いが，日本企業同士が進出先の国に合弁会社を設立することもある。

　また，M&A によって既存の会社を買収する場合であっても，たとえば，当

該会社の発行済み株式の一部のみを譲り受けた場合には，株式譲渡後には，当該会社は，買収者（日本企業）と既存株主（現地企業や現地の創業家）との合弁会社となる。同様に，既存の会社が行う第三者割当増資を引き受けた場合も合弁会社となり得る（ただし，引き受ける株式数が僅少である場合には，一般的には合弁会社とは呼ばない）。

　本 UNIT では，まず，合弁形態をとることのメリット・デメリットを検討した上で，合弁会社を組成することとした場合の流れ，および，合弁パートナーと締結する合弁契約書の内容・留意点について，各国の特殊性に触れつつ解説したい。また，合弁会社の組成後は，合弁パートナーとともに事業運営を行うことになるが，どのような点に留意する必要があるかについても触れることとしたい。

■ 第2節 ＼ 合弁形態のメリット・デメリット

　日本企業が海外に進出するにあたって，自己資本のみで進出するのか，または，第三者との合弁により進出するのかは，種々の要素を考慮に入れた上で判断することになる。以下においては，自己資本のみで進出する場合との比較において，合弁形態をとることのメリット・デメリットを検討する。

1　外資規制の要請

　合弁形態で進出するか否かを検討する以前の段階として，そもそも国によっては，外資規制が設けられていることがあり，外資規制の一環として，当該国にとっての外国企業（日本企業等）に一定割合を超える出資を認めないこととされていることがある。この場合，自己資本のみで進出するか合弁形態で進出するかを検討するまでもなく，現地企業との合弁形態をとらざるを得ないこととなる。中国や東南アジアを含む新興国では，このような外資規制が設けられていることが多く，上限とされる出資割合も，当該会社において営むことを予定している業種により異なるのが一般的である。たとえば，インドネシアにおいては，生産系列にないディストリビューター業や倉庫業を営む会社については，外国企業による出資割合は 67％ までとされており，フィリピンにおいては，広告業を営む会社については，外国企業による出資割合は 30％ までとさ

88　UNIT 6　Joint Venture

れている（外資規制の概要については，**UNIT5** を参照）。

2　合弁パートナーの人的物的資源等の活用

　合弁形態によることの最も大きなメリットは，合弁パートナーの人的物的資源等を活用できる点にある。海外に進出する場合，当該進出先の国の商習慣や販路，法規制等を熟知していないことがほとんどであり，単独で進出した場合には，販路の開拓が思うように進まなかったり，知らないうちに法令違反を行っていたりすることもある。また，国によっては，工場の敷地を確保することが困難なこともある。これに対して，合弁形態で進出した場合には，合弁パートナーの協力を常時得ながら，現地の商習慣を吸収していき，その人脈を活用して販路を開拓したり，法令に則った事業運営を行ったりすることも可能となる。加えて，工場の敷地を当該合弁パートナーの工場敷地内に設けたりすることも可能な場合がある。このように，合弁パートナーの資源を活用することにより，迅速な事業展開が可能となる。

3　事業運営上の衝突

　合弁形態によることの最も大きなデメリットは，事業運営において，日本企業と合弁パートナーとが衝突した場合に，日本企業の思うように事業運営ができない点にある。合弁会社の事業運営は，多くの国においては，株主総会および取締役会の決議により遂行されるが，双方の出資割合や双方が指名する取締役の数が同じである場合はもちろんこと，そうでない場合であっても，合弁契約書において，特に重要な事項（経営方針や配当方針等）については，全当事者の同意を要すると規定されていることが多い。そして，このような規定が設けられている場合において，双方に歩み寄りがなされない場合，当該事項については，いわゆるデッドロックが生じることになり，事業運営が停滞することになる。単独資本であれば，日本企業の思うように事業運営できるところ，合弁形態による場合は，常に合弁パートナー（またはその指名した取締役）との協議が必要となるのである。

4　事業撤退時等の紛争

　上記とも関連するが，合弁形態による場合，合弁パートナーという相手方が

存在するため，事業撤退時に紛争に発展しやすい点もデメリットとして挙げられる。事業から撤退する理由は様々であるが，単独資本であれば，日本企業の独断で撤退を決定できるところ，合弁形態による場合は，必然的に合弁パートナーとの協議が必要となる。そして，一方が撤退を拒絶する場合，どちらか一方が他方の株式を買い取るなどの措置が取られることが多いが，その評価額を巡って紛争に発展する事例は多々見受けられる。また，日本企業側が合弁会社に対してノウハウを提供している場合，合弁関係の解消後も合弁パートナーが当該ノウハウを流用するなど，その他の紛争にも至りやすい。紛争に発展する可能性のみを理由に合弁形態を避けるのは現実的ではないが，合弁契約書の作成にあたっては，このような紛争に至り得ることを念頭において条項を規定する必要がある。

5 初期投資額・配当

上記のほか，合弁形態によるメリット・デメリットは種々存在する。たとえば，合弁形態による場合，双方が資金拠出することになるため，投資額を低く抑えることが可能となり，リスク分散も図り得る。もっとも，その反面，配当に際しては，当然のことながら，出資割合に応じた配当しかなされないため，仮に日本企業側の取引関係や技術により多大な利益をもたらしたとしても，それにより配当が調整されることはない。進出時においては，合弁パートナーの人的物的資源等を有効活用できたとしても，進出から相当期間経過後は，その恩恵も限られ，合弁パートナーが不均衡に利益を享受する事態も想定し得るところである。

第3節　合弁会社組成の流れ

1 概　要

合弁会社組成の流れは，合弁会社を新たに設立するのか，または，既存の会社の発行済み株式の一部を譲り受けたり，出資を引き受けたりする方法によるのかによって異なる。既存の会社の発行済み株式の一部を譲り受けたり，出資を引き受けたりする方法は，M&A の結果としての合弁会社組成といえるため，UNIT7 第3節も併せて確認されたい。

90   UNIT 6   Joint Venture

合弁会社を新たに設立する場合，個別具体的な事情（合弁当事者の関係や設立を予定している合弁会社の規模等）によって異なるものの，典型的な流れとしては，以下のようなステップが踏まれる。

---

① 秘密保持契約書の締結
② 意向表明書の提出／基本合意書の締結
③ （デュー・ディリジェンス）
④ 合弁契約書の締結
⑤ 合弁会社の設立・出資

以下においては，各ステップの概要を説明する。

2 秘密保持契約書の締結

合弁会社を設立する場合，相手方が合弁パートナーとして本当に相応しいのか，また，合弁事業が本当に成功するのかを見極めるため（Feasibility Study ともいう），当事者間において数多くの機密性の高い情報がやりとりされる。また，合弁を検討している事実自体も機密性の高い情報であるため，合弁の具体的な検討を開始する前に**秘密保持契約書（Non-Disclosure Agreement〔NDA〕や Confidentiality Agreement〔CA〕）**を締結するのが一般的である。

秘密保持契約書の内容については，合弁の場合，双方向の情報開示が行われる前提で，相互に秘密保持義務を負う内容とすることが多い。また，通常の取引において秘密保持契約書を締結する場合と同様，秘密情報の範囲をどのように画するのかや，秘密保持義務を負う期間を何年とするのか，どの範囲の従業員への開示を可能とするのかなど，自社の利益が害されないようにしなければならない（**UNIT12 第2節**も参照）。

秘密保持契約書の締結後，当事者は，相互に技術情報を開示したり，合弁会社で取り扱う事業内容や相互の役割等の協議を行ったりすることになる。また，仮に合弁の相手方がこれまでに取引関係のない会社である場合には，当該相手方自身についての情報も取得する必要がある。なお，日本企業としては，合弁会社で取り扱う事業内容の検討に際して，当該国の外資規制上制限がないかの検討も並行して行う必要がある。

3 意向表明書の提出／基本合意書の締結

相互の情報開示を経て，相手方が合弁パートナーとして信用に足る相手方であり，合弁事業も成り立ち得ることが確認できた場合，案件によっては，合弁契約書の具体的な検討・交渉に入る前に，**意向表明書**（Letter of Intent〔LOI〕）を提出したり，**基本合意書**（Memorandum of Understanding〔MOU〕）を締結したりすることがある。[1]

(1) 趣　旨

このような意向表明書や基本合意書を作成・締結する趣旨は，合弁契約書の交渉・締結に向けて双方ともに相応の時間と費用をかけていくことになることから，当事者間で基本的な方向性（スキームや主たる事業内容，出資割合，指名する取締役数等）を確認することにある。

また，特に基本合意書を締結した場合には，当該締結の事実を外部に公表し，取引先や金融機関の支援を仰ぐこともある。なお，合弁当事者が上場会社であり，ある程度の具体性のある基本合意書の締結を機関決定した場合には，各国の金融商品取引所の上場規則に従った適時開示が必要となる場合もある。

(2) 内　容

意向表明書や基本合意書の具体的内容は千差万別であるが，上記のとおり，スキームや主たる事業内容，出資割合，指名する取締役数等を定めるほか，各当事者が合弁事業において担う役割（たとえば，日本企業側は資金拠出および技術提供，現地企業側は施設・工場の賃貸および従業員の派遣等），主要な拒否権事由（全当事者の同意を要する事由），初期事業計画，配当方針等の概要を定めることもある。また，案件によっては，他の当事者との交渉を制限する独占交渉条項が設けられることがあり，同条項を含め，一定の法的拘束力を有する条項を規定する場合には，準拠法や紛争解決手段に関する条項も重要となる。さらに，今後のスケジュールを明確にするため，合弁契約書の締結および合弁会社の設

---

1) 意向表明書は，一方の当事者が他方の当事者に書面を差し入れる場合によく用いられる文書名であり，基本合意書は，両当事者が合意する場合によく用いられる文書名である。もっとも，意向表明書であっても，両当事者が対等に署名することもあり，その場合には，両者に実質的な違いはない。

立・出資に向けた想定スケジュールを規定することも有益である。

(3) 法的拘束力

意向表明書や基本合意書は，多くの場合，一部の条項（たとえば，独占交渉権や費用負担，秘密保持，準拠法，紛争解決手段について規定した条項）を除き，法的拘束力を有さない旨が規定される。もっとも，合意した内容は事実上の拘束力は有し，その内容を大きく変更することは容易ではない。そのため，意向表明書や基本合意書の作成にあたっては，その内容は十分に精査する必要がある。

4 デュー・ディリジェンス

本節では，合弁会社を新たに設立して，これから合弁事業を営む場合を想定している。このような場合においては，既存のリスクというものは存在しないため，デュー・ディリジェンスを行うことは一般的にはない（ただし，合弁相手方の情報を得たり，合弁事業に供する技術内容を精査したりする必要はあり，その限りの精査は行う）。

他方で，既存の会社の発行済み株式の一部を譲り受けたり，出資を引き受けたりする方法により当該既存の会社を合弁会社化する場合，または，合弁会社を新たに設立するものの，合弁パートナーから当該合弁会社に対して既存の事業を移管することにより合弁事業を営むこととする場合には，各種デュー・ディリジェンスを行うことは，極めて重要となる。各種デュー・ディリジェンスを行う際の注意点は，**UNIT7 第3節4** で説明する。

5 合弁契約書の締結

合弁会社の事業運営や両当事者の権利義務については，最終的に，**合弁契約書（Joint Venture Agreement〔JVA〕）**または**株主間契約書（Shareholders Agreement〔SHA〕）**に規定されることになる。これらの契約は，意向表明書や基本合意書とは異なり，法的拘束力を有する確定的な契約であるため，最終

---

2) 合弁契約書と株主間契約書は，規定する内容において実質的な違いはないが，合弁契約書は新規に合弁会社を設立する場合，株主間契約書は既存の会社の発行済み株式の一部を譲り受けたり，出資を引き受けたりする方法により，当該既存の会社を合弁会社化した場合に締結されることが多いように思われる。

契約や確定契約（Definitive Agreement〔DA〕）と呼ばれることもある。

合弁契約書において，一般的にどのような条項を盛り込むべきかについては，**第4節**を参照されたい。なお，合弁契約書の締結と併せて，土地建物賃貸借契約書（Lease Agreement）や技術移管契約書（Technology Transfer Agreement），ライセンス契約書（License Agreement），上席役員雇用契約書（Executive Employment Agreement）等の付随契約が締結されることも多い。

いずれの契約書についても，合弁会社や合弁事業の基礎となる契約であるため，慎重に条件交渉を行い，その交渉結果を正確に契約書に落とし込む必要がある。

6 合弁会社の設立・出資

合弁契約書の締結後は，合弁契約書の規定に従って，合弁会社が設立（または既存の会社の合弁会社化）されることになる。

合弁会社を新たに設立する場合には，両当事者が共同で出資することにより合弁会社を設立する場合もあれば，現地企業が先行して受皿会社の設立手続を行い，その後，両当事者が合弁契約書に定められたクロージング日に同時に出資することにより，当該受皿会社を合弁会社とする場合もある。現地法が許容する限り，いずれの方法でも問題はないが，後者の方法による場合には，合弁パートナーによる受皿会社の設立後，当該受皿会社において，一切事業活動を行わないことを確保しなければならない。

また，合弁会社の設立に際しては，どの国においても，定款（Articles of Association や Articles of Incorporation 等）を定める必要がある。定款は，会社の根本規範であり，仮に合弁契約書に違反する行為を行ったとしても，当該行為が定款で禁止されていなければ，当該行為は有効となるのが原則である。そのため，定款の内容は，合弁契約書の別紙として添付することにより事前に確定させておくことが望ましい。

さらに，多くの国においては，株券（Share Certificate）を発行する制度や株主名簿（Register of Shareholders）記載の株主を正当な株主と推認する制度が存在するため，合弁会社の設立および出資後，株券の交付および株主名簿への記載も確実になされるようにしなければならない。

94   UNIT 6   Joint Venture

第4節 ＼ 合弁契約書

1 概　要

　合弁契約書（または株主間契約書）は，合弁会社の株主となる合弁当事者がどのような条件（出資割合，機関設計等）で合弁会社を組成し，また，その組成後の合弁会社をどのように運営していくかを取り決める契約書である。なお，上記でいう「組成」は，便宜上，合弁会社を新たに設立する場合だけでなく，M&A の結果として既存の会社を合弁会社化する場合も併せて意味している。

　このような合弁契約書は，合弁が解消されるまで，長期間にわたって合弁当事者を拘束し続けるため，各条項は慎重に検討されなければならない。M&A の結果として合弁会社が組成される場合には，往々にして，株式の譲渡対価を含む株式譲渡契約書の条件交渉に注力しがちであるが，長期間の拘束が生じることからすれば，合弁契約書の条件交渉の方が重要であることもある。また，合弁契約書の条項を策定するに際しては，新たなビジネスが開始されるため，両当事者ともに前向きな議論に終始しがちであるが，合弁会社が組成されてから数年で，両当事者の関係が悪化する事態もまま見受けられるため，紛争に至った場合も想定して，合弁解消に関する条項を含め，なるべく明確に各規定を策定することが望ましい。

　以下においては，合弁契約書で一般的に規定される条項につき，案文も紹介しつつ，その解説および実務上の留意点を示す。なお，紙面の関係上，すべての条項およびその案文を記載することが困難であることはご容赦願いたい。また，事案ごとに規定すべき内容は異なるため，実際に契約書を作成するに際しては，専門家に相談することが肝要である。

2 契約条項

(1) 当 事 者

　合弁契約書の当事者は，合弁会社を新たに設立する場合には，合弁会社の株主となる者のみで構成する（ただし，たとえば，親会社がグループ会社を介して出資する場合には，当該親会社が契約当事者となる場合もある）。他方で，M&A の結果として既存の会社を合弁会社化する場合には，合弁会社自体も契約当事者に

含めることがある。

　合弁会社自体も契約当事者に含めた場合，合弁会社に種々の義務を直接負わせることが可能となり，より幅広な規定を設けることが可能となる。たとえば，合弁会社が行う資材の調達を一方の合弁当事者からのみ行うことを義務づけたり，いずれかの合弁当事者に重大な義務違反があり，合弁関係を解消させる必要が生じた場合に，当該合弁会社に一方当事者の株式を買い戻させる義務を課したりすることも考えられる（もちろん，当該買戻し義務が当該合弁会社の設立準拠法上許容されることが前提となる）。

　なお，合弁会社を新たに設立する場合であっても，合弁会社の設立後，締結された合弁契約書の条項を合弁会社の取締役会等で承認し，合弁会社自体に当該契約を遵守させることを決議することもある。

(2) 法人形態・商号・所在地・事業目的

1. The Parties shall establish the Company in the form of [　] pursuant to the laws of [　].
2. The name of the Company shall be [　], and the head office of the Company shall be located at [　].
3. Unless agreed otherwise by the Parties in writing, the Company shall engage only in the business of [　] (the "Business") in the territory of [　] (the "Territory").

(a) 法人形態

　合弁契約書では，まず，合弁会社がどの国の法律に基づき，どのような法人形態で設立されるのかを明確にする（たとえば，日本であれば，株式会社や合同会社，米国であれば，Corporation や Limited Liability Company，一部アジア諸国等では，Public Company や Private Company 等）。これは，極めて基本的な事項であり，合弁契約書の作成段階で協議するというよりも，合弁の検討開始の段階で，当事者間で認識を一致させておくべき事項である。

(b) 商号・所在地

　合弁会社の商号や所在地の決定も重要である。商号については，各国で規制が存在し，たとえば，Private Company や Limited Liability Company であれば，それを示す文言（Private, LLC）を加えなければならない。また，他の既存の商号と混同するおそれがあるものとして登録が拒絶されることもあるため，

96 UNIT 6 Joint Venture

事前に商号調査を行ったり，または，合弁契約書において，「当事者間で別途協議の上決定し，企業登録局が承認するもの」というように幅を持たせた表現にとどめたりすることもある。なお，企業登録局において事前に商号の予約を行うことが可能な国も多い。

合弁会社の所在地については，合弁会社の設立時点で既に定まっていることが大半であるが，案件によっては，暫定的に現地の合弁パートナーの所在地を本店所在地とした上で，合弁会社の設立後に土地取得または事業所の賃貸借契約の締結を含め，拠点を定める活動を行うこともある（ただし，国によっては，土地取得に多大な時間を要する場合もあるため，可能であれば事前に確保しておくことが望ましい）。

（c） 事業内容

合弁会社の事業内容や事業領域を具体的に特定することも重要である。外国で合弁会社を組成する場合，当該合弁会社の日々の運営を現地の合弁パートナーに委ねなければならないこともあるが，その場合に，当該合弁パートナーが自由に事業展開しては，合弁会社設立の目的が没却されてしまう可能性がある。

また，合弁契約書では，後述するとおり，合弁当事者の競業避止義務が規定されることが一般的であるところ，競業避止の対象としては，合弁会社の事業内容がベースとなる。そのため，仮に日本企業側として，進出先以外の国はもちろんのこと，進出先の国においても，設立した合弁会社を介さずに，他の事業を自らまたは第三者とともに遂行しようとする場合には，事業内容を狭く設定しなければならない。

(3) 資本金・出資

1. Upon the Closing, the Company shall have an initial authorized share capital of [ ] comprising of [ ] Shares (with par value of [ ]) and an initial issued and paid-up share capital of [ ] comprising of [ ] Shares (with par value of [ ]).
2. At the Closing, each Party shall subscribe for the Shares in cash as follows:
   (1) Party A: [ ] Shares for a consideration of [ ] (shareholding ratio: [ ] %)
   (2) Party B: [ ] Shares for a consideration of [ ] (shareholding ratio: [ ] %)
3. Except as otherwise provided under this Agreement, the Parties shall maintain the shareholding ratio provided above throughout the duration of the Company.
4. In case the Parties mutually decide that additional funds are necessary, new Shares shall be offered to the Parties in proportion to their then respective shareholding ratio. If either Party fails to subscribe for such offered Shares within [ ] Business Days, the oth-

er Party may subscribe for such part of the new Shares.

(a) 資 本 金

　日本では，発行可能株式総数の範囲内で株式が発行されるが，多くの国では，授権資本金額（Authorized Share Capital）と払込済み資本金額（Issued and Paid-up Share Capital）という二つの概念が用いられており，1株当たりの額面金額も定まっている。そのため，合弁契約書においては，合弁会社の設立に際して設定する授権資本金額および各当事者の払込みにより構成される払込済み資本金額を記載することになる。

　なお，国や遂行しようとする業種によっては，当該国の外資規制上，一定金額以上の資本金を有することが求められることがある（たとえば，インドネシアでは，外資法人の場合，払込済み資本金が25億ルピア以上でなければならない）。また，国によっては，当該国の会社法上，一定金額以上の資本金を有した場合，コンプライアンスをより高めた機関設計が必要となることがある。

(b) 出 　 資

　合弁契約書における最も重要な条項の一つとして，クロージングの際に各当事者が引き受ける株式の数およびそのための出資額，ならびに，出資後の出資割合がある。

　出資を行う者は，基本的には，合弁契約書の締結当事者であるが，締結当事者がその子会社等を介して出資することもある。特に，国によっては，最低株主数が2名以上必要な場合があり（たとえば，タイは非公開会社につき3名以上），注意を要する。その場合には，合弁契約書全体の規定を精緻に確認し，不都合が生じないようにしなければならない。

　また，出資割合は，合弁会社が無議決権株式等を発行していない限り，各当事者の議決権割合と同じであり，合弁会社の運営（株主総会における決議要件）に直接影響することになる。そのため，安易に出資割合を妥協してしまった場合には，その後の主導権を現地の合弁パートナーに握られてしまい，企図した合弁会社の運営ができないことになりかねない。また，一定の譲歩をしなければならないとしても，両当事者均一の出資割合（50：50）とした場合には，デッドロックが起こりやすくなるため，一般的には推奨されない。

　上記のとおり，出資割合は極めて重要な事項であるため，合弁契約書に明示

98   UNIT 6   Joint Venture

的に定めた場合によるものでない限り，出資割合は維持することを規定することは有益である。出資割合が変更される場面としては，次で述べるとおり，追加出資が必要であるにもかかわらず，一方当事者が出資を実行しない場面等がある。

なお，上記案文では，両当事者ともに，現金出資することを前提としているが，案件によっては，一方当事者が設備や事業を現物出資することもある。この場合には，合弁会社の設立準拠法上，現物出資に関する規制がないかは確認する必要がある。

（c）　追加資金需要

合弁会社の組成後，追加の資金需要が発生することがあり，その際の取決めを定めておくことは重要である。上記案文では，極めて簡素に，出資割合に応じた追加出資のみを規定しているが，資金手当ての方策としては，各株主による株主ローンの提供も考えられる。

また，いずれの方策を採るにせよ，一方が履行しなかった場合の取扱いは規定しておくべきである。上記案文では，追加出資の義務を一方当事者が履行しなかった場合に，他方当事者がさらに株式を取得することが可能とされ，その結果，出資割合は変動することになる。

なお，株主ローンについては，合弁会社の設立準拠法上，外貨規制が存在しないかは確認する必要がある。たとえば，インドでは，対外商業借入（External Commercial Borrowing）として，現地法人がインド国外から借入を行う場合の規制（借入期間や資金使途，総コスト上限等）を詳細に規定しており，インドネシアでも，海外からの借入について，中央銀行への報告義務や外部格付取得義務等の規制がある。

（4）　クロージング

1. The subscription of the Shares by the Parties and the issuance of the Shares to the Parties (collectively, the "Closing") shall take place at [ ] at [ ] (local time) on [ ] or at such other place, date and time as the Parties may agree in writing.
2. At the Closing:
   (1) Each Party shall remit to the bank account of the Company, each respective Subscription Amount (for Party A, such amount subtracting the amount subscribed for at the time of incorporation of the Company);
   (2) Party A shall cause the Company to hold a Board meeting whereat a resolution ap-

proving the allotment of the Shares to the Parties is passed;
(3)　Party A shall cause the Company to issue share certificates representing the Shares subscribed by and issued to the Parties;
(4)　The Parties shall cause the Company to register the Parties as the shareholders of the Company in its Register of Shareholders; and
(5)　The Parties shall hold a shareholders' meeting to approve（a）the amendment of the Charter Documents to that attached hereto as Exhibit A and（b）the appointment of the Directors in accordance with Article［　］.

（a）　クロージング日等

　合弁会社を組成する場合，多くの場合，特定のクロージング日を事前に両当事者間で合意し，そのクロージング日に向けて，後述するクロージングの実行前提条件の充足を目指すことになる。ただし，実行前提条件の達成に要する時間が不確実である場合には，「実行前提条件の充足の確認後○営業日以内」とすることもある。

　上記案文では，現地の合弁パートナーが事前に合弁会社となる法人を適法に設立していることを前提に，各当事者による出資および合弁会社による株式発行を「クロージング」と位置づけている。これは，合弁会社の設立と各当事者による出資を同日とした場合，銀行口座の開設を含め，実際の出資を受け入れる体制すら合弁会社において整っていない可能性が十分にあり得るからである。会社を設立する手続は，各国各様であるが，日本と異なり，会社の設立申請を行い，当局からの認可を得て初めて銀行口座の開設が可能となる国が多い（そのため，出資金の払込みが可能となるのは，会社の設立日より一定期間経過後となる）。

　なお，海外送金により出資金の払込みを行う場合には，時差に留意する必要がある。また，本来は，クロージング日において，クロージングの実行前提条件の充足を確認してからクロージングを実行するのが筋であるが，実務においては，クロージングの数日前には海外送金手続を行う必要があることもあり，その場合には，クロージング日の一週間前等に「プレクロージング」と称して，クロージングが確実に実施されることを事前に確認することを行う。事前に送金を行わない場合には，着金がクロージングから数日遅れることを前提に，クロージング日に送金手続を行ったことを示す書類の交付を規定することもある。

（b）　クロージング事務

　クロージング日に行う事務として，上記案文では，①各当事者による出資金の払込み，②合弁会社の取締役会による各当事者に対する株式の割当て・発行，

100　UNIT 6　Joint Venture

③合弁会社による各当事者に対する株券の発行，④合弁会社による各当事者の株主名簿への登録，ならびに，⑤株主総会を開催しての定款変更および取締役選任を規定している。

　合弁会社の取締役会で新株の割当て・発行ができるのか，または，株主総会決議が必要となるのかは，各国の会社法に従い，個別に確認する必要がある。また，多くの国においては，株券を発行する制度や株主名簿記載の株主を正当な株主と推認する制度が存在するため，クロージングの事務として，これらの作成・交付は重要となる。さらに，合弁契約書の他の条項に沿うよう，定款変更の上，取締役の員数を増やし，各合弁当事者の指名する者が取締役となるようにしなければならない。

　なお，上記以外にも，中国や東南アジアを含む新興国では，合弁契約書の締結段階や実行段階で，当局による事前承認のみならず，当局に対する事後届出が必要となることも多い。そのため，クロージング日当日に届け出るかはさておき，クロージング後速やかに，各国の法令に従い，所定の事後届出を行う必要がある。

　(c)　定　　款

　上記のとおり，クロージング後，合弁会社の定款は，合弁契約書に則したものに変更されなければならない。クロージング後の定款は，合弁契約書の別紙として添付されることが多く，実際もそのように添付することが望ましい。

　定款の内容は，各国の慣習によって区々であり，たとえば，日本の定款であれば，定型的な内容にとどめることが多いが，東南アジア諸国の定款は，法人形態や商号，事業目的，授権資本金額等が規定された基本定款（Memorandum of Association）および株式や機関設計，事業年度，配当に関する事項等が規定された付属定款（Articles of Association）の2種類が存在することが多く，後者の付属定款に合弁契約書の内容を盛り込むことになる。米国では，州によって名称が異なるものの，一般的に，簡易な基本定款（Articles of Incorporation）とともに，任意で規定可能な付属定款（By-laws）が存在する。

　定款の内容と合弁契約書の内容との間に齟齬がある場合，仮に合弁契約書上禁止される行為であっても，定款で禁止されていなければ，合弁会社が行った当該行為は，当該国の会社法上有効となる。そのため，合弁会社の設立国の法令上許容されている限り，定款は，合弁契約書と平仄を合わせたものとするこ

第4節 合弁契約書 101

とが望ましく，合弁契約書において，両者に齟齬がある場合には合弁契約書が優先すること，および，両者に齟齬が発見され次第，速やかに定款を変更して齟齬を解消すべきことを規定するのが一般的である。

(5) 実行前提条件

Save for Articles [ ], [ ] and [ ] by which the Parties shall be bound from the Effective Date, the obligations of the Parties under this Agreement shall take effect only after all of the following conditions precedent have been satisfied:
  (1) The Company shall have been validly incorporated in accordance with this Agreement;
  (2) All authorizations required for the entering into and consummation of the transactions contemplated hereby shall have been duly obtained; and
  (3) The representations and warranties of each Party as provided in Article [ ] shall be true and accurate as on the Effective Date and the Closing Date.

合弁契約書では，合弁契約書に定める各当事者の義務（主としてクロージングのための出資義務）の停止条件（義務の効力が発生する条件）として，上記のような案文を規定することが多い。

上記案文では，合弁会社となる法人が設立済みであること，合弁契約書で企図している取引を実行するために必要な承認（事前の当局承認や社内承認等）が得られていること，および，各当事者の表明保証が真実かつ正確であることを求めている。これら以外にも，合弁契約書で企図している取引を阻害する法令が制定されていないことや，合弁会社やその営もうとする事業につき，重大な悪影響を及ぼす事由（Material Adverse Effect）が発生していないこと，さらには，合弁契約書の締結段階では作成未了であった付随契約が締結されていることなどを規定することもある。

なお，現地の合弁パートナーの義務として，事前に法人を設立すべき義務や，その法人の設立後，当該法人において一切の事業を行わせない義務等を定めている場合における当該条項，および，準拠法や紛争解決手段等の一般条項については，合弁契約書の締結日から効力が発生するようにしなければならない。

(6) 表明保証

Each Party represents and warrants to the other Party that as at the Effective Date and the Closing Date (to the extent applicable), the matters set forth below are true and accurate in

102 UNIT 6 Joint Venture

all material respects:
(1) it is duly incorporated and existing under the laws of its incorporation, and it has full power and authority to enter into and execute this Agreement and to perform the transactions contemplated hereby;
(2) 以下略

　合弁契約書においても，特定の事実が真実かつ正確であることを表明し保証する条項を規定することがある。もっとも，合弁会社を新たに設立する場合には，その内容は，**UNIT7 第4節2**(6)で詳述する株式譲渡契約書で規定するような表明保証条項よりも短く基本的な内容であることが多い。

　上記案文では，各当事者がその設立準拠法に従い適法かつ有効に設立・存続していること，および，合弁契約書を締結し，企図する取引を実行する権限・権能があることを表明保証させている。これら以外にも，社内手続を履践していることや，合弁契約書が各当事者によって締結された場合に適法・有効・執行可能であること，合弁契約書の締結が法令・定款・既存の契約・行政機関等の判断等に違反しないこと，企図する取引を妨げる紛争が発生していないこと，といった事項を定めることがある。

　表明保証の違反があった場合には，①実行前提条件が充足されていないとして，自己の出資義務の履行を拒絶したり，②合弁契約書を解除したり，あるいは，③他方当事者に対して補償請求したりすることが考えられる。

(7) 株主総会

1. Meetings: The ordinary shareholders' meeting shall be held within [　] months from the end of each fiscal year. The extraordinary shareholders' meeting shall be held by the resolution of the Board.
2. Notice: Notices for shareholders' meetings shall be sent at least [　] Business Days prior to the date of the meeting to each shareholder. The notice shall state the place, date and time of the meeting, and the businesses to be transacted.
3. Quorum: Subject to the Act, all shareholders' meetings shall require a quorum of at least [　] shareholders, with each Party being present or represented thereat. Nonetheless, in the event of a lack of quorum for [　] consecutive adjourned meetings, any [　] shareholders shall form a quorum for the purpose of resolving matters other than the Reserved Matters.
4. Voting: Subject to the Act, the resolutions of the shareholders' meetings shall be made by poll, and shall be adopted by the affirmative vote of shareholders representing majority of the share capital of the Company.
5. Chairman: The shareholders' meeting shall be chaired by the chairman of the Board

> (the "Chairman"). The Chairman shall not have a casting vote in the event of equality of votes.

(a) 総　　論

　合弁契約書で規定すべき重要な条項の一つとして，株主総会の運営に関する事項がある。これらの事項は，合弁会社の設立準拠法の会社法も確認した上で規定しなければならず，定款の定めによって適用を排除できる事項もあれば，強行法規として適用を排除できない事項もある。

(b) 開催時期

　上記案文では，まず，定時株主総会の開催時期として，事業年度から何か月以内に開催するかを定めている。新興国では，決算監査が遅々として進まないことがあり，仮に合弁会社が日本企業の連結対象であれば，当該スケジュール感を認識させるためにも，具体的な開催時期を規定しておくことが有益である。

(c) 招集通知

　招集通知についても，海外の合弁会社の場合，渡航スケジュールも勘案の上，ある程度余裕をもった通知期間を設定することが望ましい。なお，上記案文では，通知期間の短縮について規定していないが，多くの国では，当該国の会社法上，全株主（または一定割合以上の株主）の同意を得て期間の短縮を図ることができる。

　上記案文は簡易に記載しているが，実際に合弁契約書を作成するにあたっては，現地法も確認の上，電子メールやファクシミリ等で電磁的に招集通知を送付することが可能であれば，その旨を規定することが考えられる。

(d) 定足数

　定足数については，出資割合が僅少であるなど，特殊事情がある場合を除いては，通常，合弁当事者全員の出席が必要である旨規定する。もっとも，定足数が不充足の場合に延々と延期する事態を避けるため，後述する全会一致事項を除いては，一定の場合にその例外を設けることが一般的である（たとえば，定足数が不充足であった場合に，翌週の同時刻に自動的に延期されるとしつつ，2回連続して延期された場合には，出席者のみで定足数を充足するとする規定を設けるなどが考えられる）。

　上記の点に関し，合弁当事者全員の出席が必要である旨規定する必要性は，日本企業側が少数株主である場合だけでなく，過半数株主である場合も重要と

104　UNIT 6　Joint Venture

なることがある。なぜなら，日本の会社法と異なり，アジア諸国の中には，株主総会の定足数を頭数で定める国も多くあり（シンガポール，インド，ミャンマー等），たとえば，現地の合弁パートナーが2社以上存在する場合に，株主総会の定足数が2名の出席であれば，現地の合弁パートナーの出席のみで定足数が充足されてしまう可能性があるのである。また，議決権数ベースで定足数をみる場合でも注意は必要であり，たとえば，タイでは，議決権数ベースで25％以上の株主の出席をもって，定足数は充足されることとされている。

　また，定足数に関しては，電話会議やテレビ会議での出席が現地法上許容されているか（定足数に数えられるか）も確認しなければならず，許容されていれば，そのような方法で出席することがあり得る旨を合弁契約書に規定することが考えられる。取締役会と異なり，株主総会の開催頻度はさほど多くはないと思われるものの，緊急事態の際に，これらの方法で出席できれば有益である。

(e)　決議要件

　決議要件については，日本の会社法では，出席した株主の議決権数を基準として，普通決議は過半数決議，特別決議は3分の2以上の決議とされているが，アジア諸国では，国によって異なる基準・要件が設けられている。この点は特に重要であり，普通決議・特別決議の要件も踏まえて，出資割合を決定することもある。

　具体例として，ベトナムの複数社員有限会社は，議決権数ベースで65％以上の決議をもって普通決議が可決されることとされている。また，特別決議の要件も，多くの国で，3分の2基準ではなく，4分の3（75％）基準が用いられている（シンガポール，インド，マレーシア，タイ，ベトナム，ミャンマー等）。

　採決の方法についても，国によっては，前述の定足数と同様に，議決権数ベースではなく，挙手（show of hands）による頭数ベースで採決することを原則としていることがある（インド，マレーシア，ミャンマー等）。これらの国で合弁会社を組成する場合には，当該国の強行法規に反しない限り，合弁契約書および定款で，挙手ではなく，議決権数ベースでの投票（poll）により採決を行うべきことを明記することは重要である。

　なお，上記案文では記載していないが，株主総会決議を書面決議の方法で執り行うことができるかも各国の会社法によって異なる。現地法上，書面決議が許容されている場合，その旨を合弁契約書で明記しておくことも考えられる。

（f）議　　長

　株主総会の議長は，多くの場合，取締役会の議長が兼ねるため，合弁契約書でもその点を明記している。注意を要するのは，国によっては，議長にキャスティングボート（賛否同数の場合の決定投票権）を与えている場合があるため，現地企業側が議長となる場合には，合弁契約書および定款において，これを明確に否定しておく必要がある。

（g）そ　の　他

　会社によっては，法定の株主総会以外でも，合弁会社の方向性その他幅広い事項について株主レベルで協議するための**株主協議会**（Steering Committee 等，名称は問わない）を設けることもある。これは，合弁会社自体の機関ではないものの，株主間での意思疎通を図り，合弁会社を円滑に運営するためには有益である。

(8)　取締役会

1. Composition: The Board shall consist of ［　］ Directors. Party A shall be entitled to nominate ［　］ Directors and Party B shall be entitled to nominate ［　］ Directors. Each Party shall also be entitled to remove or substitute any Directors nominated by it. Each Party shall vote its Shares to effectuate the foregoing.
2. Meetings: The Board shall meet as often as the Company's affairs may require, and in any case, at least once per ［　］ months. Board meetings shall be convened and held at such places as may be decided by the Chairman.
3. Notice: Notices for Board meetings shall be sent by the Chairman at least ［　］ Business Days prior to the date of the meeting to each Director. The notice shall state the place, date and time of the meeting, and businesses to be transacted.
4. Quorum: Subject to the Act, all Board meetings shall require a quorum of at least ［　］ Directors, with each Party being represented thereat. Nonetheless, in the event of a lack of quorum for ［　］ consecutive adjourned meetings, any ［　］ Directors shall form a quorum for the purpose of resolving matters other than the Reserved Matters.
5. Voting: Subject to the Act, the resolutions of the Board shall be adopted by the affirmative vote of the majority of the Directors present. The Board may adopt resolutions by means of circulation.
6. Chairman: The Chairman shall be appointed from one of the Directors nominated by Party B. The Chairman shall not have a casting vote in the event of equality of votes.

（a）総　　論

　取締役の選任および取締役会の運営に関する事項も，合弁契約書で規定すべき重要な条項の一つである。これらの事項も合弁会社の設立準拠法の会社法に

106   UNIT 6   Joint Venture

則したものでなければならず，合弁契約書で規定するだけでなく，合弁契約書に添付する定款にも反映させなければならない。

(b) 取締役会の構成

前述の出資割合とともに，合弁当事者間で慎重に協議すべき事項として，合弁会社の取締役会の構成が挙げられる。具体的には，各当事者が指名権を有することとなる取締役の数であり，通常は，出資割合に比例した指名権を有することになる。合弁契約書を作成するにあたっては，取締役の総数も規定し，その内訳として，各合弁当事者が指名権を有する取締役の数を記載する。

また，現地の合弁パートナーと組む場合であれば，さほど問題となることはないが，合弁会社の設立準拠法の会社法に従い，一部の取締役につき，居住要件が課されることもある（シンガポール，インド，マレーシア，フィリピン，タイ等）。

なお，シンガポール，インド，マレーシア，香港，ミャンマー等の英国法系の国では，正規の取締役が長期間不在であるなど，取締役会に出席できる見込みがない場合に，代替取締役（Alternative Director）の選任を可能としている。このような代替取締役の選任権について，合弁契約書で規定することもある。

(c) 開催時期

取締役会は，日本では，定例取締役会と臨時取締役会を開催する会社が多いが，海外の合弁会社についても，同様の取扱いとするのが合弁会社の運営上も無難である。国によっては，法律上，3か月に一回以上は取締役会を開催しなければならないとされていることもあり，合弁契約書の作成に際しては，現地法の確認は必須である。

なお，株主総会は，多くの場合，本店所在地（またはその同一市町村等）での開催を必要とするが，取締役会の開催地は，任意に設定可能な場合が多い。この点についても，現地法を確認しながら，取り決める必要がある（柔軟な設定が可能であれば，たとえば，合弁当事者各社の所在地の中間地点に設定したり，互いの会社所在地に交互に設定したりすることも考えられる）。

(d) 招集通知

取締役会の招集通知も，株主総会の招集通知と同様に，渡航スケジュールも勘案した上で，ある程度余裕をもった通知期間を設定することが望ましい。通知期間の短縮に関する定めや招集通知の送達方法についても，株主総会と同様

に，現地法を確認の上，実務的に円滑な方法を取り決めることになる。

(e) 定 足 数

定足数については，原則として，各合弁当事者が指名した取締役が1名ずつ出席していることを求めるべきである。もっとも，定足数が複数回連続して不充足の場合には，合弁会社の運営が停滞することを避けるためにも，後述する全会一致事項を除いて，一定数の取締役の出席をもって取締役会の開催を認めることを規定することもある（ただし，このような事態は，既に危機的な状態にあるともいえ，このような例外は規定しないという選択肢もある）。

電話会議やテレビ会議での出席の可否（定足数算入の可否）は，各国によって取扱いが異なり得るため，現地法を確認の上，合弁契約書および定款に規定すべきである。

(f) 決議要件

取締役会の決議要件は，どの国においても，単純多数決が原則と考えられるが，各国の法律に従い，特別利害関係を有する者（Interested Director）は決議に参加できない可能性があるため，その点は注意を要する。

なお，株主総会と同様に，取締役会決議を書面決議（持ち回り決議）の方法で執り行うことが可能とされている場合があり，上記案文においても，その点を簡潔に記載している。

(g) 議 長

議長については，株主総会における説明と同様であり，キャスティングボートは，現地企業側が議長となる場合には，明確に否定しなければならない。

(h) その他

上記以外にも，取締役については，その任期を規定したり，その業務に関連する責任の免責について規定したりすることもある。加えて，取締役の権利として，合弁会社の帳簿の閲覧権等を規定することもある。

また，取締役会の下部組織として，委員会（Committee）を設けることも規模次第では有益である。

さらに，本契約条項案では触れていないが，機関設計は，国によって区々であり，機関として取締役会が存在しないことや，株主総会と取締役会以外の機関が存在することもある。たとえば，インドネシアでは，執行全般に対する監督だけではなく，取締役会に対する助言も行うコミサリス会という機関も存在

108　UNIT 6　Joint Venture

する。馴染みのない機関設計が採用されている国においては，その役割をも十分に理解した上で，その構成員について取り決める必要がある。

(9)　全会一致事項（拒否権事由）

> Notwithstanding anything to the contrary, none of the matters below（the "Reserved Matters"）may be executed by the Company unless such matter is resolved at either a Board meeting or a shareholder's meeting, with the affirmative vote of all of the Party's nominated Directors or all of the Parties, as the case may be.
> (1)　Any alterations to the Charter Documents;
> (2)　以下略

　日本企業側が出資割合の過半数を有しており，取締役会の過半数を占める取締役の指名権を有している場合には，基本的には，日本企業側の意向に反する株主総会決議（普通決議）または取締役会決議がなされることはない（ただし，前述のとおり，株主総会について，ベトナムの複数社員有限会社のような変則的な決議要件が定められている場合は除き，また，頭数ベースでの決議がなされないことが前提である）。

　これに対して，外資規制その他の事情により，日本企業側の出資割合が半数未満であり，または，取締役会の半数未満の取締役についてのみ指名権を有している場合には，現地の合弁パートナーが独断で決議を通してしまわないように，重要事項について，**全会一致事項**（**拒否権事由**とも呼ばれる）を設定する必要がある。

　もちろん，前述の株主総会や取締役会における決議要件を，すべて全会一致を必要とするものとして規定すれば，それに加えて，上記案文のような規定を設ける必要はないが，一切の事項について，全会一致を必要とすれば，特に取締役会について，迅速な経営判断ができなくなるため，円滑な業務遂行に支障が生じる可能性がある。

　全会一致事項として規定する内容は，案件によって区々であり，事実上すべての事項を捕捉するような書きぶりとすることもあれば，一定の金額基準を設けることもある（たとえば，100万米ドル以上の設備投資や契約の締結等。合弁会社と株主との間の契約締結も対象とすることが多い）。さらには，特別決議を要するような事項に限定する場合もある（これは日本企業側の出資割合が特別決議を阻止し

第 4 節　合弁契約書　109

得る出資割合未満である場合には特に有用である）。

(10)　デッドロック

1.　In case after ［　］ consecutive meetings, the Board or the shareholders' meeting fails to resolve upon the same matter（including the Reserved Matter）, then each Party may notify the other Party in writing that a deadlock（"Deadlock"）has occurred.

2.　Upon occurrence of a Deadlock, the following procedure shall apply:
　(1)　the Parties, within ［　］ Business Days from the date of receipt of the notice of the Deadlock, shall each exchange a memorandum containing details of the issues under discussion and grounds which justify the respective positions;
　(2)　the President/CEO of each Party shall use their reasonable efforts to resolve the issues in an amicable manner for a period of ［　］ Business Days after the exchange of the memorandum described in (1) above;
　(3)　if the Deadlock cannot be resolved within such applicable ［　］ Business Day period provided in (2) above, then the Parties may submit the issue to a panel of three mediators to be appointed in accordance with (4) below;
　(4)　each Party shall appoint one mediator within ［　］ Business Days, and the third mediator, who shall act as chairman of the panel, shall be appointed by the mediators appointed as aforesaid within ［　］ Business Days thereafter;
　(5)　the mediators shall in writing notify to the Parties their detailed decision for the resolution of the Deadlock within ［　］ Business Days from the appointment of the third mediator; and
　(6)　the Parties shall, within ［　］ Business Days of the notification of the mediators' decision, by itself or through its nominated Directors vote in accordance with such decision, thus resolving the Deadlock.

3.　If a Party fails to execute all acts and deeds required to implement the mediators' decision, such Party shall be deemed to be a Defaulting Party under Article ［　］.

（a）　総　　論

デッドロック条項は，合弁契約書を作成するにあたって，最も慎重に検討を要する条項の一つである。デッドロック条項が適用されるのは，必然的に，合弁当事者間で紛争（または意見の食い違い）が発生している段階といえ，この条項の適用を通じて，合弁会社の行く末が決定されるといっても過言ではない。

（b）　デッドロック事由

　デッドロック事由を，前述の全会一致事項に限定する場合もあれば，株主総会や取締役会で対立関係が生じたあらゆる事項とする場合もある。前者の場合には，全会一致事項以外の事項について，事実上のデッドロックが生じ得ることになるが，その対策としては，その場合に限って，議長にキャスティングボートを与えることも考えられる。

110　UNIT 6　Joint Venture

なお，デッドロック事由の範囲とは別視点で，日常業務に影響を及ぼす可能性のある事項については，デッドロックの交渉期間中といえども，暫定的に多数株主の意向に従って業務執行がなされる旨が規定される場合もある。ただし，この場合，なし崩し的に多数株主の意見に従わざるを得ない可能性があるため，日本企業側が少数株主である場合には，推奨できるものではない。

(c) **デッドロック解消メカニズム**

デッドロックの解消メカニズムは，千差万別であり，すべて交渉で解決させるために，あえて規定しない，あるいは，規定するにしても，交渉で解決しない限り，現状維持とする場合もあれば，詳細な規定を設ける場合もある。

たとえば，第1次的には，当事者間の交渉に委ねつつ，交渉で解決しない場合において，①当事者双方が相手方の保有する株式の買取り（または自己の保有する株式の相手方に対する売渡し）を希望する場合には，入札手続を経ることとし，②一方当事者のみが他方当事者の保有する株式の買取り（または自己の保有する株式の相手方に対する売渡し）を希望する場合には，当事者間の交渉または専門家により算定された公正価格（Fair Market Value）で取引することとし，さらに，③いずれの当事者も相手方の株式の買取り（または自己の株式の売渡し）を希望しない場合には，合弁会社を解散させることとする場合もある。なお，上記①の入札手続に代えて，一方当事者が価格提示をし，当該価格で当該提示者の株式を買い取るか，または，当該価格で被提示者の株式を売るかの選択を突きつける方法もある（ロシアン・ルーレット方式）。

上記案文では，デッドロックの発生後，双方に自己の立場を明確にした書面を交わすこととし，その後，両当事者の代表者が事態の解決を図ることとしている。そして，一定期間内に解決が図られなければ，第三者（調停人）に判断を付託し，その判断に従うこととしている。当該判断に従うことは合弁契約上の義務とされ，これに違反した場合には，違反当事者として，補償責任を負わされたり，コールオプション・プットオプションの対象とされたりする。もっとも，デッドロックの対象事項は，必ずしも第三者に付託し得るものとは限らないため，上記案文が最適というわけではない。

(11) 合弁会社の運営

> 1. <u>Managing Director</u>: Party A shall be entitled to appoint the Managing Director of the Company (the "MD"). The MD shall be appointed for a period determined by the Board in accordance with the Act and outlined in the employment contract executed with the MD. The powers delegated to the MD by the Board shall include the authority to manage the day to day operations of the Company
> 2. <u>Business Plan</u>: The Parties shall agree on a business plan for the Company before the commencement of every fiscal year (April 1 to next March 31). The business plan shall include, an operating budget, an estimated capital expenditure/working capital requirement for the Company and a projected profit & loss statement.
> 3. <u>Accounting</u>: The Company shall keep true and accurate books of accounts, which shall be audited at the end of each fiscal year by an international accounting firm. The books of accounts shall be maintained in accordance with GAAP and shall be made available to the Parties upon reasonable advance written notice.

　合弁契約書では，合弁会社の運営に関する条項を詳細に規定しておくことが望ましく，特に合弁会社の代表者（Managing Director や CEO，President 等）の選任権や権限については，明確に規定しておくことが必須である。

　日本企業が過半数出資をしている場合には，日本企業側の者を代表者に選定したいところであるが，合弁会社の設立国における慣習を十分に理解し，今後採用することとなる現地従業員の統括を考えると，現地の合弁パートナー側の者の方が適任の場合もある（なお，現地法上，代表者に選任されるための要件が定められている場合もある）。現地の合弁パートナー側の者を代表者とする場合には，上席役員雇用契約書（Executive Employment Agreement）等を締結し，その権限等を明確に縛っておくことが重要となる。

　また，上記案文では，事業計画の策定や会計・監査に関する条項も規定している（便宜上，上記案文では一つの条項として記載しているが，別々の条項でもよい）。いずれの条項に記載の内容も，合弁会社の取締役会で都度決定することでも問題はないが，疑義を差し挟まないために，事前に規定しておく方が無難である。なお，決算監査を行う会計事務所を事前に取り決める場合もある。

　さらに，上記案文では記載していないが，配当方針（当期利益の 50% は配当する等）や株主の情報受領権（議事録や月次・四半期・半期・通期財務諸表の一定期間内の提出等），各株主の役割を詳細に規定することもある。加えて，株主と合弁会社との間の取引につき，それが独立当事者間取引（arm's length）でなければならないことを明記することもある。

112　UNIT 6　Joint Venture

(12)　競業避止義務

1. Each Party covenants with the other Party that it shall not, and shall procure that any of its Affiliates shall not（whether alone or jointly with others or whether as principal, agent, director, shareholder or otherwise）, for so long as it remains a shareholder of the Company and for a period of ［　］ years thereafter:
   (1)　carry on any business in the Territory that competes with the Business; or
   (2)　solicit, endeavour to entice away, employ or offer to employ any current director or employee of the Company.
2. While the restrictions contained in this Article are considered to be reasonable in all circumstances, if any of such restrictions shall be adjudged to be void as going beyond what is reasonable in all circumstances but would be valid if part of the wording thereof were deleted or the periods thereof reduced or the range of activities or area dealt with thereby reduced in scope, the said restrictions shall apply with such modifications as may be necessary to make it valid and effective.

　　合弁契約書を締結する場合，合弁当事者としては，基本的に，合弁会社に関連する事業は，すべて合弁会社を通じて行うことを企図しており，合弁当事者の一方が同一の事業領域において，競合する事業内容に従事することは想定されていない。これを担保するための規定が**競業避止義務**である。

　　上記案文では，競業避止義務を負う対象を，各当事者のみならず，その関連会社（Affiliate）にも拡張しており，グループ会社が多数ある会社であれば，その定義を限定的に規定したり，または，合弁契約書の締結時点で遂行している事業は除外する旨規定したりすることが必要となる。また，禁止される事業内容は，前記(2)の項目で特定する「Business」に限定している。

　　注意を要するのは，競業避止義務を負う期間である。上記案文では，合弁契約書の有効期間中のみならず，その後も何年間かは存続させることとしているが，仮に日本企業側が現地の合弁パートナーを見限り，即座に別の第三者と合弁を組むことを検討したり，または，自ら事業活動を行ったりする可能性がある場合には，合弁契約の有効期間中のみにとどめる必要がある（義務違反による解除の場合のみ，競業避止義務が存続するように規定することも考えられる）。

　　なお，上記案文では，各当事者とその関連会社のみを対象としているが，各当事者が指名した取締役についても，同様の競業避止義務を負わせる旨規定することも可能である。また，競業避止義務の有効性は，国によって区々であり，全体として無効と解されてしまわないように，上記案文の第2項を規定しておくことが望ましい。

第 4 節　合弁契約書　113

⒀　株式譲渡

> 1. <u>No Transfer</u>: Unless permitted under this Agreement or with the prior written consent of the other Party, each Party undertakes that, during the term of this Agreement, it shall not, directly or indirectly, sell, transfer, assign or dispose of, or mortgage, pledge or create any Encumbrance in respect of, all or any of its Shares.
> 2. <u>Affiliate Transfer</u>: Notwithstanding the foregoing restrictions, a Party may freely transfer its Shares to an Affiliate of such Party; provided that such Affiliate executes a Deed of Adherence agreeing to be fully bound to this Agreement.

（a）　総　　論

　合弁当事者が誰であるかは重大な関心事であり，自由に株式が譲渡されてしまっては，当初意図した合弁会社組成のメリット（たとえば，有力な現地の合弁パートナーの協力等）が減殺されてしまう可能性がある。そのため，株式譲渡の原則的な禁止および許容する例外的な場面を明記しておく必要がある。

（b）　株式の譲渡制限

　合弁契約書では，通常，他の合弁当事者の書面による事前同意がない限り，株式譲渡（および譲渡する結果となり得る担保設定）を制限する旨の条項を規定する。加えて，国によっては，合弁契約書で定めるだけでは保護としては足りず，定款に譲渡制限を明記し，かつ，善意の第三者が取得することを阻止するために，株券の裏面に譲渡制限が付されている旨を記載すべき場合もある。

　これに対して，合弁当事者によっては，期間の限定のない譲渡制限に抵抗を示し，自由な譲渡を希望する場合もある。その場合には，一定期間の譲渡を制限するロックアップ期間（Lock-Up Period）を設けることは考えられる。たとえば，合弁会社組成後 5 年間は第三者に譲渡しないといった規定である。

（c）　関連会社への譲渡

　株式譲渡を禁止している場合であっても，関連会社（Affiliate）に対する譲渡は例外的に許容していることは多い。これは，グループ内組織再編等がなされる可能性を踏まえてのことである。

　もっとも，関連会社の定義は，各国によって異なるため，合弁契約書において，その意味内容は明確にしておく必要がある。そして，本項目に記載している関連会社に対する株式譲渡を，関連会社全般に認めるのか，あるいは，完全子会社のみに限るのかなど，個別に検討することも必要となる。

　また，関連会社に対する譲渡を認める場合であっても，当該関連会社におい

114　UNIT 6　Joint Venture

て，合弁契約書の内容を遵守する旨の Deed of Adherence の提出を求めるのが一般的である（もちろん，かような書面の提出に代えて，合弁契約書の変更合意を行うことも可能である）。同証書の提出をもって，株式譲渡を行う者の地位を同関連会社が承継することになる。

なお，上記案文は，簡潔に記載した条項例であるが，実際に合弁契約書を作成する際には，当該関連会社が当初の合弁当事者の関連会社ではなくなった場合に，株式を当初の合弁当事者に戻す義務も規定することがある。

(d) 先買権 (Right of First Refusal)

合弁契約書によっては，上記案文のように，株式譲渡を広く禁止し，その例外として，関連会社に対する譲渡のみを規定する場合もあれば，撤退の余地を残すために，第三者に対する譲渡を許容しつつ，他の合弁当事者に対して**先買権**（優先交渉権とも呼ばれる）を与えている場合もある。

具体的には，株式譲渡を希望する合弁当事者は，譲渡希望先や予定譲渡価額その他主要な条件等が記載された譲渡希望通知を他の合弁当事者に提出し，一定期間に限って，他の合弁当事者が優先して当該条件の下，当該株式を買い受けることを可能とするのである。仮に当該一定期間内に他の合弁当事者が買受け希望を行わなければ，当初の条件よりも有利ではない条件で，当該譲渡希望先に譲渡することが許容されることになる。なお，第三者に対して譲渡される場合には，当該第三者は，前述の Deed of Adherence を提出することになる。

このような先買権は，海外の合弁契約書ではよく規定される条項であり，その条文内容も詳細に規定されたものである。先買権が認められるとはいえ，第三者に対する株式譲渡を許容することが前提とされる条項であるため，このような条項を設けるかどうかは慎重に検討されなければならない（前述のロックアップ期間と併用し，一定期間経過後にのみ適用可能とすることも一案である）。

なお，上記先買権は，株式譲渡を希望する合弁当事者が，特定の第三者に対して譲渡する条件を整えてから他の合弁当事者に通知をするものであるが，同様の仕組みで，第三者に提示する前に他の合弁当事者に通知を行うべきことを規定する場合もある（このような場合の権利は，Right of First Offer という）。特定の第三者に対して譲渡する条件を整えずに，他の合弁当事者に譲渡希望を行えるため，より譲渡しやすい仕組みとなる。

(e) 共同売却権（Tag-Along Rights）

　先買権とともに規定されることがある権利として，共同売却権（売却参加権とも呼ばれる）がある（ただし，先買権ほどは一般化しておらず，規定しない合弁契約書も多い）。これは，ある合弁当事者が第三者に対して株式譲渡することを希望した場合に，他の合弁当事者が自己の株式をも当該第三者に買ってもらうことを要求することができることとする規定である。

　共同売却権の内容も多岐にわたり，少数株主が取り残されることを回避するための権利として，過半数株主（またはそれ以上の割合の株式を有する株主）が第三者に対して株式譲渡することを希望した場合にのみ，当該少数株主が行使可能とすることもあれば，そのような制限を設けずに，どの株主でも行使可能な権利とする場合もある。また，当該第三者が各合弁当事者から譲渡希望が出された株式の全部の取得を行わない場合には，按分で譲渡することにする場合もあれば，当該第三者が株式の全部を取得しない限り，一切の譲渡を禁止する場合もある。

　なお，投資家がベンチャー企業に投資を行い，それによりベンチャー企業を合弁会社化する場合に，投資家に Piggy-Back Right や Registration Right（登録請求権）と呼ばれる権利が付与されることがある。Piggy-Back Right は，共同売却権の同義語として用いられることもあるが，ベンチャー投資の局面では，これらの権利は，ベンチャー企業が新規株式公開（IPO）を行う場合に，自己の株式をも証券取引委員会に登録させ（米国の場合），売出し対象とすることを要求する権利として捉えられる。

(f) 強制売却権（Drag-Along Rights）

　上記共同売却権と似て非なる権利として，強制売却権（売却強制権とも呼ばれる）というものもある。もっとも，強制売却権が合弁契約書で規定されることはさほど多くはない。

　強制売却権は，要するに，主要株主（多くの場合は，過半数株主やそれ以上の割合の株式を有する株主）がその保有する株式を第三者に対して譲渡することを希望した場合に，少数株主が保有する株式も強制的に当該第三者に譲渡させる権利である。少数株主の株式をも同時に売却できるため，主要株主としては，合弁会社の発行済み株式の過半数またはすべての取得を希望する第三者に対して，より容易に交渉することが可能となる。

116   UNIT 6   Joint Venture

⑭ 期間・終了

---

1. <u>Term</u>: This Agreement shall come into effect on the Effective Date and shall remain valid until such time as it is terminated by mutual agreement of the Parties or in accordance with the provisions set out herein.
2. <u>Termination</u>: Upon the occurrence of any of the following events (the "Events of Default"), either Party (the "Non-Defaulting Party") shall be entitled to terminate this Agreement by giving a written notice to the other Party (the "Defaulting Party"):
    ⑴ the Defaulting Party being in material breach of this Agreement, which, if capable of cure, has not been cured within [   ] Business Days of the receipt of written notice of such breach from the Non-Defaulting Party;
    ⑵ 以下略
3. <u>Consequence</u>: Upon termination of this Agreement due to an occurrence of any of the Events of Default, the Non-Defaulting Party shall have the option to:
    ⑴ cause the dissolution of the Company; or
    ⑵ give a written notice to the Defaulting Party requiring it, either: (a) to purchase all of the Non-Defaulting Party's Shares for a purchase price equal to 110% of the Fair Market Value of such Shares; or (b) to sell to the Non-Defaulting Party all of the Defaulting Party's Shares for a purchase price equal to 90% of the Fair Market Value of such Shares.

(a) 期　　間

　合弁契約の有効期間は，一般的には，同契約が合意解約または解除されない限り，無期限に有効とされる（もちろん，更新を前提とした条項とすることも可能である）。また，合弁当事者が2名以上いる場合には，一部の合弁当事者との関係でのみ，合弁契約を終了させる場合もある。

　なお，合弁契約を終了させない場合であっても，一部の合弁当事者の出資割合が一定基準を下回った場合に，合弁契約の一部の条項の適用を排除したりすることもある（たとえば，出資割合が10％を下回った場合には，取締役の指名権を失わせたり，全会一致事項を削除することが考えられる）。

(b) 解除事由

　合弁契約の解除事由としては，他の取引契約における解除事由と同様，他の合弁当事者の重大な義務違反や支払不能，倒産，事業廃止等が挙げられ，加えて，合弁会社の業績悪化（事業計画の未達や3期連続の債務超過等）や合弁会社の事業遂行上不可欠な許認可の取消等が規定されることもある。また，誰が合弁当事者であるかは重大な関心事であるため，支配権の変動も解除事由とすることがある。

　なお，上記案文では，違反当事者（Defaulting Party）と非違反当事者（Non-

Defaulting Party）という立場でのみ解除事由を規定しているが，上記のとおり，合弁会社の事情により解除することを可能とする場合には，別途取扱いを取り決める必要がある（基本的には，当事者間で交渉の上，いずれか一方が他方の株式を買い取るか，第三者に譲渡するか，または，最終的に合弁会社を解散させることになる）。

(c) 解除の効果

違反当事者と非違反当事者という立場で解除がなされた場合，多くの合弁契約書では，上記案文のように，①合弁会社を解散させるか，または，②(a)非違反当事者の株式を割増価格で違反当事者に買い取らせるか（**プットオプション**：Put Option），もしくは，(b)違反当事者の株式を割引価格で非違反当事者に売り渡させるか（**コールオプション**：Call Option）の選択権を非違反当事者に与える。

上記でいう割増価格や割引価格は，会社の企業価値に照らした「公正価格」を基準とするのが一般的であり，その決定方法は，当事者間の交渉により定めることができなければ，独立した専門家に委託することがある（専門家に委託する際の手順を明記することも多い）。この点に関し，注意を要するのは，インドでは，株式の譲渡価額規制があり，居住者から非居住者に対する株式譲渡は公正価格以上でなければならず，非居住者から居住者に対する株式譲渡は公正価格以下でなければならない。そのため，可能な限り，当該規定が無効とされないために，公正価格から乖離する部分については，株式の譲渡対価ではなく，違反当事者に対する損害賠償額の予定であることを明らかにしておくことが重要となる。

なお，上記コールオプション・プットオプションは，違反当事者と非違反当事者との間の株式譲渡のみを意図したものであるが，さらに，非違反当事者による第三者に対する自由な株式譲渡を可能とする規定や前述の強制売却権を規定することも考えられる。また，実際に合弁契約書を作成する際には，いずれのオプション行使であれ，支払期日等を明確にしておく必要がある。

⒂ 補　償

Each Party agrees to indemnify, defend and hold harmless the other Party from and against any losses and damages（including reasonable attorney's fee, but excluding indirect or con-

118 UNIT 6 Joint Venture

> sequential loss and damage) which may arise in respect of any breach by such Party of any of the terms of this Agreement.

　補償条項については，他の取引契約と基本的に同じである。もっとも，いずれかの合弁当事者が合弁会社に損害を及ぼした場合に，合弁会社に対して補償を行うべきか，または，当該行為が合弁契約書の違反を構成する場合に，他の合弁当事者に対して補償を行うべきかは，明確に規定することがある（後者の場合には，当該合弁当事者の出資割合に応じた割合的な賠償となる）。

⒃　一般条項

　合弁契約書においても，秘密保持義務や準拠法（基本的には，合弁会社の設立準拠法を規定する），紛争解決手段（いずれの合弁当事者も属さない第三国とする場合もあれば，合弁会社設立国とする場合もある），その他英文契約一般に規定する条項を盛り込むことになる。これらの条項については，他の**UNIT**に委ねることとする。

▌第5節　合弁会社の運営

1　概　　要

　海外において合弁会社を運営するにあたっては，いうまでもなく，当該合弁会社の設立準拠法に従って事業運営を行う必要がある。また，新興国では独自の文化や慣習が色濃く存在するため，それらを無視することがあってはならない。他方で，現地の文化・慣習を熟知している現地の合弁パートナーに運営をすべて任せきりにすると，独断で行動されてしまい，収拾がつかなくなることがある。

　そこで，以下においては，どのような点に注意して海外の合弁会社を運営すべきかについて考察を加える。なお，合弁会社の運営は，合弁当事者との関係性を含め，案件によって区々であるため，以下の考察は一例として捉えていただきたい。

2　合弁パートナーの尊重

　第2節2で述べたとおり，合弁形態をとることのメリットとして最も大き

いのは，現地の合弁パートナーの人的物的資源等を活用できる点にある。現地の合弁パートナーは，現地の文化・慣習を熟知しているため，対取引先や対従業員との関係で，日本企業側よりも適切に関係を作ったり，問題発生時に対処できたりする可能性が高い。アジア諸国では，宗教を重んじる国が多いため，日本企業側がそのような事情を理解せずに行動すると，取引先や従業員の反感を買うことも考えられる。

また，現地の合弁パートナーとしては，日本企業とタッグを組むことにより，迅速に合弁会社の事業拡大を図りたいと考えるのが通常であるところ，日本企業側の意思決定が遅々としてなされないことがある。これでは，合弁パートナーの意欲も削がれ，合弁会社の運営が停滞しかねない。そこで，一定程度は，合弁パートナー（およびその指名する取締役等）に権限を与え，その判断で事業運営を行えるようにすることも有益である（ただし，この場合でも，事後報告を義務づけることは重要である）。

3　日本企業の積極的関与

日本企業によっては，合弁会社の設立段階および事業の立上げ段階では，本社人員も投入して積極的に関与するが，安定期に移行した段階では，現地に任せきりになる場合もある。これでは，通常，本社よりも少ない人員で経営にあたっている合弁会社として，進むべき方向性を失ったり，事業拡大に向けた対策がとれなかったりすることがある。合弁パートナー（またはそれにより選任された Managing Director）としても，月次の報告を日本企業側に送付するだけで，何の反応もなければ，負担感のみが増す結果となる。

日本企業としては，人員派遣や日本での研修を通じて，ローカルスタッフのレベルアップを図ったり，日系企業の現地子会社への訪問を通じて，販路の拡大を図ったりすることも考えられる。経営周りの内部統制システムも，日本が先行している状況であれば，現地に適した形に変容させながら，コンプライアンスを図っていくことも可能である。

4　ルールの明確化・遵守

現地の合弁パートナーに対して，一定程度，権限を与える重要性は上記のとおりであるが，年数が経つにつれ，日本企業側を軽視した事業運営がなされる

ことがある。たとえば，**第4節2**(9)で述べた全会一致事項を株主総会や取締役会に諮りはするものの，事前の説明もなく，事業に必要だからとの理由で推し進めることがある。現地の合弁パートナーとして，日本企業側に害を及ぼす意図はないとしても，独善に陥っていることがあるのである。

　上記のような事態を避けるためには，合弁契約書で規定された全会一致事項を始めとして，どのような事項につき日本企業側の承認が必要とされ，どのような事項につき事前通知または事後報告で足りるのかを明確にすることが考えられる。権限や責任を明らかにして，たとえ些細な違反であったとしても，より大きな違反につながらないように，遵守体制を確立することも重要である（ただし，経営の柔軟性とのさじ加減も必要であり，試行錯誤は必要である）。

5　意見交換の機会の確保

　合弁当事者同士による意見交換の機会を定期的に設けることは，多くの場合，両者間の紛争を未然に防ぐことにつながる。合弁当事者の中には，十分な意思疎通がなされなかったことから，勘違いが発生し，その修復が困難となる場合がある。日本の経営方針と現地の事情が必ずしもマッチしないこともあるが，真摯に意見交換を行えば，解決できる場合もある。

　なお，**第4節2**(7)(**g**)で述べた株主協議会は，まさにこのような意見交換の場として活用されるものである。

6　専門家の関与

　合弁会社の運営は，当然のことながら，現地法に則してなされる必要があるところ，現地の合弁パートナーといえども，法律・会計・税務の専門家ではなく，その認識している慣習が本当は法令に違反している可能性もある。そのため，法律・会計・税務面に関しては，専門家に委託するなどして，適法・適正に事業運営がなされるようにしなければならない。

　なお，英国法系の国では，会社秘書役（Company Secretary）という国家資格を有する専門家が存在し，一定の規模を有する会社は，そのような会社秘書役を常設しなければならないことがある。会社秘書役は，会社法の細かな規定を把握し，招集通知の発送を含め，株主総会・取締役会の適正な運営に寄与する役割を担う。このような専門家を起用することは，合弁会社の適法・適正な運

営に資することになる。

7 監査の実行

合弁会社の運営が適法・適正になされているかを確認するため，日本企業側の主導で，定期的に監査を行うことも重要である。子会社監査は，日本国内でもなされることがあるが，合弁会社も同様に行うべきである。日本企業が合弁会社に取締役を派遣している場合であっても，当該取締役のみでは，問題点をあぶりだすことが困難なこともあれば，稀ではあるが，当該取締役自身が不正に加担していることもある。

第4節2⑾では，株主による情報受領権を規定しているが，計算書類等を受領するのみでは把握できない問題点もあるため，可能であれば，日本企業の内部監査チームによる現地視察を含めた本格的な監査を行うことが望ましい。

UNIT 7

M ＆ A

第 1 節　はじめに

　M&A とは，Mergers and Acquisitions（合併および買収）の略称であり，一般的には企業買収全般を指す。M&A は，会社を一から設立するよりも簡易迅速に事業展開が可能となるため，日本国内外を問わず，頻繁に実施されており，今や重要な経営手法の一つと考えられている。特に，人口減少や低い経済成長率に直面している日本にあっては，人口増加や高い経済成長率を誇る新興国市場に活路を見出すケースが増えている。また，AI（人工知能）に代表される技術革新が世界各国で活況であることから，各国のベンチャー企業や成熟企業を買収（または一部出資）するケースも散見される。加えて，激変する経済情勢を受けて，M&A を通じた業界の再編成等がなされるケースも見受けられる。

　国際法務の観点から M&A を見た場合，大きく分けて，①日本企業が外国企業を買収するパターン（**IN-OUT** または**アウトバウンド**とも呼ばれる）と，②外国企業が日本企業を買収するパターン（**OUT-IN** または**インバウンド**とも呼ばれる）の 2 つが存在する。①の例としては，武田薬品工業株式会社による Shire plc の買収やソフトバンクグループ株式会社による ARM Holdings plc の買収が挙げられ，②の例としては，米投資ファンドを中心とする企業コンソーシアムによる東芝メモリ株式会社の買収や鴻海精密工業股份有限公司グループによ

第 2 節　M&A の手法　　123

るシャープ株式会社の買収が挙げられる。このようなクロスボーダー M&A は，件数・取引金額が増加・高額化の傾向にあり，今後もこの傾向は続くと予想される。

　本 UNIT では，まず，クロスボーダー M&A にどのような手法があるかを概観した上で，一般的な M&A の流れを確認する。また，M&A の手法としては，株式譲渡が大半を占めるため，クロスボーダーの株式譲渡案件における株式譲渡契約書の内容・留意点を解説する。さらに，M&A と密接に絡む規制として，各国競争法上の企業結合規制に触れ，加えて，近年厳格化されている米国の国家安全保障規制も紹介したい。

　なお，本書では触れないが，2018 年 3 月 27 日付で，経済産業省より「『我が国企業による海外 M&A 研究会』報告書」が公表されており，日本企業が海外 M&A に取り組む際の留意点等が整理されている。実際に海外 M&A に取り組んだ日本企業の知見が盛り込まれており，M&A の検討開始の段階から，買収後経営統合（Post-Merger Integration〔PMI〕）を図る段階，さらにはその後の子会社管理の段階に至るまで，参考とすべき点は多い。

第 2 節　M&A の手法

1 概　　要

　M&A を行う際に取り得る手法（スキーム）は，買収対象会社が所在する国の法律によって異なる。外国企業が日本企業を買収する際には，株式譲渡のほか，事業譲渡，株式引受け，合併，会社分割，株式交換などを検討することになるが，同様に，日本企業が外国企業を買収する際にも，当該国の法律の下で許容される手法が検討されることになる。

　一般的に考えられる手法としては，株式譲渡，事業譲渡，株式引受け，合併，会社分割，スキーム・オブ・アレンジメントなどが挙げられ，これらの手法の中で，当事者（買主，売主および対象会社）のニーズに最も合致する手法が選択されることになる。

　以下においては，各手法の一般的な特徴を説明する。

2　株式譲渡

株式譲渡は，買収者（買主）が対象会社の現株主（売主）から，対象会社の株式を取得する取引である。取引対象が対象会社の株式であることから，基本的には，対象会社自体の資産や負債，契約は買収前後を通じて維持される。クロスボーダーの株式譲渡は，外資規制（**UNIT5**参照）や企業結合規制，国家安全保障規制等の各国規制に留意する必要があるものの，対象会社の支配権を取得する最も直接的な取引であり，かつ，他のM&Aの手法と比べて簡便であることが多いため，大多数のM&A案件がこの手法による。なお，国によっては，企業形態として株式会社よりも有限会社の方が一般的な場合もあり，その場合には，「株式」の譲渡ではなく，「出資持分」の譲渡となる。

　もっとも，株式譲渡の手法による場合，対象会社そのものを取得することになるため，対象会社に内在する各種リスク（偶発債務や潜在債務等）もそのまま承継されることになる。対象会社は，買収者とは別法人であるため，当該リスクが顕在化した場合であっても，原則的には，そのリスクは株主である買収者に及ばないが，対象会社の株式価値の下落による減損処理が必要となることはある（ただし，ごく例外的に，各国の法政策上，環境等の一定の分野で，親会社の責任が認められることもあるため，注意は必要である）。

　なお，対象会社が上場会社である場合には，当該国の法律に従った公開買付手続（Take Over Bid〔TOB〕やOpen Offerなどと呼ばれる）が必要となることがあるが，その要件（トリガーとなる事由や基準を含む）は国によって異なり，公開買付け後のスクイーズ・アウト手続（少数株主が保有する株式を強制的に取得する手続）も現地法に照らした手法を選択する必要がある。

3　事業譲渡

事業譲渡は，買収者（買主）が対象会社（売主）から，対象会社の営む特定の事業（対象事業）を取得する取引である。対象会社が複数の事業を営んでいる場合に，その一部のみを取得する場合に用いられることもあれば，対象会社の営むすべての事業を取得することを前提としつつ，承継を希望しない資産や負債，契約を個別に除外するために用いられることもある。個別に除外することにより，買収者は，不要な資産を取得したり，未知の負債（偶発債務や潜在債務等）を承継したりすることを避けられる。

もっとも，事業譲渡のスキームにおいては，通常，日本企業がいきなり外国企業の事業を取得できるものではなく，事業を譲り受ける受皿会社を対象会社の所在国に有している必要がある。そして，当該受皿会社が事業譲渡後の事業主体となるため，事業遂行上必要となる許認可を新たに取得したり，各種届出を行ったりする必要がある場合も多い。また，事業譲渡は，契約上の地位の移転を伴うことから，契約相手方の承諾も必要となる。これらの手続を遺漏なく行うためには，現地法に精通した者の協力が不可欠であり，慎重な対応が求められる。さらに，仮に対象会社のすべての事業を取得する場合には，事業譲渡後に，事業譲渡の対価を受領した対象会社側において配当や清算手続を行うことになる。

上記のような複雑性から，事業譲渡は，クロスボーダー M&A で多く用いられる手法ではないが，新興国のように未知のリスクを否定しきれない場合には，有用な手段となる。

4　株式引受け

株式引受けは，買収者（出資者）が対象会社（発行会社）の行う第三者割当増資を引き受けることをいう。この手法は，買収者が対象会社に対して若干の資本参加を行う少額出資による場合もあれば，対象会社の支配権の取得を目的に多額の出資による場合もある。出資した金銭は，対象会社自体に支払われるため，対象会社に資金需要がある場合には有益な手法となる。

もっとも，株式引受けは，既存株主が保有する株式を希釈化するものであるため，一定の利益の享受を望む既存株主からは反発が予想され，対象会社が倒産の危機に瀕しているといった特殊な事情がない限り，大規模な希釈化を伴う株式引受けが実施されることはあまりない。株式引受け後には，対象会社が買収者と既存株主との間の合弁会社となることも多く，その場合の留意点等については，**UNIT6** を参照されたい。

なお，対象会社の所在国の法律が許容する限り，株式引受けは，普通株式だけでなく種類株式により行うことも可能であり，その場合には，議決権の有無や優先配当権の内容，転換権・償還権の有無・条件等の詳細を詰めることになる。

126   UNIT 7   M & A

5   合併・会社分割

日本でM&Aを行う場合，二つ以上の会社が一つの会社に統合する「**合併**」や一つの会社が二つ以上の会社に分割される「**会社分割**」もM&Aの手法として検討される（いずれも新設型と吸収型が存在するが，新設分割は，対象会社がその事業の一部を分割して新設会社を創出する組織行為であるため，当該新設会社の株式譲渡と組み合わせるのが一般的である）。クロスボーダーM&Aにおいても，これらの手法が検討されることはある（ただし，会社分割が存在しない国もある）。

もっとも，日本企業が外国企業との間で，直接，合併または吸収分割をすることはできず，外国企業の事業を取得するためには，当該外国企業の所在国に設立された現地法人を事前に有している必要がある。新規に対象会社の所在国に進出する場合には，新たに現地法人を設立する必要があるため，手続面でやや煩雑な面はある。しかし，対象会社に一定数の株主がおり，個別に株式譲渡を受けることが困難である場合には，日本企業が現地法人を設立した上で，当該現地法人と対象会社とを吸収合併させ，対象会社の株主に日本企業の株式や金銭を交付する事例は，特に米国においてまま見受けられる。

なお，国によっては，合併や会社分割を行うために，当事者間の合意のみならず，裁判所等の承認が必要とされていることがあり，その場合には，その手続に要する期間も考慮に入れなければならない。

6   スキーム・オブ・アレンジメント

スキーム・オブ・アレンジメント（Scheme of Arrangement）は，英国や英国の支配が及んでいた国々（シンガポール，マレーシア，インド等）でよくみられる制度であり，対象会社または株主により資本構成の変更を含む案が作成され，株主総会での決議および裁判所の認可を得た上で，実行されるM&A手法である。なお，本制度は，対象会社と対象会社の債権者との間でも実施可能な制度であり，その場合には，債権者も巻き込んだ抜本的な再建案が構築されることになる。

スキーム・オブ・アレンジメントを実行する上で必要となる株主総会決議の要件は厳格であり，頭数基準で過半数の株主の賛成および議決権基準で75%以上の株主の賛成が必要となる。この制度においては，裁判所の認可を含む詳細な手続を履践する必要があるため，特に上場会社のように多数の株主が関与

する場合に用いられる。

なお，本 UNIT の冒頭で述べた武田薬品工業株式会社による Shire plc の買収およびソフトバンクグループ株式会社による ARM Holdings plc の買収は，いずれもスキーム・オブ・アレンジメントによる M&A であった。

第3節　M&A の流れ

1　概　要

クロスボーダー M&A を行う際の流れは，どのような手法を採用するかによって大きく異なるが，各手法の実行過程で遂行される個別の手続（たとえば，スキーム・オブ・アレンジメントの場合の株主総会の決議や裁判所の認可等）を捨象すれば，大まかな流れとしては，以下のようなステップが踏まれる。

なお，この流れは，**UNIT6 第3節**で詳述した合弁会社組成の流れとも一部共通するため，そちらも併せて確認されたい。

---

① 　秘密保持契約書の締結
② 　意向表明書の提出／基本合意書の締結
③ 　デュー・ディリジェンス
④ 　最終契約書の締結
⑤ 　クロージング

以下においては，各ステップの概要を説明する。

2　秘密保持契約書の締結

M&A は，関係当事者に多大な影響を与える取引であるため，通常，秘密裏に取り組まれる。特に，後述するデュー・ディリジェンスが実施される場合には，対象会社に関する多数の非公開情報が買収者（買主）に開示されることになるため，対象会社としては，厳格な秘密保持義務を買収者に課すことが重要となる。そこで，M&A の検討開始に際しては，関係当事者間で**秘密保持契約書（Non-Disclosure Agreement〔NDA〕や Confidentiality Agreement〔CA〕）**が締結されることになる。

128   UNIT 7 M & A

　秘密保持契約書に規定すべき内容については，**UNIT6第3節2**と同様の検討事項があてはまり，より詳細には，**UNIT12第2節**を参照されたい。なお，同業他社との間のM&Aを検討する場合には，たとえば，買収者側で当該秘密情報に接し得る者を非営業部隊に限定したり，後述するデュー・ディリジェンスとの関係では，営業上機微な情報は買収者の弁護士にのみ開示したりするなどの配慮を行う場合もある（いわゆるガン・ジャンピングについては，**UNIT17第5節**参照）。

　秘密保持契約書の締結後，本格的なデュー・ディリジェンスを実施する前に財務諸表を含む初期的な情報（**インフォメーション・メモランダム**〔Information Memorandum〕ともいう）の開示がなされることもある。この場合，買収者側は，開示された情報を基に，M&Aの採算性等を検討するいわゆるフィージビリティ・スタディ（Feasibility Study）を行うことになる。

3　意向表明書の提出／基本合意書の締結

(1)　概　　要

　買収者側において，初期的な情報を検討した上で，事業採算性も見込めると判断した場合，合弁会社を組成する場合におけるのと同様に（**UNIT6第3節3**参照），当事者間で基本的な方向性を確認するため，買収者から売主や対象会社に対して**意向表明書**（Letter of Intent〔LOI〕）を提出したり，当事者間で**基本合意書**（Memorandum of Understanding〔MOU〕）を締結したりすることがある。

　なお，案件によっては，複数回，意向表明書を提出することもある。たとえば，初期的な資料の検討後に提出し，さらに，後述するデュー・ディリジェンスの完了後にさらに提出することがある。このパターンの場合には，前者の意向表明書は法的拘束力を有さないものとし，後者の意向表明書は法的拘束力を有するものとすることが多い。

(2)　内　　容

　意向表明書や基本合意書の内容としては，想定スキームの詳細や買収価格のレンジ，独占交渉条項，デュー・ディリジェンスに対する対象会社の協力義務，最終契約書における主要な条項，想定スケジュールなどが考えられる。また，

第3節　M&A の流れ　　129

M&A の結果，対象会社が買収者と売主との間の合弁会社となる場合には，**UNIT6 第3節3**(2)に記載の内容を盛り込むことも検討される。さらに，売主や対象会社側の要請により，従業員の処遇や M&A を実現するために必要となる許認可の有無等も記載することがある。クロスボーダー M&A は，日本企業同士の M&A とは異なり，法規制・文化・習慣が異なる者同士の M&A であるため，誤解が生じないよう，企図する取引内容を明確に合意しておくことが望ましい。

(3)　独占交渉条項

独占交渉条項（Exclusivity, No-shop Clause）を設ける場合，当該条項に違反した場合に差止請求まで認められるかは，各国の法制度や裁判例等によって異なり得る。

日本では，住友信託銀行 vs 旧 UFJ ホールディングス事件（最決平成16年8月30日民集58巻6号1763頁）において，独占交渉条項に違反した情報提供の差止請求は拒絶されており，同条項に違反した損害賠償請求も信頼利益の賠償にとどめている。また，米国デラウェア州法の下では，独占交渉条項を設けた場合であっても，より優位な提案を第三者から受けた場合には，当該提案を検討しないことが取締役やオフィサーの善管注意義務違反を構成し得るため，当該提案を検討し得る旨の例外規定（Fiduciary Out Clause）が設けられることもある。

(4)　法的拘束力

意向表明書や基本合意書の条項に法的拘束力を持たせたくない場合には，その旨を明確に規定しておくことは重要である。これがいかに重要であるかは，米国の Texaco, Inc. v. Pennzoil, Co. 事件（729 S.W.2d 768 ［Tex. App. 1987]）が参考になる。

この事件では，Getty Oil Company の支配権を巡り，Pennzoil, Co. が Getty 社の主要株主との間で買収の基本条件を取り決めた Memorandum of Agreement なる合意書を締結したが（法的拘束力に関する規定なし），Texaco, Inc. がより高い買収対価で Getty 社の主要株主にアプローチしたため，最終的に，Texaco 社が Getty 社の支配権を取得した。この事実関係の下，裁判所は，同

130　UNIT 7　M & A

合意書に法的拘束力を認めた上で，Texaco 社が同合意書に意図的に干渉したとして，約 105 億ドルの賠償を命じたのである（これに起因して，後日，Texaco 社は日本の民事再生手続に相当する米国連邦倒産法チャプター 11 の適用申請を行うに至った）。

4　デュー・ディリジェンス

(1)　概　　要

秘密保持契約書の締結後または意向表明書や基本合意書の提出・締結後，買収者は，対象会社に対して，各種デュー・ディリジェンスを実施するのが一般的である。**デュー・ディリジェンス（Due Diligence〔DD〕）** とは，M&A の文脈では，買収対象となる対象会社や対象事業の調査・監査を意味し，企業価値や事業価値を適正に評価する一環として，対象会社や対象事業に重大なリスク等が内在していないかを確認するために行う。

デュー・ディリジェンスの種類は，法務・財務・税務・ビジネスなど多岐にわたり，案件の規模や買収者が重視する内容に応じて，個別に調査範囲（スコープ）を確定する。クロスボーダー M&A では，必然的に現地法に照らした調査・監査が必要となるため，現地の法律事務所や会計事務所との連携は不可欠となり，特に欧米の案件では費用が高くなる。そのため，少額出資であれば，スコープを限定し，事業の特性上，特に問題となり得る分野のみを対象とすることもある。他方で，大規模な案件では，相応の深度のデュー・ディリジェンスを行わなかった場合，いざ対象会社について問題が噴出した場合に，買収者取締役会の判断の適正性が問題とされ，株主から善管注意義務違反（会社 330 条，民 644 条）を問われるリスクも生じる。

デュー・ディリジェンスの結果は，買収者において，当該 M&A 案件を中止することを検討したり，スキームの変更を対象会社や売主側に提案したり，あるいは，買収対価の減額交渉を行ったりする際に用いられる。

以下においては，法務分野のデュー・ディリジェンスにおいて，一般的にどのような項目を調査対象とし，どのような点に留意すべきかを概観する。

(2) 法務分野における調査項目

(a) 組　　織

組織分野では，対象会社の設立証明書や定款等を確認することにより，対象会社が適法に設立され有効に存在していることなどを確認する。また，特に株式譲渡案件では，対象会社が発行している株式の種類や数，株主も重要な確認事項となる。国によっては，名目的な株主（Nominee Shareholder）が存在することもあり，その場合には実質的な株主が誰であるかの確認も重要となる。さらに，対象会社における各機関の議事録（株主総会議事録や取締役会議事録等）の確認も重要であり，これらの確認を通じて，対象会社がいかなる経営判断を行い，どのような問題に直面しているかを認識する端緒とし得る。

上記に加え，国によっては，行政当局に対して多数の届出を要する場合もあり，その場合には，それらの届出が適切になされているかの確認も行う。たとえば，日本と異なり，株主の氏名・住所が届出事項とされている国は多く存在し，加えて，年次報告（Annual Report）や担保・借入の状況が届出事項とされている場合もある。さらに，対象会社が既に外資を受け入れている会社であれば，現地の外資規制上の届出等（**UNIT5** 参照）の有無も確認する必要がある。

対象会社が創業家一族により運営されているような会社であれば，関係当事者間取引（Related Party Transaction）も要注意項目の一つである。関係当事者間取引により，資金の流れが不透明になっていたり，財務諸表が実態を表していなかったりする可能性もある。

なお，対象会社に子会社や関連会社が存在する場合には，それらの会社に，外資規制上，外国企業の出資が禁止または制限されている事業内容が含まれていないかは注意を要する。そのような事業内容がある場合，対象会社本体に対するM&Aを通じて，間接的にそれらの事業内容を行う会社に出資することになり，買収者側における外資規制違反となり得るからである。

(b) 契　　約

契約分野では，日本国内のM&Aと同様に，重要な仕入契約や販売契約，業務委託契約などを確認することになる。そして，これらの契約の相関関係を把握することにより，対象会社における事業の商流の全体像を理解することも可能となる。

M&A の手法が株式譲渡を伴うものであり，当該M&Aにより対象会社の支

132　UNIT 7 M & A

配権が変動する場合には，いわゆるチェンジ・オブ・コントロール（Change of Control）条項の有無の確認が重要となる。**チェンジ・オブ・コントロール条項**とは，支配権の変動を契約の解除・通知・届出・債務不履行事由等とする条項であり，そのような条項がある場合には，M&A の実行前提条件として，当該契約の相手方の書面による事前承諾を得ることを定めなければならない（ただし，重要性が低い契約については，M&A 後の取引継続をもって，黙示的に承諾が得られたものと取り扱うこともある）。

　また，日本におけるのとは異なる契約文化が存在する可能性もあるため，日本企業としては受諾できない不利な契約条項（たとえば，多額の違約金条項や長期間の拘束を前提とする条項等）がないかの確認もしなければならない。この観点で重要となるのは，政府機関等とのパイプを有する業務委託先との契約である。特に新興国においては，贈収賄の温床となり得る業務委託契約も存在し，そのような契約がある場合には，その内容を精査した上で，その取扱いを検討しなければならない。もっとも，法務デュー・ディリジェンスによる調査には限界があるため，贈収賄の端緒が発見された場合には，別途，その分野の調査に特化した専門業者を選定することも考えられる。

　(c)　資　　産

　資産分野では，土地建物の所有権や利用権，知的財産権の登録状況やライセンス状況，および，保険の加入状況などを確認することになる。

　土地建物の法制度は，日本と異なることが多く，そもそも土地の所有が認められず，国から土地利用権を付与されているにすぎない場合もある。また，土地の所有が認められる国であっても，日本における不動産登記簿謄本のような制度が存在しない国が大半であり，真に対象会社が所有権を有しているかどうかの確認には，過去の不動産売買契約を含む土地の来歴の確認が必要となる場合もある。なお，新興国では，工場が建設されているのが工業団地内である場合もあり，その場合には，当該工業団地に適用される規律も確認しなければならない。

　知的財産権については，登録制度がある知的財産権自体だけではなく，ライセンス契約も登録しなければならない場合もあるため，各国の法制度に照らした確認を要する。なお，侵害・被侵害の有無については，対象会社から開示を受ける資料や対象会社の経営者に対するインタビュー等で対応するほかない。

保険については，付保状況や保険金請求状況を確認することにより，対象会社として今後加入すべき保険を把握したり，典型的な保険事故を把握したりすることに役立てることが可能である。特に新興国については，台風や洪水，停電に伴い損害を被るリスクは，日本における場合よりも高い。

(d) 負　　債

負債分野では，対象会社の借入金の状況や担保権の設定状況などを確認することになる。また，保証・被保証の有無も要確認事項である。

借入金については，金融機関からの借入であれば，金銭消費貸借契約書を確認することになる。ところで，法務デュー・ディリジェンスの範疇からは外れるが，新興国におけるM&Aでは，買収後に，日本の親会社による貸付や日本の親会社による保証を背景として日本の金融機関が対象会社に貸付を行う場合もある。もっとも，新興国によっては，外貨規制の一環として，かような貸付に一定の条件を付している場合もあり（インドにおける対外商業借入〔External Commercial Borrowing〕等），その場合には買収後の借入方針は別途考慮しなければならない。

担保権については，日本における担保制度よりも広範に担保権が設定されている場合もあり，担保の内容も含めて正確に把握しなければならない。たとえば，米国の一部の州では，信託証書（Deed of Trust）の形式により不動産に対する担保権が設定され，その内容次第では，不動産のみならず，当該不動産に含まれる一切の動産も対象となったり，賃料や保険金も対象となったりする。登録制度も異なるため，M&Aのクロージングを機に担保解除する場合には，その手続も把握しておく必要がある。

(e) 人事労務

人事労務分野では，従業員との雇用契約や就業規則（Employee Handbook）を確認するほか，労災保険の加入状況や法定の基金（ERISA[1] や Provident Fund 等）への拠出状況を含め，各種現地労働法制を遵守しているかどうかを確認することになる。もっとも，現地労働法制も多岐にわたるものであり，すべての遵守状況を確認することは現実的ではないため，ある程度は，当該国において一般的な調査項目に絞らざるを得ない。

---

1) 米国 Employee Retirement Income Security Act of 1974 の略称であり，米国における企業年金制度を規律する。

134　UNIT 7 M ＆ A

　また，対象会社の所在国および M&A のスキームによっては，従業員側に退職する権利が与えられ，従業員が退職を希望した場合には，退職金のほか，法定の勤続功労金や損失補償金，送別金を支払わなければならない（上記各名目の金員は，インドネシアにおいて合併や支配権の変動があった場合の例である）。このような支払義務は，予期せぬ財務インパクトを与えかねないものであるため，買収対価や M&A 後の事業計画を検討する上で，十分に考慮に入れなければならない。

　なお，対象会社が工場を有し，多くの労働者を雇用している場合には，労使関係にも注意を払い，労使紛争の有無も重要な調査項目となる。

（f）許　認　可

　許認可分野では，各種許認可の取得・届出状況を確認し，関連法令の下，対象会社に課されている各種義務の遵守状況を確認することになる。もっとも，労働法制と同様に，すべての義務の遵守状況を確認することは困難であるため，特に重要な項目の調査に限定されることもある。

　M&A の手法が株式譲渡であれば，対象会社の株主が変更するのみであるため，一般的には，許認可の有効性に影響を与えることはないが，M&A の手法が事業譲渡であれば，買収者が事業を譲り受ける受皿会社において，新規に許認可を取得し直さなければならない場合が多い。事業譲渡のクロージング直後に事業運営ができるかどうかは極めて重要なポイントとなるため，事業譲渡スキームを用いる場合には，クロージング前後の手続を含めた調査を行う必要がある。

　なお，環境分野もデュー・ディリジェンスの対象とする場合には，法務で対応する範囲（環境関連許認可の有無の確認等）と専門業者で対応する範囲（ボーリング調査の実施等）は峻別する必要がある。

（g）紛争・クレーム

　紛争・クレーム分野では，対象会社を当事者とする紛争解決手続（訴訟，仲裁，調停等）の有無の確認のほか，対象会社が第三者から受けているクレーム等の内容を確認することになる。

　日本では，紛争解決手続の有無は，対象会社から開示を受ける資料や対象会社の経営者に対するインタビューでのみ判明し得るが，国によっては，訴訟係属の有無が公開されている場合もある（ただし，通常，調査対象の裁判所を個別に

特定する必要がある）。そのような国の場合には，その調査結果をもとに，より詳細な資料を対象会社に提出させることが可能となる。

なお，米国が訴訟大国と呼ばれるように，国によっては，対象会社が多数の訴訟に巻き込まれている場合がある（米国以外にはインドも税務訴訟を含め，多数の訴訟が係属していることが多い）。請求額が多額に及ぶ訴訟が係属している場合には，買収対価の算定が困難となることがあるが，その場合には，特別補償条項（詳細は**第4節2(10)(b)**参照）を最終契約書に盛り込むなどして対応することが考えられる。

(h) その他

上記までが一般的な法務デュー・ディリジェンスにおける調査項目であるが，近年は，2015年に英国現代奴隷法（Modern Slavery Act 2015）が制定されたことも相俟って，サプライ・チェーンにおける人権デュー・ディリジェンスも脚光を浴びている。つまり，対象会社のサプライヤー等において，児童労働や強制労働，差別・嫌がらせ等がなされていないかの調査がなされる。

もっとも，人権デュー・ディリジェンスは，サプライヤー従業員に対するアンケート調査など，外部も巻き込んだ調査を必要とするため，秘密裏に実施することは容易ではない。新興国のサプライヤーを有する対象会社を買収する場合には，クロージング後のデュー・ディリジェンス（Post-Closing Due Diligence）を実施することも検討に値する。

5 最終契約書の締結

各種デュー・ディリジェンスの完了後，または，それと並行して，M&Aに係る最終契約書の交渉が関係当事者間（買主，売主，対象会社）でなされる。デュー・ディリジェンスの結果次第では，スキームが変更し得るため，デュー・ディリジェンスの完了後に交渉することが望ましいが，時間的にタイトな案件では，今後変更し得る旨の留保を置きつつ，並行して最終契約書のドラフトのやりとりがなされることも多い。

最終契約書（Definitive Agreement〔DA〕）は，株式譲渡案件であれば株式譲渡契約書（Share Purchase Agreement〔SPA〕），事業譲渡案件であれば事業譲渡契約書（Asset Purchase Agreement〔APA〕），株式引受け案件であれば株式引受契約書（Share Subscription Agreement〔SSA〕）が締結されることになる。合併

や会社分割，スキーム・オブ・アレンジメントによる場合も，それぞれの名称の契約書等が作成される。

　最終契約書の内容は，M&Aのスキームによって異なり，案件の規模や対象会社の上場・非上場の別，それぞれの案件に内在する特殊性等を踏まえて，個別に作り込む必要がある。株式譲渡契約書における典型的な条項例は，**第4節2**を参照されたい。

　なお，合弁会社を組成する場合におけるのと同様に（**UNIT6第3節5**参照），M&A後の事業運営を見据えて，最終契約書とともに種々の付随契約が締結されることもある。

6　クロージング

　最終契約書が締結された場合，関係当事者は，クロージングに向けて，最終契約書に規定される実行前提条件（Conditions Precedent）が具備されるよう，互いに必要となる手続を履践していくことになる。実行前提条件の例としては，各当事者の株主総会や取締役会での機関決定，投資委員会による投資許可の取得，企業結合規制や国家安全保障規制に係るクリアランスの取得，チェンジ・オブ・コントロール条項のある契約についての契約相手方からの承諾取得等が挙げられる（**第4節2**(5)参照）。

　実行前提条件がすべて具備（または放棄）された状態で，予定されたクロージング日を迎えた場合，クロージングが実行されることになる。具体的には，株式譲渡案件であれば株式譲渡（株券の交付および株主名簿の名義書換を含む）がなされ，事業譲渡案件であれば事業譲渡（登録制度を有する資産等の登録変更手続を含む）がなされる。また，株式引受け案件であれば新株式の割当て・払込み・発行がなされる（ただし，各国法制度や実務に従い，1日ですべてが完了されない場合もある）。

　なお，国によっては，株主の変更が行政当局への届出事由とされている場合もあり，また，外資規制が存在する国においては，外資による株式取得や資金注入につき事後報告を行う必要がある場合もある。これらは，一般的に，クロージング日当日に行うことまでは求められていないが，クロージング後遅滞なく着手すべき事項である。

第4節　株式譲渡契約書　　137

第4節　株式譲渡契約書

1　概　　要

クロスボーダー M&A 案件は，その多くが株式譲渡スキームにより実行されている。そこで，本節においては，株式譲渡スキームにおいて締結される株式譲渡契約書について概説することとしたい。

株式譲渡契約書は，対象会社の株式の売買契約であり，広い意味では，物品の売買契約と変わるところはない。しかし，株式は，対象会社の設立準拠法により規律されるものであり，通常，株式譲渡を有効なもの（または第三者に対抗できるもの）とするためには，一定の手続の履践が求められる。また，株式の価値は，対象会社の価値という目に見えないものを前提とするため，買主として，意図した価値を有する株式の取得を担保するために，売主に表明保証を求めたり，価格調整条項を設けたりすることがある。このように，株式の売買は，単なる物品の売買とは異なる性質を有するため，精緻に株式譲渡契約書を作り込み，自社に不利な内容とならないようにしなければならない。

もっとも，株式譲渡契約書の具体的な内容は千差万別であり，対象会社が所在する国や案件の規模，買主と売主との力関係等，種々の要素が絡み合い，100 頁を超える長大な契約書となることもあれば，数頁程度の簡素な契約書にとどまることもある。

以下においては，株式譲渡契約書で一般的に規定される条項につき，案文も紹介しつつ，その解説および実務上の留意点を示す。なお，紙面の関係上，すべての条項およびその案文を記載することが困難であることはご容赦願いたい。また，事案ごとに規定すべき内容は異なるため，実際に契約書を作成するに際しては，専門家に相談することが肝要である。

2　契約条項

(1)　当　事　者

株式譲渡契約書の当事者は，通常，売主と買主との間の2者間または対象会社も含めた3者間である。売主が対象会社をコントロールできる立場にあるのであれば，2者間とするか3者間とするかに大きな違いはないが，売主が必ず

138   UNIT 7 M ＆ A

しも対象会社の経営に関与していない場合であって，かつ，クロージング前に
対象会社に一定の義務を課す必要がある場合には，３者間契約とする方が安全
である。

(2) 株式譲渡

> 1. Subject to the terms and conditions of this Agreement, at the Closing, Seller shall sell
>   and transfer the Shares to Purchaser, and Purchaser shall purchase the Shares from Seller
>   (the "Share Transfer").
> 2. The Initial Purchase Price of the Shares shall be [   ], subject to the Price Adjustment
>   as set forth in Article [   ].

(a) **譲渡合意**

株式譲渡契約書において，最も基本となる条項が株式の譲渡合意を謳う条項
である。上記案文では「Shares」を譲渡対象としているが，その具体的内容は，
株式譲渡契約書の前文（Recital や Background，Preamble 等）や定義条項で明確
にしなければならない。

(b) **譲渡価格**

譲渡価格も，当然のことながら，株式譲渡の根幹をなす条項である。この点，
クロスボーダー M ＆ A における譲渡価格の設定方式としては，主要なものと
して，①価格調整を前提とせずに固定価格を設定する**ロックド・ボックス**
（Locked Box）**方式**と，②クロージング後の価格調整を前提とする**コンプリーシ
ョン・アカウント**（Completion Account）**方式**の２種類が存在する。上記案文では，
②の方式を前提としている。

ロックド・ボックス方式の下では，クロージング前の一定の基準日における
財務数値を基礎として譲渡価格を固定させ，その基礎とした財務数値とクロー
ジング日時点の財務数値との間に差異があったとしても価格調整は行われない。
そのため，クロージング日まで長期間を要する案件では，売主の経営体制の下，
対象会社の資産が流出する可能性があり，そのリスクは買主が負うことになる。
クロスボーダー M&A においては，外資規制や企業結合規制などにより，ク
ロージングまでに半年以上の期間を要する場合もあり得るため，このリスクを
軽視することはできない。これを極力防ぐためには，後述するクロージング前
誓約事項として，対象会社が通常の業務外の行為を行わないように義務づけた

り，一定の許可された流出（permitted leakage）以外の流出を対象会社に戻させる条項を規定したりしなければならない。

コンプリーション・アカウント方式では，価格算定の基礎とした財務数値とクロージング日時点の財務数値との間の差異を考慮して価格調整が行われるため，たとえ契約書の調印日からクロージング日まで長期間経過した場合であっても，少なくとも買主がその間の価格変動リスクを負うことはない。しかし，後述するとおり，この方式による場合，クロージング後にクロージング日時点の財務数値の確定が必要となるため，手続としては煩雑になる。

なお，産業競争力強化法の改正法が2018年7月9日に施行されたことに伴い，日本企業が自己の株式を対価として海外企業の買収を行うことが容易となった。今後は譲渡対価の選択肢の一つとして検討されることが予想される。

(3) クロージング

> 1. Subject to the satisfaction or waiver of the Conditions Precedent, the closing of the Share Transfer (the "Closing") shall take place at [ ] at [ ] (local time) on [ ] or at such other place, date and time as the Parties may agree in writing.
> 2. At the Closing:
>   (1) Seller shall:
>   (a) deliver to Purchaser the certified copy of the board resolution of the Company duly approving the Share Transfer;
>   (b) deliver to Purchaser the original instrument of transfer duly executed by Seller with regard to the Shares;
>   (c) deliver to Purchaser the original share certificate newly issued in the name of Purchaser as holder of the Shares; and
>   (d) deliver to Purchaser the certified copy of the updated register of shareholders of the Company reflecting the Share Transfer.
>   (2) Purchaser shall:
>   (a) remit the Initial Purchase Price minus the Escrow Amount to Seller's designated account; and
>   (b) deposit the Escrow Amount to the Escrow Account held by Escrow Agent.

(a) クロージング日時等

株式譲渡は，株式の譲渡およびその対価の支払により実行（クロージング）する。もっとも，後述するとおり，一般的には，種々の実行前提条件を設定して，それらの充足後（または放棄後）にクロージングを執り行う。

クロージング条項を設けるに際しては，上記案文のように，クロージングの

140　　UNIT 7　M & A

場所および日時を設定することになるが，特に日時については，クロスボーダー M&A では，具体的にどこの時間帯を基準とするのかについて疑義が生じ得るため，契約書で明記しておくことが望ましい。なお，海外送金には一定の時間を要するため，事実上，事前に送金手続を行っておく場合もある。その場合には，実行前提条件の充足を事前に確認するプレクロージングを行うことが重要となる（**UNIT6 第 4 節 2** (4)(a)も参照）。

(b)　クロージング事務

クロージング事務として，どのような事務を行う必要があるかは，各国の法律や実務によって異なる。上記案文では，売主側において，①株式譲渡承認に係る対象会社の取締役会議事録の写し，②売主が署名した譲渡証書の原本，③買主を新株主とする株券の原本，および，④買主を新株主とする株主名簿の写しをそれぞれ買主に交付することを求めている。また，買主側において，⑤エスクロー金額控除後の初期譲渡価格の売主口座への送金，および，⑥エスクロー金額のエスクロー口座への送金を規定している。

売主側の上記②は，株式譲渡が株式譲渡証書（share transfer deed）のような様式によりなされることが法律上規定されている場合に必要となる事務である。また，上記③④は，株式譲渡の効力発生要件や第三者対抗要件とされていることがあるため，クロージング日に確実になされるようにしなければならない。

買主側の上記⑤⑥は，売主と買主との間でエスクローを利用することが合意された場合に必要となる事務である。クロスボーダー M&A では，日本国内の M&A とは異なり，エスクローが利用されることが多く，次に述べるとおり，株式譲渡契約書の条件を交渉する際にも有効なツールとなり得る。

なお，上記のほか，株式譲渡により，対象会社が合弁会社化する場合には，**UNIT6 第 4 節 2** (4)(b)に記載のとおり，役員選任や定款変更も行うことになる。

(c)　エスクロー

エスクロー（Escrow）とは，M&A の文脈では，当事者間の合意により，譲渡代金の一部を金融機関や専門家等の第三者（Escrow Agent）に預託した上で，一定の条件が充足された場合にのみ，当該預託金を売主に支払いまたは買主に戻す取決めをいう。

エスクローは，中立的な第三者に預託することにより，買主として，クロー

ジング後の価格調整や補償請求の担保などとして活用される[2]。つまり，譲渡対価を一括で支払った場合には，クロージング後に譲渡価格の減額調整が必要となったとしても，売主側が一度受け取った譲渡対価の返還を拒む可能性がある。また，同様に，表明保証違反等を理由とする補償請求を行おうとしても，国をまたいだ請求を行うことになるため，回収が困難な事態も想定し得る。このような場合に，中立的な第三者の手元にエスクロー金額が留保されていれば，買主としては，少なくとも同金額の回収は図り得るのである。売主側においても，当事者間の合意により設定したエスクロー期間の経過後は，エスクロー金額（価格調整や補償による控除後）を受領できるため，支払が担保されているといえる。

　エスクローを設定する場合には，受託者となる第三者との間でエスクロー契約（Escrow Agreement）が締結されることになる。同契約には，具体的にどのような条件で，エスクロー金額の支払や還付がなされるのかを取り決めることになる。

(4) 価格調整

---

1. "Adjustment Amount" shall be equal to: (i) the [working capital] of the Company as of the Closing Date, minus (ii) the same as shown on the financial statements of the Company as of [　] (the "Base F/S").
2. Purchaser shall prepare financial statements of the Company as of the Closing Date (the "Closing F/S"), and shall deliver it to Seller within 90 days following the Closing Date.
3. If within 30 days following delivery of the Closing F/S, Seller has not given Purchaser a notice of objection to the Closing F/S, then the [working capital] reflected in the Closing F/S will be used in computing the Adjustment Amount.
4. On the 10th Business Day following the determination of the Adjustment Amount: (i) if the Adjustment Amount is a positive figure, Purchaser shall pay the Adjustment Amount to Seller, and (ii) if the Adjustment Amount is a negative figure, Seller shall pay the absolute figure of the Adjustment Amount to Purchaser.

---

[2]　上記以外には，買主が売主に対して支払う譲渡対価を，一定の条件の下で分割払いとする場合（対象会社の業績に従い，売主に段階的に譲渡対価を支払う，アーンアウト〔Earn-Out〕を含む）にもエスクローは活用し得る。もっとも，インドにおいては，エスクローとして留保し得る譲渡対価が全体の 25% に限定され，かつ，留保期間も 18 か月に制限されている。そのため，エスクローを活用する場合であっても，現地法の確認は不可欠である。

142   UNIT 7 M & A

(a)　価格調整の方法

価格調整条項を設ける場合，上記案文のような条項を規定することになるが，上記は非常に簡素な例であり，実際の株式譲渡契約書では，どの財務数値を用いるかについて，より詳細な規定（当該財務数値の定義を含む）が盛り込まれることが通常である。

価格調整の対象となる財務数値としては，純資産や純負債，正味運転資本などがあり，買主側において，クロージング日時点の財務諸表を会計事務所に作成させ，それと価格算定の基礎とされた財務諸表記載の数値を比較することになる。もっとも，クロージング直後の時点では，買主側としても対象会社の財務状態を熟知しているわけではないため，売主側に協力義務を課し，売主の主体的な関与を求めることもある。

また，財務数値を比較した結果，僅少な差異が生じた場合も価格調整を行うのは煩雑であるため，一定の幅を設定することもある。たとえば，財務数値の差異が1万ドルを超過する場合においてのみ価格調整の対象とするなどの合意も可能である。

価格調整の結果，最終的に確定する譲渡価格（最終譲渡価格）が当初譲渡価格を上回る場合には，買主は売主に対して差額を支払うことになるが，最終譲渡価格が当初譲渡価格を下回る場合には，売主が買主に対して差額を支払うこととする場合もあれば，エスクロー金額から当該差額を控除することとする場合もある（後者の場合には，エスクロー金額が減少することになるため，補償請求の担保としての価値も低減してしまうことには注意を要する）。

(b)　争いがある場合の措置

上記案文では記載していないが，実際の株式譲渡契約書では，クロージング日時点の財務数値に争いが生じた場合の取扱いまでもが規定される。典型的な例としては，売主側において，買主が示した財務数値に異議がある場合には，所定の日数以内に対案を示すものとし，両者が協議しても解決が図られない場合には，独立した会計事務所に判断を委ねることとする。[3]

---

3)　会計事務所によっては，上記のような紛争性のある調査は受任しない方針をとっていることもあるため，会計事務所の了解を得ないまま，特定の会計事務所を事前に指名することは避けるべきである。

（5）　実行前提条件

---

1. <u>Purchaser's Conditions Precedent</u>: The obligations of Purchaser to consummate the Closing shall be subject to the satisfaction or waiver on or prior to the Closing Date of the following conditions:
   （1）The representations and warranties of Seller as provided in Article ［　］ shall be true and accurate in all material respects as on the Closing Date;
   （2）Seller's obligations to be performed at or prior to the Closing shall have been performed in all material respects;
   （3）No events or situations shall have occurred or arisen that in effect, legally or factually, restrain or otherwise prohibit consummation of the Closing or that have resulted or may result in a Material Adverse Effect;
   （4）The Governmental Approvals as set out in Schedule ［　］ shall have been obtained and shall be valid and subsisting as on the Closing Date; and
   （5）The Company shall have obtained third party consents as more particularly set out in Schedule ［　］ for the consummation of the Closing.
2. <u>Seller's Conditions Precedent</u>: 略

　合弁契約書で規定するのと同様に（**UNIT6 第4節2（5）**参照），株式譲渡契約書においても実行前提条件を設けるのが一般的である。

　内容としては，相手方に表明保証違反がないことや相手方が履践すべき義務をすべて履践していることが規定される。また，クロスボーダー M&A では，外資規制や企業結合規制，国家安全保障規制等との兼ね合いで，当局の承認が必要となる場合もあるため，その場合には，上記案文1（4)のような規定を設ける（ただし，当局承認は必ずしも売主側が履践すべき事務とは限らないため，両者の実行前提条件とすることもある[4]）。また，株式譲渡案件では，前述のとおり，チェンジ・オブ・コントロール条項に留意する必要があり，第三者の承諾取得を買主の義務履行の前提条件とすることがある。

　なお，特に新興国における小規模な対象会社の場合，デュー・ディリジェンスの過程で多数の是正事項が発見されることがある。この場合に，買主側として，極力リスク低減を図るために，実行前提条件として，それらの是正完了を求めることがある。もっとも，実行前提条件を多く規定すれば規定するほど，クロージングが不確実になるため，是正が必要な内容次第では，クロージング後の実務運用の中で改善した方がよい場合もある。

4）　なお，インドネシアのように，外資法人（Penanaman Modal Asing〔PMA〕）について，一定の資本金要件が課されている場合，株式譲渡に加えて増資も行う必要がある場合もあり，スキーム構築や実行前提条件の設定に細心の注意を払わなければならない。

144　UNIT 7 M ＆ A

(6)　表明保証

1.　<u>Seller's R&W</u>: Seller represents and warrants to Purchaser that as at the Effective Date
and the Closing Date（to the extent applicable）, the matters set forth below are true and
accurate in all material respects:（以下，4 項目のみ例示する）
　(1)　Except as set forth in Part ［　］ of the Disclosure Letter, the Company has no liabili-
ties or obligations of any nature（whether known or unknown and whether absolute, ac-
crued, contingent or otherwise）except for liabilities or obligations reflected or reserved
against in the Base F/S and current liabilities incurred in the Ordinary Course of Busi-
ness since the date of the Base F/S.
　(2)　Part ［　］ of the Disclosure Letter contains a complete and accurate list of all real
property, leaseholds or other interests therein owned by the Company.
　(3)　The Company is, and at all times has been in compliance in material respects with all
Applicable Laws that is or was applicable to it or to the conduct of its business or the
ownership or use of any of its assets.
　(4)　To the Knowledge of Seller:（i）no Proceeding has been threatened, and（ii）no event
has occurred or circumstance exists that may give rise to or serve as a basis for the com-
mencement of any Proceeding.
　(5)　以下略
2.　<u>Purchaser's R&W</u>: 略

(a)　目的・効果

　表明保証（Representation and Warranty）**条項**は，一定の時点（契約締結日やクロ
ージング日）における，一定の事実・状態が真実かつ正確であることを一方当
事者が相手方当事者に表明し保証する条項であり，株式譲渡契約書で規定すべ
き重要な条項の一つである。

　売主が対象会社（子会社・関連会社も含む）について行う表明保証は特に重要
であり，表明保証された事実・状態が買主による対象会社の買収または価値算
定の基礎とされる。また，表明保証条項を設けることにより，売主による対象
会社に関するリスクを開示させることも期待でき，売主が適切な開示をしなか
った場合には，別途規定する補償条項により，買主は売主に補償請求を行うこ
とになるため，表明保証は，適正なリスク分配を図る機能を有するともいわれ
ている。もっとも，表明保証条項を重厚なものとすればするほど，売主として
は，予期せぬ表明保証違反による補償リスクを負うことになるため，譲渡価格
の増額交渉要因となり得る点には注意を要する。

　表明保証条項は，通常はそれ単体として意味を有するものではなく，他の条
項も併せて規定する。すなわち，クロージング前の時点であれば，①表明保証
違反がないことを株式譲渡の実行前提条件としたり，②表明保証違反を株式譲

渡契約書の解除事由としたりする。他方で，クロージング後の時点であれば，③表明保証違反を理由とする補償請求を認めることが一般的である。

なお，クロージング前に表明保証違反を構成する事実が判明した場合の通知義務を規定することも多く，この場合，通知された事項を表明保証の例外として取り扱うか否かも争点となり得る。

(b) 内 容

表明保証の項目例としては，①法人の存続・健全性，②株式譲渡契約の執行可能性，③株式譲渡契約の締結権限（社内手続の履践），④法令・定款・契約との非抵触，⑤株式・資本の状況，⑥財務諸表の適正性，⑦簿外債務の不存在，⑧重大な後発事象の不存在（通常の業務運営の実施），⑨重要な資産の所有・利用権限，⑩知的財産権の保有・非抵触，⑪重要な契約の締結・存続，⑫保険の加入，⑬環境法令の遵守，⑭労務債務の不存在，⑮法令遵守・許認可の保持，⑯紛争の不存在，⑰関係当事者間取引の適正性，⑱贈収賄の不存在，⑲情報開示の適正性などが挙げられる。特に米国の M&A では，この表明保証事項が非常に詳細で，20 頁以上に及ぶこともある。

具体的な規定方法としては，上記案文 1(1)のように，表明保証の例外事項を別紙（Disclosure Letter や Disclosure Schedule などと呼ばれる）において開示させたり，上記案文 1(2)のように，重要な事項（不動産や知的財産権，保有許認可，重要契約など）を別紙にリスト化させたりすることもある。なお，海外の売主によっては，株式譲渡契約書の交渉終盤の段階で，同別紙の冒頭に「デュー・ディリジェンスの過程で開示したすべての書類・情報」を例外事項として記載することがある。もっとも，案件によっては，非常に大部の書類・情報が開示されることもあるため，そのような例外事項は拒絶することが望ましい。

(c) 限定手法

表明保証事項について，上記案文 1(3)のように，当事者間の交渉の末，「重要な点において（in material respects）」といった重大性・重要性による限定を加えることがある（Materiality Qualifier）。このような限定は，表明保証事項に関する当事者間の妥協点を探る場合に有用であるが，何をもって重大・重要とみるのかについて解釈問題に発展する可能性がある（契約書によっては，「material」の定義づけを試みる場合もある）。なお，表明保証違反を補償事由とする場合，「重大な違反（material breach）」を対象とすることが多いが，この場合，

146   UNIT 7 M & A

重大・重要という要件が二重に適用される問題（Double Materiality）が生じるため，契約書で手当てすることもある。

また，案文1(4)のように，「売主の知る限り（to the knowledge of Seller）」という文言を付して，売主の認識による限定を加える場合もある（Knowledge Qualifier）。このような限定は，対象会社の規模が大きく，売主が細かな事項まですべて把握していることが不可能である場合に有用であるが，誰のどこまでの認識まで求めるかは明確ではない。この点，日本国内のM&Aであれば，上記のような限定（「知り得る限り」を含む）以上に詳細な規定を設けることは一般的とまではいえないが，クロスボーダーM&Aでは，「Knowledge」の定義を設けて，具体的に誰の認識を対象とするのかを明記し，また，合理的な調査を経た場合に通常認識し得る場合を含むといった規定を設けることが多い。

(d)　表明保証保険

クロスボーダーM&A（特に大型案件）では，**表明保証保険**が活用されることがある。これは主として，表明保証違反が生じた場合に買主が被る損害を補填するためのものであるが，買主としては，この保険活用を通じて，売主の資力が補完され，M&Aの交渉が円滑に進む場合がある。売主としても，交渉の幅が広がるため，売主によっては，買主が表明保証保険に加入していることをM&Aにおける入札の条件とすることもある。

なお，この保険を活用する場合，保険会社による対象会社に対するデュー・ディリジェンスや最終契約書のレビューも実施されるため，スケジュール等も調整する必要がある。

(7)　クロージング前誓約事項

---

1. Prior to the Closing, Seller shall execute an instrument of transfer of the Shares and shall cause the directors of the Company to duly pass a resolution approving the Share Transfer including updating the registers of share holders.
2. Prior to the Closing, Seller shall cause the Company to:
   (1) conduct its business only in the Ordinary Course of Business;
   (2) take no action listed in Schedule [   ], unless with the prior written consent of Purchaser; and
   (3) afford Purchaser full access to the Company's personnel, properties, documents and data, and furnish Purchaser with copies of all such documents and data as Purchaser may reasonably request.
3. Promptly after the Effective Date, Seller shall, and shall cause the Company to:

第4節　株式譲渡契約書　147

(1)　(i) make all filings and notifications required by Applicable Laws to be made by it in connection with the Share Transfer; and (ii) obtain all consents identified in Schedule ［　］; and

(2)　cooperate with Purchaser, (i) with respect to all filings and notifications that Purchaser is required by Applicable Laws to make in connection with the Share Transfer, and (ii) in obtaining all consents identified in Schedule ［　］.

(a)　概　　要

　株式譲渡契約書では，その締結日からクロージング日までの期間を対象として，売主や対象会社に対して，一定の義務を課すことが一般的である（このような義務は「誓約事項」と呼ばれ，英語では「Covenants」と表現することが多い）。上記案文では，売主側に課す誓約事項の代表例を記載したが，買主側の誓約事項を規定することもある。

(b)　売主側の誓約事項

　売主側の誓約事項としては，上記案文のとおり，①株式譲渡を有効に実行するために必要な手続をとること，②対象会社を通常の業務の範囲内においてのみ運営すること，③買主の書面による事前承諾がない限り，一定の事項（定款変更や会計方針の変更，新規事業の開始，大型投資等）を行わないこと，④買主に対して，対象会社の従業員や施設，文書・データへのアクセス権限を与え，買主の要求に従って同文書・データの写しを提供すること，⑤株式譲渡との関係で法律上必要となる許認可対応や同意取得を行い，買主が行うべきそれらの事項についても協力すること，といった事項が挙げられる。

　クロスボーダー M&A では，上記①および⑤は特に重要であり，現地法に照らして有効な株式譲渡手続をとる必要があり，また，各種許認可および第三者同意も取得する必要がある。上記②および③は，買主が想定していた対象会社の価値を維持するために重要な規定であるが，上記③を過度に制限的にした場合（要するに，あたかも買収が完了しているかのような干渉を買主に認めた場合）には，特に企業結合規制が適用される案件では，いわゆるガン・ジャンピングの問題が生じ得る（詳細は **UNIT17 第5節**参照）。上記④についても，買主としては，クロージング後の円滑な事業統合（Post-Merger Integration〔PMI〕）を図るために広く対象会社の情報を取得したいところであるが，競争上重要な情報の取得については，競争法上留意する必要がある（同節参照）。

　なお，個別の案件ごとに，さらに関係当事者間取引を解消させることや各種

法令違反を是正すること，各役員の辞任届を提出させること，といった事項を盛り込むこともある。

(c)　買主側の誓約事項

買主側の誓約事項としては，売主側の誓約事項と同様に，①株式譲渡を有効に実行するために必要な手続をとること，②株式譲渡との関係で法律上必要となる許認可対応や同意取得を行うこと，といった事項が挙げられる。

なお，企業結合規制に係る審査を要する案件の場合，当局承認を得ることが買主の義務とされることがある。これが努力義務であれば問題はないが，契約によっては，あらゆる問題解消措置をとってでも当該承認を得るようにしなければならない旨が規定されることがある（Hell or High Water Clause などと呼ばれる）。このような条項は，買主としては，リスクの高い条項であり，当局承認が得られる見込みが確実な案件でない限りは削除を求めるべきである。

(8)　クロージング後誓約事項

1. For a period of [　] years after the Closing Date, Seller shall not:
   (1) directly or indirectly, engage, invest in, operate, be employed by, or in any manner be connected with any Person engaged in any business that the Company conducts as of the Closing Date in [country/area]; and
   (2) directly or indirectly: (i) cause or induce any employee of the Company to terminate its relationship; or (ii) hire, employ, or otherwise engage any employee of the Company.
2. After the Closing, Seller shall cooperate with Purchaser and the Company in their efforts to continue and maintain those business relationships of the Company, including relationships with any customers, suppliers, employees and others.

株式譲渡契約書によっては，クロージング後の誓約事項が規定されることがある。上記案文では，第１項で売主の競業避止義務（従業員の引き抜き禁止義務を含む）を規定し，合弁契約におけるのと同様の規定を設けている（競業避止義務の留意点については，**UNIT6 第４節⑿**も参照）。他方で，第２項では，対象会社と関係者（仕入先や販売先，従業員等）との関係維持についての協力義務を売主に課している。案件によっては，上記に加え，売主に対して，対象会社の顧問等として，一定期間，対象会社に従事することを義務づけることもある。

また，買主側に関しては，売主の要請により，一定期間，対象会社の商号を変更しないことを誓約したり，売主に対する税務調査が開始された場合に，当該調査のために必要な範囲で対象会社の従業員や施設，文書・データへのアク

セス権限を売主に与えることを誓約したりすることもある。さらに，売主が対象会社の債務について保証提供している場合には，クロージング後一定期間内に保証の解除を行うことが義務づけられる場合もある。

(9) 解　　除

---

1. Termination: This Agreement may be terminated at any time prior to the Closing: （A） by mutual consent of the Parties, or （B） by written notice given from one Party to the other Party due to the reasons below:
   （1） if the other Party has committed a material breach of its obligations or representations and warranties under this Agreement;
   （2） if the Closing has not occurred on or before the Long Stop Date, unless the terminating Party is in material breach of this Agreement
2. Consequence: Upon termination, this Agreement shall be of no further effect; provided, however, that: （i） Articles ［　］ shall survive the termination and shall remain effective, and （ii） the termination shall not relieve any Party from any liability for any breach of this Agreement occurring prior to the termination.

　株式譲渡契約書においても，一般的に解除条項は設けられる。もっとも，クロージング後の解除を認めた場合には，株式譲渡の巻き戻しをする必要が生じて複雑な事態が生じるため，通常はクロージング前の解除のみを認めている。解除事由としては，重大な契約違反や表明保証違反，一方当事者における倒産手続の開始といった事由が規定される。また，上記案文1(2)に規定したような打切り期限（Long Stop Date）を設けて，当該期限を経過したことを解除事由とすることもある。これは，いつまで経っても実行前提条件が充足されずに，クロージングに至らない事態が継続することを避けたい場合に規定する。

　解除の効果として，上記案文では，一定の存続条項を除いては契約が失効するものとし，また，解除前に発生した契約違反による責任から免れるわけではないことを明確にしている。

　なお，上記案文では記載していないが，株式譲渡契約書によっては，ブレークアップ・フィー（Break-up Fee）やリバース・ブレークアップ・フィー（Reverse Break-up Fee）に係る取決めが定められていることもある。前者は，売主が何らかの理由により契約を解約したいと考えた場合に買主に対して支払う解約金を指し，後者は，買主が同様に解約したいと考えた場合に売主に対して支払う解約金を指す。

150   UNIT 7 M & A

⑽ 補 償

---

1. Indemnification: Subject to the limitations hereunder, Seller or Purchaser, as the case may be (the "Indemnifying Party"), shall indemnify, defend and hold harmless the other Party (the "Indemnified Party") from and against all Losses to which the Indemnified Party becomes subject to, insofar as such Losses arise out of, or in any way relate to, or result from a material breach by the Indemnifying Party of its own obligations or representations and warranties under this Agreement.
2. Limitation:
    (1) The Indemnifying Party shall not be liable for the Indemnified Party's indirect, special or consequential damages under this Agreement, regardless of whether such liability arises in tort, contract or otherwise.
    (2) The right to indemnification shall expire on the [ ] anniversary of the Closing Date, unless the Indemnified Party notifies the Indemnifying Party of a claim specifying the factual basis of that claim in reasonable detail to the extent then known by the Indemnified Party by such date.
    (3) The Indemnifying Party shall have no liability with respect to claims under Article [ ] until the aggregate of all Losses with respect to such claims exceeds [ ]; provided, however, that if the aggregate of all such Losses exceeds [ ], the Indemnifying Party shall be liable for all such Losses.
    (4) The aggregate liability of the Indemnifying Party with respect to Losses for claims under Article [ ] shall not exceed [ ] % of the final Purchase Price..
3. Sandbagging: The right to indemnification based upon any representations and warranties or obligations will not be affected by any investigation conducted or Knowledge acquired at any time, with respect to the accuracy or inaccuracy of, or compliance with, any such representations and warranties or obligations.

(a) 概　　要

　株式譲渡契約書において，表明保証条項と合わせて補償条項は最も重要な条項の一つである。補償条項で安易に譲歩してしまうと，いくら表明保証条項を詳しく規定したとしても，表明保証違反を理由とする補償請求が有名無実化してしまうこともある。補償条項を作成する際には，上記以外にも多くの考慮要素があるため，慎重に検討すべきである。

(b) 補償の対象

　上記案文の第1項では，当事者双方に適用される一般的な補償義務を規定している（売主と買主を分けて規定することも多い）。補償対象としては，一方当事者が他方当事者の契約上の義務違反または表明保証違反により被った損失を対象としているが，当事者の関係会社（Affiliates）や取締役が被った損失も補償対象に含める場合もある。

　また，売主に対する補償請求に関しては，上記以外にも，特定の事実に起因

する損害を補償対象とする，いわゆる**特別補償**（Special Indemnification）**条項**を規定することがある。特別補償は，表明保証の例外事項として認識しているものの，譲渡価格に反映することが困難な事項に特に有益である。たとえば，巨額の税務訴訟を提起されている場合，当該事実を認識していれば，その事実は表明保証の例外事項となり，損害が現実化しても表明保証違反は問えない。他方で，売主によっては，損害の発生について楽観的な立場をとり，譲渡価格への反映に抵抗を示すことがある。そこで，特別補償条項を規定することができれば，不確定な事項を譲渡価格に織り込むことなく，いざ損害が現実化した場合の責任を売主に負わせることができるのである。

さらに，補償の対象に関しては，いわゆる**サンドバッギング**（Sandbagging）**条項**が争点となることも多い。サンドバッギング条項は，補償義務者（基本的には売主）の表明保証が不正確であることについて，補償請求者（基本的には買主）が知っていた（悪意）または重過失によって知らなかった場合に，補償請求ができるかどうかに関する条項である。補償請求者の認識に関係なく補償請求を認める条項をプロ・サンドバッギング（Pro-Sandbagging）条項，補償請求者が悪意（または重過失）である場合には補償請求を認めない条項をアンチ・サンドバッギング（Anti-Sandbagging）条項と呼ぶ。クロスボーダー M&A では，デュー・ディリジェンスの過程で，売主側が膨大な資料を開示することがあり，そのすべてを精緻に確認できない場合もあるため，買主側としては，可能であれば，前者のプロ・サンドバッギングを規定したい（上記案文の第 3 項参照）。[5]

　（**c**）　**補償の限定**

株式譲渡契約書の交渉において，必ず争点となるのが補償の限定に関する条項である。限定方法としては，①期間による制限，②個別の損害額に係る足切り（De Minimis）による制限，③個別の損害額を累積させた下限（Basket）による制限，④補償請求全体の上限（Cap）による制限などがある。

期間による制限に関しては，表明保証の項目によって異なる設定を行うこと

---

5)　なお，サンドバッギング条項の有効性については，世界標準として確立されたものではないため，実際に紛争に至った場合に無効と判断されるリスクがあることには留意されたい。日本では，いわゆるアルコ事件（東京地判平成 18 年 1 月 17 日判時 1920 号 136 頁）において，サンドバッギング条項がない中で，表明保証違反について補償請求者が悪意の場合は，補償義務者の補償義務が免責され，善意でも重過失の場合も補償義務者の補償義務が免責される余地があるとされた。

もあり，クロスボーダー M&A では，特に税務や環境について，長期の補償期間を設けることが多い（株式譲渡の根幹をなす事項（株式の有効性等）については，さらに無期限とすることもある）。なお，期間の交渉は，売主が投資会社であるか事業会社であるかによって異なり，前者の場合には，数か月程度の補償しか勝ち取れないこともある（この場合，表明保証保険が有益となる）。

足切りや下限による制限は，さらに細かく規定する場合もある。足切りは，個別の損害額を判断基準とするが，何をもって「個別の損害」とみるのかについては，必ずしも明らかではなく，明確化を試みる規定を設けることがある。また，下限についても，下限を超過した場合に，その全額を補償請求できることとする場合（Threshold）もあれば，下限を超過した範囲でのみ補償請求できることとする場合（Deductible）もある。

上限による制限は，通常，譲渡価格の何 % という形式で取り決める。小規模な案件であれば，譲渡価格の 100% で合意することもあるが，大規模な案件では，5% 前後にとどまることもある。もっとも，上限を高く設定したとしても，補償期間が短期間に設定されてしまった場合には，表明保証違反が顕在化するまでもなく，補償期間が満了してしまう。他方で，補償期間を長期間に設定したとしても，上限が低ければ，満足に損害回復ができない。

(d) 第三者請求

上記案文では触れていないが，クロスボーダー M&A にかかる契約書では，第三者から何らかの請求があった場合の対応方法についても詳細に規定することがある。具体的には，第三者から補償請求者（買主）に対して，何らかの請求（補償義務者に対して補償請求可能な請求に限る）があった場合に，補償義務者（売主）が当該請求・法的手続に関与するための手続およびその効果の帰属が定められる。これは，買主として，第三者に対して多額の賠償責任を負うことになったとしても，売主に対して補償請求ができるのであれば，第三者からの請求に対して真剣に防御しない可能性を防ぐことが目的である。

第三者から請求があった場合の補償義務者に対する通知義務や，補償義務者の承諾を得ない補償請求者による第三者との和解の禁止など，細かく規定することになる。

第5節　企業結合規制　　153

⑾　一般条項

　株式譲渡契約書においても，秘密保持義務や準拠法（対象会社の設立準拠法とすることが多いが，異なる国の法律でもよい），紛争解決手段（いずれの当事者も属さない第三国とすることが多い），その他英文契約一般に規定する条項を盛り込むことになる。これらの条項については，他の UNIT に委ねることとする。

■ 第5節 ＼ 企業結合規制

1　概　　要

　企業結合規制とは，株式保有，合併，会社分割，株式移転，事業譲受け等の手段によって，複数の企業が結合することに係る競争法上の規制をいい，事業支配力が過度に集中したり，一定の取引分野における競争が実質的に制限されたりすることを防止することを目的とする（競争法全般については，**UNIT17** 参照）。

　企業結合規制は，日本の独占禁止法では第4章に定められており，米国，欧州，中国など，多くの国・地域においても同様の規制が設けられている。そして，同規制の下，競争法上問題のある企業結合を適切に捕捉するために，一定の事前届出制度を設ける国・地域も多い。もっとも，各国・地域によって届出対象となる取引およびその基準は異なり，すべての M&A 案件が届出対象となるわけではない。グローバルに展開している企業同士の M&A である場合，事前届出を要する国・地域が複数に及び，関係当局すべての承認を得るのに半年以上の期間を要することも珍しくない。また，競争当局から何らかの問題解消措置（事業の一部売却を含む）を命じられることもあり，その場合には，当該 M&A 案件がさらに複雑化することになる。企業結合規制に違反した場合には，罰金・制裁金が課されることもある。

　日本企業が関係する例ではないが，2018年7月には，米国の Qualcomm, Inc. がオランダの NXP Semiconductors N.V. の買収を試みたが，中国の競争当局の承認が得られなかったために，買収を断念するに至っている。このように，当局の承認が得られるか否かが M&A 案件の鍵となることもあるため，M&A の検討段階から慎重な精査が求められる。

　上記のとおり，各国・地域によって届出対象となる取引およびその基準は異

154 UNIT 7 M & A

なるため，M&A を行うにあたっては，売上高，総資産，市場シェアなどの情報を基に，関係する国・地域の企業結合規制に違反することがないようにしなければならない。また，届出対象の取引については，一定期間，その実行が禁止される（待機期間や禁止期間と呼ばれる）ことがあるため，M&A のスケジューリングにあたっても留意する必要がある（事前届出や待機期間を無視したガン・ジャンピングについては，**UNIT17 第 5 節**参照）。

以下においては，代表的な国・地域の企業結合規制を概観する。なお，M&A が日本国内の市場に影響を与える場合には，日本の企業結合規制の検討も必要となるが，日本国内の規制は他の書籍に譲ることとする。

2 各国の制度

(1) 米 国

米国の企業結合規制は，Clayton Act（クレイトン法）および Hart-Scott-Rodino Antitrust Improvements Act of 1976（HSR 法）により規律されており，当事者の一方が米国通商に従事していること等を前提として，一定の基準以上の議決権付株式や資産の取得が対象となる。

ここでいう「一定の基準」は，米国の国民総生産に応じて毎年改正されており，2019 年 10 月 27 日現在の届出基準は，以下のとおりである。

---

① 取引規模が 3 億 5990 万米ドルを超える場合，または，

②(a) 取引規模が 9000 万米ドルを超え，かつ，

　(b) 一方当事者の年間売上高もしくは総資産が 1 億 8000 万米ドル以上であり，他方当事者の年間売上高もしくは総資産（被買収者が非製造業者である場合は総資産）が 1800 万米ドル以上である場合

届出基準に該当する場合，前述のとおり，一定期間，取引の実行が禁止されるところ，米国における待機期間は，当局による届出書類の受領後 30 日間（現金対価公開買付けの場合は 15 日間）とされている。もっとも，当局から追加書類等の要求がなされた場合（セカンド・リクエスト）には，それらの書類等の受領後 30 日間（同 10 日間）まで延長される（裁判所によりさらに延長可）。

なお，他国でも同様であるが，上記基準に該当する場合であっても，一定の

適用除外は存在し，たとえば，一定の外国資産や外国企業株式の取得については，事前届出を要しない。適用除外要件が非常に細かく規定されていることがあるため，実際に検討する際には，現地法の確認は不可欠である。

(2) 欧　　州

欧州連合の企業結合規制は，Council Regulation（EC）139/2004（理事会規則2004年第139号）ならびに Council Regulation（EC）802/2004（同第802号）およびその改正規則により規律されており，一定の共同体規模（community dimension）を有する集中（concentration）に適用される。

ここでいう「集中」とは，合併や株式・資産の取得等による支配権取得，一切の機能を有する合弁会社の設立を指し，「共同体規模」は，2019年10月27日現在，以下の基準に従ってその充足が判断される。

---

①(a)　関係事業体すべての全世界売上高の合計額が50億ユーロを超え，

　(b)　最低2社の関係事業体の EU 内売上高がそれぞれ2億5000万ユーロを超え，かつ，

　(c)　各関係事業体の EU 内売上高の3分の2超が同一加盟国内で達成されていない場合，または，

②(a)　関係事業体すべての全世界売上高の合計額が25億ユーロを超え，

　(b)　最低2社の関係事業体の EU 内売上高がそれぞれ1億ユーロを超え，

　(c)　最低3つの加盟国のそれぞれにおいて，

　　(i)　関係事業体すべての国内売上高の合計額が1億ユーロを超え，

　　(ii)　最低2社の関係事業体の国内売上高がそれぞれ2500万ユーロを超え，かつ，

　(d)　各関係事業体の EU 内売上高の3分の2超が同一加盟国内で達成されていない場合

上記要件を満たす場合，欧州委員会（European Commission）への事前届出が必要となるが，届出前の段階であっても，非公式な相談は推奨されている。また，市場シェアが一定基準以下であるなど，一定の要件を満たす場合には，通常の届出様式を簡略化させた届出様式を活用することが許容されている。

欧州委員会による通常審査は，原則として，届出書類の受領後25営業日以内になされるが（フェーズＩ審査），欧州委員会が追加書類等の提出命令を発した場合には，当該書類等を受領するまで，その期間の進行は停止される。審査の結果，承認や条件付承認等の判断がなされるが，深刻な懸念が存在する場合には，詳細調査（フェーズⅡ審査）に移行することになる。フェーズⅡ審査の期間は，原則として，フェーズⅡの審査開始から90営業日以内とされている。

なお，上記「共同体規模」の基準は，売上高のみに着目した基準であるが，近時のデジタル市場においては，売上高のみによって競争への影響を図ることは困難であり，ドイツおよびオーストリアにおいては，取引価値（transaction value）基準をも採用した。欧州連合においても同様の基準が採用される可能性もあり，改正動向には注視する必要がある。

(3) 中 国

中国の企業結合規制は，中華人民共和国独占禁止法および各種規定・ガイドラインにより規律されており，競争を排除・制限する効果を有し，またはその可能性のある事業者集中は，原則として，国家市場監督管理総局反独占局によって禁止される。

ここでいう「事業者集中」とは，一定の基準以上の合併や株式・資産の取得による支配権取得等を指し，「一定の基準」は，2019年10月27日現在，以下の基準に従ってその充足が判断される。

---

①(a) 事業者集中に参加する事業者すべての前会計年度における全世界売上高の合計額が100億人民元を超え，かつ，
 (b) 最低2社の事業者の前会計年度における中国国内売上高がそれぞれ4億人民元を超える場合，または，
②(a) 事業者集中に参加する事業者すべての前会計年度における中国国内売上高の合計額が20億人民元を超え，かつ，
 (b) 最低2社の事業者の前会計年度における中国国内売上高がそれぞれ4億人民元を超える場合

上記要件を満たす場合，国家市場監督管理総局反独占局への事前届出が必要

となるが，事前相談は許容されている。また，欧州連合と同様に，同一関連市場において，事業者集中に参加するすべての事業者のマーケットシェアの合計が15％未満であるなど，一定の要件を満たす場合には，簡易申告手続によることができる。

国家市場監督管理総局反独占局は，届出書類の正式受理後30日以内にさらなる審査が必要か否かを判断することになり（第一次審査），さらなる審査が必要と判断された場合には，その判断日から90日以内に最終決定がなされる（第二次審査。ただし，一定の場合には，60日間の延長審査がなされる）。なお，反独占局が届出書類を正式に受理するまでに一定期間を要することが多いため，余裕を持ったスケジュールを組む必要がある。

なお，中国の独占禁止法では，中国にとっての外資企業（日本企業等）による中国国内企業の買収等が中国の国家の安全にかかわる場合には，国家安全審査も実施されなければならない旨規定されている。これは，独占禁止法で規定されているものの，**第6節**で解説する国家安全保障規制の一つといえる。

（4）その他

上記の代表的な国・地域以外にも，以下に例示するように，各国で異なる基準が設けられており，クロスボーダーM&Aを実施する際には，関連し得るすべての国・地域の規制を確認する必要がある（国によっては，法律は施行されているものの，細則が未だ制定されていなかったり，執行体制が整っていなかったりすることもある）。

シンガポールでは，同国市場における競争を実質的に減少させる（またはそのおそれがある）合併や支配権取得等が禁止されているが，事前の届出義務はない。もっとも，同国競争当局が公表したガイドラインによると，企業結合後の企業の市場シェアが40％を超える場合や，企業結合後の上位3社の市場シェアが70％を超える場合に当該企業結合後の企業の市場シェアが20％から40％の範囲内である場合には，慎重な検討がなされることとされている。

ベトナムでは，事前届出制度が採用されているが，2019年7月1日施行の法改正により，従前の市場シェアを基準とした規制（関連市場におけるシェアが30％以上50％以下。50％超は禁止）に代わって，同国市場における競争を実質的に制限する（またはそのおそれがある）経済集中（合併や支配権取得等）か否か

158　UNIT 7　M & A

で判断されることになり，届出基準も，同国市場における総資産や総売上高，取引規模，市場シェアを勘案した基準に改正された。

　インドネシアでは，市場支配的な慣行や不公正な競争をもたらす合併や株式取得のほか，同一または密接関連市場における役員兼任等も禁止されており，届出基準としては，①企業結合後の国内総資産の合計額が2兆5000億ルピアを超える場合，または，②企業結合後の国内売上高の合計額が5兆ルピアを超える場合とされている。当局への届出は，企業結合の効力発生後30営業日以内とされており，事後届出制を採用しているが（任意で事前届出も可能），事前届出制に変更する改正案も検討されており，最新情報の確認は不可欠である。

　フィリピンでは，2019年3月1日より，従前の届出基準が引き上げられ，①一方当事者（最終親会社およびその支配する会社）の同国国内における売上高または総資産が56億ペソを超え，かつ，②取引類型に応じた取得対象資産等の総額や当該資産から生み出される売上高が22億ペソを超える場合などが基準となった。

　なお，仮に各国・地域における企業結合規制に係る届出基準に満たない場合であっても，M&Aにより，競争の実質的な制限を引き起こす可能性がある場合には，競争法に抵触する可能性があるため，競争法を専門とする弁護士に相談することが肝要である。

第6節　国家安全保障規制

1　概　要

　外国企業が日本企業を買収する場合において，当該日本企業が武器等の製造業を事業目的とするなど，一定の要件を満たす場合には，当該外国企業は，外為法に従い，日本銀行を経由して財務大臣等宛てに所定の届出書を提出し，一定の禁止期間に服さなければならず，財務大臣等の判断により，取引の変更や中止が勧告されることがある（なお，2019年10月18日には，国家安全保障の観点から，外資規制を強化する方向へ，外為法の改正案が閣議決定されている）。このような規制は，**国家安全保障規制**と呼ばれ，諸外国においても認められる。

　米国でも同様の規制は存在し，2018年8月13日には，審査機関である**対米外国投資委員会**（Committee on Foreign Investment in the United States〔**CFIUS**〕）

の権限を強化する 2018 年外国投資リスク審査現代化法（Foreign Investment Risk Review Modernization Act of 2018〔FIRRMA〕）が成立した。同法により，CFIUS の審査対象が拡大され，また，CFIUS に対する通知（notice）・申告（declaration）手続が整備された。

　CFIUS による審査は，FIRRMA の成立前からも存在していたが，FIRRMA の成立により，対米 M&A を企図する日本企業としては，より一層の注意を要することとなった。FIRRMA の完全施行前の事例ではあるが，2018 年 10 月には，株式会社 LIXIL グループが企図していた，同社のイタリア子会社（米国内でも事業活動を実施）の中国企業への売却について，CFIUS の承認が得られずに契約解消を余儀なくされている。

　以下においては，FIRRMA 成立後の米国における国家安全保障規制の概要を説明する。なお，FIRRMA のうち，一部の規定は施行済みであるが，2019 年 10 月 27 日現在，その他の規定は未だ施行されていない（遅くとも 2020 年 2 月 13 日には施行される）。また，同日現在，一部の暫定規則および 2019 年 9 月 17 日に公表された関連規則の草案があるのみであるため，取引時点における最新情報の確認は不可欠である。

2　審査対象

(1)　FIRRMA における規制

　CFIUS の審査対象となる取引（covered transaction）は，以下のとおりであり，①は FIRRMA の成立前から審査対象であった取引であるが，②から⑤は FIRRMA の成立に伴い新たに審査対象となった取引である。

---

① 外国投資家が米国事業の支配を取得することになる合併・買収等
② 外国投資家による，米国内の空港・港に所在または軍事施設等に近接する不動産の購入・賃借等
③ 外国投資家による，以下の A のいずれかの米国事業に対する，以下の B のいずれかの権利を外国投資家に与えることになる，その他の投資
　A. 米国事業
　(a) 重要インフラを所有・運営・製造・供給・役務提供する事業

160　UNIT 7　M & A

- (b)　重要技術を生産・設計・試験・製造・組立・開発する事業，または，
- (c)　米国市民の機微な個人情報を保有・収集する事業であって，国家安全保障を脅かす態様で不正利用される可能性のあるもの

B. その他の投資

- (a)　米国事業が保有する重要な非公開の技術情報へのアクセス権
- (b)　米国事業の取締役会やその同等機関の一員やオブザーバーになる権利またはそれらの機関の一員の指名権，または，
- (c)　米国事業に係る一定の重要な意思決定に関与する権利
- ④　外国投資家が投資をしている米国事業に関して有する権利について，当該米国事業の支配または上記③記載の投資を生じさせる変更
- ⑤　審査を回避・迂回するように設計・意図されたその他の取引等

　上記のとおり，審査対象は多岐にわたるが，これに加えて，外国投資家（foreign person）や米国事業（U.S. business），支配（control）といった用語に広い意味が与えられていることには注意を要する。

　すなわち，「外国投資家」には，外国人や外国企業のほか，それらが支配を及ぼし得る企業等も含まれ，たとえば，日本企業の米国子会社も該当する。また，「米国事業」は，米国の州際通商（interstate commerce）に従事する企業等を指し，米国企業に限られない（日本企業も事業内容によっては該当し得る）。さらに，「支配」も，議決権や取締役会構成員の指名権の過半数を保有している場合に限らず，たとえば，出資割合が10%未満であっても，一定の重要事項（重要資産の売却や重要契約の締結等）についての拒否権が付与されている場合には，当該米国事業を支配していることとされる。

　また，「重要技術」（critical technologies）の定義もFIRRMAの成立に伴い改正され，従前から規定されていた，一定の防衛物資・サービスや商務省規制品目リスト（Commerce Control List）上の物品（国家安全保障や地域安定等の見地から規制されるもの），原子力施設・設備等，化学物質・毒物のほか，先端基盤技術（emerging and fundamental technologies）も含まれることとなった。「先端基盤技術」には，バイオテクノロジーや人工知能（AI），データ解析技術，付加製造技術（3D印刷等），ロボット工学等も含まれることが検討されており，規制対象が広範に及ぶ点には注意を要する。重要技術と並んで規定される「重要

インフラ」（critical infrastructure）および「機微な個人情報」（sensitive personal data）の詳細については，今後制定される関連規則（草案は 2019 年 9 月 17 日公表済み）を確認する必要がある。

　なお，上記審査対象となる取引のうち，②および③に係る規制については，2019 年 10 月 27 日現在，施行されておらず，かつ，今後，別途公表されるリストにより，適用対象となる「外国投資家」の範囲（対象国）が狭められることが予定されている。日本が適用除外となる可能性はあるが，同リストの公表を待つほかない。

(2)　試行プログラムにおける規制

　米国は，2018 年 10 月 11 日，上記(1)の③ A (b)の事業に対する投資について，FIRRMA の完全施行前に，試験的に運用開始する試行プログラムを実施することを公表し，同年 11 月 10 日より実施している（最長 2020 年 3 月 5 日まで）。

　同プログラムの下では，一定の産業に属する米国事業の活動との関係で活用される（または特に当該産業での使用のために米国事業によって設計された）重要技術を生産等する米国事業を「試行プログラム米国事業」として，外国投資家が，①当該米国事業の支配を取得することとなる取引，または，②支配は取得しないが上記(1)の③ B のいずれかの権利が外国投資家に与えられることとなる取引が審査対象とされる。

　ここでいう「一定の産業」とは，航空機製造業，航空機エンジン・同部品製造業，アルミナ精製・一次アルミニウム製造業，ボールベアリング・ローラーベアリング製造業，コンピュータ記憶装置製造業，コンピュータ製造業，原子力発電所，光学機器・光学レンズ製造業，石油化学製品製造業，一次電池製造業，ラジオ・テレビ放送・無線通信機器製造業，ナノテクノロジー・バイオテクノロジー調査研究業，半導体・関連装置製造業，半導体機械製造業等，北米産業分類システム（NAICS）で特定される全 27 産業分類を指す。

　試行プログラムの下で審査対象となった場合には，審査対象取引のクロージングの 45 日前までに，CFIUS に対する申告（次項参照）が義務づけられることとなり，違反に対して，審査対象取引の取引価格を上限とする制裁金が課される可能性も生じる。本試行プログラムは，日本企業も対象であるため，格別の注意を要する。

162 UNIT 7 M & A

3 審査の流れ

(1) 通知・申告

CFIUS の審査は，FIRRMA の成立前は，①当事者による任意の通知（notice），または，②CFIUS による一方的開始（unilateral initiation）のみによって開始可能であったが，FIRRMA の成立により，③当事者による簡易な申告（declaration）も許容されることとなった（上記②は事例として少ないため省略する）。

通知を行う場合，当事者は，通知の 5 営業日前までに，CFIUS に事前相談を行うことが推奨されており，実際にも，CFIUS による正式受理までに 1 か月程度要する場合も少なくない（ただし，FIRRMA により，当事者が，当該取引が審査対象であると明記（stipulation）した場合には，CFIUS は，10 営業日以内に，通知にコメントを行うか，または，通知を受理しなければならないこととなった）。通知には，取引や当事者，米国事業に関する詳細な情報の記載が求められ，また，年次報告や審査対象取引に係る最終契約書案，組織図等をすべて英語で提出しなければならない。

上記のような煩雑な通知を避けるため，FIRRMA は，全 5 頁の様式に基礎的な情報を埋めて提出するだけの簡易な申告制度を創設した。もっとも，FIRRMA による重要な制度変更として，今後制定される関連規則で対象とされる一定の取引については，この申告が義務づけられることとなった（ただし，申告に代えて通知を行うことも可能）。詳細については，関連規則の判定を待つ必要があるが，申告が義務づけられる場合には，試行プログラムと同様に，クロージングの 45 日前までに申告が義務づけられ，違反に対して，取引価格を上限とする制裁金が課されることになる可能性が高い。

なお，FIRRMA の成立後は，通知を行うに際して，取引価格の 1% か 30 万米ドルのいずれか少ない方を上限とする申請費用が課されることになった（詳細は関連規則で規定されることになる）。申告には費用は要しない。

(2) 審査・調査

CFIUS は，（申告がなされた場合には）申告の受理後 30 日以内に，①当事者による通知を要求するか，②期間内に手続を完了させることができなかった旨連絡（当事者は通知を行うことができる）するか，③審査の一方的開始を行うか，

または，④手続を完了させるか（取引の承認を意味する）のいずれかを連絡しなければならない。

　当事者による通知がなされた場合，または，CFIUS による一方的開始がなされた場合，CFIUS は，まず，審査対象取引が米国の国家安全保障に与える影響を審査（review）することになる（一次審査とも呼ばれる）。一次審査の期間は，従前は最長 30 日であったが，FIRRMA により，現在は最長 45 日に延長されている。審査に際して，CFIUS は，国家安全保障の見地から，種々の要素（米国の世界における技術面でのリーダーシップやエネルギーその他資源の長期予測を含む）を考慮に入れることとされている。

　一次審査の結果，審査対象取引が米国の国家安全保障を損なうおそれがあると判断され，そのリスクが緩和されていない場合や，同様の状況下で外国投資家が重要インフラを支配することとなる場合，CFIUS は，当該取引が米国の国家安全保障に与える影響を調査（investigation）することになる（二次審査とも呼ばれる）。二次審査の期間は，FIRRMA の成立前後を問わず，最長 45 日であるが，FIRRMA の成立後は，不可抗力や国家安全保障の保護のために必要かつ適切である特別な状況（extraordinary circumstances）にある場合には，さらに 15 日間延長することが可能とされている。

(3)　軽減措置合意・取引一時停止・大統領への回付

　審査・調査の過程で，審査対象取引が米国の国家安全保障にリスクを生じさせるものであると認めた場合，CFIUS は，①当事者との軽減措置合意（mitigation agreement）の交渉・締結等，②取引の一時停止（suspend），または，②大統領への回付を行うことができる。

　軽減措置合意の例としては，外国投資家による一定の情報へのアクセス制限，取引対象からの一定の資産の除外，特定の意思決定に対する米国政府の審査，米国政府への報告義務，米国人の配置等が挙げられ，その実効性を確保するために，FIRRMA では，同合意の遵守状況を監視するためのコンプライアンス・プランの策定が行われることとなった。軽減措置合意に当事者が違反していることが判明した場合には，1 違反あたり，25 万米ドルか取引価格のいずれか大きい方を上限とする制裁金が課される可能性がある（FIRRMA 成立前は，故意重過失による違反の場合に限定されていたが，同要件は撤廃されている）。

164 UNIT 7 M & A

　取引の一時停止は，FIRRMA の成立前は，大統領のみがなし得たが，FIR-RMA により，CFIUS 自体も行えることとなった。ただし，ここでいう一時停止は，あくまでも CFIUS による審査・調査がなされている期間に限られる。

　大統領への回付は，FIRRMA の成立前は，CFIUS による調査終了後に限定されていたが，FIRRMA の成立により，審査・調査の期間中いつでも回付することが可能となった。大統領は，調査終了後または大統領への回付後のいずれか早い日から 15 日以内に，審査対象取引を一時停止しまたは禁止することができる。

4　総　　括

　以上のとおり，FIRRMA の成立により，米国事業が関連する M&A を実施する際の考慮要素は格段に増えたといえる。審査対象となる取引を実行する際には，申告の要否を検討の上，申告が不要である場合でも任意の通知を行うか否かは，慎重に検討しなければならない。また，最終契約書において，CFIUS のクリアランスが得られることを M&A 取引の実行前提条件とした上で，必要な手続への協力義務を関係当事者に課し，また，多額に及ぶ申請費用の負担割合を設定したり，万が一，クリアランスが得られない場合のリバース・ブレークアップ・フィーを設定したりすることも検討に値する。

UNIT 8

海外腐敗防止

第 1 節　はじめに

　日本企業の新興国への進出が増えている。他方で，新興国には，外資規制等，事業展開にあたり必要となる政府の許認可も多いが，腐敗している国も多い。

　トランスペアレンシー・インターナショナル（Transparency International）という国際的な NGO は，毎年，**腐敗認識指数**（Corruption Perception Index: CPI）を公表しており，2018 年度版の腐敗認識指数によると，日系企業の拠点数が多い主な国は以下のとおりである。[1]

　3 位シンガポール（85 点，点数が 100 点に近いほど腐敗していない），9 位カナダ（81 点），11 位ドイツおよび英国（80 点），13 位オーストラリア（77 点），14 位香港（76 点），日本は 18 位（73 点）となっている。続いて，フランス 21 位（72 点），米国 22 位（71 点），台湾 31 位（63 点），韓国 45 位（57 点），マレーシア 61 位（47 点），インド 78 位（41 点），中国 87 位（39 点），インドネシア 89 位（38 点），フィリピンおよびタイ 99 位（36 点），ブラジル 105 位（35 点），ベトナム 117 位（33 点），メキシコ 138 位（28 点）となっている。

　このような腐敗が一般的な新興国においても，贈収賄を禁止する規制がなさ

---

1)　海外在留邦人数調査統計平成 30 年要約版（平成 29 年〔2017 年〕10 月 1 日現在）58 頁参照。

166　UNIT 8　海外腐敗防止

順位	国	CPI スコア 2018
1	デンマーク	88
2	ニュージーランド	87
3	シンガポール　等	85
9	カナダ　等	81
11	ドイツ，英国	80
13	オーストラリア	77
14	香港　等	76
18	日本　等	73
21	フランス	72
22	米国	71
31	台湾　等	63
45	韓国　等	57
61	マレーシア　等	47
78	インド　等	41
87	中国　等	39
89	インドネシア　等	38
99	フィリピン，タイ　等	36
105	ブラジル　等	35
117	ベトナム　等	33
138	メキシコ　等	28

れているのが通常であり，訴追されないわけではない。さらに，多くの国が，[2]
国際商取引における外国公務員に対する贈賄の防止に関する条約（OECD 外国公務員贈賄防止条約，Convention on Combating Bribery of Foreign Public Officials in International Business Transactions）や腐敗の防止に関する国際連合条約（国連腐敗防止条約，United Nations Convention Against Corruption）に加盟し，外国での贈賄を禁止する法律を制定しており，このような法律により訴追される可能性もある。そこで，**第 2 節**において，両条約について説明

---

2)　オーナンバ株式会社のインドネシア子会社である INO の人事部長が，元従業員より提起された訴訟を有利に進めるためにインドネシア当局公務員に対し不正な金銭支出を行った理由で，インドネシア政府の汚職撲滅委員会により逮捕・起訴され，2012 年 1 月，裁判所において有罪判決を受けた。同年 5 月には，同子会社へ派遣していた日本人責任者である INO 前社長も，上記人事部長との共犯容疑でインドネシア当局により逮捕された。

する。

　日本においては，OECD 外国公務員贈賄防止条約の締結を受けて，**不正競争防止法（不競法）**が，**外国公務員贈賄罪**（18 条。外国公務員等に対する不正の利益の供与等の禁止）を規定しており，日本企業は同罪により処罰される可能性がある。これについては，**第 3 節**において，説明する。

　また，米国は，**連邦海外腐敗行為防止法（The Foreign Corrupt Practices Act of 1977: FCPA）**[3]を制定しており，米国企業だけでなく多数の外国企業に対して域外適用し，厳しい制裁を科している。そこで，**第 4 節**において，FCPA について説明する。

　さらに，英国が，処罰範囲が広く，刑罰も重い **Bribery Act 2010**（以下「Bribery Act」という）を，2011 年 7 月 1 日に施行したので，**第 5 節**において，説明する。

　海外贈賄を犯すと，厳しい刑罰が科されるだけでなく，入札等からの排除を含む行政処分を受けたり，民事上も重い責任を負ったり，取引も停止されたり，レピュテーションリスクを負うことになる。最後に，**第 6 節**において，海外腐敗を防止するためのコンプライアンス・プログラムについて説明する。

■ 第 2 節　海外腐敗防止に関する条約

1　OECD 外国公務員贈賄防止条約

(1)　経　　緯

　米国は，前述のとおり，1977 年に FCPA を制定したが，各国にも同様の取組みを要請し，**経済協力開発機構（Organisation for Economic Co-operation and Development: OECD）**において OECD 外国公務員贈賄防止条約が 1997 年 11 月 21 日に採択され，1999 年 2 月 15 日に発効した。2019 年 10 月 27 日現在，OECD 非加盟国を含め 44 か国が同条約に加盟している。

(2)　内　　容

　OECD 外国公務員贈賄防止条約上，締約国が規制する行為は，「故意に，国

---

3)　15 U.S. Code § 78dd-1, et seq.

際商取引において商取引または他の不当な利益を取得し又は維持するために，外国公務員に対し，当該外国公務員が公務の遂行に関して行動し又は行動を差し控えることを目的として，当該外国公務員又は第三者のために金銭上又はその他の不当な利益を直接に又は仲介者を通じて申し出，約束し又は供与すること」である（1条1項）。

外国公務員とは，①外国の立法，行政または司法に属する職にある者，②外国のために公的な任務を行う者および③公的国際機関の職員またはその事務委託者をいい，②は外国の公的機関または公的な企業のために任務を遂行するものを含む（1条4項a号）。したがって，国営企業の従業員に対する贈賄も対象になり，中国，ベトナム等国営企業の多い国における営業活動については，十分に注意する必要がある。

いわゆる円滑化または迅速化のための支払（**ファシリテーション・ペイメント**）については，「商取引又は他の不当な利益を取得し又は維持するため」のものではなく，違法とすべきものとは解されていない[4]。

外国公務員贈賄の共犯も処罰するために必要な措置をとることが要求されており（1条2項），また，外国公務員に対する贈賄の全部または一部が締約国で行われた場合，および，自国民が国外において外国公務員に対する贈賄を行った場合に，裁判権を設定することが要求されている（4条1項・2項）。このように，OECD外国公務員贈賄防止条約においては，自国企業以外にも幅広く処罰する法制が要求されているので，日本企業も，同条約締約国の法制で処罰されるおそれがある。

2 国連腐敗防止条約

(1) 経　緯

国連腐敗防止条約は，2003年10月31日に採択され，2005年12月14日に発効した。2019年10月27日現在の締約国は，186の国・地域である。

日本は，2003年12月に署名し，2006年に締結につき国会の承認を得た。その後，2017年6月15日に同条約を実施するための国内法を成立させ，同年7月11日に同条約を受諾した。これにより，同条約は同年8月10日に日本につ

---

4) OECD外国公務員贈賄防止条約コメンタリー，Commentaries on the Convention on Combating Bribery of Foreign Public Officials in International Business Transactions の9。

いて効力が発生した。

(2) 内　　容

　国連腐敗防止条約は，腐敗行為の防止措置，腐敗行為の犯罪化，国際協力，財産の回復ならびに技術支援および情報交換について規定するものである。犯罪化すべき腐敗行為は，贈収賄，公務員の横領，犯罪収益の洗浄，司法妨害を含む広いものである。贈収賄については，自国の公務員に係る贈収賄，外国の公務員等に対する贈賄および自国の民間部門の贈収賄が含まれる。したがって，同条約加盟国の公務員に贈賄すれば処罰され得るし，同国における，いわゆる**商業賄賂**も処罰され得る。さらに，外国の公務員等に対する贈賄については，共犯者も処罰するために必要な措置をとることが要求されており（27条1項），犯罪が自国で行われる場合に裁判権を設定しなければならず（42条1項），犯罪が自国民によって行われる場合に裁判権を設定することができる（42条2項6号）。したがって，日本企業も，贈賄した公務員の国以外の国連腐敗防止条約締約国の法制でも処罰されるおそれがある。

▌ 第3節 ＼ 不 競 法

1　外国公務員贈賄罪の立法経緯

　1997年にOECD外国公務員贈賄防止条約が採択されたので，日本政府は，1998年5月22日に同条約締結についての国会の承認を得て，同年10月13日に同条約を批准し，同条約は1999年2月15日に日本について発効した。日本は，同条約の執行を担保するため，不競法の一部を1998年9月に改正して，外国公務員贈賄罪を規制した。

　その後，2001年6月に，外国公務員等の定義の明確化等を図るため，不競法は改正され，さらに，2004年5月に，外国公務員贈賄罪に国民の国外犯処罰を導入するため，同法は改正された。

2　外国公務員贈賄罪の構成要件

(1) 主　　体

　「何人も」と規定されているので，自然人であれば，誰でもよい。法人は，

170 UNIT 8 海外腐敗防止

日本の刑法上，犯罪主体とならないが，後述するとおり，両罰規定が設けられている。

前述のとおり，2004年5月に，不競法は改正され，2019年8月31日現在の同法21条8項は，外国公務員贈賄罪は刑法3条の例に従うと規定しており，同条により，日本国外において罪を犯した日本国民にも適用される。

(2) 外国公務員等

外国公務員贈賄罪の行為の対象者は，外国公務員等と規定されている。

前述のとおり，2001年に，外国公務員等の定義の明確化等を図るために，不競法は改正され，不正競争防止法第11条第2項第3号の外国公務員等で政令で定める者を定める政令（2019年8月31日現在の不正競争防止法施行令3条）が制定された。

外国公務員等は，(a) 外国の政府または地方公共団体の公務に従事する者（不競法18条2項1号），(b) 外国の政府関係機関の事務に従事する者（不競法18条2項2号），(c) 外国の公的な企業の事務に従事する者であって特に権益を付与された者（不競法18条2項3号），(d) 公的国際機関の公務に従事する者（不競法18条2項4号），および，(e) 外国政府等から権限の委任を受けている者（不競法18条2項5号）となる。外国における，いわゆる商業賄賂を禁止していないが，たとえば，中国など同国内の商業賄賂を禁止している国において処罰される可能性はある。

(3) 国際的な商取引[8]

国際的な商取引とは，経済産業省が公表している**外国公務員贈賄防止指針**によれば，貿易や対外投資など国境を越えた経済活動に係る行為と解されている。[9]

---

5) 経済産業省「外国公務員贈賄防止指針」平成16年5月26日（平成29年9月改訂）26頁参照。

6) 中国の刑法164条，不正競争防止法7条および商業賄賂行為の禁止に関する暫定規定。

7) もっとも，前述のとおり，中国の国営企業の従業員は，外国公務員等に該当する可能性がある。

8) 2001年の不競法改正で「国際的な商取引に関して」との要件が追加されている。

9) 経済産業省・前掲注5) 20頁。

第 3 節　不 競 法　　171

(4)　営業上の不正の利益

　営業とは，外国公務員贈賄防止指針によれば，「単に営利を直接に目的とし
て行われる事業に限らず，事業者の公正な競争を確保するという法目的からし
て，広く経済収支上の計算に立って行われる事業一般」を含むと解されている。[10]

　ここで，不正の利益とは，外国公務員贈賄防止指針によれば，公序良俗違反
または信義則に反するような形で得られる利益と解されている。[11]前述のとおり
OECD 外国公務員贈賄防止条約上，ファシリテーション・ペイメントを処罰
することは要求されていないが，不競法上は，処罰され得る。[12]

(5)　職務に関する行為

　職務に関する行為とは，外国公務員贈賄防止指針によれば，当該外国公務員
等の職務権限の範囲内にある行為はもちろん，職務と密接に関連する行為を含
むと解されている。[13]

(6)　目　　的

　利益供与の目的が「外国公務員等に，その職務に関する行為をさせもしくは
させないこと，またはその地位を利用して他の外国公務員等にその職務に関す
る行為をさせもしくはさせないようにあっせんをさせること」であることが要
件とされている。

(7)　金銭その他の利益

　金銭その他の利益とは，外国公務員贈賄防止指針によれば，財産上の利益に
とどまらず，およそ人の需要・欲望を満足させるに足りるものであれば該当す
ると解されている。[14]

---

10)　経済産業省・前掲注 5) 20 頁。
11)　経済産業省・前掲注 5) 21 頁。
12)　2010 年 9 月 21 日改訂の外国公務員贈賄防止指針 14 頁では「不正競争防止法においては，
　　少額の Facilitation Payments に関する規定を置いておらず，少額の Facilitation Payments
　　であるということを理由としては処罰を免れることはできない。少額の Facilitation Pay-
　　ments であるか否かにかかわらず，個別具体の事案において『国際的な商取引に関して営業
　　上の不正の利益を得るために』との要件を満たす場合には，外国公務員贈賄罪が成立し得
　　る。」とある。
13)　経済産業省・前掲注 5) 24 頁。

172　UNIT 8　海外腐敗防止

(8)　供与，申込み，約束

　上記のような金銭その他の利益の供与，申込みまたは約束が，外国公務員贈賄罪の行為とされている。外国公務員贈賄防止指針によれば，ここで，①供与とは，賄賂として金銭その他の利益を単に提供するにとどまらず，相手方である外国公務員等がこれを収受すること[15]，②申込みとは，外国公務員等に対し，賄賂であることを認識し得るような状況の下で金銭その他の利益の収受を促す行為[16]，および，③約束とは，贈収賄当事者間の金銭その他の利益の授受についての合意をいうと解されている[17]。

3　外国公務員贈賄罪の罰則等

　外国公務員贈賄罪を犯した自然人は，5年以下の懲役もしくは500万円以下の罰金に処せられ，またはこれを併科される（不競法21条2項7号）。

　不競法22条は両罰規定を設けている。法人の代表者または法人の代理人，使用人その他の従業者が，その法人の業務に関し，外国公務員贈賄罪を犯したときは，その法人に対しても，3億円以下の罰金刑が科される（同条1項3号）[18]。

4　外国公務員贈賄罪の事例

(1)　はじめに

　外国公務員等に対し贈賄したとして新聞報道された事案は，以下に記載した5件以外にも存在するが，刑罰が科されたことが公になっている事例は，2019年8月31日現在，同5件のみである。

(2)　九 電 工[19]

　九州電力株式会社の持分法適用関連会社で，電気工事を主な事業内容とする株式会社九電工のフィリピン現地法人に出向していた従業員2名が，フィリピン国家捜査局（以下「NBI」という）が計画していた事業の請負契約を早期に締

---

14)　経済産業省・前掲注5）25頁。
15)　経済産業省・前掲注5）25頁。
16)　経済産業省・前掲注5）25頁。
17)　経済産業省・前掲注5）25頁。
18)　法人以外の雇用者も同様である。
19)　経済産業省・前掲注5）34頁。

第 3 節　不 競 法　　173

結するために，NBI 幹部 2 人に対して約 80 万円相当のゴルフクラブセット等の利益を供与したとされている。本件においては，2007 年 3 月に，被告人 2 名に，それぞれ罰金 50 万円，罰金 20 万円が科されたとされている。

(3)　PCI[20]（サイゴン東西ハイウェイ建設事業事件）

　東京都内に本店を置き，土木建築事業に関するマネージメントおよびコンサルティング業務等を目的とする株式会社パシフィックコンサルタンツインターナショナル（以下「PCI」という）の従業員等であった 3 名が，ODA 事業であるサイゴン東西ハイウェイ建設事業に関連して，コンサルタント業務を受注した謝礼等の趣旨で，同事業担当幹部に対して 2 度にわたり，それぞれ約 60 万ドル，約 20 万ドルの利益を供与したとして，2009 年 1 月に，東京地裁で，それぞれ，懲役 2 年（執行猶予 3 年），懲役 1 年 6 月（執行猶予 3 年），懲役 1 年 8 月（執行猶予 3 年）が科された。また，PCI にも罰金 7,000 万円が科された。[21] PCI の代表取締役も，同年 3 月に，東京地裁で，別件詐欺罪を含み，懲役 2 年 6 月（執行猶予 3 年）が科されたとされている。

　また，検察官は，既に起訴されていた PCI 等に対する法人税法違反事件について，設計等委託費に計上されていた現金 60 万ドルを，租税特別措置法に基づき，損金不算入とし，ほ脱所得金額を約 6,600 万円，脱税額を約 2,000 万円にそれぞれ増額する旨の訴因変更請求を行ったとされている。

　PCI は，国際協力銀行から 24 か月間の円借款事業に関する受注失格という重い処分を受けた。その他，本件を含む一連の不祥事によってその社会的信用を失い，海外事業から撤退を余儀なくされた。

(4)　フタバ産業[22]

　愛知県に本店を置く自動車関連部品製造事業等を営むフタバ産業株式会社の元専務が，中国の現地工場の違法操業を黙認してもらうなどするため，地方政府の幹部に約 42 万円相当の香港ドルと約 14 万円相当の女性用バッグを渡したとされている。本件においては，2013 年 10 月に，名古屋簡裁で，同人に対し，

---

20)　経済産業省・前掲注 5) 34 頁。
21)　東地判平成 21 年 1 月 29 日判時 2046 号 159 頁。
22)　経済産業省・前掲注 5) 34 頁。

174 UNIT 8 海外腐敗防止

50万円の罰金が科されたとされている。なお，元専務は税関職員など数人に5,000万円以上の賄賂を渡したとみられるが，起訴内容以外の贈賄行為は公訴時効が成立していると報道されている[23]。

(5) 日本交通技術[24]

東京都に本店を置く鉄道コンサルタント事業等を営む日本交通技術株式会社の元社長，元国際部長および元経理担当取締役の3名が，ODA事業に関連して，ベトナム鉄道公社の関係者に約7,000万円の日本円を，インドネシア運輸省鉄道総局の関係者に合計約2,000万円相当の日本円およびルピアを，ウズベキスタン鉄道公社の関係者に約5,477万円相当のドルをそれぞれ供与したとされている。2015年2月，東京地裁で，元社長に，懲役2年（執行猶予3年），元国際部長に，懲役3年（執行猶予4年），および，元経理担当取締役に懲役2年6か月（執行猶予3年）が科され，同社に9,000万円の罰金が科されたとされている。

同社は，2014年4月30日に，JICA（独立行政法人国際協力機構）から，同日から36か月間，同機構との契約の相手方になることおよび資金協力事業における調達契約の当事者になることを認めない等の措置がなされ，同年7月15日には，外務省から，無償資金協力（外務省実施分）への参加排除につき同年4月30日から18か月間だったものを36か月間に延長されている。その結果等により，同社は，海外の鉄道建設に関する設計，施工監理およびコンサルティング等を事業譲渡した。

(6) 三菱日立パワーシステムズ

三菱日立パワーシステムズ株式会社の元取締役エンジニアリング本部長，元執行役員調達総括部長および元ロジスティクス部長が，2015年2月中旬，タイの発電所建設に使う建設資材を港で陸揚げする際，荷揚げの許可違反条件を見逃してもらう見返りに，港湾当局の現地公務員に約3900万円相当のタイバーツを支払ったとして，2018年7月，起訴された[25]。2019年3月，東京地裁で，

---

23) 日本経済新聞2013年10月4日ウェブサイト。
24) 経済産業省・前掲注5）35頁。
25) 日本経済新聞2018年7月21日朝刊。

元執行役員に，懲役1年6月（執行猶予3年），および，元部長に，懲役1年4月（執行猶予3年）が科された[26]。元取締役は，否認していたが，2019年9月13日，東京地裁で，懲役1年6月（執行猶予3年）の判決が言い渡されたが[27]，控訴している。同社自身は，東京地方検察庁と司法取引したことにより，起訴を免れた（刑訴350条の2）。

第4節　FCPA

1　FCPAの経緯

　1972年に発生したウォーターゲート事件[28]の調査によって，400以上の米国企業が海外で外国公務員に多額の疑わしい支払をしていることが発覚した。その中には，米国の航空機製造大手ロッキード社が，全日空の新主力旅客機の受注をめぐって，当時の首相である田中角栄等に贈賄工作を行ったとされるロッキード事件も含まれる。そのような行為を取り締まるために，1977年FCPAが成立した。

　1988年，FCPAに，現地法の抗弁と合理的で真正な促進費用の抗弁という積極的抗弁が追加された。

　連邦議会が大統領に国際条約の交渉を要求して，1997年にOECD外国公務員贈賄防止条約が採択されたのを受けて，1998年に，FCPAは，同条約に合わせて修正された。①「不適切な利点」を確保するための支払も含め，②合衆国の領地内にいる間に外国公務員等に対する贈賄を促進するような行為をした外国人も処罰し，③外国の当局者に公的国際機関も含め，④国籍に基づく管轄を追加し，および，⑤米国企業に雇用された，または，代理人として行動した外国人も処罰するようになった。

　2012年11月には，**リソースガイド**（**A Resource Guide to the U.S. Foreign Corrupt Practices Act**）が公表された（以下「ガイド」という）。また，

---

26)　産経新聞2019年3月1日ウェブサイト。

27)　日本経済新聞2019年9月27日ウェブサイト。

28)　ニクソン共和党政権が，野党民主党本部があるウォーターゲート・ビル（ワシントンD.C.）に盗聴器を仕掛けたという事件である。司法妨害も明らかになり，世論の反発によって，米国史上初めて現役大統領が任期中に辞任に追い込まれた。

2016 年 4 月 5 日，FCPA 違反行為について自主申告，全面的な協力や時宜を得た適切な改善の場合の訴追の回避，最大 50％ の罰金減額，コンプライアンス・モニタリングの回避などのインセンティブを提供する 1 年間の試験プログラム（Pilot Program）が発表されたが，2017 年 11 月 29 日，**FCPA 企業執行ポリシー（FCPA Corporate Enforcement Policy）**として，正式なプログラムとなった。[29]

2 FCPA の構成要件

(1) 種　　類

FCPA には，**贈賄禁止条項（anti-bribe provisions）**および**会計条項（accounting provisions）**が規定されている。そして，会計条項は，**帳簿書類条項（books and records provisions）**と**内部統制条項（internal control provisions）**から構成される。帳簿書類条項は，後述する米国での証券発行者に対し，取引および資産の処分を，合理的に詳細な程度に，正確に公正に記載する会計帳簿を備えることを要求するものである。会計条項は，もともとはFCPA の一部として制定されたが，贈賄に関連する違反に限定されない。また，直接的には，後述する米国での証券発行者を規制するものである。そのため，本稿では会計条項を割愛し，贈賄禁止条項について述べる。しかし，会計条項が直接適用されないものでも，同条項の共謀者等として処罰される可能性はあるので注意は必要である。

(2) 主　　体

贈賄禁止条項の主体は，①米国での証券発行者等（78dd-1 条）および②米国の国内関係者等（78dd-2 条）だけでなく，③それ以外の者等（78dd-3 条）となっている。

①のうち，米国での証券発行者は，**1934 年証券取引法（Securities Exchange Act of 1934）**[30] 12 条に基づいて証券を登録している者，または，同法 15 条（d）項[31] に従って**証券取引委員会（The Securities and Exchange**

---

29)　カルテルの場合のリニエンシーについては，**UNIT17 第 7 節 2** 参照。

30)　15U.S.C § 78l.

31)　15U.S.C § 78o（d）.

Commission: SEC）に報告書の提出を義務づけられている者であり，**ニューヨーク証券取引所**（**The New York Stock Exchange: NYSE**）等米国内の証券取引所に**米国預託証券**（**American Depository Receipt: ADR**）を上場する外国法人が含まれる。そして，これら米国での証券発行者の執行役員，取締役，従業員，代理人またはその代理として行動する株主も対象となる。

②のうち，米国の国内関係者は，ⓐ米国人または米国居住者，ならびに，ⓑ米国内に主たる事務所を置く，または，米国の州等の法に基づいて設立された会社および組合等である。そして，これら米国の国内関係者の執行役員，取締役，従業員，代理人またはその代理として行動する株主も対象となる。

③①および②以外の者，ならびに，これらの執行役員，取締役，従業員，代理人またはその代理として行動する株主も，米国内で行為の一部を行えば，対象となる。

なお，①，②および③の共犯者も処罰され得る。

このように，米国に関係しない者も幅広く処罰される，つまり，FCPAは域外適用されることもあり，各国語の翻訳が**司法省**（**Department of Justice: DOJ**）のウェブサイトに公開されている。

(3) **客　体**

①外国公務員等だけでなく，②外国の政党もしくはその職員，または，外国の公職候補者も対象となる。

①外国公務員等は，ⓐ外国政府等もしくはその代行機関，ⓑ公的国際機関の役員または従業員，または，ⓒⓐもしくはⓑのために，もしくは，代理して行為する者である。ここで，代行機関は，広く解釈されている。たとえば，国営企業等の従業員も含む。

さらに，③賄賂が，①または②に申し込まれる，供与される，または，約束されることを，知っている者に対する行為にも適用される。

(4) **目　的**

何人かのために，もしくは，何人かとともに，取引を獲得する，もしくは維持する，または，何人かに，取引を提供することを支援する目的が必要である。これは，事業目的テストといわれており，広く解されている。

178　UNIT 8　海外腐敗防止

(5)　不　　正

　行為が不正に行われることが要件とされている。これは，受領者を不当に影響させる意図または欲望を意味すると解されている。

(6)　賄　　賂

　金銭と何か価値のあるものであり，幅広い。贈答品，旅費，接待，寄附等も該当する。

(7)　行　　為

　供与の申出，供与，供与の約束または供与の承認を促進する一切の行為であり，これも，かなり幅広い。

(8)　ファシリテーション・ペイメント

　外国公務員等によるルーティンな政府活動の履行を迅速化するまたは確保することを目的とする，円滑化または迅速化のための支払には，適用されないとされている。これは非常に狭く解されている。裁量のない「ルーティンな政府活動」に対するものに限定される。ガイドでは，ビザ発給，警察の保護，郵便，電話，電気，ガス等の公共サービスが例として挙げられている[32]。

(9)　積極的抗弁

　上記のとおり，①現地法の抗弁と②合理的で真正な促進費用の抗弁が規定されている。

　①については，行為時に，外国公務員等の国の成文の法令上合法であることである。たとえば，現地で，単に，訴追基準が定められているだけでは，合法となる旨規定されていることにはならない。かなり証明することが困難である。

　②については，ⓐ製品もしくはサービスのプロモーション等，または，契約の締結もしくは履行に，直接関連しており，ⓑ外国公務員等による交通費および宿泊費のような合理的で真正な費用に対するものであることである。

---

32)　ガイド 25 頁。

第4節　FCPA　179

3　FCPA の罰則等

(1)　罰　　則

贈賄禁止条項違反の場合，個人については，25万ドルを上限とする罰金[33]，5年以下の禁固刑またはその併科とされている。企業については，2百万ドルを上限とする罰金とされている。会計条項違反の場合，個人については，5百万ドルを上限とする罰金，20年以下の禁固刑またはその併科とされている（78ff条）。企業については，25百万ドルを上限とする罰金とされている。しかしながら，**代替罰金法（Alternative Fines Act）**[34]により，罰金は，利益または損害の2倍まで引き上げられる。

(2)　そ の 他

贈賄禁止条項違反の場合，上限2万1039ドルの民事制裁金を科すことができる。会計条項の違反の場合，企業については，利益の総額または程度により決定される9万4713ドルから94万7130ドルまでの間の特定額との多い方の額の民事制裁金，個人については，利益の総額または程度により決定される9472ドルから18万9427ドルまでの間の特定額との多い方の額の民事制裁金を科すことができる[35]。また，差止めを求めることもできる。後述のとおり，起訴猶予契約において，コンプライアンス・プログラムの導入を義務づけられる。

4　FCPA で処罰された事例[36]

(1)　日本企業の事例

(a)　ブリヂストン

株式会社ブリヂストンが，マリンホースの販売に関する国際カルテルを行ったが，併せて，工業用品の販売に関して，主に中南米における海外エージェントを通じた中南米の外国公務員に対する不適切な支出を行った。同社元部長は，2008年12月8日，DOJ との間で，今後の刑事裁判手続において DOJ による

---

33)　18 U.S.C. § 3571 (b) (3).

34)　18 U.S.C. § 3571 (d).

35)　The Federal Civil Penalties Inflation Adjustment Act Improvements Act of 2015, 17 CFR 201. 1001, Adjustments to Civil Penalty Amounts.

36)　DOJ や SEC のウェブサイトに公開されている。

起訴事実を認め，2年間の拘禁刑を受け，罰金8万ドルを支払うこと等を内容とする，**司法取引（plea agreement）** に合意した。株式会社ブリヂストンは，2011年9月12日，DOJとの間で，今後の刑事裁判手続においてDOJによる起訴事実を認め，罰金28百万ドル（約22億円）を支払うこと等を内容とする，司法取引に合意した。

(b) 日揮，丸紅

ナイジェリア政府系企業であるNigeria LNG社が実施したLNGプロジェクトについて，テクニップ社（仏，NYSE上場会社），スナムプロゲッティー社（伊），ケロッグ社（米，現KBR）および日揮株式会社（以下「日揮」という）が設立した国際コンソーシアム（以下「TSKJ」という）が，1995年から2004年にかけて，Nigeria LNG社から建設工事請負契約を受注したが，TSKJは，上記プロジェクト受注のために，丸紅株式会社（以下「丸紅」という）とJeffery Tesler（英，弁護士）を代理人として委任し，ナイジェリア政府関係者に贈賄した。

日揮は，2011年4月7日，DOJとの間で**起訴猶予契約（deferred prosecution agreement）** を締結し，DOJに対して218.8百万ドル（約182億円）を支払うことになった。

丸紅は，2012年1月17日，DOJとの間で起訴猶予契約を締結し，DOJに対して54.6百万ドル（約42億円）を支払うことになった。

両社に対する訴因1は，テキサスへのファックスおよび銀行口座への送金についての共謀である。訴因2は，国内関係者がアムステルダムの銀行口座からニューヨークのコレスポンデント銀行の口座経由でスイスとモナコの銀行口座に賄賂を電信振込みするのを教唆および幇助したことである。

なお，上記ブリヂストンの事件は，カルテルもあったため，司法取引が利用されたが，FCPAにおいては，起訴猶予契約が，その間のコンプライアンス体制を構築させることができること等から，利用されている。[37]

(c) 丸　紅

丸紅は，仏企業の米国子会社およびインドネシア子会社とコンソーシアムを組成し，インドネシア共和国スマトラ島ランプン近郊のタラハン地区における

---

37)　カルテルの場合の司法取引については，**UNIT17第7節3**参照。

インドネシア国有電力会社向け火力発電所向ボイラー案件を 2004 年 7 月に受注したが，コンソーシアムが起用した代理店がインドネシアの公務員に対し不正な支払をした。

同社は，2014 年 3 月 20 日，DOJ と司法取引契約を締結し，DOJ に対して88 百万ドル（約 91 億円）を支払うことになった（2014 年 5 月 15 日判決）。

訴状等によると，仏企業はアルストム社であり，後述のとおり，アルストム社も，2014 年 12 月 22 日，約 772 百万ドル（930 億円弱）を支払うことで DOJと司法取引した。アルストム社は，NYSE に上場しており，コネチカットの子会社も関与している。そして，コンサルタント A（米国人）を採用している。また，問題とされている行為内容としては，コネチカットでの会合，米国会社従業員へのメール，コンサルタント A のニューヨークの口座への支払，米国会社のニューヨークの口座からスイス会社の口座への送金，それから，コンサルタント B のシンガポールへの口座支払である。

(d) 日　　立

株式会社日立製作所（以下「日立」という）が，南アフリカ共和国の政党アフリカ民族会議のフロント企業に，南アフリカ共和国から発電所受注の成功報酬として 1 百万ドルを支払い，それをコンサル料と不正確に記録したとの，FCPA の内部統制条項および帳簿書類条項違反の疑いが生じた。日立は，2015 年 9 月 28 日，SEC の主張を認めも否認もせずに，SEC と合意し，民事制裁金 19 百万ドルを支払うことになった。

(e) オリンパス

オリンパス株式会社の米国子会社 Olympus Corporation of the Americas（以下「OCA」という）の米国子会社 Olympus Latin America, Inc.（以下「OLA」という）およびその子会社 Olympus Optical do Brazil, Ltda. が，2006 年頃から2011 年 8 月頃まで，ブラジル，ボリビア，コロンビア，アルゼンチン，メキシコ，コスタリカで，医療機器の売上げを増やすために，国有病院の医療関係者に対して，現金，送金，旅行，無償または割引した機器等の利益を 3 百万ドル近く供与した。主要な方法は，教育・研修する名目の研修施設を設け，そこから供与した。

OCA, OLA およびその子会社は，2016 年 3 月 1 日に DOJ との間で起訴猶予契約を締結し，DOJ に対して 22.8 百万ドル（約 26 億円）を支払うことになっ

た。OCA は，別途，連邦医療保険制度による支払を増加させようとする利益供与を禁止する反キックバック法違反等で，罰金 306 百万ドルおよび民事制裁金 306 百万ドル（合計約 704 億円）に利息約 11.2 百万ドル（約 13 億円）を支払うことになった。

(f) パナソニック

パナソニック株式会社（以下「パナソニック」という）の米国子会社の Panasonic Avionics Corporation（以下「PAC」という）が，2007 年，中東の政府が 100% 保有している航空会社に採用され，同航空会社のために PAC との交渉に関与していたコンサルタントを，第三者のサービス提供者に雇用させ，2013 年までに，87 万 5,000 ドルを支払わせ，PAC は 92 百万ドル以上の利益を得る等した。しかし，PAC は，その支払額を総勘定元帳にコンサルタント報酬として誤記入し，2013 年 4 月 22 日まで NYSE に上場していたパナソニックの会計帳簿に，同支払額を販売費および一般管理費と誤って記載させた。PAC は，2018 年 4 月 30 日に DOJ との間で起訴猶予契約を締結し，FCPA の会計条項違反で，DOJ に対して 137.4 百万ドル（約 150 億円）を支払うことになった。

また，パナソニックも，上記に加え，PAC が同航空会社との契約の日付を遡らせたことにより，2012 年 6 月 30 日に終了する四半期の収益を 82 百万ドル以上時期尚早に認識させ，税引前純利益を不正に水増したこと，十分な会計上の内部統制を欠いており，上記コンサルタントや中東およびアジアの他の顧客からの取引を勧誘するために使用した販売代理店に関して，正確な会計帳簿を作成しなかったことで，贈賄禁止条項，詐欺防止条項（anti-fraud provisions），記録書類条項および内部統制違反条項で，2018 年 4 月 30 日に，SEC と合意し，不正利得の吐き出しと利息合計 143 百万ドル（約 160 億円）を支払うことになった。

(g) サントリー

サントリーホールディングス株式会社（以下「サントリー」という）は，2014 年に Beam Inc.（現 Beam Suntory Inc., 以下「Beam」という）を買収したが，Beam は，同年まで，NYSE に上場しており，2006 年には，Beam Global Sprits & Wine (India) Private Limited（以下「Beam India」という）を買収し，その財務諸表等を連結した。SEC は，2018 年 7 月 2 日，Beam India が，2006

第 4 節　FCPA　　**183**

年から 2102 年まで，蒸留酒の販売注文を増やし，免許およびラベル登録を処
理し，販売を促進するために，第三者のセールスプロモーター等を使って公務
員に違法な支払をしたこと，Beam India が，根拠のない，または，増額され
た請求書を使って，第三者に当該違法な支払の払戻しを行い，費用として虚偽
に記録したこと，当該費用は Beam の帳簿に連結されたこと，ならびに，
Beam が十分な内部会計統制システムを構築・維持しなかったことから，帳簿
書類条項および内部統制条項違反を理由として，不正利の吐き出し約 5.26 百
万ドル，利息約 0.92 百万ドルおよび民事制裁金 2 百万ドル（合計約 9 億円）を
支払うよう求める命令を出し，Beam は，同日，SEC の主張を認めも否認もせ
ずに，SEC と同支払に合意した。

(2)　その他の事例

(a)　シーメンス

　ドイツのシーメンス社は，2008 年 12 月 15 日，FCPA の内部統制条項およ
び帳簿書類条項に違反したことを認め，DOJ との間で，刑事上の制裁金とし
て 450 百万ドルを支払うことで合意，SEC との間で不当利益 350 百万ドルを
支払うことで合意した。

　同社は，同日，同様の罪について，ミュンヘン警察庁が訴追した関連事件で
2007 年 10 月に支払った制裁金 201 百万ユーロに加え，395 百万ユーロ（約 569
百万ドル）の制裁金を支払うことで合意しており，総額 1,600 百万ドル近い制
裁金となり，過去最高の額である。

(b)　アルストム

　フランスのアルストム社は，2014 年 12 月 22 日，インドネシア，サウジア
ラビア，エジプト，バハマおよび台湾での贈賄に関して，FCPA の帳簿書類
条項と内部統制条項違反で，DOJ との間で，罰金約 772 百万ドルを支払うこ
とで合意した。

　同社のスイス子会社（旧アルストム・プロム）も FCPA の贈賄禁止条項違反の
共謀で司法取引した。同社の米国子会社，アルストム・パワーとアルストム・
グリッドも，FCPA の贈賄禁止条項違反を認め，DOJ と起訴猶予契約を締結
した。

　自主的開示がなかったこと，何年間も捜査に協力しなかったこと，不正行為

184　UNIT 8　海外腐敗防止

の広さ，効果的なコンプライアンスおよび倫理プログラムの欠如，前科等から，FCPA違反としては，過去最高の罰金となった。

■ 第5節 ＼ Bribery Act

1　Bribery Actの経緯

英国も，1998年12月14日にOECD外国公務員贈賄防止条約の批准書を寄託し，同条約は1999年2月15日に英国について発効した。英国は，2002年2月14日には，同条約を実施するための法制を施行したが，OECDの国際商取引における贈賄に関する作業部会は，当時の英国法の欠陥を指摘し，新法を成立させることを推薦してきた。英国は，2010年4月8日に，Bribery Actを成立させ，2011年3月30日に，Bribery Actに関する詳細なガイダンス（BRIBERY ACT 2010 Guidance about procedures which relevant commercial organisations can put into place to prevent persons associated with them from bribing〔section 9 of the Bribery Act 2010〕. 以下「ガイダンス」という）を公布し，同年7月1日から，Bribery Actが施行された。

2　Bribery Actの構成要件

(1)　違法類型

Bribery Actは，贈収賄に関する包括的な法律であり，**贈賄罪（Offences of bribing another person**，1条），**収賄罪（Offences relating to being bribed**，2条）および**外国公務員贈賄罪（Bribery of foreign public officials**，6条）が規定され，贈賄罪または外国公務員贈賄罪を防止できなかったことについて**営利団体の贈賄防止懈怠罪（Failure of commercial organisations to prevent bribery**，7条）が規定されている。

後述する贈賄罪と同様に，収賄罪も民間人によるものも違法であるが，行為の一部が英国で行われた場合（12条 (1) 項），または，英国民，英国居住者，英国会社等の英国と密接に関連するものにより行われた場合（12条 (2) ないし (4)）にのみ処罰され得るので，省略する。贈賄罪および外国公務員贈賄罪の適用範囲も同様であるが，処罰されない場合でも当該行為に該当する行為を防止できなかったときに，営利団体の贈賄防止懈怠罪が適用されるので（7条

(3) 項)，以下，説明する。

(2) 贈 賄 罪

(a) 主　体

行為主体は，特に限定されていない。

(b) 客　体

賄賂を受領する客体も特に限定されていない。後述する客体の権限または活動は，①公的な性質の権限，②事業に関連する活動，③雇用の過程で遂行される活動，または，④団体によりまたは団体のために遂行される活動であることに限定されているが（3条），公務員以外の民間人も対象となるものである。

(c) 行　為

対象となる行為は，経済的または他の利益を申込み，約束または提供することであり，広範なものである。

(d) 主観的要件

主観的要件として，①当該利益が，客体が関連する権限もしくは活動を不適切に遂行することを誘引すること，または，当該権限もしくは活動の不適切な遂行に対して客体に報いることを，目的としていること，または，②利益の受領自体が関連する権限もしくは活動の不適切な遂行を構成することを知っている，または，信じていること，が必要とされる。

ここで，賄賂が関連する権限または活動は，上記（b）の①ないし④のものであることに加えて，誠実に遂行されることが期待されていること，公平に遂行されることが期待されていること，または，遂行することで信頼される地位にあることが条件とされており（3条），そのような権限または活動を，期待に違反して遂行されることが不適切な遂行であり，権能または活動を遂行しないこと自体が関連する期待に違反する場合，不適切に行動したとみなされる（4条）。

(e) 処罰範囲

行為が英国で行われた場合，または，英国民，英国居住者，英国会社等の英国に密接に関連するものにより行われた場合に，処罰され得る。

186　UNIT 8　海外腐敗防止

(3)　外国公務員贈賄罪（6条）

　(a)　主　　体

　行為主体は，特に限定されていない。

　(b)　客　　体

　賄賂を受領する客体は，外国公務員であるが，それは，①英国外の国等の立法，行政または司法の地位を有する者，②英国外の国等のためにもしくは代理して，または，英国外の国等公的機関もしくは公的企業のために，権限を行使する者，または，③公的国際機関の職員もしくは代理人である。

　(c)　行　　為

　対象となる行為は，直接または第三者を通じて，外国公務員に，または，外国公務員の要求もしくは同意により，他者に，経済的または他の利益を申込み，約束または提供することである。

　(d)　主観的要件

　主観的要件として，事業または事業活動上の利益を獲得または維持するために，外国公務員の権限遂行に影響を及ぼすことを目的とすることが必要とされる。ファシリテーション・ペイメントも適用されると解されている。[38]

　(e)　適用除外

　なお，外国公務員に適用される成文法により許容または要求されている場合は，違法でない。

(4)　営利団体の贈賄防止懈怠罪（7条）

　(a)　主　　体

　処罰される主体は，①英国法に基づいて設立された会社，組合および②英国で事業を営む会社，組合である。なお，FCPA と異なり，英国で証券発行していることのみで，英国で事業を営むとは解釈されない。[39]また，英国に子会社を有することのみで，英国で事業を営むとも解釈されない。[40]

　(b)　客　　体

　賄賂を受領する客体は限定されていない。外国公務員だけでなく，外国の民

---

38)　ガイダンス 18 頁。
39)　ガイダンス 15 頁。
40)　ガイダンス 16 頁。

間人も対象となる。すなわち，いわゆる商業賄賂も対象となる。

(c) 行　為

対象となる行為としては，営利団体のためにまたは代理して役務を提供するもの（従業員，代理人，子会社は該当し得る）が，営利団体のために，事業または事業活動上の利益を獲得または維持するために，上記贈賄罪または外国公務員贈賄罪に該当する行為をすることである。

(d) 処罰範囲

行為が英国外でなされても違法であり，処罰される（12条（5），（6）項）。

(e) 抗　弁

このような行為を防ぐための適切な手続を構築していたことを証明することが，抗弁とされている。

3 罰　則

贈賄罪または外国公務員贈賄罪を犯した個人は，10年以下の懲役，罰金またはその併科である（11条（1）項）。個人以外で贈賄罪もしくは外国公務員贈賄罪を犯した者（11条（2）項），または，営利団体の贈賄防止懈怠罪を犯した者（11条（3）項）は罰金が科される。これらの罰金は無制限であり，非常に重いものとなっている。

■ 第6節 ＼ コンプライアンス・プログラム

1 コンプライアンス・プログラムの意味

(1) 日　本

上記のとおり，不競法は両罰規定を設けている。両罰規定は，従業者らの選任，監督等違反行為を防止するために必要な注意を尽くさなかった過失の存在を推定したものであり，注意を尽くしたことの証明がなされない限り，刑責を免れ得ないものと解されている。したがって，理屈上は，コンプライアンス・プログラムを導入することにより，上記注意義務を尽くしたことを証明すれば，法人は刑事責任を免れることになるが，現実的には，容易ではない。

もっとも，検察官に起訴・不起訴についての裁量の余地を認める起訴便宜主義（刑訴248条）が採用されており，起訴された場合でも，量刑は裁判所の裁

量の余地が極めて大きい。したがって，コンプライアンス・プログラムを導入することは，非常に意味がある。

(2) 米　　国

事業団体の連邦起訴原則（**Principles of Federal Prosecution of Business Organization**）9–28.800 は，Corporate Compliance Program を起訴するか否かの考慮要素としているが，コンプライアンス・プログラムの存在だけでは，不起訴にするのに十分でないと規定している。したがって，コンプライアンス・プログラムを規定したからといって，起訴を免れることを保証するものではない。しかしながら，**連邦量刑ガイドライン**（**United States Sentencing Commission, Guidelines Manual**, §3E1.1（Nov. 2018）§8B2.1. Effective Compliance and Ethics Program, §8C2.5.（f）Effective Compliance and Ethics Program）によれば，刑の軽減事由とされており，責任係数が3ポイント減じられる。なお，2012年，モルガン・スタンレーの従業員が，9月の禁固刑を科され，SEC との間で，証券業界からの永久追放，25万ドル以上の不正利益の吐き出しおよび約3.4百万ドルの不動産権益の放棄で合意したが，モルガン・スタンレーは，同社のコンプライアンス・プログラム等により，不起訴とされた。

(3) 英　　国

上記のとおり，Bribery Act 上抗弁とされている（7条（2）項）。

2　コンプライアンス・プログラムの内容

コンプライアンス・プラグラムの整備にあたっては，リスクベース・アプローチから，会社に応じた内容にする必要があり，経営トップの関与，海外拠点を含めた役職員に対する周知徹底，内部監査等を踏まえた見直しが必要となる。以下，参考のために，各指針に記載されているコンプライアンス・プログラムの内容について説明する。

(1) 外国公務員防止指針

(a)　**コンプライアンス・プログラムの構築および運用にあたっての視点**[41]

外国公務員防止指針では，外国公務員贈賄防止体制の構築および運用にあた

っての視点として，①経営トップの姿勢・メッセージの重要性，②リスクベース・アプローチ，および，③贈賄リスクを踏まえた子会社における対応の必要性が挙げられている。

②リスクベース・アプローチについては，進出国，事業分野および行為類型について記載されている。進出国が，アジア，中東，アフリカ，南米等であれば，リスクが高いとされている。事業分野は，現地政府の多数の許認可を必要とする場合，または，外国政府や国有企業との取引が多い場合が，リスクが高い場合とされている。行為類型は，ⓐ現地政府からの許認可の取得・受注や国有企業との取引などに関して交渉等を行う事業者の起用等，ⓑ高リスク国・事業分野における，ジョイントベンチャー組成の際の相手先の選定，SPCの利用，ⓒ高リスク国・事業分野における政府関連事業実績の多い企業の取得，ⓓ受注金額や契約形式等から贈賄リスクが高いと考えられる公共調達への参加，ⓔ外国公務員等に対する直接，間接の支払を伴う社交行為が，リスクの高い行為として挙げられている。

(b) 目標とすべきコンプライアンス・プログラムのあり方[42]

そして，目標とすべきコンプライアンス・プログラムのあり方として，①基本方針の策定・公表，②社内規定の策定，③組織体制の整備，④社内における教育活動の実施，⑤定期的または不定期の監査，および，⑥経営者等による見直し，を挙げている。

①基本方針の策定・公表については，「目先の利益よりも法令遵守」という経営者の基本姿勢，および，外国公務員等に対し贈賄行為を行わないことを盛り込むことが記載されている。なお，公表にあたっては，外国人も理解できるように翻訳することが述べられている。

②社内規定の策定については，一定の社内手続や判断基準等をマニュアル化することが記載されている。特に，ⓐ外国公務員等との会食や視察のための旅費負担といった外国公務員等に対する利益の供与と解される可能性がある行為について，行為類型毎に承認要件，承認手続，記録，事後検証手続を内容とする社内規程の策定，ならびに，ⓑ高リスクな行為類型について契約前の確認手続（表明保証および宣誓，デュー・デリジェンス）および契約期間中等の手続（監

---

41) 経済産業省・前掲注5) 7頁。
42) 経済産業省・前掲注5) 10頁。

査，資料要求，無催告解除や支払停止）を定めること，が望ましいとされている。また，贈賄行為または社内規程違反行為を行った従業員に対しては，人事上の制裁が科される旨を明確にすることが，記載されている。

③組織体制の整備については，ⓐコンプライアンス責任者の指名，ⓑ社内相談窓口および通報窓口の設置等，ⓒ疑義等発覚後の事後対応体制整備等が，挙げられている。ⓑについては，秘密性を確保するとともに，弁護士等外部専門家等を積極的に活用することが，記載されている。

(2) FCPA のガイド
(a) コンプライアンス・プログラムの評価
DOJ および SEC は，コンプライアンス・プログラムの評価に常識的および実践的アプローチを採用しており，以下の3つの基本的な質問に関する調査をすると規定されている。
①コンプライアンス・プログラムがうまく策定されているか？
②誠実に適用されているか？
③機能しているか？
(b) 効果的なコンプライアンス・プログラムの特徴
ガイドでは，以下の点が記載されている。
①経営幹部のコミットメントと明確な贈賄防止方針
②行動規範やコンプライアンス方針と手続
③監督，自律，リソース
④リスクアセスメント
⑤教育と継続的なアドバイス
⑥インセンティブと懲戒手続
⑦第三者に対するデュー・デリジェンスと支払
⑧秘密通報制度と社内調査
⑨継続的な改善（定期的な検査と見直し）
⑩ M&A（買収前デュー・デリジェンスと買収後の統合）
(c) 経営幹部のコミットメントと明確な贈賄防止方針
DOJ および SEC は，経営幹部が会社の基準を明確に規定し，それを明確な言葉で伝え，忠実に従い，組織中に広めているかを評価すると記載されている。

第6節　コンプライアンス・プログラム　191

(d)　行動規範やコンプライアンス方針と手続

DOJ は，最も効果的な規範は，従業員および会社の代理人にとって，明確で，簡潔で，利用可能なものであると述べている。そのために，現地法人の従業員等のために翻訳がなされるべきことが記載されている。また，DOJ およびSEC は，規範が定期的に見直しされ，改訂されているかを検討する，会社内でのコンプライアンス責任を概括しているか，適切な内部統制，監査手続および文書規程を詳述しているか，懲戒手続を規定しているかを検討する，と記載されている。

(e)　監督，自律，リソース

DOJ およびSEC は，コンプライアンス・プログラムの監督および実施の職務を，特定の上級役員に担当させているか検討すると記載されている。当該上級役員は，適切な権限および経営陣からの自律，ならびに，十分なリソースを有していなければならないとされている。

(f)　リスクアセスメント

リスクとして，ⓐ国および産業部門，ⓑ事業機会，ⓒ事業パートナー，ⓓ政府の関与の程度，ⓔ政府の規制および監督，ⓕ通関および入管が挙げられている。

(g)　教育と継続的なアドバイス

DOJ およびSEC は，全役職員および，適切ならば，代理人やビジネスパートナーについて，定期的な教育や証明書等を通じて，方針および手続が組織中に伝えられているかを評価すると記載されている。また，会社のコンプライアンス・プログラムについてのアドバイスを提供する適切な方策を策定すべきであるとされている。

(h)　インセンティブと懲戒手続

DOJ およびSEC は，企業が，適切で明確な懲戒手続を有しているか，懲戒手続が確実に，迅速に適用されているか，懲戒手続が違反に均衡しているかを検討すると記載されている。DOJ およびSEC は，積極的なインセンティブが遵守した行動を推進すると認識している。DOJ およびSEC は，懲戒手続やインセンティブが公正に，一貫して適用されているかも検討すると記載されている。

192　UNIT 8　海外腐敗防止

（i）　第三者に対するデュー・デリジェンスと支払

　①評判や外国公務員との関係等の資格や交友関係，②第三者を入れる理由，支払条件，仕事の有無等，③継続的なモニターが挙げられている。また，デュー・デリジェンスに加えて，第三者に対するコンプライアンス・プログラムと倫理的で合法的な商行為へのコミットメントの説明，および，第三者からの誓約も検討されると記載されている。

（j）　秘密通報制度と社内調査

　コンプライアンス・プログラムに，従業員等が秘密に報復なしに通報できる制度を入れなければならないと記載されている。また，一旦通報された後，調査をし，懲戒または改善措置を含む会社の対応を文書化する手続が，効率的で，信頼でき，適切に資金手当てされていることも必要とされている。

（k）　継続的な改善（定期的な検査と見直し）

　DOJ および SEC は，会社が定期的にコンプライアンス・プログラムを再検討し，改良しているか，評価すると記載されている。

（l）　M&A（買収前デュー・デリジェンスと買収後の統合）

　不適切なデュー・デリジェンスは，贈賄の継続を許容することになり，罰則等が科されることになると記載されている。他方，効果的なデュー・デリジェンスは，対象会社の価値をより正確に評価でき，贈賄のコストを対象会社に負担させるよう交渉することができるとされている。また，それは，DOJ および SEC に，買収会社のコンプライアンスへのコミットメントを示し，考慮に入れられると記載されている。

　DOJ および SEC は，また，買収会社が，迅速に，被買収会社を，コンプライアンス・プログラムを含む，あらゆる内部統制に組み入れたかを評価すると記載されている。

（3）　Bribery Act のガイダンス

（a）　原　　則

　ガイダンスは，コンプライアンス・プログラムについて，①相応の手続，②経営陣のコミットメント，③リスクアセスメント，④デュー・デリジェンス，⑤教育を含むコミュニケーションならびに⑥監視および再検討の6つの原則を規定する。

（b）　相応の手続

これは，コンプライアンス・プログラムが，贈賄リスクならびに企業の性質，規模および複雑さに相応であり，また，明確で，実務的で，利用可能で，効果的に実施されるものであることである。方針に記載する事項の例として，贈賄防止のコミットメント，代理人等，接待・販売促進費，ファシリテーション・ペイメント，政治献金または慈善寄附のような特定の贈賄リスクを軽減する一般的方法，贈賄防止方針を実施する方法の要旨が挙げられている。

コンプライアンス・プログラムが対象とするものの例として，①経営陣の関与，②リスクアセスメント手続，③関係者のデュー・デリジェンス，④贈与，接待・販売促進費，慈善寄附，政治献金，または，ファシリテーション・ペイメントに対する要求についての規定，⑤直接または間接の雇用，⑥関係者との取引関係のガバナンス，⑦適切な帳簿，監査および支出承認のような財務および商業上の統制，⑧取引の透明性と情報開示，⑨承認手続の委任，権能の分離および利益相反の回避のような意思決定，⑩贈賄防止規則違反に対する懲戒手続およびその執行，⑪内部通報を含む贈賄の報告，⑫方針が個別のプロジェクトおよび異なる部門に適用される方法等，コンプライアンス・プログラムを実施する手続の詳細，⑬コンプライアンス・プログラムのコミュニケーションと適用についての教育，⑭監視，再検討および評価が挙げられている。

（c）　経営陣のコミットメント

経営陣のコミットメントを示す効果的で正式な声明に含まれるものの例として，①公正に，誠実におよび率直に事業を経営することのコミットメント，②贈賄に対するゼロ・トレランスのコミットメント，③役職員の方針違反に対する結果，④関係者の贈賄禁止条項違反の結果，⑤贈賄を拒否する事業上の利益の明記，⑥内部通報制を含むコンプライアンス・プログラムの幅広いことへの言及，⑦コンプライアンス・プログラムの作成および実施に関与する主要な担当者および担当部署，⑧事業者団体等，贈賄に反対する集団行動の言及が挙げられている。

（d）　リスクアセスメント

リスクアセスメントは，定期的に，情報に基づくもので，文書化されたものであることが記載されている。リスクとしては，①国リスク，②事業部門リスク（高リスク例：資源産業，大規模インフラ部門），③取引リスク（高リスク例：慈

善寄附，政治献金，許認可，公的調達），④事業機会リスク（高リスク例：高額プロジェクト，契約者・仲介人の多いプロジェクト，明らかに市場価格でされないプロジェクト，明確で合法的な目的のないプロジェクト），⑤事業パートナーリスク（高リスク例：外国公務員との取引における仲介人の使用，コンソーシアムまたはジョイントベンチャー，政治的著名人との関係）が挙げられている。

(e) デュー・デリジェンス

企業のためにまたは代理してサービスを提供する人についてのデュー・デリジェンス手続を採用することが記載されている。特に，現地法等が現地代理人の使用を指示しており，現地代理人の解除が困難である場合，M&A の場合が挙げられている。

(f) 教育を含むコミュニケーション

これは，コンプライアンス・プログラムが，教育を含む，内部的または外部的なコミュニケーションを通じて，企業中に，理解され，組み込まれていることである。

内部的なコミュニケーションとしては，経営陣からコンプライアンス・プログラムが導入されているという趣旨を伝えるべきであることが記載されている。意思決定，財務統制，接待・販売促進費，ファシリテーション・ペイメント，教育，慈善寄附もしくは政治献金，規則違反，異なる段階での経営の役割が，対象の例として挙げられている。また，重要なものとして，内部または外部の人が，贈賄に対する懸念を提起する，コンプライアンス・プログラムの改良を提案する，または，相談を求めるための，安全で，秘密の利用可能な手段の設置が挙げられている。

教育は，入社時の義務的な一般的なものから，内部通報に関与する人，購買，契約，販売，マーケティング等高リスク機能に関与する人および高リスク国で働く人用の特別なものがあると記載されている。効果的な教育は，継続的で，定期的に監視，評価されなければならないと記載されている。

(g) 監視および再検討

コンプライアンス・プログラムは，監視され，再検討され，必要な場合，改良されなければならない旨記載されている。

(4) 海外贈賄防止ガイダンス[43]

(a) 目　的

日本弁護士連合会は，①内部統制システム整備義務を果たす上で必要な贈賄防止体制の要素を明確にすること，②処罰の減免にも一助となり得る内部統制システムの要素を明確にすること，および，③企業および弁護士における海外贈賄防止のための実務対応の在り方を明確にすることを目的として，海外贈賄防止ガイダンス（手引）を作成している。

(b) 構　成

手引は，第1章海外贈賄防止体制の整備，第2章有事の対応（危機管理），第3章子会社管理・企業買収，および，第4章その他から構成されている。

(c) 海外贈賄防止体制の整備

手引は，海外贈賄防止体制の整備として，①経営トップがとるべき姿勢と行動，②リスクベース・アプローチ，③基本方針および社内規程の策定，④組織体制，⑤第三者の管理，⑥教育，⑦モニタリングと継続的改善，⑧ファシリテーション・ペイメントの禁止および⑨記録化を挙げている。

③については，基本方針においては，不正をしてまで利益を追求しないという経営トップの基本的な姿勢，および，役職員が，外国公務員等に対し，直接または間接を問わず贈賄行為を行ってはならないことを明確に示すべきと記載されている。社内規程には，ⓐ社内規程の適用範囲，ⓑ贈賄の明確な禁止規定，ⓒ不正会計の禁止，ⓓ懲戒，ⓔ内部通報制度，ⓕ組織体制，ⓖ手続規程を記載すべきとしている。ⓖについては，接待・贈賄・外国公務員等の招聘手続，寄附に関する手続，第三者の起用手続の策定を記載している。第三者の起用手続については，リスクアセスメントに応じた第三者評価の枠組みを決定し，契約書への贈賄禁止文言の明記，質問票および誓約書の取得，調査の実施，または，取引担当者の申請書提出のうち適切なものを採用して，取引承認の決定を行うことが記載されている。また，基本方針および社内規程の，必要に応じた，外国語への翻訳も記載されている。

④については，本社の組織体制として，取締役会等に報告するコンプライアンス委員会または海外贈賄防止のコンプライアンスに特化した委員会等の設置，

---

43)　2016年7月15日制定，2017年1月19日改訂。

社長以外の上級役員の委員長選任による独立性の確保等が望ましい，とされている。現地拠点においては，現地拠点の経営陣から独立した現地コンプライアンス責任者の選任，社内規程に基づく承認決済または本社コンプライアンス組織への報告が望ましい，とされている。そして，現地拠点の役職員も利用可能であり，匿名での通報・相談が原則可能な内部通報制度および相談窓口の設置が記載されている。

(d) 有事の対応

①外国公務員等から賄賂の不当要求を受けた場合の有事対応，および，②外国公務員等に賄賂を供与・申込み・約束した事実を把握した場合（その可能性を把握した場合を含む）の有事対応について記載している。コンプライアンス・プログラムとしては，有事対応（危機管理）体制構築を指摘している。

(e) 子会社管理・企業買収

手引は，企業集団としての海外贈賄防止体制を整備するために用いられることが予定されており，そのために，親会社が，子会社に対して，贈賄リスクの程度を踏まえた上で，必要な支援を行うことが記載されている。

また，手引は，企業買収における海外贈賄防止デュー・デリジェンスの必要性を指摘し，その内容を説明している。

(f) そ の 他

手引は，企業価値に重要な影響を及ぼし得る贈賄リスクを認識するときに，その内容やこれに対処するための海外贈賄防止体制の整備状況を開示することが望ましいとし，企業価値に重要な影響を及ぼす海外贈賄問題が発覚したときに，その内容を開示することを記載している。

最後に，上記外国公務員贈賄防止指針および手引の趣旨を踏まえ，海外贈賄防止対策を実践することに努めることの表明を推奨している。

第2編

紛争解決

UNIT 9

国際民事訴訟

第1節 はじめに

　本 UNIT では，外国の企業または個人との紛争（渉外紛争）に関する民事訴訟（国際民事訴訟）について説明する。

　渉外紛争を民事訴訟によって解決しようとする場合，まず問題となるのが，どこの裁判所で民事訴訟を行うかということである。渉外紛争一般を解決するための国際的な裁判機関は存在しないため，いずれかの国の裁判所において行うことになるが，どこの国の裁判所が裁判権を有するかが問題となる。これが**国際裁判管轄**の問題である（**第2節**）。ある国際民事訴訟についてある国の裁判所が裁判権を有する場合，「当該裁判所に国際裁判管轄がある」，「当該裁判所は国際裁判管轄権を有する」という。

　ある国の裁判所に国際裁判管轄があるとして，次に問題となるのは，当該裁判所は，いかなる法を適用して，当事者の権利義務の存否や内容について判断するかということである。これが**準拠法**の問題である（**第3節**）。

　次に，国際民事訴訟では，一方当事者が裁判所のある国（裁判国）以外に所在することも多く，その場合，訴訟の開始を知らせる訴状や呼出状の**送達**や，証人尋問などの**証拠調べ**手続を，裁判国以外で実施することがある。送達や証拠調べは，裁判国による国家権力（裁判権）の行使であるから，裁判国以外で

行う場合，他国の主権との抵触が問題となるため，自国（裁判国）内で行う場合と同じように実施することはできない。これが外国における送達・証拠調べの問題である（**第4節**）。

最後に，判決によって原告の請求が認められた場合，原告は被告に対してその履行を求めていくことになるが，被告が任意に応じない場合，強制執行の手続をとる必要がある。その場合，裁判国内にある被告の財産を対象にする場合は，通常の国内の強制執行の手続と特に変わるところはないが，裁判国外にある被告の財産に対して強制執行をしようとする場合，裁判国の判決（外国判決）に基づいて，裁判国外の被告の財産に対して強制執行をすることができるかが問題となる。これが**外国判決の承認・執行**の問題である（**第5節**）。

次節以降では，これらの各問題について，日本の裁判所における民事訴訟に加え，外国における民事訴訟の例として，日本企業が当事者となることが多い米国の裁判所における民事訴訟についても適宜触れることとする。

第2節 ＼ 国際裁判管轄

1 はじめに

国際裁判管轄とは，ある国際民事訴訟について，どこの国の裁判所に裁判する権限（裁判権）があるかという問題である。裁判権の行使は国家権力の行使であり，当該国家の主権が及ぶ範囲内で認められるものであるから，ある国際民事訴訟について裁判権を行使できるかは，国家の主権の範囲にもかかわる問題である。そのため，国際裁判管轄は，理想的には，国家間の主権の調整の問題として，多国間条約によって解決されることが本来は望ましい。しかし，実際には，限られた一部の分野を除き，国際裁判管轄を規律する一般的な多国間条約はなく，国際裁判管轄の有無は各国の国内法に委ねられている。すなわち，ある国の裁判所がいかなる国際民事訴訟について裁判することができる（国際裁判管轄を有する）かは，当該国の民事訴訟に関する法に従って決まる。

2 日本の裁判所の国際裁判管轄

(1) 民訴法の規定

日本の裁判所の国際裁判管轄，すなわち，日本の裁判所がいかなる国際民事

訴訟について裁判権を有するかについては，我が国の民訴法が定めている（民訴3条の2から12）。これらの規定は，平成23年の民訴法改正で新設されたものであるが，それ以前は判例により国際裁判管轄の有無が判断されていた。

民訴法3条の3は，訴えの種類ごとに，いかなる場合に国際裁判管轄が認められるかを定めている。たとえば，売買契約に基づく目的物の引渡し請求や売買代金の支払請求といった契約上の債務の履行を求める訴えについては，契約で定められた債務の履行地が日本である場合に国際裁判管轄が認められる（民訴3条の3第1号）。もっとも，実務的には，契約上の債務の履行に関する紛争の場合，契約書に紛争解決条項が置かれ，国際裁判管轄について合意があることも多い[1]。我が国の民訴法上，国際裁判管轄について契約書等の書面による合意がある場合には，一定の例外を除き，合意された国の裁判所に国際裁判管轄が認められる（民訴3条の7）[2]。

(2) 不法行為に関する訴え

(a) 不法行為に関する訴えの国際裁判管轄

不法行為に基づく請求が問題になる事案の場合，当事者間に国際裁判管轄の合意があることは通常は考えにくく，その場合，我が国の裁判所の国際裁判管轄の有無は，民訴法3条の3第8号に従って決まる。同号は，「不法行為に関する訴え」について，我が国の裁判所に国際裁判管轄が認められる場合を定めている。この「不法行為に関する訴え」には，不法行為に基づく損害賠償に関する訴えだけでなく，権利侵害の差止請求に関する訴えや，不法行為の特則である製造物責任に関する訴えも含まれる[3]。

(b) 不法行為があった地

「不法行為に関する訴え」については，「不法行為があった地が日本国内にあるとき」に，我が国の裁判所に国際裁判管轄が認められる（民訴3条の3第8号）。「不法行為があった地」とは，加害行為が行われた地（**加害行為地**），加害行為による結果が発生した地（**結果発生地**）のいずれもこれにあたる[4]。たとえ

---

1) 仲裁合意がなされる場合も多いが，仲裁合意に関しては，**UNIT10**を参照されたい。

2) 国際裁判管轄の合意に関しては**UNIT1 第8節**を参照されたい。

3) 賀集唱ほか編『基本法コンメンタール民事訴訟法1〔第3版追補版〕』（別冊法学セミナー212号）（日本評論社，2012年）354頁〔日暮直子〕，37頁〔東孝行〕。

ば，日本を旅行中の外国人が運転する車にはねられて怪我をしたような場合，加害行為地は日本である。また，外国で製造された製品に欠陥があり，同製品を日本で購入した消費者が欠陥に起因する事故で負傷した事案では，欠陥製品の製造を加害行為とみれば加害行為地は外国であるが，事故および負傷は日本で発生しているため，結果発生地は日本である。

(c) 結果発生地

結果発生地の意味については，事故や受傷などの物理的・直接的な損害の発生した地に限るのか，営業損害等の二次的・派生的な損害が発生した地も含むのかについて争いがあるが，物理的・直接的な損害の発生した地に限る説が有力である（東京地判平成18年10月31日判タ1241号338頁[5]）。「不法行為があった地」をもって国際裁判管轄の決定基準とする趣旨は，当該事件に関する訴訟資料や証拠方法は「不法行為があった地」に存在することが多く，同地で民事訴訟を行うことが被害者にとって便宜だからである[6]。このような趣旨からすると，二次的・派生的な損害が発生したに過ぎない地に，訴訟資料や証拠方法が存在することが多いとは一般に言い難いことから，「不法行為があった地」は物理的・直接的な損害の発生した地に限ると解するのが合理的である。

(d) 証明すべき事実

「不法行為があった地が日本国内にある」というために，具体的にいかなる事項が証明される必要があるかについて，判例は，加害行為地をもって「不法行為があった地」とする場合には，被告が日本でした行為により原告の法益に損害が生じたとの客観的事実関係が証明されれば足りるとする（最判平成13年6月8日民集55巻4号727頁）。この判例の考え方を前提とすれば，結果発生地をもって「不法行為があった地」とする場合は，被告がした行為により原告の法益について日本で損害が生じたとの客観的事実関係が証明されれば足りることになる[7]。すなわち，不法行為の要件である被告の故意・過失や被告の行為の違法性の証明までは必要はない[8]。

---

4) 兼子一原著・松浦馨ほか著『条解民事訴訟法〔第2版〕』（弘文堂，2011年）56頁〔新堂幸司＝高橋宏志＝高田裕成〕。

5) 小林秀之ほか編『国際裁判管轄の理論と実務』（新日本法規出版，2017年）286頁〔浜辺陽一郎〕。

6) 小林ほか編・前掲注5) 286頁〔浜辺陽一郎〕。

7) 最判平成13年6月8日民集55巻4号727頁。

202　UNIT 9　国際民事訴訟

(e) 例　外

　以上のとおり，不法行為に関する訴えについては，加害行為地または結果発
生地が日本国内にあるときに，我が国の裁判所の国際裁判管轄が肯定されるの
が原則である。ただし，例外として，外国で行われた加害行為の結果が日本国
内で発生した場合において，日本国内におけるその結果の発生が通常予見する
ことができないものであったときは，国際裁判管轄は否定される（民訴法3条
の3第8号括弧書き）。

3　米国の裁判所の国際裁判管轄

　外国の裁判所の国際裁判管轄は，日本の裁判所の国際裁判管轄が民訴法に従
って決まるのと同様に，当該外国の国際裁判管轄に関する法に従って決まる。
以下，米国の裁判所の国際裁判管轄について説明する。

(1)　米国の裁判所の体系

　米国の民事訴訟手続について説明する前提として，米国の裁判所の体系につ
いて簡単に説明する。米国の裁判所には，**州裁判所**（**state court**）と**連邦裁判
所**（**federal court**）という二つの系統がある。米国は連邦制をとる国家のた
め，連邦に属する各州がそれぞれに独自の法体系を有し，司法権を有する。そ
のため，裁判所も，ニューヨーク州裁判所，カリフォルニア州裁判所といった
ように，州ごとに設置されている。多くの州は，日本と同じ三審制を採用して
おり，州ごとに，第一審裁判所，控訴裁判所，最高裁判所がある。裁判所があ
る事項について裁判する権限のことを**事物管轄権**（**subject matter jurisdic-
tion**）というが，州裁判所は一般的な事物管轄権を有する。

　連邦裁判所は，州裁判所とは別系統の裁判所である。州裁判所が幅広い事件
について裁判権を有するのに対して，連邦裁判所は，①連邦法が問題となる事
件（**連邦問題事件**）や，②異なる州（外国を含む）の当事者間の事件（**州籍相違事
件**）など，一定の限られた事件についてのみ裁判権を有する。①連邦問題事件

---

8)　髙部眞規子「判解」民事篇平成13年度（下）（2004年）495頁。

9)　田中英夫編『英米法辞典』（東京大学出版会，1991年）819頁。

10)　三審制（連邦地方裁判所，連邦控訴裁判所，連邦最高裁判所）をとる。連邦地方裁判所
　　は全米に計94あり（各州に少なくとも一つ），連邦控訴裁判所は計13ある。

とは，破産事件，特許権・著作権・商標権に関する事件，連邦独占禁止法に関する事件などである。②州籍相違事件とは，たとえば，ニューヨーク州法人とカリフォルニア州法人との訴訟のように，当事者の州籍が異なる事件をいう。州籍相違事件には，当事者の国籍が異なる事件も含まれ，たとえば，ニューヨーク州法人と日本法人との訴訟も州籍相違事件にあたる。[12]

②州籍相違事件については，州裁判所も裁判権を有するため，原告は州裁判所と連邦裁判所のいずれに訴えを提起することも可能である。州裁判所に提起された場合，被告は，事件を連邦裁判所に移送する申立てをすることができる。国際民事訴訟の場合，一般には，州裁判所の裁判官よりも連邦裁判所の裁判官の方が知識・経験が豊富なことが多いため，州裁判所に訴訟が提起された場合，実務的には移送の申立てをすることも多い。

(2) 米国の裁判所の国際裁判管轄

連邦制の下，各州が独立の法体系と裁判所を有する米国では，州裁判所の国際裁判管轄の範囲は各州の法によって決まる。州外（米国外を含む）の法人または個人に対する裁判管轄（**personal jurisdiction**[13]）について，制定法を有する州も多く，**ロング・アーム法**と総称される。そのため，国際裁判管轄の範囲は州によって異なり得るが，合衆国憲法修正14条が定める適正手続（**due process**）の制限に服する。なお，連邦裁判所も，その所在する地の州の裁判管轄権の範囲でのみ裁判管轄権を行使でき，同様に合衆国憲法の規制を受ける。[14]また，裁判管轄の合意については，連邦裁判所も州裁判所も原則として有効性を認める傾向にあるとされる。[15]

州外の法人または個人に裁判管轄を及ぼすことが合衆国憲法の適正手続に反しないというためには，裁判所のある州と被告との間に「**minimum contact**」（**ミニマムコンタクト**[16]）のあることが必要とされる。たとえば，被告が当該州に事業所を設けて同州で継続的にビジネスを行っているような場合には，通常ミ

---

11) 訴額は7万5000ドルを超えることを要する。
12) 高桑昭『国際商取引法〔第3版〕』（有斐閣，2011年）357頁。
13) **人的裁判管轄権**などと訳される（田中編・前掲注9）636頁）。
14) 小林秀之＝村上正子『国際民事訴訟法』（弘文堂，2009年）55頁。
15) 樋口範雄『アメリカ渉外裁判法』（弘文堂，2015年）76頁，77頁。
16) **最小限度の接触**などと訳される（田中編・前掲注9）557頁）。

204　UNIT 9　国際民事訴訟

ニマムコンタクトは肯定される。また，米国に事業所を有していていなくても，同州で販売する意図をもって製品を輸出したような場合も，ミニマムコンタクトが認められる可能性がある[17]。

(3)　フォーラム・ノン・コンビニエンス

　ミニマムコンタクトがあり，裁判所に裁判管轄がある場合でも，裁判所は，他の裁判所で審理した方が当事者にとって便宜であると考えられる場合には，裁判権を行使しないことができる（**フォーラム・ノン・コンビニエンスの法理**）。この場合，裁判所は，訴えの却下等の手続を取ることになる。

4　外国等を被告とする国際民事訴訟——主権免除の原則

(1)　はじめに

　ここまでは，外国の法人や個人といった私人が当事者となる国際民事訴訟を念頭に説明してきた。しかし，国際的な商取引では，私人だけでなく，外国政府や国家機関が相手方になる場合もあり，こうした商取引に関して外国政府等との紛争になったような場合，民事訴訟によって解決することができるかが問題となる。裁判権の行使は国家権力の行使であり，自国の主権の及ぶ範囲内でのみ行使が可能であるが，国家は他国の主権に服さない。そのため，外国政府等を被告とする民事訴訟は，当該外国以外の国の裁判所に提起できないのが原則であり，これを**主権免除（裁判権免除）**の原則という。

　もっとも，現在では，外国政府等に対する裁判権の行使を一切認めない絶対的免除主義をとる国は少なく，一定の場合に裁判権の行使を認める制限的免除主義を採用する国が多い[18]。日本も**外国等に対する我が国の民事裁判権に関する法律（外国裁判権法）**を制定し，現在は制限的免除主義を採用している。

(2)　日本の民事裁判権が及ぶ範囲

　我が国では，外国等[19]は日本の民事裁判権から免除されるのが原則であり（外

---

17)　Asahi Metal Industry Co. v. Superior Court, 480 U.S. 102（1987）参照。

18)　小林ほか編・前掲注5）391頁〔原強〕。

19)　国家それ自体，省庁といった政府機関，国家元首などが含まれる（外国裁判権2条各号）。

国裁判権4条），一定の場合に例外的に我が国の民事裁判権に服する（外国裁判権5条ないし19条）。以下，民事裁判権が例外的に免除されない代表的な場合をいくつか説明する。

(a) 外国等の同意があるとき

外国等が，特定の事項または事件に関して民事裁判権に服することを明示的に同意している場合には，日本の民事裁判権から免除されない（外国裁判権5条1項）。たとえば，外国等と私人が締結した契約書において，当該契約から生じる紛争について日本の民事裁判権に服する旨の条項があれば，当該紛争に関する訴訟等の裁判手続について，当該外国等は日本の民事裁判権から免除されない。なお，単に準拠法を日本法とすることを合意しただけでは，裁判権免除の同意とは扱われない（同法5条2項）。

(b) 商業的取引に関する裁判手続

外国等は，他国の個人や法人等との間で行った商業的取引に関する裁判手続については，日本の民事裁判権から免除されない。商業的取引とは，物品の売買，役務の調達，金銭の貸借などをいう（外国裁判権8条）。商業的取引は，基本的には国家の主権にかかわらない行為であるから，商業的取引に関する裁判手続に日本の裁判権を及ぼしても，外国等の主権を害することにならないからである。商業的取引該当性は，行為の動機や目的を基準に判断するのではなく，行為の法的性質を基準として，それが主権的な権能の行使として国家のみが行い得る性質のものか，私人でも行い得る性質のものであるか否かによって判断される（最判平成18年7月21日民集60巻6号2542頁）。

(c) 仲裁合意

外国等は，他国の国民や法人等との商業的取引について，書面による仲裁合意をした場合，当該仲裁合意の存否もしくは効力または当該仲裁合意に基づく仲裁手続に関する裁判手続について，書面による別段の合意のない限り，日本の民事裁判権から免除されない（外国裁判権16条）。外国等が，自ら紛争解決手続について自発的な合意をした以上，その効力等に関する裁判手続に服する旨の同意があったものとみることができるからである[20]。仲裁合意に基づく仲裁手続に関する裁判手続とは，仲裁人の選任についての裁判（仲裁法17条2項後

20）　小林ほか編・前掲注5）408頁〔原強〕。

206　UNIT 9　国際民事訴訟

段・同条3項ないし5項），仲裁人の忌避の申立てについての裁判（同法19条4項前段）などをいう。

第3節　準 拠 法

1　準 拠 法

ある国の裁判所に国際裁判管轄権が認められるとしても，その裁判所がいかなる法を適用して裁判を行うかはまた別の問題であり，これが準拠法の問題である。準拠法は，条約が存在する一部の分野を除き，裁判所が所在する国の国際私法[21]によって決まる。日本の裁判所に提起された民事訴訟の準拠法については，**法の適用に関する通則法（通則法）**によって決まることになる。

渉外紛争のうち，契約に関する紛争においては，契約書等で準拠法が合意されていることも多い。準拠法の合意の有効性を肯定する国は多く，我が国もこれを認めている（通則法7条）。準拠法の合意がある場合，裁判所は，合意された準拠法を適用して裁判を行う。準拠法の合意がない場合は，当該法律行為に最も密接な関係がある地（**最密接関連地**）の法が適用される（通則法8条1項）。最密接関連地は，その法律行為を取り巻くあらゆる事情を考慮して決定され，法律行為の行為地や履行地，当事者の常居所地などの客観的事情に加え，当事者の意思といった主観的事情も考慮される[22]。

2　不法行為・製造物責任に関する準拠法

(1)　日本における民事訴訟

(a)　不法行為

外国の個人または法人が，日本企業を被告として，不法行為に基づく損害賠償請求訴訟を日本の裁判所に提起した場合，いずれの国の不法行為に関する法が適用されるかが問題となる。不法行為責任が問題となる事案では，当事者間に準拠法の合意は存在しないのが通常であるから，準拠法は法適用通則法の規定によって決まることになる。

---

21)　特に英米法では，後述のとおり抵触法ともいう。

22)　小出邦夫編『逐条解説　法の適用に関する通則法〔増補版〕』（商事法務，2014年）106頁。詳細は **UNIT1 第6節2** 参照。

同法によれば，不法行為の準拠法は，原則として加害行為の結果が発生した地（結果発生地）の法によるとされ（通則法17条本文），例外的に，その地における結果の発生が通常予見することができないものであったときは，加害行為が行われた地の法によるとされている（同条但書）[23]。

(b) 製造物責任

日本企業が製造し外国に輸出した製品の欠陥により，外国の一般消費者が被害を被ったとして，製造物責任に基づく損害賠償請求訴訟が日本の裁判所に提起された場合，いずれの国の製造物責任に関する法が適用されるかが問題となる。この場合も，当事者である日本企業と外国の一般消費者との間に準拠法の合意は存在しないのが通常であるから，準拠法は法適用通則法の規定によって決まることになる。

通則法は，生産物責任に関する準拠法について定めており（通則法18条），「生産物」には製造物も含まれるから[24]，製造物責任の準拠法も同条に従う。同条は，生産物責任の準拠法は，原則として，「被害者が生産物の引渡しを受けた地の法」とすると定める。前記の例では，原則として，被害を被った一般消費者が製品を購入した地の法が準拠法となる。

ただし，当該地における生産物の引渡しが通常予見することができないものであった場合には，生産業者の主たる事業所の所在地の法が準拠法となる（同条但書）。当該地における生産物の引渡しを通常予見できないような場合にまで引渡地の法を適用すると，準拠法に関する生産業者の予見可能性を害するからである。ここでいう予見可能性は，引渡地において被害者が当該生産物の引渡しを受けることを具体的に予見できたか否かではなく，企業の規模や販売力などの生産業者の事情，生産物の性質，生産流通の態様，市場の状況などに照らして，生産業者の生産物がその地において市販され，被害者に引き渡される可能性を生産業者が予見すべきであったか否かによって判断される[25]。よって，

---

23) 国際裁判管轄の基準との区別に留意が必要である。不法行為に関する訴えに関する我が国の裁判管轄は，不法行為があった地，すなわち加害行為地または結果発生地が日本国内である場合に認められる（**第2節2**(2)）。

24) 生産物の定義は「生産され又は加工された物」（通則法18条），製造物の定義は「製造又は加工された動産」であり（製造物責任法2条1項），前者は後者を含む。なお，生産物には，製造物に含まれない未加工の農林水産物や不動産も含まれる（櫻田嘉章＝道垣内正人編『注釈国際私法　第1巻』（有斐閣，2011年）466頁〔佐野寛〕。

208　UNIT 9　国際民事訴訟

たとえば，製造業者が，問題となった製品を当該外国に向けては輸出していないとしても，第三国を経由するなどして当該外国で広く販売されている実態があるなどといった場合には，予見可能性が肯定される可能性がある。

　予見可能性を欠く場合，生産業者の主たる事業所の所在地法が適用されるが，ここでいう「主たる事業所」とは，生産の拠点や販売の拠点ではなく，当該生産業者等の本店所在地をいうと解されている[26]。

（c）例　　外

　通則法17条（不法行為の準拠法）および同法18条（生産物責任の準拠法）の例外として，これらの規定によって決まる準拠法が属する地よりも，明らかに密接な関係（明らかな密接関連性）をもつ他の地があるときは，当該他の地の法が適用される（通則法20条）。明らかな密接関係性を基礎づける事情としては，不法行為の当時に当事者が法を同じくする地に常居所を有していたことや，当事者間の契約に基づく義務に違反して不法行為が行われたことが例示列挙されている（同条）。

（d）日本法の重畳適用

　通則法17条および18条に基づいて準拠法が外国法となる場合でも，日本法を適用したとすれば不法行為責任や生産物責任が成立しない場合には，加害者や生産業者は責任を負わない（通則法22条1項，最判平成14年9月26日民集56巻7号1551頁）。日本法上違法とされない行為について不法行為の成立を否定し，日本の公序を維持することを趣旨とするが，被害者保護の観点から立法論として疑問視する声もある[27]。

（2）米国における民事訴訟

　米国の裁判所に提起された民事訴訟の準拠法は，法廷地である米国の法に従って決まり，準拠法について定めた法を**抵触法**（**conflict of laws**）という。米国は連邦制の国であり，州ごとに固有の法体系を有するため，法廷地の州の抵触法に従うことになるが，多くの州は抵触法第2リステイトメント[28]の立場に

---

25)　櫻田ほか編・前掲注24）474頁〔佐野寛〕。
26)　櫻田ほか編・前掲注24）476頁〔佐野寛〕。
27)　松岡博編『国際関係私法入門〔第4版〕』（有斐閣，2019年）139頁〔高杉直〕。
28)　米国法律協会（American Law Institute）が，各州の州法や判例に基づいて，主要な法

よっているとされる。[29] 不法行為については，結果発生地，行動地，当事者の住所・国籍・営業所所在地などを考慮要素とし，事案に即して準拠法を決定する考え方が採用されている。[30]

■ 第4節 外国における送達・証拠調べ

1 「手続は法廷地法による」の原則と国際司法共助

国際民事訴訟において，どの国の実体法が適用されるかは前述した準拠法の[31]問題であり，裁判所のある国の国際私法（日本であれば通則法）によって決まる。これに対し，裁判の手続法は，裁判所のある地の法（法廷地法）に従うのが原[32]則である（**「手続は法廷地法による」の原則**）。日本の裁判所に提起された訴訟であれば，日本の民訴法等が適用される。

国際民事訴訟の場合，訴状や呼出状などの送達や証拠調べの実施場所が外国になることがある。送達や証拠調べは，裁判権すなわち国家権力の行使であり，他国の主権との関係で，外国において自由に行うことはできず，実施には当該外国との合意が必要である。この合意の典型が条約であり，多国間条約と二国間条約とがある。条約がない場合，外国との司法共助の取決めがあればそれに従い，条約も取決めもない場合は，協力を得る必要が生じた都度，個別に応諾をとることになる。[33] このように，国家が他国の裁判手続に協力することを**国際司法共助**という。

分野における一般的な準則を条文形式でまとめたものである。それ自体に法的拘束力はないが，訴訟では当事者や裁判所によってしばしば引用される（田中編・前掲注9）728頁）。

29) 澤田壽夫ほか編『マテリアルズ国際取引法〔第3版〕』（有斐閣，2014年）237頁。
30) 櫻田ほか編・前掲注24）438頁〔西谷祐子〕。
31) 権利義務の発生・変更・消滅など，法律関係の内容を規律する法。日本法でいえば民法，商法などである。
32) 実体法によって決まる法律関係を実現するための手続を規律する法。日本法でいえば民訴法などである。
33) 最高裁判所事務総局民事局監修『国際民事事件手続ハンドブック』（法曹会，2013年）7頁。

210 UNIT 9 国際民事訴訟

2 送 達

(1) 送達に関する条約

　日本が加盟する送達に関する多国間条約には，「民事又は商事に関する裁判上及び裁判外の文書の外国における送達及び告知に関する条約」(**送達条約**) と，「民事訴訟手続に関する条約」(**民訴条約**) がある[34]。また，二国間条約として，米国との領事条約 (日米領事条約)，英国との領事条約 (日英領事条約) がある。

(2) 日本の民事訴訟について外国で行う送達

　日本の民事訴訟の提起は，訴状を裁判所に提出することによって行い (民訴133条1項)，訴状は被告に送達されなければならない (民訴138条1項)。被告が外国に所在する場合，外国において送達を行う必要がある。外国における送達は，訴訟提起を受けた裁判所が，当該外国の管轄官庁または当該外国に駐在する日本の大使，公使もしくは領事に嘱託して行う (民訴108条)。具体的な送達の経路は次のとおりである。

　送達条約に基づく基本的な送達の経路は，受訴裁判所→最高裁判所→当該外国の中央当局→被告である (**中央当局送達**)。民訴条約に基づく基本的な送達の経路は，受訴裁判所→最高裁判所→外務省→在外日本国大使館→当該外国が指定する当局→被告である (**指定当局送達**)。このほか，二国間条約 (**領事条約**) 等に基づいて行われる領事送達の経路は，受訴裁判所→最高裁判所→外務省→在外日本国総領事館→被告である (**領事送達**)。

　各送達方法にはメリット・デメリットがあるが，送達に要する時間についていえば，早い順に，領事送達，中央当局送達，指定当局送達の順とされる[35]。なお，米国における送達 (中央当局送達) であれば通常は半年程度かかり，国によっては送達に1年以上を要することもある。

(3) 外国の民事訴訟について日本で行う送達

　外国の裁判所に提起された民事訴訟における訴状等の送達は，当該外国が送

---

[34]　送達条約は，民訴条約中の送達に関する部分の手続の改善を目的として作成された条約である。送達については，送達条約が民訴条約の特別法の関係に立ち，両方の条約に加盟している場合，送達条約が優先して適用される (送達条約22条)。

[35]　最高裁判所事務総局民事局監修・前掲注33) 436頁。

達条約に加盟している場合は，基本的に中央当局送達による。当該外国が送達条約には加盟していないが，民訴条約に加盟している場合は，基本的に指定当局送達による。このほか，二国間条約（領事条約）がある場合は，領事送達もあり得る。中央当局送達の場合の経路は，外国の当局等→外務大臣（中央当局）→最高裁判所→送達地を管轄する地方裁判所→被告である。指定当局送達の場合は，外国の当局等→当該外国の在日大使館→外務大臣（指定当局）→最高裁判所→送達地を管轄する地方裁判所→被告である。

(4) 米国の民事訴訟について日本で行う送達

　日本の企業や個人を被告として米国の裁判所で民事訴訟が提起された場合，訴状（complaint）等が送達される。実務上，米国の法律事務所や弁護士から直接訴状等が郵送されてくることがあるが，このような**直接郵送による送達**の適法性が問題となる。この問題は，米国の民事訴訟手続との関係で適法かという問題と，米国裁判所の判決を日本で承認・執行する場面（民訴118条2号）で，日本の民事訴訟手続との関係で適法かという二つの問題がある。後者については，外国判決の承認・執行の箇所で詳しく述べることとし，ここでは前者について説明する。

　直接郵送による送達が米国の民事訴訟手続との関係で適法か否かは，米国の民事訴訟手続の問題であり，米国の裁判所によって判断されることになる。日本と米国はともに送達条約に加盟しているため，米国の民事訴訟について日本で行う送達は，送達条約に基づいて行う必要がある。送達条約に基づく主要な送達方法は中央当局送達である。この場合，送達が実施される国の中央当局（外務大臣）は，送達される文書に翻訳の添付を求めることができ（送達条約5条3項），日本は翻訳の添付を要請している。

　しかし，送達条約は，中央当局送達以外に，直接郵送も送達方法として定めている。送達条約10条aは，「この条約は，名あて国が拒否を宣言しない限り，次の権能の行使を妨げるものではない。」とし，「次の権能」として，「外国にいる者に対して直接に裁判上の文書を郵送する権能」を定めている。従前，日本は，「外国にいる者に対して直接に裁判上の文書を郵送する権能」について拒否宣言をしていなかった。そのため，日本は外国からの直接郵送による送達を認めているのではないかとの疑義が生じていたが，日本政府の公式見解は

212   UNIT 9　国際民事訴訟

「わが国としては，それ〔著者注：直接郵送〕を主権侵害とみなさないということを意味しているだけであって，それをわが国において訴訟法上の効果を伴う有効な送達として容認することまで意味するものではない。」というものであったところ，日本政府としては，外国からの直接郵送による送達を認める立場ではないものと理解されていた。

　このように，これまでの日本政府の立場は必ずしも明確ではなかったが，日本政府は，2018 年 12 月 21 日に，送達条約 10 条 a について正式に拒否宣言を行った。これにより，アメリカを含む送達条約加盟国の訴訟では，直接郵送による送達はできず，中央当局送達が必要であることが明確にされた。

3　証拠調べ

(1)　米国の民事訴訟の流れ

　米国の民事訴訟における証拠調べについて説明する前提として，米国の民事訴訟の流れについて大まかに触れておく。米国の民事訴訟は，日本の民事訴訟と同様に，原告による**訴状（complaint）**の提出によって開始し，訴状は被告に送達される。被告は，訴状に書かれた原告の請求に対し，**答弁書（answer）**を提出する。

　その後，**ディスカバリー（discovery）**と呼ばれる証拠開示手続が行われる。米国の民事訴訟では，原告の請求や被告の反論に関連する証拠・情報を互いに開示し合う。訴訟の規模や内容にもよるが，開示される証拠・情報は膨大であり，ディスカバリーが年単位で続くことも珍しくない。ディスカバリーは当事者主導で行われ，裁判所は原則として関与せず，当事者間の協議によって解決できない問題が生じた場合などに例外的に介入する。

　ディスカバリーが終わると，裁判所の法廷で**トライアル（trial）**と呼ばれる事実審理が実施される。トライアルは，日本の証人尋問に類似した手続であり，陪審員および裁判官の前で，各当事者の弁護士が証人に対して尋問を行ったり，証拠を提出したりする。提出された証言や証拠に基づいて，陪審員は**評決（verdict）**と呼ばれる判断を下す。

---

36)　兼子ほか・前掲注 4) 634 頁〔竹下守夫〕。

37)　差止請求などのエクイティによる救済を求める訴訟において，陪審制を採用しない州（州裁判所）もある。エクイティによる救済については **UNIT 1 第 4 節 3** (3)を参照。

第4節　外国における送達・証拠調べ　213

　以上が米国の民事訴訟の大まかな流れである。もっとも，実際には，トライアルまでに当事者から様々な申立てがなされるのが一般的である。裁判管轄の不存在等を理由とする**訴えの却下の申立て**（motion to dismiss）や，トライアルを経ない**略式判決**（summary judgment）を求める申立てなどである。また，トライアル前に和解が成立することも非常に多い。その理由としては，ディスカバリーを通じて互いの手持ち証拠・情報が有利・不利を問わず開示される結果，合理的な協議により着地点が見出しやすいこと，一般市民から選ばれた陪審員が判断するため，日本のように職業裁判官が判断する場合と比べて結論の予測不確実性が高く，トライアル前に和解をするインセンティブがより強く働くことなどが考えられる。

（2）　ディスカバリー

　米国の民事訴訟に特徴的な手続の一つが，ディスカバリーと呼ばれる，原告の請求や被告の反論に関連する証拠・情報を強制的に開示させる手続である。日本の民事訴訟においても，文書提出命令などの強制的な証拠提出方法は一部存在するものの，ディスカバリーのような広範かつ強力な証拠開示手続はなく，証拠の収集は立証責任を負う原告が主体的，積極的に行う必要がある。しかし，重要な証拠・情報を専ら被告が保有しており，原告がこれに十分にアクセスできない場合（証拠の偏在），原告の立証活動が困難になることがある。これに対し，米国の民事訴訟では，被告は，ディスカバリーにより，原告の請求に関連する情報を有利・不利を問わず幅広く開示しなければならないため，証拠の偏在の問題は基本的に生じず，当事者の武器対等が実現される。このように，当事者は，ディスカバリーの対象となる証拠・情報を保全し，要請があれば開示する義務を負う。この義務に違反すると，一定の事項が立証されたものとみなされたり，主張の追加や相手の主張を争うことを禁止されたり，証拠提出を制限されたりするなどの厳しい制裁がある。ディスカバリーの方法にはいくつかの種類があるが，**文書提出要請**（request for production）と，**デポジション**（deposition）と呼ばれる証言録取手続が特に重要である。

（3）　文書提出要請

　文書提出要請とは，相手方当事者[38]に対して，その保有する文書の提出を求め

ることをいう。契約書などの紙媒体の文書だけでなく，電子メールや電子ファイルなどの電子データも対象になる。文書提出要請を受けた当事者においては，その保有する文書や電子データを精査して，開示の要否を判断する作業が必要になる。また，当事者は，訴訟の可能性があると合理的に予測できる時点で関連する証拠・情報を保全する義務があり，これらを保有している従業員等の関係者に**訴訟ホールド通知**（litigation hold notice）をするなどの措置が必要になる。訴訟ホールド通知以降は，文書の破棄を停止する必要がある。こうした有事の対応に加え，平時においても，文書ごとに合理的な保存期間や破棄のルールを定めた**文書管理規程**を策定し，これに基づいて適切な保存・破棄を行うことは，有事の際の意図的な証拠破棄を疑われないためにも重要である。文書提出要請への対応を含め，実際の米国の訴訟の対応については米国の弁護士に依頼することになるが，証拠・情報の保全措置や開示の要否の判断等についても，現地の法および訴訟実務に通じた米国の弁護士の助言・指示に従って進めることが肝要である。また，近時は，ディスカバリーベンダーと呼ばれる専門業者をあわせて雇うことも一般的である。ディスカバリーベンダーは，たとえば，サーバーから関係者の電子メールを抽出して保全し，その後，弁護士等が開示の要否を判断しやすいように，専用のレビューツールに取り込むといった支援を行う。

(4) 弁護士依頼者間秘匿特権・ワークプロダクト法理

　原告の請求や被告の反論に関連する証拠・情報は，ディスカバリーによって開示しなければならないのが原則であるが，例外的に開示を要しない場合がある。その代表格が**弁護士依頼者間秘匿特権**や**ワークプロダクト法理**によって保護される証拠・情報である。

　弁護士依頼者間秘匿特権とは，一定の状況下で行われた弁護士と依頼者との間のコミュニケーションをディスカバリーによる開示から保護する権利である。依頼者と弁護士との自由かつ率直なコミュニケーションを促し，依頼者が弁護士から適切に法的アドバイスを受けられるようにすることを目的とする。ただし，保護されるコミュニケーションは，法的助言を受ける目的でなされたもの

38）　第三者に対して行うことも可能である。

であることを要する。たとえば，電子メールの宛先（cc）に弁護士を含めておけばあらゆる交信が保護されるというものではない[39]。また，保護を受けるためには，コミュニケーションの秘密性が維持される必要があり，秘密性が失われた場合には，弁護士依頼者間秘匿特権が放棄されたとみなされ，保護を失うことになる。たとえば，弁護士依頼者間秘匿特権の対象となる電子メールが第三者に転送されたような場合には，その保護を失うおそれがある。弁護士依頼者間秘匿特権にいう弁護士には，いわゆる社内弁護士も含まれると考えられている[40]。これに対し，米国以外の海外の弁護士資格を有する者が含まれるかについては議論があるが，実務的には，米国弁護士とのコミュニケーションと同様に，開示の対象外とすることが多い。

　ワークプロダクト法理とは，訴訟の準備のために当事者や弁護士が作成した成果物（ワークプロダクト）は，ディスカバリーによる開示から保護されるとする法理である。たとえば，訴訟の争点や主張立証の方針などについて検討したメモなどである。

　弁護士依頼者間秘匿特権やワークプロダクト法理による保護の対象となる文書については，作成時点で，文書のヘッダーなどに「Attorney-Client privilege」や「Work Product」と明記しておくのが望ましい。明記さえすれば保護されるというものではもちろんないが，文書提出要請を受けたときに保護を主張しやすくなるほか，開示の要否を判断する際に一見して対象外であることが分かり便宜だからである。

（5）　デポジション

　デポジションとは，法廷以外の場所で，当事者または第三者から証言を録取する手続のことである。一般的には，米国の代理人弁護士の法律事務所で行われることが多い。日本在住者に対するデポジションを日本国内で行うこともあるが，その場合の実施場所は米国領事館や米国大使館になる。デポジションは

---

39)　土井悦生「米国ディスカバリ手続の法と実務〜米国民事訴訟における開示手続〜〔7〕文書等提出要請，弁護士依頼者間秘匿特権」国際商事法務38巻9号（2010年）1231頁，1234頁。

40)　ドイツ，フランスなどのように，社内弁護士とのコミュニケーションが弁護士依頼者間秘匿特権の対象外とされている国もある。

米国の裁判権の行使であり，米国以外の国で自由に行うことは他国の主権との関係でできない。日本におけるデポジションの実施は，日米領事条約に基づくものである。

デポジションの出席者は，一般に，双方当事者の弁護士，証人，速記者（コートリポーター）である。証人が日本人の場合は通訳が参加することもある。さらには，通訳の正確性をチェックするために，証言を録取される側の当事者が，通訳チェッカーと呼ばれる別の通訳人を同席させることもある。文書提出要請と同様に，デポジションについても裁判所は基本的に関与しない。

デポジションは，実施を求めた当事者の弁護士が証人に対して質問し，証人がこれに回答する形式で行われる。速記者は質問と回答のやり取りを記録し，トランスクリプト（反訳録）を作成する。相手方当事者の弁護士は，不適切な質問に対しては異議（objection）を述べることができ，異議も記録される。

デポジションの結果（トランスクリプト）は，たとえば，証人がトライアルで改めて証言を行い，その際にデポジションのときと異なる証言をしたような場合に，証言の信用性を弾劾するための証拠として使われる。

(6) ディスカバリーの利点と負担

ディスカバリーの利点としては，当事者が保有する証拠・情報が有利・不利を問わず相互に開示される結果，より実体的真実に基づいた解決が可能となり，和解による解決が促進されるといったことが考えられる。

他方で，ディスカバリーは，膨大な量の文書の精査や多数の関係者の証言録取が必要になるなど，対応に要する費用を含め，当事者の負担は非常に大きい。特に，米国の弁護士費用は日本の弁護士費用と比べて一般に高額である。これに加えて，ディスカバリーベンダーの費用も決して小さくない。[41] その結果，ディスカバリー対応だけで数千万円から億単位の費用がかかることも決して珍しくない。また，日本企業が当事者の場合，一般に，文書の多くは日本語であり，関係者の多くは日本人である。文書提出要請を受けて開示する際に英訳の添付は必要ないが，自身の代理人である米国弁護士のために，少なくとも一定の重要文書については英訳が必要になる。さらに，前述のとおり，日本人の関係者

---

41) データ保全等の作業に対する一時的な費用に加え，月々のデータ維持費もかかる。

のデポジションにおいては通訳費用も必要になる。このように，ディスカバリーがあることにより，米国における訴訟費用は特に高額になるのが一般的である。

4　米国のクラスアクション

(1)　クラスアクションの意義

　米国の民事訴訟に特徴的な制度として，**クラスアクション**がある（米国連邦民事訴訟規則 23 条）。クラスアクションとは，特定の原告（クラス代表者）が，同様の利害関係を有する者（クラス構成員）の集団（クラス）を代表して，クラス構成員全員の救済を求めて行う訴訟である。広く流通ないし利用されている商品やサービスに関して多数の被害者が生じたが，個々の損害額が少ない場合，被害者が個別に訴訟を提起して救済を求めることは，弁護士費用等の負担を考えると現実的には難しい。クラスアクションによれば，個別に訴訟を提起することなく，多数の被害者の請求をまとめて一個の訴訟手続で解決することが可能になる。

　他方で，被告にとっては，個々の請求は少額であっても，多数の請求がまとめられる結果，敗訴した場合の賠償金等が非常に高額になる。過去にも，製造物責任や独占禁止法違反（カルテル）などを理由として，日本企業を被告とするクラスアクションが多数提起されており，数百億円といった巨額の金銭を支払うこととなった事例が複数ある。

(2)　クラスアクションの要件

　クラスアクションが成立するためには，裁判所による認証が必要である（**クラス認証**）。クラス認証を受けるためには，①クラス構成員に共通する法律問題または事実問題があること（共通性），②クラス構成員が多数であること（多数性），③クラス代表者がクラスに典型的な請求を有すること（典型性），④クラス代表者が公正かつ適切にクラスを代表できること（適切性）が基本的な要件として必要である（連邦民事訴訟規則 23 条 (a)）。さらに，これらに加えて，3類型あるクラスアクションのうち，最も多く利用される連邦民事訴訟規則 23条 (b)(3) に基づくクラスアクションでは，⑤クラス構成員に共通する法律問題または事実問題が，個々のクラス構成員固有の問題よりも重要であること

（支配性），⑥紛争の公平かつ効率的な解決のために，他の方法よりもクラスアクションによることが優れていること（優越性）が必要である（同条 (b)(3)）。このクラスアクションでは，クラス代表者が暫定的なクラスを設定して訴訟を提起する。裁判所が正式なクラスとして認証すれば，クラス構成員は，クラスアクションから離脱（オプトアウト）する意思を積極的に表明しない限りクラスに組み入れられ，判決や和解に拘束される。

　クラスアクションでは，裁判所によるクラス認証がされるか否かが当事者にとって重要な関心事となる。原告の側からすれば，クラス認証がなされなければ，クラスアクションは成立せず，クラス代表者による少額の個別訴訟になってしまう。他方で，被告の側からすると，ひとたびクラス認証がなされると，最終的な勝敗は決しないものの，仮に敗訴した場合のリスクが極めて大きくなる。このように，クラス認証は当事者双方にとって重大な影響があることから，クラス認証前に和解をする強いインセンティブが働くことになる。

(3) クラスアクションの効果

　クラス認証がされると，裁判所の判決やクラス代表者による和解の効果は，クラス構成員全員に及ぶことになる。前述した一般に多く利用される類型のクラスアクションでは，クラス代表者による訴訟追行について，クラス構成員は事前に授権をしているわけではない。そのため，クラス構成員の中には，クラスアクションにおける判決や和解に拘束されることを望まない者もいる可能性がある。そのため，クラス構成員に対しては，クラス認証後，クラスから離脱（オプトアウト）する権利があることが通知され，クラスにとどまることを望まない構成員はクラスから離脱できる（連邦民事訴訟規則23条 (c)(2)(B)）。

第5節　外国判決の承認・執行

1　はじめに

　民事訴訟で勝訴判決を得ても，被告が判決に従った履行をしなければ原告は救済を得られない。被告が任意に履行しない場合，原告は，勝訴判決に基づいて，被告の財産（不動産，動産，現預金，売掛債権など）に対して強制執行をする必要がある。日本の裁判所の判決に基づいて日本国内にある被告の財産に強制

執行することや，外国の裁判所（外国裁判所）の判決（外国判決）に基づいて当該外国にある被告の財産に強制執行することは可能であり，特段問題はない。

これに対し，日本の裁判所の判決に基づいて外国にある被告の財産に強制執行することや，外国判決に基づいて日本にある被告の財産に強制執行することは，当然にはできない。ある国の裁判所がした判決の効力は，当該国の裁判権（主権）の範囲内でのみ及ぶのが原則だからである。しかし，既にある国の裁判所で判決を得ているにもかかわらず，他の国で強制執行のために改めてその国で裁判をやり直さなければならないとすると，当事者にとっては負担であり，紛争の一回的・統一的な解決も図られない。そこで，日本を含む多くの国では，一定の要件の下に，外国判決に基づいて自国で強制執行を行うことを認めている（**外国判決の承認・執行**）。

2 外国判決に基づく日本国内における強制執行

(1) はじめに

我が国における外国判決に基づく強制執行は，以下の要件を満たす場合に認められる（民訴118条）。すなわち，①外国裁判所の確定判決であること（同条柱書），②外国判決をした外国裁判所に国際裁判管轄があったこと（同条1号），③被告に対して呼出状等の適切な送達があったことまたは被告が応訴したこと（同条2号），④外国判決の内容および訴訟手続が日本の公序良俗に反しないこと（同条3号），⑤外国判決をした外国裁判所の属する国と日本との間に相互の保証があること（同条4号）である。以下，上記②から⑤の要件を順にみていく。

(2) 判決をした外国裁判所の国際裁判管轄（同条1号）

我が国で外国判決を承認・執行するためには，我が国の国際民事法の原則からみて，判決をした外国裁判所の属する国（判決国）が当該事件について国際裁判管轄を有すると認められることが必要である。このような，外国判決の承認・執行の要件として，判決をした外国裁判所に管轄があったかが問題になる場合の国際裁判管轄を**間接管轄**という。これに対し，本**UNIT 第2節**で述べた，訴訟提起があった裁判所に当該事件を裁判する権限があるかという場面で問題になる国際裁判管轄を**直接管轄**という。

220　　UNIT 9　国際民事訴訟

　外国判決の承認・執行の要件である間接管轄の判断基準について，判例（最判平成 26 年 4 月 24 日民集 68 巻 4 号 329 頁）は，「人事に関する訴え以外の訴えにおける間接管轄の有無については，基本的に我が国の民訴法の定める国際裁判管轄に関する基準に準拠しつつ，個々の事案における具体的事情に即して，外国裁判所の判決を我が国が承認するのが適当か否かという観点から，条理に照らして判断すべきものと解するのが相当である」と判示する。すなわち，間接管轄の有無は，民訴法 3 条の 2 以下が定める直接管轄の判断基準によって判断することを基本としつつ，個別具体的な事情に応じて条理により修正することを認めるというものである。同判例の事案は，原告である米国法人が，日本国籍の個人を被告として，営業秘密の不正な開示および使用を理由とする損害賠償および差止を求めて米国（カリフォルニア州）の裁判所に提訴し，同裁判所がした判決について我が国における承認・執行を求めたものである。最高裁は，民訴法 3 条の 3 第 8 号の「不法行為に関する訴え」は差止請求に関する訴えを含むとした上で，差止請求を認容した部分について，同号に準拠しつつ条理に照らして間接管轄を判断すべきであるとし，また，損害賠償を認容した部分についても，民訴法 3 条の 6 に準拠しつつ条理に照らして間接管轄を判断すべきであるとした。

　間接管轄の判断基準時については，我が国の裁判所における外国判決の承認時とするのが通説であり，判例（最判平成 10 年 4 月 28 日民集 52 巻 3 号 853 頁）もこれを前提にするとされる。[42]

(3)　被告に対する呼出状等の適法な送達（同条 2 号）

　我が国で外国判決を承認・執行するためには，外国判決の裁判手続において，被告に対して訴訟の開始が適切に通知されることにより，被告に防御の機会が与えられたことが必要である。民訴法 118 条 2 号の「訴訟の開始に必要な呼出し若しくは命令の送達」について，判例（前掲最判平成 10 年 4 月 28 日）は，日本の民事訴訟手続に関する法令の規定に従ったものである必要はないが，①被告が現実に訴訟手続の開始を了知することができ，かつ，被告の防御権の行使に支障のないものであること，②訴訟手続の開始に必要な文書の送達方法に関

---

42)　廣瀬孝「判解」民事篇平成 26 年度（2017 年）180 頁，185 頁。

し判決国との間で条約がある場合には，送達は条約が定める方法によって行われることが必要であるとする。判決国と日本との間に条約がある場合，条約に従った送達がなされれば②の要件を満たし，その場合，基本的には①の要件も満たすと解される[43]。

同判例の事案は，香港の裁判所の判決が日本において直接交付の方法で送達されたものであるが，②の要件に関し，判例は，直接交付による送達は，日本と香港に適用される条約に従った送達方法ではないとして[44]，適法な送達とは認めなかった。

次に，直接郵送による送達の適否については，日本も加盟する「民事又は商事に関する裁判上及び裁判外の文書の外国における送達及び告知に関する条約」（送達条約）10条柱書が，「この条約は，名あて国が拒否を宣言しない限り，次の権能の行使を妨げるものではない。」とし，「次の権能」としてa号は「外国にいる者に対して直接に裁判上の文書を郵送する権能」を定めている。日本は，従前は同権能の行使について拒否を宣言していなかった。そのため，送達条約加盟国からの直接郵送による送達を適法な送達として認めていると解する余地が生じていたが，**第4節2**(4)で述べたとおり，日本政府はこれを認めない立場を明確にした。

被告の応訴は，応訴による管轄権（民訴3条の8）や応訴管轄（民訴12条）の場合の応訴とは異なり，被告が防御の機会を与えられ，かつ，裁判所で防御のための方法をとったことを意味する。管轄違いの抗弁を提出したような場合も含まれる（最判平成10年4月28日民集52巻3号853頁）。

(4) 外国判決の内容および訴訟手続が日本の公序良俗に反しないこと（同条3号）

我が国で外国判決を承認・執行するためには，外国判決の内容および外国判決にかかる訴訟手続が，我が国の公序良俗に反しないことが必要である。外国判決の承認により我が国の司法秩序の基本が害されるのを防ぐ趣旨である[45]。

判決内容が我が国の公序違反に違反する（**実体的公序良俗違反**）とされた外国判決の例として，代理出産で生まれた子と精子および卵子の提供者との間の実

---

43) 兼子ほか・前掲注4）633頁〔竹下守夫〕。
44) 送達条約，日英領事条約。
45) 兼子ほか・前掲注4）635頁〔竹下守夫〕。

親子関係を確認した米国（ネバダ州）裁判所の判決がある（最判平成19年3月23日民集61巻2号619頁）。また，訴訟手続が我が国の公序良俗に違反する（**手続的公序良俗違反**）とされた外国判決の例として，偽造文書により詐取された韓国の裁判所の婚姻関係存在確認の判決がある（横浜地判平成元年3月24日判タ703号268頁）。

実体的公序良俗違反に関して特に問題となるのが，米国で認められている**懲罰的損害賠償**（punitive damages, exemplary damages）である。懲罰的損害賠償とは，主に不法行為に関する訴訟において，加害行為の悪性が高い場合に，加害者に対する懲罰および一般抑止効果を目的として，通常の塡補賠償のほかに認められる損害賠償のことである[46]。日本法に懲罰的損害賠償の制度はないため，懲罰的損害賠償を命じた外国判決の承認が認められるかが問題となる。判例は，日本企業に対し懲罰的損害賠償として112万5000ドルの支払を命じた米国カリフォルニア州裁判所の判決について，「我が国の公の秩序に反する」として承認しなかった（最判平成9年7月11日民集51巻6号2573頁）。判例は，その理由として，カリフォルニア州の懲罰的損害賠償の制度は，加害者に制裁を加え，かつ将来における同様の行為を抑止することを目的とするものであり，これは，被害者が被った現実の損害を加害者に賠償させるという，塡補賠償を基本とする我が国の不法行為に基づく損害賠償制度と相いれないことを挙げている。もっとも，同判例により，今後，懲罰的損害賠償を命じる米国裁判所の判決がおよそ我が国で承認されないことが確定したとまではいえず，懲罰的損害賠償の性質等を個別具体的に検討する必要があるとされる[47]。

また，手続的公序良俗違反に関しても，近時，最高裁判例が出された。米国カリフォルニア州裁判所による外国判決の承認執行の事案で，同外国判決は被告に対する送達がなく確定していた。日本の民訴法上，判決書は当事者に送達される必要があり（民訴255条1項），判決は，送達後一定期間の経過をもって確定する（民訴116条1項・285条）。そこで，被告に対する送達なく確定した外国判決に基づく承認執行が，「日本における公の秩序」に反するかが問題となった。最高裁は，「外国判決に係る訴訟手続において，判決書の送達がされていないことの一事をもって直ちに民訴訟118条3号にいう公の秩序に反するも

---

46) 田中編・前掲注9）685頁。
47) 佐久間邦夫「判解」民事篇平成9年度（中）（2000年）840頁，871頁。

のと解することはできない」とした上で,「外国判決に係る訴訟手続において,
当該外国判決の内容を了知させることが可能であったにもかかわらず,実際に
は訴訟当事者にこれが了知されず又は了知する機会も実質的に与えられなかっ
たことにより,不服申立ての機会が与えられないまま当該外国判決が確定した
場合」には,公の秩序に反するということができると判示して,事件を原審で
ある大阪高等裁判所に差し戻した（最判平成 31 年 1 月 18 日民集 73 巻 1 号 1 頁）。

　公序良俗の判断基準時は,我が国の裁判所における外国判決の承認時と解さ
れている。公序良俗違反の審査は,外国判決の当否の審査ではなく,それが我
が国において受容し得るか否かの審査だからである（東京高判平成 5 年 11 月 15
日判タ 835 号 132 頁）。[48]

(5) 相互保証があること（同条 4 号）

　相互保証とは,我が国が外国判決を承認するのと同様に,当該外国も我が国
の判決を承認するとの保証があることをいい,国家対等の原則によると考えら
れている。[49]

　どのような場合に相互保証があるといえるかについて,判例は,「民訴法
200 条 4 号〔現行民訴 118 条 4 号〕に定める『相互ノ保証アルコト』とは,当該
判決をした外国裁判所の属する国（以下『判決国』という。）において,我が
国の裁判所がしたこれと同種類の判決が同条各号所定の条件と重要な点で異な
らない条件のもとに効力を有するものとされていることをいう」とする（最判
昭和 58 年 6 月 7 日民集 37 巻 5 号 611 頁）。すなわち,外国判決の承認の要件が,
条約等でまったく同一に定められていることまでは要さず,重要な点で一致し
ていればよいとする。同判例の事案は,米国コロンビア特別行政区の裁判所が
した,売掛代金の支払を命じる外国判決の承認が問題となったものである。判
例は,同区における金銭支払を命じる外国判決の承認・執行の条件は,我が国
における同種の外国判決の承認・執行の条件と重要な点において異ならないと
して,相互保証があると認めた。このほか,判例や裁判例で相互保証が認めら
れた国・地域として,カリフォルニア州,ニューヨーク州,テキサス州等の米
国の複数の州,香港,ドイツ,シンガポールなどがある。

---

48)　兼子ほか・前掲注 4) 642 頁〔竹下守夫〕。
49)　兼子ほか・前掲注 4) 643 頁〔竹下守夫〕。

224   UNIT 9   国際民事訴訟

　これに対し，中国との相互保証を否定した裁判例として，投資者たる地位の確認を認めた中国の裁判所の判決の承認が問題となった事案がある。同裁判例は，前記判例の基準に照らし，中国では，我が国の裁判所の判決が重要な点で異ならない条件の下に効力を有するものとされているとまでは認められないと判示した（大阪高判平成15年4月9日判時1841号111頁）。このほか，ベルギーについても相互保証を否定した古い裁判例があるが（東京地判昭和35年7月20日下民11巻7号1522頁），ベルギーでは，近時の法改正によって，一定の場合を除き外国判決の執行が認められるようになったため，今後異なる判断がなされる可能性もある。

UNIT 10

国際仲裁

第 1 節　はじめに

　本 UNIT では，国際取引における終局的な紛争解決手段の一つである**国際仲裁**（international arbitration）について説明する。

　仲裁とは，当事者間の合意に基づき，紛争の解決を中立的な第三者（**仲裁人**。arbitrator）の判断に委ね，その判断（**仲裁判断**。arbitral award）に服する紛争解決手続である。国際契約における紛争解決条項の重要性については **UNIT1 第 8 節**において述べたとおりであるが，具体的な紛争解決手段として訴訟と仲裁のいずれを選択するかを判断するにあたっては，紛争解決手続としての国際仲裁の特徴とその制度を支える基本概念を理解しておくことが重要となる（**第 2 節**）。

　上記のとおり，紛争解決手段として国際仲裁を利用するには，当事者間で紛争の解決を仲裁に委ねる旨の合意（**仲裁合意**。arbitration agreement）が出発点となる。国際契約においては，契約書の中に**仲裁条項**として仲裁合意を定めることが一般的であり，その契約の内容や相手方に応じて適切な仲裁条項のドラフティングを行うことが望ましい（**第 3 節**）。

　仲裁が終局的な紛争解決手段である点は訴訟と同様であり，その具体的な手続の流れは訴訟手続と類似する点がある反面，国際仲裁に特有の手続や実務が

226　UNIT 10　国際仲裁

存在する。また，仲裁手続の結果得られた仲裁判断の内容を実現するに際しては，各国の裁判所における**仲裁判断の承認・執行**の手続が必要となるほか，**仲裁判断の取消し**という制度がある点にも留意しておく必要がある（**第4節**）。

　また，企業の対外投資活動等と関連して，投資家である企業と投資受入国との間の紛争の解決手段としても仲裁が用いられることがあり（このような仲裁を**投資仲裁**という），企業間の商事仲裁とは異なる特徴がある（**第5節**）。

第2節　国際仲裁の特徴と基本概念

1　国際仲裁の特徴

　国際取引における紛争解決手段として仲裁が選択される理由（＝国際仲裁のメリット）としては，一般的に以下の点が挙げられている[1]。

(1)　仲裁判断の執行可能性

　国際取引における紛争解決手段として訴訟よりも国際仲裁が広く利用されることとなっている制度的基盤として，2(1)に述べるニューヨーク条約の下で仲裁判断の国際的な執行力が確保されていることが挙げられる。これに対し，外国判決の承認・執行に関してはニューヨーク条約のような国際的な枠組みが未だ存在しない（日本における外国判決の承認・執行の手続については，**UNIT9 第5節**参照）。

　たとえば，日本と中国との間では判決の承認・執行に関する条約がなく，中国の裁判所は日本の判決の効力を否定しているため[2]，仮に日本の裁判所で勝訴判決を得てもそれを中国で承認・執行することはできない。他方，日本と中国はいずれもニューヨーク条約の加盟国であり，一方の裁判所において他方の国

---

1)　日本企業を対象にして国際仲裁の利用状況について実施された調査結果として，国際仲裁制度研究会「わが国における国際仲裁の発展に向けて——日本仲裁の活性化を実現する7つの提言」（2018年6月）20頁（商事法務研究会ウェブサイト），日本国際紛争解決センター「日本における国際仲裁の活性化に向けた施策に関する調査研究」（2019年3月）14頁（法務省ウェブサイト）参照。

2)　大阪高判平成15年4月9日判時1841号111頁は，中国の最高人民法院が日本の判決の効力を否定する見解をとっていることを根拠として，二国間における相互保証（民訴118条4号）を否定している。

で出された外国仲裁判断の執行が認められている[3]。そのため，日中企業間の契約書においては，紛争解決手段として仲裁を選択することが通常である。

(2) 手続の中立性・公平性

国家機関である裁判所が手続・判断を行う訴訟においては，相手国の裁判所が自国民に有利な判断を行う可能性があるほか，国によっては判断権者である裁判官の腐敗に対する懸念もある（海外公務員の腐敗については**UNIT8**参照）。これに対し，仲裁の場合は，仲裁地として中立的な第三国を選ぶことで相手国の裁判所の関与を回避することができ（仲裁地の具体的選択については**第3節2**(2)参照），また，当事者が仲裁人を自由に選ぶことができるため（仲裁人選任の具体的手続については**第4節3**参照），手続の中立性・公平性を確保することが可能となる。

(3) 判断の専門性

(2)と関連して，仲裁においては紛争の性質や準拠法に精通した仲裁人を選任することができ，専門家による実務的な判断を期待することができる。たとえば，国際建設プロジェクトに関する紛争において当該分野の知識・経験を有する法律家を選任することが一例である。これに対し，国内の裁判所においては当事者に担当裁判官を選択する権利がなく，実際に事件を担当する裁判官が当該事案についての専門性を有しているとは限らず，特に外国法が準拠法となっておりその解釈・適用が争点となっている事案については，裁判所における解決に適しているとは言えない。

(4) 手続の柔軟性・簡易性

当事者の合意を基礎とする紛争解決手続である仲裁においては，当事者の合意により手続の進め方や言語等を決定することができ，事案ごとに柔軟な処理が可能である（たとえば，関係者が複数の国に所在している場合に，ビデオ会議システムを用いて準備手続会合や証人尋問を実施することができる。また，当事者の合意により証拠について訳文の添付を省略することもできる）。これに対し，訴訟では民事

---

3) 中国国際経済貿易仲裁委員会（CIETAC）で行われた仲裁手続の結果得られた仲裁判断の執行が認められた事例として，東京地判平成6年1月27日判タ853号266頁がある。

228 UNIT 10 国際仲裁

手続法により厳格な手続が定められており，たとえば，外国語の証拠について
は翻訳を求められることが通常であるため当事者に対する負担となる。

　また，仲裁においては，**UNIT9 第4節**で述べたような手続開始段階での
送達や証拠調べ手続（特に米国訴訟におけるディスカバリー）を回避できるという
メリットもある（なお，国際仲裁における文書開示の実務については**第4節4**(2)参
照）。

(5) 手続・判断の秘密性

　訴訟が一般的に公開手続で行われ（憲法82条1項参照），判決も公表されるの
に対し，仲裁は手続・判断ともに原則非公開であるため，競合他社や顧客等の
第三者に知られることなく手続を進めることができ，企業秘密の保持やレピュ
テーションの維持にも資することになる（ただし，当事者が上場企業の場合には適
時開示の対象となり得る点に注意する必要がある）。

　上記のようなメリットに加えて，上訴が認められる訴訟と異なり仲裁は通常
一審限りであるので手続が迅速であり，手続費用も少なくて済むとの指摘がな
されることがある。しかし，国際仲裁においても複雑な事案においては手続が
長期化することは珍しくない。また，仲裁人の報酬を当事者が負担することに
加えて，当事者が負担する費用（弁護士費用，証人や専門家の費用等）が高額化し
ており，国際仲裁は訴訟と比較して迅速性・経済性を有しているとは言えない
のが実情である（仲裁費用については**第4節6**参照）。[4]

2　国際仲裁の基本概念

　以下においては，国際仲裁の手続を理解する上で重要となる基本概念につい
て説明する。

---

4)　2018年にロンドン大学クイーンメアリーが国際仲裁のユーザーを対象に実施した調査に
　おいて，国際仲裁のメリットを尋ねる質問において，回答者の12%が「迅速性」，3%が
　「費用」を選択したにすぎなかった一方，国際仲裁のデメリットを尋ねる質問においては，
　回答者の67%が「費用」，34%が「迅速性の欠如」を選択しており，国際仲裁における手
　続が遅延化・高額化していることが示されている。Queen Mary University of London,
　White & Case, *2018 International Arbitration Survey: The Evolution of International Arbi-
　tration*（2018）at 8.

(1)　ニューヨーク条約

1958 年に国際連合の主導により採択された「**外国仲裁判断の承認及び執行に関する条約**」(Convention on the Recognition and Enforcement of Foreign Arbitral Awards 通称**ニューヨーク条約**) は，仲裁合意の効力を国際的に承認するとともに，外国仲裁判断を国内で承認し強制執行するための要件を定めている。すなわち，**UNIT9 第 5 節**において述べた外国判決の承認・執行と同様に仲裁判断についても執行国の裁判所において当該仲裁判断の効力を認めて強制執行することができるかが問題となるところ，ニューヨーク条約によれば，条約の定める要件を充足する場合（具体的要件については**第 4 節 7**(7)参照），条約締約国の裁判所において仲裁判断の強制執行を行うことができる。

ニューヨーク条約の締約国は 2019 年 10 月 27 日時点で 161 か国[6]に上っており（日本は 1961 年に批准，最新の締約国はモルディブ），ニューヨーク条約が国際私法分野において最も成功を収めた多国間条約といわれる所以である。なお，台湾は国連加盟国でないためニューヨーク条約の締約国ではないが，国内法により仲裁合意の効力を承認し，外国仲裁判断に執行力を付与している[7]。

(2)　仲 裁 法

国際仲裁を規律する主要な法制度としては，(1)で述べたニューヨーク条約のような国際条約[8]に加えて，各国の国家法としての**仲裁法**があり，日本において

---

5) ニューヨーク条約 2 条は，条約締約国において効力を認められる仲裁合意の要件として，仲裁による解決が可能な一定の法律関係を対象とすること（仲裁可能性），紛争の全部または一部を仲裁に付託する旨の当事者の合意，当該合意が書面によりなされたものであること（書面性）について定めている。

6) 香港とマカオは直接の締約国ではないが，中国政府が香港とマカオについてもその批准の限度でニューヨーク条約が適用されることを宣言している。

7) 日本商事仲裁協会（JCAA）で行われた仲裁手続の結果得られた仲裁判断の承認が台湾で承認された事例につき，陳逸竹「日台間仲裁判断の承認執行──日本裁判所の執行許可を初めて取得した中華民国仲裁協会の仲裁判断」JCA ジャーナル 65 巻 12 号（2018 年）3 頁参照（実際の執行事例 3 件が紹介されている）。

8) 国際仲裁に関する国際条約としては，ニューヨーク条約の他に，多国間条約としてジュネーブ議定書（1923 年），ジュネーブ条約（1927 年），二国間条約として日米友好通商航海条約（1953 年），日中貿易協定（1974 年）等の通商条約がある。2017 年 4 月末日時点における国際条約締約国の一覧表につき，住友商事株式会社法務部ほか『新・国際売買契約ハンドブック』（有斐閣，2018 年）274 頁以下参照。

230　UNIT 10　国際仲裁

は，仲裁地を日本とする仲裁手続および当該手続に関する裁判所の手続について定めた法律として，仲裁法（平成15年法律第138号。2004年3月1日施行）がこれにあたる。

　各国における仲裁法の立法作業に際しては，UNCITRAL（国際連合国際商取引法委員会）が作成した**国際商事仲裁モデル法**（**UNCITRAL Model Law on International Commercial Arbitration**. 以下「モデル法」という）が重要な影響を与えており，日本の仲裁法は1985年に採択されたモデル法を採択している（その後モデル法は2006年に改正されているが，日本はそれを踏まえた仲裁法の改正を行っておらず，現在検討作業が進められている）。ある国の仲裁法がモデル法を採択しているか否かは，当該国の仲裁法制が国際標準に近いものかどうかを判断する指標となる[9)]。

　各国の仲裁法においては，仲裁手続に対する裁判所の過度の関与・介入を抑止する観点から，仲裁手続に関する裁判所の権限が定められており，日本の仲裁法上は，裁判所が権限を行使できる事件として，仲裁人の選解任，仲裁廷の仲裁権限の有無についての判断，証拠調べの実施，仲裁判断の取消し，仲裁判断の執行決定等が規定されている[10)]。

(3)　仲裁機関

(a)　アドホック仲裁と機関仲裁

　訴訟手続においては事件の係属している裁判所の管理の下で，訴訟提起から判決に至るまでの手続全体が民事手続に関する法令（日本の場合は民事訴訟法および民事訴訟規則等）に従って進められる。これに対し，**第2節1**(4)で述べたとおり，手続の進行について広く当事者自治が認められている国際仲裁においては，当事者が第三者機関を利用することなく，仲裁人の選定や仲裁手続の進

---

9)　UNCITRALのウェブサイトによれば，2019年10月27日時点において，80か国・111法域においてモデル法が採択されている（2006年改正モデル法はオーストラリア・香港・フィリピン・韓国等31の法域で採択）。なお，中国・米国・英国については国内の法域ごとに状況が異なることに注意を要する（たとえば，中国本土，ニューヨーク州を含む米国の43州，英国のイングランド・ウェールズはモデル法採択法域とされていない）。

10)　東京地方裁判所における仲裁関係事件の審理状況につき，永末秀伸「東京地裁本庁における『仲裁関係事件』の審理の状況等について」JCAジャーナル64巻7号（2017年）3頁参照。取扱事件の類型としては，仲裁判断の執行決定（仲裁46条1項）および仲裁判断の取消し（仲裁44条1項）が大半を占めている。

め方等について当事者が実際の合意を形成しながら手続を進めることが可能である（このような仲裁を**アドホック仲裁**という）。

しかし，国際仲裁においては，**仲裁機関**（arbitral institution）と呼ばれる仲裁手続を管理する専門の職員を有する常設の管理機関を利用して行われることが多い（このような仲裁を**機関仲裁**という）。各仲裁機関は仲裁手続に関する独自の手続規則（**仲裁規則**）を用意しており[11]，当事者は，当該仲裁規則の利用について合意することにより，仲裁手続の開始から仲裁判断に至るまでの手続全体（費用の管理を含む）をスムーズに進めることができる（仲裁人候補者のリストを提供している仲裁機関，審問手続を実施する施設を完備している仲裁機関もある）。

仲裁判断を行うのは仲裁人であって仲裁機関ではないが，実際には，仲裁機関は仲裁人の選定において重要な役割を有しているほか（**第4節3**参照），外部の仲裁実務家の関与の下に仲裁規則の改正を行うなどして仲裁実務の発展にも寄与しており，国際仲裁の世界におけるキープレーヤーとなっている。

(b) 主要な仲裁機関

世界には現在100を超える国際仲裁事件を取り扱う仲裁機関があると言われており，新興国における新たな仲裁機関の設立も相次いでいる状況にある。仲裁機関の選択は手続の進行に影響を与え得ることから，各仲裁機関の特徴や評判を理解した上で，事案の特性も踏まえて信頼性の高い仲裁機関を選択することが重要となる。

日本企業により利用されることが多い主な仲裁機関に関する情報をまとめると以下のとおりである。

	設立年 （直近の仲裁 規則改正）	案件実績 （新規受任件数）	特　徴
ICC （国際商業会議所）	1923年 （2017年）	842件（2018年） うち日本企業31件	1万件以上の案件管理実績を有する世界を代表する国際仲裁機関。パリ，ニューヨーク，香港，シンガポール，サンパウロに事務局を有し，世界中の案件を取り扱っている。

---

11) アドホック仲裁向けの仲裁規則としては，UNCITRALがアドホック仲裁のために独自に作成したUNCITRAL仲裁規則が利用されることが多い。当事者がUNCITRAL仲裁規則に基づく仲裁を選択した上で，仲裁機関がその手続管理の一部（たとえば仲裁人の選任）に関与することもある。

ICDR (国際紛争解決センター)	1996 年 (2014 年)	993 件（2018 年） 日本企業の関与は年間 40 件程度	米国最大の仲裁機関である AAA（アメリカ仲裁協会）[12] の国際部門で，ニューヨークに本部事務局を有する。中南米案件にも力を入れている。
SIAC (シンガポール国際仲裁センター)	1991 年 (2017 年)	402 件（2018 年） うち日本企業 30 件	シンガポール政府の強いサポートを受け，最近約 10 年でアジア地域を代表する国際仲裁機関に成長。緊急仲裁人手続・簡易手続の実績が豊富である。
HKIAC (香港国際仲裁センター)	1985 年 (2018 年)	265 件（2018 年） うち HKIAC 仲裁規則に従って手続を管理したものは 146 件	仲裁センターとしての香港の発展とともに実績を上げ，世界有数の審問施設を有する。中国関連企業を当事者とする案件が大半を占める。仲裁人の選任機関として利用されることも多い。
CIETAC (中国国際経済貿易仲裁委員会)	1956 年 (2015 年)	2962 件（2018 年） うち 522 件が渉外案件 日本企業の関与は年間 15 件程度	中国を代表する仲裁機関であり [13]，国内 13 都市（香港を含む）に事務局を有する。中国企業同士の国内案件が多いが，中国の対外開放政策の導入以降，外国企業を当事者とする渉外案件も増加している。
JCAA (日本商事仲裁協会)	1953 年 (2019 年)	14 件（2018 年）	日本を代表する仲裁機関であり [14]，東京と大阪に事務局を有する。日本企業を当事者とする国際案件が大半を占める。2019 年 1 月に仲裁規則を改正し，従来の仲裁規則に加えて新たにインタラクティヴ仲裁規則を制定している。

上記に加えて，投資仲裁案件専用の仲裁機関として，国際投資紛争解決センター（International Centre for Settlement of Investment Disputes, ICSID）がある（**第 5 節**参照）。

(4) 仲 裁 地

仲裁手続と仲裁法とを連結させる法的概念として，**仲裁地**（英語では seat of

---

12) 米国において国際仲裁案件を取り扱う主要な仲裁機関としては，AAA/ICDR のほかに，Judicial Arbitration and Mediation Services（JAMS），Conflict Prevention & Resolution（CPR）があり，米国企業との契約において指定されることがある。CPR はアドホック仲裁向けの仲裁規則（International Non-Administered Arbitration Rules）も有している。

13) 中国において国際仲裁案件を取り扱う仲裁機関の一例として，上海に所在する SHIAC（上海国際経済貿易仲裁委員会）が挙げられる。SHIAC は 2012 年に CIETAC の上海分会が分離独立して設立された仲裁機関である。

14) 日本において国際仲裁案件を取り扱う仲裁機関としては，JCAA のほかに，海事案件を専門的に取り扱う日本海運集会所（JSE），国際的な知的財産紛争向けの仲裁機関として 2018 年 9 月に設立された東京国際知的財産仲裁センター（IACT）がある。

arbitration または place of arbitration）がある。仲裁地は，どの国の仲裁法が仲裁手続に適用されるか（仲裁手続の準拠法）の決定基準となるものであり，たとえば，仲裁条項において，「ICC arbitration in Osaka, Japan」（日本国大阪における ICC 仲裁）と記載されている場合，仲裁地は日本国大阪であり，日本の仲裁法が当該 ICC 仲裁の手続準拠法として適用されることとなる（仲裁 1 条・3 条）。

　もっとも，仲裁地が日本国内にあることを前提に仲裁法が適用される場合，仲裁法 26 条 1 項が「仲裁廷が従うべき仲裁手続の準則は，当事者が合意により定めるところによる」と定めていることとの関係で（モデル法 19 条 1 項も参照），当事者間で合意された仲裁規則（上記の場合は ICC 仲裁規則）の内容が「仲裁手続の準則」として仲裁法に優先して適用されることになることから（仲裁規則＞仲裁法），仲裁手続の規律については概ね仲裁規則を参照することとなる。その結果，仲裁地の法律が手続準拠法として実務上重要性を有するのは，主として仲裁判断の取消しについてである。これは，仲裁判断は仲裁地においてされたものとみなされ（仲裁 39 条 4 項，モデル法 31 条 3 項参照），仲裁地の裁判所が仲裁判断の取消しの申立てについて管轄を有する（仲裁 44 条 1 項，モデル法 34 条 2 項・6 条参照）ことによる。

　上記のような法的概念としての仲裁地とは別に，仲裁の審理手続を行う物理的な場所（仲裁手続地。英語では venue of arbitration と呼ばれることが多い）も存在し，これは仲裁地と一致する必要はない（仲裁手続地≠仲裁地）。仲裁法 28 条 3 項は，仲裁地の定めにかかわらず，仲裁廷が適当と認める場所において仲裁手続を行うことができる旨定めており，上記仲裁条項の場合，仲裁廷が証人尋問を大阪以外の場所で実施することは可能である。ただし，実務上は，特段の事情がない限り仲裁地において仲裁手続を実施することが想定されており（仲裁手続地≒仲裁地），仲裁地の選択にあたっては，法的概念と物理的概念の双方を考慮することが必要となる（**第 3 節 2** (2)(**b**)参照）。

(5)　仲裁合意の準拠法

　(4)で述べた仲裁手続の準拠法と関連する別の概念として，**仲裁合意の準拠法**がある。具体的には，仲裁合意の存否・効力が争われる場面（**妨訴抗弁**[15]，仲裁廷

---

15)　仲裁合意が存在するにもかかわらず一方当事者が裁判所に訴訟を提起した場合に，他方当事者が仲裁合意の存在を根拠として訴えの不適法却下を求める抗弁をいう（仲裁 14 条 1

234 UNIT 10 国際仲裁

の管轄権の有無，仲裁判断の取消し，仲裁判断の承認・執行等）において，仲裁合意の存否・効力についていずれの国の法律を適用すべきかが問題となる。仲裁合意の準拠法が契約準拠法と独立して議論されるのは，仲裁合意の分離独立性（仲裁合意は主たる契約からは独立した契約であり，主たる契約が無効となった場合にも仲裁合意は無効とならないという原則）が承認されていることによる（仲裁 13 条 6 項，モデル法 16 条 1 項，東京地判平成 17 年 10 月 21 日判時 1926 号 127 頁参照）。

　仲裁合意の準拠法について，国際的には，当事者自治の原則に基づいて仲裁合意の準拠法を決定するという考え方が有力である。日本では，最高裁判所が[16]**リングリングサーカス事件**（最判平成 9 年 9 月 4 日民集 51 巻 8 号 3657 頁。仲裁法制定前の事案）において，通則法 7 条（旧法例 7 条 1 項）を適用し，第一次的には当事者の明示的意思に従って準拠法を決定し，第二次的には当事者の黙示的意思を探求して準拠法を決定するという立場を採用している（同事件では，仲裁地法であるニューヨーク法をもって仲裁合意の準拠法とする旨の黙示の合意があると認められた）。仲裁法施行後の下級審裁判例においても，通則法 7 条を基準として当事者の黙示の合意を認定して仲裁合意の準拠法を決定するという上記最高裁判所判決と同様の判断が行われている。[17]

(6)　仲裁可能性

　当該紛争が仲裁によって解決することが可能かという問題を，**仲裁可能性**（arbitrability「仲裁適格」とも呼ばれる）といい，仲裁合意の有効性，仲裁判断の取消し，仲裁判断の承認・執行等において問題となることがある。仲裁可能性は，特定の種類の紛争について国家機関による専属的管轄とするか仲裁によって解

　項，モデル法 8 条 1 項。ニューヨーク条約 2 条 3 項も参照）。

[16]　代表的な判断基準として，イングランド・ウェールズ控訴院が Sulamerica 事件で採用した 3 段階テスト（当事者の明示的な選択，当事者の黙示的な選択，仲裁合意が最も緊密かつ現実的な連結を有する法制度を順に検討する）が挙げられる。Sulamerica Cia Nacional De Seguros S. A. and Ors v Enesa Engenharia S. A.[2012] 12. EWCA Civ 638.

[17]　東京地判平成 23 年 3 月 10 日判タ 1358 号 236 頁（仲裁地法であるモナコ法をもって仲裁合意の準拠法とする旨の黙示の合意を認定），東京地判平成 26 年 10 月 17 日判タ 1413 号 271 頁（契約準拠法であるアリゾナ州法および合衆国法をもって仲裁合意の準拠法とする旨の黙示の合意を認定），東京地判平成 30 年 6 月 29 日 2018WLJPCA06298004（仲裁機関として SIAC，仲裁規則として SIAC 仲裁規則が指定されていることを踏まえて，シンガポール法をもって仲裁合意の準拠法とする旨の黙示の合意を認定）等参照。

決可能とするかという各国の法政策の問題である。たとえば，日本の仲裁法は，「当事者が和解をすることができる民事上の紛争」に該当するか（和解可能性）を基準に仲裁可能性を判断することを定めた上で（仲裁13条1項），離縁または離婚の紛争，個別労働関係紛争をその対象から除外している（仲裁附則4条。**UNIT13第4節2**(8)参照）。[18] また，消費者と事業者との間に成立した仲裁合意については仲裁可能性はあるが，消費者に当該合意についての解除権が認められている（仲裁附則3条参照）。

国際取引において仲裁可能性が問題となる局面としては，ライセンス契約違反や特許権侵害の有無が問題となる事案における特許の有効性，競争法（独占禁止法）違反に基づく請求が挙げられる（知的財産権訴訟における裁判管轄につき**UNIT11第3節**，国際的な競争法違反およびそれに派生する損害賠償リスクにつき**UNIT17第3節・第8節**参照）。

特許の有効性については，米国のように米国特許権の仲裁可能性を認める立法がなされている国もあるが（米国連邦特許法294条(b)参照），日本では，当該紛争において日本の特許の有効性が先決問題として判断されるに過ぎない場合には仲裁判断に相対効しかないことを理由に仲裁可能性を認め，日本の特許の有効性自体の確認を目的とする場合には特許庁の第一次的管轄権を理由に仲裁可能性を否定するという見解が多数説となっている。[19]

競争法上の請求については，各国の競争法上認められている請求の内容を検討する必要があるが，日本では，独占禁止法に違反した事業者に対する損害賠償請求については，当事者が処分可能な私法上の権利であることから仲裁可能性が一般的に承認されている。仮に仲裁可能性が認められる場合にも，仲裁判断の取消し，仲裁判断の承認・執行の局面で，競争法違反の存否に関する仲裁廷の判断について当事者が公序に反すると主張した場合に，国家裁判所が仲裁廷の当該判断について実質的再審査を行うことができるかが問題となる。[20]

---

18) 仲裁法附則4条により，個別労働紛争に関する仲裁合意は無効とされるが，仲裁地が日本国内にない個別労働仲裁合意は有効とされる余地がある（東京地判平成23年2月15日判タ1350号189頁参照。同事案においては，雇用契約の解消・終了についての紛争を米国ジョージア州アトランタ市での仲裁手続で解決するとの仲裁合意に基づき，被告による妨訴抗弁が認められた）。

19) 二瓶ひろ子「特許の有効性をめぐる紛争の仲裁適格（下）——日本における国際仲裁のさらなる活用に向けて」JCAジャーナル66巻6号（2019年）17頁参照。

236　UNIT 10　国際仲裁

第3節　仲裁条項のドラフティング

1　はじめに

　現実の国際契約の交渉においては，ビジネスにかかわる主要な契約条件の交渉が優先され，仲裁条項について注意が払われることなく作成されることが多い（それゆえ，仲裁条項は「midnight clause」とも呼ばれることがある）。仲裁条項の不備は，仲裁手続において相手方から仲裁合意の存否・有効性を争われたり，仲裁手続が行われた後に仲裁判断の取消原因や執行拒絶事由として主張される等，手続の複雑化・長期化の原因となり得る。[21]

　これに対し，適切かつ明瞭な仲裁条項を作成しておけば将来の無用な争いを防止することができ，契約の内容や相手方に応じて当該事案に適した仲裁条項があれば，実際の紛争発生時に自己に有利に紛争解決手続を進めることにも資することになる。したがって，国際契約の交渉・作成において，仲裁条項のドラフティングは重要な作業である。

2　仲裁条項ドラフティングにあたっての留意点

(1)　仲裁条項ドラフティングの基礎

　仲裁条項のドラフティングの出発点としては，仲裁合意としての有効性に疑義が生じないように，①対象となる紛争の範囲が特定されており，②仲裁により終局的に紛争解決する意思が明確とされていることが必要である。

　①対象となる紛争の範囲については，たとえば，「All disputes」と記載されるのみで仲裁に付託する対象となる紛争と契約との関係が特定されていない仲裁条項は，紛争の特定性を欠き無効となるおそれがある。[22]また，②終局性の観

---

20)　この問題についての日米欧における議論状況につき，中村達也『仲裁法の論点』（成文堂，2017年）53頁以下参照。なお，米国において反トラスト法上の請求について仲裁可能性を認めつつ，反トラスト法についての仲裁廷の審理・判断に対する事後的な司法審査の可能性を留保した判決として，Mitsubishi Motors Corporation v. Soler Crysler-Plymouth, Inc. 473 U.S. 614(1985)がある（三菱自動車とプエルトリコの販売代理店との間の紛争において，販売代理店による反トラスト法違反に基づく請求がなされた事案）。

21)　仲裁条項において「国際商業仲裁裁判所」という仲裁機関が指定されていたために仲裁合意の成立が争われた事例として，東京地判平成25年8月23日判タ1417号243頁。

22)　裁判管轄条項についてであるが，紛争が当該契約に起因もしくは関連して生じているか

点からは，仲裁と裁判の両方について言及があるためにいずれによって紛争解決されるのかが不明な条項を避けるとともに，仲裁の申立てを任意的（may）ではなく義務的（shall）とすること，終局性を示す文言を記載すること（"…shall be <u>finally</u> settled by arbitration", "Any award of the arbitral tribunal shall be <u>final and binding</u> on the parties" 等）が必要である。[23]

　上記に加えて，仲裁条項に最小限記載しておくべき項目として，③仲裁機関または仲裁規則を特定しておくこと，[24]④仲裁地を指定しておくことが望ましい。たとえば，仲裁機関・仲裁規則の名称が間違っている場合，仲裁地が一箇所に特定されない場合には，[25]仲裁条項自体は無効とならなかったとしても手続の遅延を招くおそれがある。

(2) 実務上のポイント

　以下においては，仲裁条項のドラフティングにあたって留意すべきポイントを説明する。仲裁条項のドラフティングにあたっての一般的留意事項については，世界的な弁護士団体である国際法曹協会（International Bar Association, IBA）が 2010 年 10 月に公表した IBA 国際仲裁条項ドラフティング・ガイドライン（**IBA Guidelines for Drafting International Arbitration Clauses**）も適宜参照されたい。[26]

　否かを問わず「両当事者間に紛争が生じる場合」を対象としている文言につき，東京地中間判平成 28 年 2 月 15 日平成 26 年（ワ）第 19860 号は，対象となる法律関係を読み取ることが困難であることを理由に，国際裁判管轄合意の有効要件を満たさないと判断している。

23）　仲裁の対象となる紛争の範囲から一定の事項（知的財産権の存否・有効性，差止請求・仮処分等）を除外し，当該事項については裁判所の管轄とする旨定めることがある。このような仲裁と訴訟を併記する条項については，①仲裁の対象となる紛争の範囲，②終局性の両方に疑義が生じないように記載する必要がある。

24）　中国では仲裁合意の要件として「選定した仲裁委員会」が必要とされていることから（中国仲裁法 16 条 2 項），アドホック仲裁を定める仲裁条項は無効となる。機関仲裁を選択する場合にも仲裁機関の特定が要求され，仲裁規則を記載するのみでは仲裁機関の特定が不十分であるとされる点に注意が必要である。この点を踏まえて，ICC は中国国内を仲裁地とする場合の仲裁条項として，仲裁規則の指定と合わせて，当該紛争が ICC 国際仲裁裁判所に付託される旨を明確にすること（「…shall be submitted to the International Court of Arbitration of the International Chamber of Commerce…」）を推奨している。

25）　たとえば，「ロンドン」という都市は英国とカナダ（オンタリオ州）に存在することから，仲裁地を特定する観点からは国名および都市名（たとえば「London, United Kingdom」）を記載しておく必要がある。

238　UNIT 10　国際仲裁

(a)　仲裁機関のモデル条項の利用

　機関仲裁を利用する仲裁条項を起案する場合，各仲裁機関が公表している推奨の**モデル条項**を参照し，仲裁機関や仲裁規則の名称を正確に記載すべきである。たとえば，JCAA の推奨する標準仲裁条項は以下のとおりである。[27]

①All disputes, controversies or differences arising out of or in connection with this contract ②shall be finally settled by arbitration ③in accordance with the Commercial Arbitration Rules of The Japan Commercial Arbitration Association. ④The place of the arbitration shall be [city and country].
〈訳〉
①この契約から又はこの契約に関連して生ずることがあるすべての紛争，論争又は意見の相違は，③一般社団法人日本商事仲裁協会の商事仲裁規則に従って②仲裁により最終的に解決されるものとする。④仲裁地は（国名及び都市名）とする。

　モデル条項には，(1)で述べた仲裁条項に必要な項目（①紛争の対象，②終局性，③仲裁機関・仲裁規則，④仲裁地）が網羅されていることから，モデル条項を利用することは，適切かつ明瞭な仲裁条項のドラフティングにつながる。上記のモデル条項を利用する場合には，「city and country」の箇所に仲裁地として指定する地名（たとえば，「Tokyo, Japan」（日本国東京））を記載することで仲裁条項としては必要十分である。ただし，仲裁人の数や仲裁手続に使用される言語等においても合意しておきたい場合には，下記のような追加条件を加える必要がある（仲裁人の数については**第4節3**参照）。

The number of arbitrators shall be [one / three].
〈訳〉仲裁人の数は（1人／3人）とする。

The language to be used in the arbitral proceedings shall be [English].
〈訳〉仲裁手続に使用される言語は（英語）とする。

---

26)　IBA 国際仲裁条項ドラフティング・ガイドラインの内容につき，茂木鉄平「国際契約における仲裁条項ドラフティングにあたっての留意点（上）（中）（下）——IBA Guidelines for Drafting International Arbitration Clauses を参考に」JCA ジャーナル 58 巻 3 号（2011年）2頁，5号（2011年）22頁，8号（2011年）11頁参照。

27)　JCAA の推奨する標準仲裁条項の内容およびドラフティングにあたっての留意点につき，小林和弘「JCAA の新しい仲裁規則のもとでの仲裁条項」JCA ジャーナル 66 巻 8 号（2019年）3頁参照。

(b) 仲裁地の選択

第2節2(4)で述べたとおり，仲裁地の選択には手続準拠法（法的概念）と仲裁手続地（物理的概念）という両面からの考慮が必要となる。前者については，仲裁地の裁判所が仲裁手続に介入するおそれがないか，不当に仲裁判断の取消しがなされていないかといった法的側面，後者については，物理的距離，仲裁人・代理人等の人的リソース，物理的インフラ等の実務的側面が考慮されることとなる。世界的に見て多く選ばれる仲裁地としては，ロンドン，パリ，ニューヨーク，ジュネーブ，シンガポール，香港が挙げられる。[28]

実際の国際契約の交渉においては，仲裁地は契約の準拠法とパッケージで交渉がなされることが多く，相手方の交渉力との関係でいずれかを譲歩しなければならない場面が生じる。一般的には，仲裁地を自国地とすることによる地理的利便性，代理人確保の容易性等の面でのメリット（ホームアドバンテージ）は大きく[29]，契約準拠法を相手方に譲って仲裁地を取るという選択が合理的であることが多い（相手方の主張する契約準拠法がニューヨーク州法，英国法等の中立度の高い法律である場合がこれにあたる）。

他方，交渉上仲裁地を自国地とすることが困難である場合，相手国の法制度や物理的アクセス等の不安要素を考慮して，中立な第三国を仲裁地とすることが合理的となろう。新興国における合弁契約等においては当該国の法律を準拠法とすることを事実上強制されることが多いが（**UNIT6**参照），この場合にも，仲裁地を相手国ではなく第三国とすることで手続の中立性や公平性を担保することができる。東南アジアやインド企業を相手方とする契約において仲裁地としてシンガポールを選択する，中国企業を相手方とする契約において仲裁地として香港を選択することが好例である。[30]

---

28) 前掲注4）Queen Mary University of London at 9. また，仲裁地選択の指標となる各国の法制度に関する最新の情報を提供するオンライン・プラットフォームとして，Delos Guide to Arbitration Places（GAP）がある。

29) 国際仲裁制度研究会・前掲注1）の国際仲裁利用調査においては，回答者の90％が日本国内での仲裁実施が望ましいと回答し，その理由としては「移動コスト等の地理的利便性」を挙げた者が大半となっている（21頁）。しかし，現実には，日本企業は自国外で仲裁を行っていることが多い（たとえば，ICC仲裁において日本企業を当事者とする案件は年間20件以上あるが，仲裁地を日本とする案件は数件に過ぎない）。

30) 国際仲裁制度研究会・前掲注1）の国際仲裁利用調査においては，中立第三国の仲裁地として主張することの多い場所として，回答者の42％がシンガポール，19％が香港と回答

240　UNIT 10　国際仲裁

　上記に加えて，仲裁地選択における当事者間の妥協の産物として，以下のような**被告地主義**（交差型，クロス式とも呼ばれる）の仲裁条項が定められることがある。[31]

> この契約からまたはこの契約に関連して生ずるすべての紛争，論争または意見の相違は，仲裁により最終的に解決されるものとする。Y（注：中国企業）が仲裁を申し立てる場合には，一般社団法人日本商事仲裁協会の商事仲裁規則に従って，日本国東京において仲裁を行い，X（注：日本企業）が仲裁を申し立てる場合には，中国国際経済貿易仲裁委員会の仲裁に付託し，仲裁申立時における当該委員会の現行の有効な仲裁規則に従って，中華人民共和国北京市において仲裁を行うものとする。仲裁判断は終局的なものであり，当事者双方に対して拘束力を有する。

　上記のような被告地主義（クロス式）の仲裁条項に対しては，同一の事件について二つの仲裁手続が競合し判断の不統一を招くリスクがある等の指摘がなされている。他方で，仲裁を申し立てられた側が新たな仲裁を申し立てる可能性は低く併合審理も可能であること，このような条項には各当事者に対して相手方国での仲裁申立てを牽制させる（和解交渉が促進される）効果もあることから，当事者間での交渉の結果として被告地主義を採用する一定の合理性はある（**第 2 節 2**(5)で述べたリングリングサーカス事件等も被告地主義の仲裁条項が用いられた事例である）。

(c)　仲裁機関の選択

　第 2 節 2(3)において述べたとおり，仲裁機関の選択は手続の進行に影響を与え得るものであり，各仲裁機関の特徴や経験・実績，仲裁人の選択肢等を考慮の上，事案の特性に応じて適切な仲裁機関を選択すべきである（仲裁費用については**第 4 節 6**参照）。たとえば，主要な仲裁機関のうち，ICC は世界中の案件を万遍なく取り扱っているのに対し，ICDR は北米，SIAC は東南アジア・インド，HKIAC は中国に関連する案件の取扱実績が多く，当該事案に応じた仲裁人の選任や案件の管理を期待できる。また，CIETAC は中国国内の仲裁案件について圧倒的な経験を有しており，仲裁人の報酬が他の国際仲裁機関と

している（23 頁）。日本国際紛争解決センター・前掲注 1) 16-17 頁も参照。

31)　この仲裁条項の前半部分が仲裁規則（JCAA の商事仲裁規則）を指定しているだけであるのに対し，後半部分については，CIETAC の仲裁に付託する旨が記載されている。これは，中国の仲裁法上，仲裁合意の有効要件として（仲裁規則ではなく）仲裁機関を特定することが求められているためである（前掲注 24) 参照）。

比較して廉価であることが特徴的である。

仲裁条項の交渉にあたっては，仲裁地と仲裁機関をセットで提案されることが多い。日本企業としては，ホームアドバンテージが得られる日本国内を仲裁地とし，日本案件の実績が豊富であり日本語でのコミュニケーションが可能なJCAA を仲裁機関とすることが理想的であるが，(**b**)で述べたような事情から，近時は仲裁地シンガポール＋仲裁機関 SIAC とする仲裁条項が増えている。[32]

(d) 仲裁と調停の結合

第2節1 で述べた国際仲裁の遅延化・高額化が懸念される状況において，近時は，国際取引における紛争解決手段として，仲裁よりも時間と費用を要することなく柔軟な解決を図る手段である**国際調停**の活用が注目されており，[33]日本初の国際調停専門機関として，2018 年 11 月に京都国際調停センター（JIMC-Kyoto）が設立されている。

上記のような調停のメリットを活かした紛争解決条項としては，まずは紛争を調停に付託し，調停による和解が成立しない場合に仲裁を開始する（調停と仲裁の略称をとって **Med-Arb** と呼ばれる）という二段階の紛争解決条項が考えられる（このように複数の紛争解決方法を組み合わせる条項は，ハイブリッド条項，多段階紛争処理条項（multi-tiered dispute resolution clause）とも呼ばれる）。IBA 国際仲裁条項ドラフティング・ガイドラインの定める推奨例に基づく Med-Arb 条項は下記のとおりである。

> The parties shall endeavor to resolve amicably by mediation under［name of mediation rules］all disputes arising out of or in connection with this agreement. Any such dispute not settled pursuant to the said Rules within［45］days after appointment of the mediator or within such other period as the parties may agree in writing, shall be finally settled under［name of arbitration rules］by［one or three］arbitrator[s］appointed in accordance with the said Rules.

32）　国際仲裁制度研究会・前掲注 1) の国際仲裁利用調査においては，「定めることが多い仲裁地」として回答者の 50％ がシンガポール，「定めることが多い仲裁機関」として回答者の 45％ が SIAC と回答している（18 頁）。実際の統計上も，SIAC 仲裁に日本企業が関与する案件数は，JCAA 仲裁の案件数（そのほとんどは日本企業が関与）を上回っている状況にある。日本国際紛争解決センター・前掲注 1) 16-18 頁も参照。

33）　前掲注 4) の調査によれば，国際取引における望ましい紛争解決手段を尋ねる質問において，社内弁護士回答者の 60％ が「国際仲裁と ADR との併用」を選択したのに対し，「国際仲裁のみ」を選択した者は 32％ であった。Queen Mary University of London at 5.

242　UNIT 10　国際仲裁

〈訳〉
当事者は，この契約から生じまたはこの契約に関連して生じる一切の紛争を［調停規則を指定］による調停によって友好的に解決する努力を行うものとする。調停人が選任されてから［45］日以内（当事者が書面により別途の期間に合意した場合はその期間）に当該紛争が解決しない場合は，［仲裁規則を指定］に従い，［1人／3人］の仲裁人による仲裁によって最終的に解決されるものとする。仲裁地は（国名および都市名）とする。

　上記 Med-Arb 条項においては，調停が奏功しなかった場合に仲裁に移行する一定の期限（調停人選任から 45 日以内）を客観的に定めるとともに，調停不調後の仲裁による解決を任意的（may）ではなく強制的（shall）とすることにより，最終的解決手段としての仲裁の実効性を確保している。

　また，近時は仲裁と調停とを結合する新たな紛争解決手法として，**Arb-Med-Arb**（仲裁—調停—仲裁）が注目され，日本企業の利用例もあるとされる。Arb-Med-Arb は，シンガポールの国際仲裁機関である SIAC と国際調停機関であるシンガポール国際調停センター（SIMC）との協定に基づく紛争解決メカニズムであり，具体的には，①SIAC への仲裁申立て→②仲裁廷成立後直ちに事件を SIMC に回付→③SIMC での調停手続実施，という順序で手続が進行する。調停において和解が成立すればその内容を同意による仲裁判断（Consent Award）とすることができ，調停が不調に終われば SIAC での仲裁手続を再開する。Arb-Med-Arb は，調停による簡易迅速な紛争解決を促進するとともに，調停のデメリットである国際的な執行力の欠如を同意による仲裁判断（＝ニューヨーク条約に基づく国際的強制力）により補完するメカニズムということができる。Arb-Med-Arb の利用には当事者の合意（Arb-Med-Arb 条項と呼ばれる）が必要である。[34]

■ 第4節　国際仲裁の手続

1　一般的な手続の流れと留意事項

　国際仲裁における一般的な手続の流れを概観すると下記のとおりである。

---

[34]　条項例につき，SIMC のウェブサイト「Arb-Med-Arb」参照。また，国際調停に基づく和解内容に対して国際的な執行力を付与する枠組みとして，「調停による国際解決合意に関する条約」（Convention on the Enforcement of Mediation Settlements 通称シンガポール調停条約）が 2019 年 8 月に調印され，2020 年春に発効予定である。国際調停の現状と展望につき，岡田春夫「国際商事調停の現状」ジュリ 1535 号（2019 年）41 頁参照。

（当事者間での紛争の発生・交渉）

↓

仲裁手続の開始：申立人による仲裁の申立て

↓

被申立人の防御：答弁書（＋反対請求）の提出

↓

仲裁人の選任・仲裁廷の成立

↓

準備手続：審理計画・手続事項についての合意

↓

書面手続：主張書面・証拠の提出，文書提出手続

↓

口頭審理：証人尋問の実施

↓

仲裁判断の作成・交付

↓

仲裁判断の承認・執行

　当事者間で紛争が発生した場合，契約書に仲裁条項が定められていても直ちに仲裁が開始するということは少なく，通常は当事者間での交渉による解決が図られる。紛争解決条項において仲裁の前に一定期間の交渉や調停を経ることが求められている場合（第3節2(2)(d)参照）は当該手続を踏む必要がある。当事者としては，紛争発生の初期段階から将来の仲裁手続に備えて社内における事実関係の確認・資料の収集等を進めるとともに，仲裁手続において和解交渉時の作成書類が証拠として提出される可能性も考慮の上，交渉を行う必要がある。また，交渉の進展状況に応じて，外部の弁護士を起用してアドバイスを得ることも必要となる。[35]

　仲裁申立てから仲裁判断に至るまでに要する期間は事案によって異なるが，仲裁機関が公表している平均的な審理期間の統計によれば，1年ないし2年程

35）　社内弁護士の視点からみた国際的な紛争発生時の留意点について，髙畑正子「国際プロジェクトをめぐる紛争の予防と解決──日本企業が国際仲裁を利用する上での課題と対策について」JCA ジャーナル 65 巻 3 号（2018 年）3 頁参照。

度の時間を要することが一般的である（仲裁人が 3 人の事案は 1 人の事案よりも長期化する傾向がある）。たとえば，ICC において 2018 年に終結した仲裁事件の平均審理期間は 16 月，JCAA において 2013 年〜2017 年に終結した仲裁事件の平均審理期間は 16.8 月，SIAC において 2013 年 4 月〜2016 年 7 月に終結した仲裁事件の平均審理期間は 13.8 月（仲裁人が 1 人の場合は 13.0 月，3 人の場合は 15.3 月）となっている。

　実際に仲裁手続を遂行するにあたっては，事案に応じて適切な仲裁代理人を選任することが重要である。代理人の起用にあたっては，国際仲裁案件の経験・実績，案件の特性（準拠法，紛争の内容），仲裁機関・仲裁地（予想される仲裁手続地を含む），言語面でのコミュニケーションの難易，予想される費用・期間等を考慮する必要がある。案件の国際的色彩ゆえに，複数の国の弁護士・法律事務所を起用する必要性が生じることも少なくない。

　以下においては，主として機関仲裁を想定して，国際仲裁の具体的手続に沿ってその特徴と実務的留意点について説明する。

2　仲裁手続の開始段階

　当事者間での交渉等が不調に終わった場合には仲裁手続に進むこととなるが，機関仲裁の場合は，申立人（Claimant と呼ばれる）が仲裁機関に対して仲裁申立書（Request for Arbitration）を提出することにより仲裁手続が開始する。これに対し，アドホック仲裁の場合には被申立人（Respondent と呼ばれる）に対して仲裁申立書を送付し，被申立人がこれを受領することにより仲裁手続が開始することになる。

　仲裁申立書の記載事項，添付書類，提出先・提出方法，申立料金等が各仲裁機関の仲裁規則において定められており，当該仲裁規則に従って申立てを行う必要がある（この段階で仲裁人候補者の選定が必要となり得ることについては 3 参照）[36]。

　仲裁申立書の提出を受けた仲裁機関は，提出書類の内容および所定の申立料金等の納付を確認した上で，当事者に対して仲裁手続が開始されたことの通知を行い，被申立人に対しては仲裁申立書および関係書類を送付する。訴訟にお

---

36)　JCAA は仲裁申立書の書式を公表しているがその形式に従う必要はなく，実際に提出される仲裁申立書の構成や分量，証拠の提出の有無等は戦略的判断に委ねられる。一般的な国際仲裁案件では 20 頁程度の仲裁申立書が多い。

いて必要となる国際送達の手続が求められないため，外国の当事者に対しても直接郵便やクーリエによる送付が可能である。

仲裁申立書を受領した被申立人は，仲裁規則等で定められた期間内（通常2週間〜30日）に答弁書（Answer）を提出しなければならない（申立てに対する反対請求（counter-claim）がある場合にはその申立ても必要となる）。多くの仲裁機関においては答弁書の提出期限の延長が認められており，実務上は，仲裁申立書受領後速やかに仲裁代理人を選任し，答弁書の延長期限の申請を求めることが一般的である（たとえば，ICC仲裁では仲裁申立書の受領から30日以内に答弁書を提出することが原則であるが，実務上，30日以内の延長申請であれば認められることが多い）。被申立人は仲裁申立書を受領するタイミングを予測できないことが通常であるため，実際には限られたスケジュールで仲裁代理人の起用，仲裁申立書の内容の分析，答弁書等の準備を進めることが求められることになる。

3 仲裁人の選任

(1) 仲裁人の数

当事者の合意に基礎を置く仲裁において，判断権者である仲裁人の選任は仲裁手続の根幹であり，事案に応じて適切な仲裁人を選任することが公平な審理・判断を得る上で極めて重要となる。

仲裁人の数についてはあらかじめ当事者で合意することができ（仲裁16条，モデル法10条参照），仲裁人の数について合意がない場合には仲裁規則の定めに従って人数が決定される。主要な仲裁機関においては，仲裁人の数について合意がない場合の人数を原則1人とされているため，3人の仲裁人を希望する場合には仲裁条項においてその旨合意しておく必要がある。

仲裁人の数を1人にするか3人にするかの判断にあたっては，仲裁人が1人であれば迅速な審理が期待でき費用の抑制にもつながる反面，争点が複雑な事案においてより誤った判断がなされるリスクを低減するという観点からは3人による慎重な審理判断を期待できるという点が考慮要素となる。また，(2)で述べるとおり仲裁人の数が3人の場合には少なくとも1人については当事者の意向に沿った仲裁人を選任しやすいというメリットがある。

246   UNIT 10   国際仲裁

(2) 仲裁人の選任方法

　仲裁人の数が1人の場合，通常，当事者が協議により仲裁人（単独仲裁人と呼ばれる）を選任し，一定期間内に合意できない場合には仲裁機関が当事者に代わって仲裁人を選任する。仲裁機関は，両当事者から単独仲裁人の選任について意見を求めた上で，事案の性質・規模，当事者の国籍，仲裁地，準拠法等を踏まえて，独自の知見・ノウハウに基づいて仲裁人を選任する。

　仲裁人の数が3人の場合，当事者がそれぞれ1人の仲裁人を選任し，通常は仲裁申立書・答弁書の提出時に候補者をそれぞれ指名することが求められる。[37]仲裁廷を構成するもう1人の仲裁人（第三仲裁人と呼ばれる）については，仲裁機関の規則により，当事者選任の2人の仲裁人が選任する場合（JCAA，HKIAC等），仲裁機関が選任する場合（ICC，SIAC，ICDR等）に分かれるが，[38]実務上は，後者の場合でも当事者間で前者の方式に合意することにより当事者が第三仲裁人の選任に関与することが多い。

　上記の過程で最適な仲裁人を選任するための考慮要素となるのは，国籍・所在地，当該紛争分野における経験・知識，法的・文化的背景，仲裁人としての[39]経験・評判，他の仲裁人を説得する能力・信頼性，稼働可能性等である。実際の候補者選定にあたっては，各仲裁機関が公表している情報（仲裁人名簿，仲裁人としての選任状況），公表されている候補者についての情報（履歴書，著作，講[40]演等）等に加えて，仲裁代理人からその知見に基づくアドバイスを得ることが重要である。当事者が仲裁人を指名する場合には，複数の候補者を選定した上

---

37)　多くの仲裁機関では，当事者が指名した仲裁人候補者についてその独立性・公平性等をチェックするために，当事者指名仲裁人を確認（confirm）するという手続を採用している。

38)　ICDRにおいては，リスト方式という選任方法が採用されており，具体的には，①ICDRが当事者に対して候補者のリストを提示し，②リストを基に当事者が候補者を選定できなかった場合，各当事者が希望しない候補者を排除し，残った候補者について順位づけを行い，③各当事者から提出された情報を基にICDRが仲裁人を選任する，という過程を経る。

39)　多くの仲裁機関では，単独仲裁人・第三仲裁人について原則として第三国籍者を選任するまたは当事者の意向を尊重するという取扱いがなされているが，かかる規則または運用が採用されていない仲裁機関（CIETACが一例）を指定する場合には，あらかじめ第三国籍者とすることを仲裁条項に明記しておくことも選択肢となる。

40)　ICCは2016年以降，仲裁人として選任された者のリスト（氏名，国籍，選任方法等）を「ICC Arbitral Tribunals」として公表している。また，JCAAは，過去に仲裁人・調停人を務めた経験のある者のリスト（氏名，国籍，件数，手続言語等）を「仲裁人・調停人経験者リスト」として公表している。

でインタビューを実施して適切性を判断することも多い。[41]

　すべての仲裁人が選任されると，仲裁合意の対象となる紛争について審理・判断する権限を有する合議体である**仲裁廷**（arbitral tribunal）が成立する。仲裁廷を構成する仲裁人が 3 人である場合には，実務上，第三仲裁人が仲裁廷の長（presiding arbitrator）として審理手続の指揮を行うことが予定されている。それゆえ，単独仲裁人・第三仲裁人の選任にあたっては仲裁廷の長としての経験，手続運営能力が求められることに留意が必要である。

(3) 仲裁人の忌避・開示義務

　当事者自治に基づく紛争解決制度である仲裁においては，仲裁人により実施される手続の公正を確保するため，個々の仲裁人には**公正性**（impartiality）と**独立性**（independence）が要求されている。当事者は，仲裁人に公正性または独立性を疑うに足りる相当な理由があるときは仲裁人を**忌避**することができる（仲裁 18 条 1 項 2 号，モデル法 12 条 2 項）。仲裁機関の仲裁規則には忌避についての具体的手続規定が定められており，一方当事者の申立てに基づいて仲裁機関が忌避の当否について決定する。仲裁機関において忌避申立てについて忌避原因がないと判断された場合でも，仲裁地の仲裁手続法によっては，一定の期間内に仲裁地の裁判所に対して忌避の申立てを求めることが可能である。[42]

　仲裁手続の公正を確保するため，仲裁人および仲裁人候補者には，自己の公正性または独立性に疑いを生じさせるおそれのある事実を開示する義務が課されている（仲裁 18 条 3 項・4 項，モデル法 12 条 1 項）。仲裁人の**開示義務**は，当事者に対して仲裁人候補者を仲裁人に選任するか否か，選任された仲裁人を忌避するか否かの情報提供制度として機能するものである。仲裁判断が下された後に仲裁人の公正性または独立性に疑いを生じさせるおそれのある事実が判明した場合，仲裁人による開示義務違反が仲裁判断の取消事由（仲裁 44 条 1 項 6 号，

41）　本文(3)において述べる仲裁人の独立性・公平性の観点から，仲裁人候補者とのインタビューにおいて，紛争の概要を超えて当該紛争内容に関して意見を求めることは不適切であると考えられている。

42）　たとえば，仲裁法 19 条 4 項は，当事者の合意に基づく忌避手続において忌避原因がないとの決定がなされた場合，忌避の申立てを行った当事者は当該決定の通知を受けてから 30 日以内に日本の裁判所に対して忌避の申立てをすることができると定めている。モデル法 13 条 3 項も参照。

モデル法 34 条 2 項(a)(iv)）に該当するかが問題となる（**7**(2)参照）。

　仲裁人の独立性または公正性との関係で具体的にどの範囲で開示義務を負うかという点については，国際仲裁における実務上，IBA の定めた「**国際仲裁における利益相反に関する IBA ガイドライン**」（IBA Guidelines on Conflicts of Interest in International Arbitration）が参照されることが多い。[43] 同ガイドラインにおいては，具体的な類型として，①原則として仲裁人に就任することができない事情（レッド・リスト。当事者が放棄可能なものと不可能なものとに分かれている），②当事者に対して開示が求められ，当事者が反対意見を述べなければ仲裁人に就任することができる事情（オレンジ・リスト），③当事者に対して開示する必要のない事情（グリーン・リスト）が列挙されている。[44]

4　審理手続

　仲裁廷が成立すると，仲裁廷による審理手続が開始されるが，審理手続についての基本原則として，仲裁廷は当事者を平等に取り扱い，当事者に対して十分な説明の機会を付与することが求められる（仲裁 25 条，モデル法 18 条）。当事者は，このような基本原則の範囲内で手続の準則について自由に合意することができ（仲裁 26 条 1 項，モデル法 19 条 1 項），機関仲裁の場合は，当事者の合意となる仲裁機関の仲裁規則に従って，仲裁廷の指揮の下に審理手続が行われる。審理手続の具体的な進め方は，仲裁人や代理人の法的・文化的背景等を反映して事案ごとに異なるが，以下で説明するような国際仲裁における実務を把握しておくことが重要となる。

(1)　準備手続

　仲裁廷には，一件記録の受領後速やかに審理手続の予定や進め方について当事者と協議をすることが求められる。具体的には，仲裁廷が手続事項および審理計画に関するドラフトを作成し，当事者にコメントを提出させた上で**準備手**

---

43)　最新版のガイドラインは 2014 年版であり，IBA のウェブサイトにおいて日本語版を入手することも可能である。

44)　なお，ICC 仲裁においては，当事者および仲裁廷向けに提供されている実務指針（Practice Note）において仲裁人の開示義務に関する具体的なガイドラインが示されている点に注意を要する。Note to Parties and Arbitral Tribunals on the Conduct of the Arbitration under the ICC Rules of Arbitration（January 1, 2019），paras 18–31.

続会合（preliminary meeting）を開催するということが多い。準備手続会合は関係者が一堂に会する必要はなく，特に当事者や仲裁人が異なる国・地域に所在する場合にはビデオ会議システムや電話会議により実施されることが多い。

実務上，審理計画と関連して議論の対象となる主な手続事項としては，主張書面の提出回数・順序，(2)で述べる文書提出手続の要否，事実証人・専門家証人の要否，審問（ヒアリング）開催の要否・時期・場所，翻訳の要否・方法等が挙げられる。これらの事項を協議する際には当事者間（代理人間）の意見の相違が表面化することが少なくないため，当事者・代理人間の意思疎通が重要となる局面でもある[45]。

準備手続会合において合意された内容については，仲裁廷による手続命令（Procedural Order）および審理予定表（Procedural Timetable）[46]の形式で作成されることが多く，これらは当事者が合意した仲裁手続の準則として，仲裁廷と当事者を拘束するものとなる（ただし，審理予定表については手続の進行に応じて変更されることが少なくない）。

なお，上記と関連して，ICC 仲裁においては，一件書類が仲裁廷に送付されてから 30 日以内に Terms of Reference（付託事項書）と呼ばれる手続文書の作成が原則として義務づけられており，仲裁手続に関する基本的情報のほかに，各当事者の主張・請求の概要，判断されるべき争点のリスト等が記載される[47]。ICC 仲裁以外の仲裁手続においても，手続初期段階での請求内容・争点の整理等を目的として Terms of Reference が作成されることがある。

(2)　証拠の収集・提出

準備手続が終わると，合意された審理計画に従って当事者が主張書面と証拠

---

[45]　本文で挙げた手続事項の方針決定にあたっては，ICC が 2014 年に社内弁護士・代理人向けに作成した「仲裁の効果的管理——社内弁護士や当事者代理人用のガイドライン」（Effective Management of Arbitration - A Guide for In-House Counsel and Other Party Representatives）が参考となる。

[46]　ICC は審理計画表のモデル（ICC Procedural Timetable）をウェブサイト上で公表しており，国際仲裁における審理計画の一例としても参考となる。

[47]　ここで作成される争点リストは暫定的なものに過ぎず，日本の民事訴訟手続において主張整理がなされた段階で裁判所により作成される争点整理案とは性質が異なるものである。ICC 仲裁における Terms of Reference の意義・内容等につき，多田慎ほか「ICC 仲裁実務解説〔3〕」国際商事法務 46 巻 9 号（2018 年）1284 頁。

を提出することとなるが，申立人と被申立人が交互に2回ずつ書面を提出する機会を付与されることが多い。主張書面をサポートする証拠としては，書証，証人の陳述書，専門家証人の意見書などが提出される。

国際仲裁においては，訴訟手続と異なり証拠の収集についての具体的な手続が仲裁法・仲裁規則において定められておらず，仲裁廷に証拠調べについての裁量が与えられている。実務上は，証拠収集に関する仲裁廷のガイドラインとして，「**IBA 国際仲裁証拠調べ規則**」（**IBA Rules on the Taking Evidence in International Arbitration**）が採用されることが多い[48]。

IBA 国際仲裁証拠調べ規則は，大陸法系諸国と英米法系諸国における証拠開示についての考え方の相違を踏まえて，米国におけるディスカバリー手続のような広範な証拠開示は認めず，**文書提出手続**（Document Production）という一定の範囲での証拠開示の手続について定めている。具体的には，当事者から他方当事者に対する文書提出要求について，仲裁事件と関連性（relevance）を有しており，仲裁の結果にとって重要（material）である特定の文書についてのみ仲裁廷が提出を命じることができる。実務上は，文書提出手続を処理するために，Redfern Schedule と呼ばれる書式（文書提出要求の対象文書，要求の根拠，それに対する相手方の異議，仲裁廷の判断を記載した一覧表）を用いることが多い。

文書提出手続と関連して，国際仲裁において**秘匿特権**（privilege）を理由に文書の提出を拒絶できるかが争われることがある。これは，英米法系諸国において伝統的に認められる秘匿特権の有無・具体的内容は法域によって異なること（米国における弁護士依頼者間秘匿特権・ワークプロダクトの法理につき，**UNIT9 第4節**参照）を踏まえて，仲裁廷が秘匿特権の範囲についてどのように判断するかという問題である。IBA 国際仲裁証拠調べ規則においては，「仲裁廷が適用されると判断した強行法規又は倫理規則」に基づいて文書提出対象から除外することを認め，秘匿特権の適用について仲裁廷の判断に委ねている[49]。

---

48) 最新版の証拠調べ規則は 2010 年版であり，IBA ウェブサイトにおいて日本語版を入手することも可能である。

49) 秘匿特権についての法制度の違いを踏まえて，国際仲裁における秘匿特権の取扱いに関するガイドラインの策定が，ビジネス分野における法曹関係者の世界的組織である IPBA（環太平洋法曹協会）において進められており，今後の実務上の指針として注目される。

(3) 審　問

　国際仲裁においては，当事者による主張・証拠の提出がなされた後，必要に応じて，口頭審理である**審問**（ヒアリング）が実施される。審問の実施にかかる権限は仲裁廷に委ねられており，具体的な実施要領（当日のスケジュール，尋問の実施順序・方法，通訳・速記の手配等）については，当事者と仲裁廷との間で協議の上，決定事項について手続命令が出されることが多い。関係者が遠隔地に居住している場合が多いため，連日にわたって集中的に証人調べを開催することが通常である（証人の人数次第で，2〜3日で終わる場合や2週間以上に及ぶ場合もある）。日本で審問を開催する場合は貸会議室や法律事務所の会議室等が用いられることが多いが，今後は日本国際紛争解決センター（JIDRC）のヒアリング施設の活用が望まれる。

　審問の一般的な流れとしては，当事者代理人による冒頭陳述（Opening Statement）が行われた後，事実証人・専門家証人の順に証人尋問を実施することが一般的である。事実証人の尋問にあたっては，時間を短縮するために陳述書の提出をもって主尋問に代え，反対尋問に多くの時間が割かれることが通常である。また，専門家証人については，各専門家証人に対する尋問を個別に行う方法による場合と，各当事者から選任された専門家証人を対面させて同時に尋問を行う方法（Witness Conferencing）による場合とがある。

　審問の終了後は，両当事者に対して証人尋問の結果を踏まえた主張書面（Post-hearing Brief）の提出機会が与えられることが多い。

5　暫定措置

　訴訟手続において財産の仮差押えや仮処分命令などの保全処分が当事者の権利実現において重要な役割を担っているのと同様，国際仲裁においても，終局的な仲裁判断が出されるまでの過程において，相手方当事者による証拠の隠滅・資産の隠匿等により実質的な救済が受けられなくなるおそれがある場合に

---

50)　審問でのやり取りや証人の発言を正確に記録するため，専門業者を選定して，ライブトランスクリプトと呼ばれるリアルタイムで速記内容を確認できる方法を利用することもある。

51)　2018年5月1日に，日本初の国際仲裁・ADR専門施設として日本国際紛争解決センター（大阪）が開業し，国際仲裁の審問に利用されている。2020年3月から東京都港区内にも審問専門施設の提供が開始される予定である。

252 UNIT 10 国際仲裁

は，暫定措置による緊急的な救済を得ることが必要となる。

以下，裁判所による保全処分と仲裁手続上の保全処分に分けて説明する。

(1) 裁判所による保全処分

当事者間に仲裁合意がある場合でも，当事者は，裁判所に対して保全処分の申立てを行うことができる（仲裁15条，モデル法9条）。裁判所の保全処分には法的強制力があり，多くの国においては相手方を関与させることなく手続を進められる，仲裁廷の成立前でも申立て可能であるというメリットがあるが，裁判手続の一環である以上，相手国の裁判手続の中立性・公平性に対する懸念が生じるほか（**第2節1**参照），当該国の制度・運用次第では手続に時間を要し，緊急的な救済を得られない可能性がある。

また，当事者が選択した仲裁規則において，裁判所による保全処分と(2)で述べる仲裁廷による暫定措置との関係について制限がなされていることもあり[52]，実際の保全処分の申立てに際しては，仲裁合意（仲裁条項における保全処分の取扱い，指定された仲裁規則の内容）を検討する必要がある。

(2) 仲裁手続上の保全処分

仲裁手続上の保全処分としては，各国の仲裁法上，仲裁廷に**暫定措置**（interim measures）を命ずる権限が規定されており（仲裁24条1項，モデル法17条），主要な仲裁規則においても仲裁廷にかかる権限が認められている。仲裁廷による暫定措置には，裁判所の保全処分と異なり仲裁廷による中立・公平な判断が期待でき，仲裁手続の一環であることから手続上の負担も少ないというメリットがある一方，仲裁廷成立前には申し立てることができず，また，多くの国においては仲裁廷の命令には執行力がなく実効的な救済が得られない可能性があ[53]る。

---

52) たとえば，ICC の仲裁規則では，裁判所による保全処分を用いることができる場合を，①仲裁廷に一件記録が送付される前，②その後であって適切な場合（仲裁廷に判断権あり）に限定している（ICC 仲裁規則 28 条 2 項）。

53) 仲裁廷の暫定措置命令の法的強制力の欠如に対応するため，2006 年モデル法改正により，当事者双方の審尋による場合には仲裁廷の暫定措置命令に執行力が付与されることとなり（モデル法 17H 条・17I 条），実際に，香港やシンガポールでは，仲裁廷の暫定措置命令に執行力が認められている（モデル法を採用していないが同様に執行力を付与する法域として，

第4節　国際仲裁の手続　　253

　こうした仲裁と保全処分における制度の間隙を埋める新たな暫定措置として，近年，多くの仲裁機関において，正式な仲裁人の選任前（仲裁申立て前を含む）に**緊急仲裁人**（emergency arbitrator）を選任し，当該緊急仲裁人が短期間（2週間程度）で必要な暫定措置命令を下すという手続が導入され，国際仲裁における利用が高まっている。緊急仲裁人手続の内容は各仲裁機関の定める仲裁規則によって差異はあるが，その特徴として，当事者が任意に命令を履行する割合が高く和解を促進する効果もあることが注目される。[55]

6　仲裁費用

(1)　仲裁費用の種類

　国際仲裁においては，手続に要する費用はすべて当事者が負担することが求められ，通常は仲裁判断において仲裁費用の負担割合が定められる。

　仲裁費用は，主として，①仲裁機関に支払う費用（管理料金等），②仲裁人の報酬・費用，③当事者費用（代理人報酬，証人・専門家費用，施設費用，通訳・翻訳費用等）に大別される。このうち，①と②については，各仲裁機関が計算方法を定めており，係争額に基づき試算を行うことが可能である（ウェブサイトに Cost Calculator と呼ばれる計算ソフトを掲示している仲裁機関もある）。

　仲裁費用の大半を占めるのが③の当事者費用であり，[56]そのうち最も大きな割合を占めるのが仲裁代理人の報酬である。仲裁代理人報酬等の金額が億単位となることも決して少なくないのが現状である（たとえば，最近日本企業が当事者として関与したロンドン国際仲裁裁判所（LCIA）における仲裁事件では，仲裁申立て

　　イングランド・ウェールズ，スイス等）。日本ではこの改正に対応する立法措置がとられていない状況である。

[54]　2018 年に主要な仲裁機関に対してなされた緊急仲裁人手続の申請件数は，ICDR60 件（2006 年導入），SIAC12 件（2010 年導入。日本企業による利用例もあり），ICC24 件（2012年導入），HKIAC3 件（2013 年導入）となっている。

[55]　ICC では，緊急仲裁人制度導入後当初の 80 件中 25 件において，仲裁判断前に当該紛争が和解により解決している。ICC Commission Report, "Emergency Arbitrator Proceedings" ICC Dispute Resolution Bulletin 2019, Issue 1 (2019), at 36.

[56]　ICC によれば，2012 年に仲裁判断が出された事件の費用の平均値は，当事者費用が83%，仲裁人の費用が 15%，仲裁機関の費用（ICC の管理料金）が 2% であった。ICC Commission Report, "Decisions on Costs in International Arbitration" ICC Dispute Resolution Bulletin 2015, Issue 2 (2015), at 3.

から仲裁判断までの期間は約1年半であったが，一方当事者が支払った弁護士費用（国際的な法律事務所，インドの法廷弁護士，インドの法律事務所を起用）の合計額が約10.6億円であった）[57]。

(2) 仲裁の時間と費用を抑制するための仕組み

　国際仲裁における手続の遅延と仲裁費用の高額化が問題視されていることは**第2節1**において述べたが，近時は，仲裁手続に関する時間と費用を節約したいという利用者の需要に対応するため，通常の仲裁手続に比べて簡素かつ迅速な手続による紛争解決を可能とする Expedited Procedure（簡易手続／迅速仲裁手続）の利用が高まっている[58]。Expedited Procedure の要件や手続の規律については仲裁機関によって差異があるが，仲裁人の数を1人とする，仲裁判断の期限を短く設定する，審問の開催を制限するといった定めを置くことで，簡易迅速に仲裁手続を進めるための工夫がなされている。

　また，仲裁手続を迅速かつ費用効率的に遂行するための手段の一つとして，英米法系諸国におけるサマリー・ジャッジメントや ICSID における制度を参考にして，仲裁廷による請求・抗弁の早期却下（Early Dismissal）が複数の仲裁機関で導入されている[59]。これは，明らかに理由を欠いているまたは明らかに仲裁廷の管轄権の範囲外の請求・抗弁について，当事者の申立てに基づいて仲裁廷が早期に却下する判断を行うことができるとするものであり，今後の実務運用が注目される。

57）　本文記載の情報は，米国における仲裁判断の執行手続において公表された仲裁判断に基づくものである。Final Award, NTT Docomo, Inc. vs. Tata Sons Limited, LCIA Case No. 152896（2016）.

58）　たとえば，2010年に簡易手続規定を導入した SIAC では，2018年の新規申立案件402件中32件について簡易手続規定が適用されている。また，ICC は2017年の仲裁規則改正において簡易手続規定を新たに導入し，2018年には41件について簡易手続規定が適用されている。JCAA は2019年の仲裁規則改正において簡易手続の適用対象を拡大している。

59）　たとえば，SIAC は2016年の仲裁規則改正，HKIAC は2018年の仲裁規則改正において早期却下の制度を導入している。また，ICC は2017年10月30日の Practice Note 改訂時に早期却下についての具体的規律を追加している。

第4節 国際仲裁の手続 255

7 仲裁判断

(1) 仲裁判断の作成・交付

仲裁廷は審問の結果を踏まえて審理を終結した後，仲裁判断の作成を行う。複数の仲裁人により構成された仲裁廷の場合は，合議に基づき全員一致による仲裁判断を行うことが望ましいが，仲裁人間で意見が分かれた場合には，多数決によることになる[60]。

仲裁判断には，判断の理由，作成日，仲裁地の記載が求められ，仲裁判断は仲裁地において下されたものとみなされる（仲裁39条，モデル法31条3項）。**6**(2)で述べた Expedited Procedure が適用される場合は仲裁判断の記載を簡略化することが許容されるが，実務上は，仲裁判断の有効性に疑義が生じないように理由の記載が推奨される（仲裁判断における理由の記載は，仲裁判断に取消事由や執行拒絶事由があるか否かの判断資料とされることになる）。

仲裁廷により作成された仲裁判断は当事者に対して写しを送付する方法により通知がなされる。ICC に代表される一部の仲裁機関においては，仲裁判断を当事者に通知する前に仲裁機関がドラフトを事前に審査することで形式面の誤りの防止を図っている[61]。

仲裁判断は確定判決と同一の効力を有し（仲裁45条1項），判決と同様に既判力を有する。国際仲裁においては，仲裁手続中に当事者間で和解が成立することが少なくないが，和解の内容に執行力を持たせるために，仲裁廷が和解における合意内容を仲裁判断とすること（Consent Award）も認められている（仲裁38条，モデル法30条）。

第2節1で述べた仲裁手続の秘密保持性の要請から，仲裁判断は公開されないことが原則である（ただし，**第5節**で述べるとおり，ICSID 仲裁においては公益性の見地から仲裁判断についても公開が原則である）。実際には，事件を特定できない形で仲裁判断が公開されていることもある[62]。また，(2)で述べる仲裁判断の

---

60) JCAA 仲裁において仲裁判断に少数意見を記載することの適法性が争われた事例として，東京高決平成30年8月1日金判1551号13頁（仲裁法・仲裁規則においても少数意見の記載が禁止されていないことを理由に，仲裁判断の取消事由に該当しないと判断された）。

61) ICC 仲裁における仲裁判断の審査手続につき，多田慎ほか「ICC 仲裁実務解説〔4〕」国際商事法務46巻11号（2018年）1559頁。

62) ICC では，仲裁手続の透明性向上を目的として，2019年1月1日以降に下される仲裁判断を対象として，当事者の反対がない限り2年以内に公開するという実務を導入している。

256　UNIT 10　国際仲裁

取消しの申立てがなされた場合には，仲裁判断の内容が公開される可能性があ
る。[63]

(2)　仲裁判断の取消し

(1)で述べたとおり，仲裁判断は確定判決と同一の効力を有し，仲裁判断に不
服があってもその再審査を求めて上訴はできないのが原則である。しかし，仲
裁判断に対して不服がある当事者に対しては，仲裁地の裁判所において**仲裁判
断の取消し**（Set aside）を求める手続が認められている。

仲裁判断の取消事由および具体的な手続は各国によって異なるが，日本を含
めたモデル法を採用した国では，以下のとおり，取消事由をニューヨーク条約
5条の執行拒絶事由と実質的に同内容の項目に限定しており（モデル法34条，
仲裁44条1項），仲裁判断の取消手続において裁判所が仲裁判断の内容につい
て実質的審査を行わないことが原則とされている。

---

①　仲裁廷が権限を有しないこと：仲裁合意の無効（モデル法34条2項(a)
(i)，仲裁44条1項1号・2号），仲裁合意の範囲または申立ての範囲の逸
脱（モデル法34条2項(a)(iii)，仲裁44条1項5号），仲裁可能性の欠如（モデ
ル法34条2項(b)(i)，仲裁44条1項7号）
②　仲裁手続の瑕疵：必要な通知の欠如（モデル法34条2項(a)(ii)，仲裁44
条1項3号），仲裁手続における防御不可能（モデル法34条2項(a)(ii)，仲裁
44条1項4号），仲裁廷の構成・仲裁手続の法令違反（モデル法34条2項
(a)(iv)，仲裁44条1項6号）
③　仲裁判断の公序違反（モデル法34条2項(b)(ii)，仲裁44条1項8号）

日本の裁判所は仲裁判断の取消事由を厳格に解釈・適用する傾向にある。上
記②の手続保障違反については，東京地決平成21年7月28日判タ1304号
292頁が「<u>当事者に対しておよそ防御する機会が与えられなかったような重大
な手続保障違反</u>〔下線著者〕があった場合にのみ，裁判所による仲裁判断の取

---

[63]　日本では，仲裁判断の取消申立てに関する審理は口頭弁論を経ることなく行うことが可
能であり（仲裁44条5項），また，訴訟記録の閲覧・謄写は利害関係者にのみ認められてい
ることから（仲裁9条），第三者による仲裁判断へのアクセスは制限されている。

消しを認める趣旨である」と判示し，単なる手続違反があっただけでは取消事由に該当しないことを明らかにしている。同判決では，上記③の公序違反についても「仲裁判断によって実現される法的結果が日本における公序良俗に反すると認められる場合にのみ，裁判所による仲裁判断の取消しを認める趣旨である」として，公序違反の範囲について制限的に解している。また，前掲注60)東京高決平成30年8月1日は，仲裁判断の取消事件における審理・判断の方法について「単なる実体法の解釈適用の誤りを理由として仲裁判断を取り消すことは，仲裁判断の実質的な再審査にほかならず，そのような判断をしてはならない」と述べた上で取消事由の有無を検討し，民事訴訟法所定の再審事由該当性に依拠して仲裁法44条1項8号に基づき仲裁判断の大部分を取り消した原決定を取り消している。

　これに対し，仲裁判断の取消しが認められた数少ない事例として，当事者に争いのある事実を争いのない事実として仲裁判断をすることが「我が国の手続的公序に反する場合[64)]」に該当するとして仲裁法44条1項8号（公序違反）に基づき仲裁判断を取り消した事件（東京地決平成23年6月13日判時2128号58頁），仲裁人と同事務所の別オフィスの弁護士が一方当事者の兄弟会社の米国訴訟代理人を務めていた事案において当該事実を仲裁人が開示しなかったことは仲裁人の独立性・公正性の疑義についての開示義務に違反するとして仲裁法44条1項6号（仲裁手続の法令違反）に基づいて仲裁判断を取り消した事件（大阪高決平成28年6月28日判タ1431号108頁）がある。ただし，後者については，最高裁判所が，仲裁人の開示義務違反といえるためには仲裁人が仲裁手続終了時までに当該事実を認識していたか合理的な調査により認識し得たことが必要であるとして，大阪高裁の決定を破棄して差し戻している（最決平成29年12月12日民集71巻10号2106頁）。

　日本においては，仲裁判断の取消しの申立ては，仲裁判断受領後3カ月以内になされなければならない（仲裁44条2項）。仲裁判断の取消しの裁判は決定手続の方式によることとされ，早期解決を図ることが予定されている。

---

64)　諸外国の裁判例においては，仲裁判断の取消しとの関係では，特定の国家の公序ではなく国際的な公序に違反する場合のみに限定すべきであるとして，汚職・賄賂・詐欺等の例外的な事例に限定して公序違反を認める傾向がみられる。森下哲朗「仲裁判断の取消し」谷口安平ほか『国際商事仲裁の法と実務』（丸善雄松堂，2016年）414頁以下参照。

258 UNIT 10 国際仲裁

(3) 仲裁判断の承認・執行

(a) 仲裁判断の承認・執行の手続

仲裁判断の多くは任意に履行されていると言われているが（実務上は，仲裁判断が出された後に支払条件についての和解交渉が行われることもある），相手方が任意に履行しない場合には，仲裁判断に基づく強制執行を行う必要が出てくる。ニューヨーク条約の下では，相手方の財産所在地が締約国であれば承認・執行の申立てが可能であることから[65]，早期に相手方の財産の所在地を調査するとともに，当該執行国における執行手続について確認を行った上で，当該国の裁判所に対し，仲裁判断の承認・執行を求める必要がある。

ニューヨーク条約は仲裁判断の承認・執行の手続について具体的に定めておらず，実際の手続は執行地の仲裁法・民事執行法の手続に従って行われることになることから，承認・執行の申立てに際しては，現地の法制度と実務運用を把握しておくことが重要となる[66]。たとえば，中国では，外国仲裁判断について管轄権を有する中級人民法院に対する承認・執行の申立てが行われると，同法院が執行を拒絶しようとする場合には，上級庁である高級人民法院を経由して最高人民法院に上申を行い，最高人民法院の回答に従って中級人民法院が承認・執行の決定を行うという逐級報告制度が採られている（最高人民法院の審査過程に当事者が関与することはできない）。また，インドネシアでは，外国仲裁判断の承認・執行にあたり，仲裁判断を裁判所に登録した上で執行許可命令（exequatur）を取得することが必要とされており，手続に時間と手間を要する[67]。

日本の仲裁法は，承認拒絶事由（仲裁45条2項）に該当しない限り仲裁判断は確定判決と同一の効力を有するものと定めており（同条1項），外国判決と同様，承認のための手続なしに自動的にその効力が認められる（**自動承認制度**）。

---

65) ニューヨーク条約の締約国の中には，1条3項に基づき「相互主義の原則」に基づく留保を行っている国があり（日本，米国，英国など），この場合はニューヨーク条約の締約国でない仲裁地で出された仲裁判断については承認・執行できないことに注意を要する。

66) 仲裁判断の承認・執行に関する各国別の法制度・実務運用については，IBA の Subcommittee on Recognition and Enforcement of Arbitral Awards による報告書が参考となる（2015年に公序，2016年に仲裁可能性についての各報告書が IBA ウェブサイトに公表されている）。

67) インドネシアにおける承認・執行の実例につき，末永久美子「インドネシアにおける外国仲裁判断の承認執行に関する実務的問題点」国際商事法務44巻9号（2016年）651頁参照。

したがって，外国仲裁判断を日本において強制執行するにあたっては，債務者の財産所在地を管轄する裁判所に対し，執行決定（仲裁判断に基づく民事執行を許す旨の決定）を求める申立てを行うことになる（仲裁46条1項・4項）[68]。

　申立てを受けた裁判所は，下記の執行拒絶事由（仲裁46条8項・45条2項）が存在する場合を除き，執行決定をしなければならない（仲裁46条7項）。仲裁判断の執行決定が確定すると債務名義となり（民事執行法22条6号の2），民事執行手続が可能となる。仲裁判断の執行決定の手続は，仲裁判断の取消しの裁判と同様，判決ではなく決定手続で行われ，実際にも審理は迅速に行われていると評価されている[69]。

(b)　外国仲裁判断の執行拒絶事由

　日本における仲裁判断の執行手続において適用される仲裁法45条2項は，ニューヨーク条約5条に列挙された拒絶事由を定めており，その内容は，下記のとおり，(2)で述べた仲裁判断の取消事由と実質的に同一である。

---

① 　仲裁廷が権限を有しないこと：仲裁合意の無効（仲裁45条2項1号・2号，ニューヨーク条約5条1項a号），仲裁合意の範囲または申立ての範囲の逸脱（仲裁45条2項5号，ニューヨーク条約5条1項c号），仲裁可能性の欠如（仲裁45条2項8号，ニューヨーク条約5条2項a号）

② 　仲裁手続の瑕疵：必要な通知の欠如（仲裁45条2項3号，ニューヨーク条約5条1項b号），仲裁手続における防御不可能（仲裁45条2項4号，ニューヨーク条約5条1項b号），仲裁廷の構成・仲裁手続の法令違反（仲裁45条2項6号，ニューヨーク条約5条1項d号）

③ 　仲裁判断の公序違反（仲裁45条2項9号，ニューヨーク条約5条2項b号）

④ 　仲裁地における仲裁判断の取消しまたは停止（仲裁45条2項7号，ニューヨーク条約5条1項e号）

---

[68]　申立てに際しては，仲裁判断の写し，当該写しの内容が仲裁判断と同一であることを証明する文書，仲裁判断の日本語による翻訳文の提出が必要である（仲裁法46条2項）。

[69]　仲裁法の下で東京地裁本庁が処理した仲裁判断の執行決定申立事件のうち，申立日から3か月以内に終局した事件が全体の約35%，6か月以内に終局した事件が全体の約50%を占めている。永末・前掲注10）7頁・12頁。

260   UNIT 10   国際仲裁

　上記のうち，④については仲裁判断の取消事由にはない独自の拒絶事由であり，仲裁地で取り消された仲裁判断について，執行地国の裁判所が執行を拒絶するのか，執行を許可することができるかが問題となるが，日本ではこの問題について取り扱った裁判例はない。この点，フランスでは，国際仲裁判断はいかなる国家法秩序にも属さないことを根拠に外国で取り消された仲裁判断の承認・執行が認められているが，米国では裁判所の判断が分かれている状況である。[70]

第5節　投資仲裁

1　投資仲裁の概要

(1)　投資協定と ISDS 条項

　UNIT4 および **UNIT5** で述べたとおり，海外直接投資の拡大等を受けて，二国間投資協定（BIT），投資保護についての定めを含む経済連携協定（EPA）および自由貿易協定（FTA）の締結が増加している。

　これらの投資関連協定においては，投資受入国が投資保護規定（収容時の補償，内国民待遇，最恵国待遇，公正衡平待遇，アンブレラ条項[71]等。**UNIT5 第3節**参照）に反する措置をとった場合に投資家を保護するため，投資家と投資受入国との間の紛争解決手続に関する **ISDS 条項**（ISDS は「Investor-State Dispute Settlement」の略称）が規定されている。ISDS 条項には，投資家と投資受入国との間の紛争解決手段として仲裁が定められていることが多く，このような ISDS 条項に基づく仲裁（投資仲裁）の申立てが 2000 年代後半以降急増することとなった。

　なお，EU は近時締結している投資関連協定において，ISDS 条項に基づく投資仲裁に代わり，政府側が裁判官を選任する「投資裁判所制度」（Investment Court System）の導入を進めている。2019 年 2 月に発効した日本・EU 経済連

---

70)　小川和茂「仲裁判断の承認・執行」谷口ほか・前掲注 64）454 頁以下参照。

71)　投資受入国が投資活動や投資財産に関連して投資家に対して負う義務の履行を保証する条項。投資家としては，投資家と投資受入国との契約上の義務違反を原因とする紛争について，当該契約違反がアンブレラ条項に違反すると構成することにより，投資関連協定に違反して仲裁手続を用いることができる。

携協定においては，投資保護と紛争解決については署名対象から切り離され，継続協議事項となっている状況である。

(2) 投資仲裁の利用状況

国際連合貿易開発会議（UNCTAD）の統計によれば，2017年12月末までに係属した投資仲裁案件855件のうち，548件が終了している（うち約23%は和解により終了し，仲裁判断において投資家の申立てが認められた割合は約28%）。仲裁の被申立人となった回数の多い上位5か国は，アルゼンチン（60件），ベネズエラ（44件），スペイン（43件），チェコ（35件），エジプト（31件）となっている[72]。

投資仲裁の手続の形態としては，ICSIDにおける仲裁，UNCITRAL仲裁規則に基づく仲裁，ストックホルム商業会議所仲裁協会（SCC）やICC等の商事仲裁機関における仲裁が挙げられ，そのうちICSIDが約6割を占めている。UNCITRAL仲裁規則に基づく仲裁においては，オランダのハーグに所在する国際機関である常設仲裁裁判所（Permanent Court of Arbitration）が手続管理サービスを提供することが多い[73]。

(3) ICSIDについて

ICSIDは，世界銀行が中心となって「国家と他の国家の国民との間の投資紛争の解決に関する条約」（Convention on the Settlement of Investment Disputes between States and Nationals of Other States 通称 **ICSID条約**）に基づいて設立された国際仲裁機関であり，投資仲裁における主要な役割を果たしている。

ICSID条約には，2019年8月末日現在，日本を含む154か国が加盟しており，条約に基づく投資仲裁の申立ては年間40件〜50件程度に及んでいる。ICSIDにおける仲裁は，ICSID条約およびそれに基づいて制定されたICSID仲裁規則（最新の改正は2006年）に基づき行われ，ワシントンDCに所在する

---

72) UNCTAD Investor-State Dispute Settlement: Review of Developments in 2017, IIA Issues Note No. 2（June 2018）.

73) 日本企業が当事者となったUNCITRAL仲裁案件として，野村證券のオランダ子会社がチェコ政府に対して，オランダ・チェコの二国間投資協定に基づき，公正衡平待遇義務違反を理由として損害賠償を求めたSaluka事件がある（2006年3月にチェコ政府の責任を認める判断がなされ，その後和解）。

262　UNIT 10　国際仲裁

ICSID の事務局が手続を管理している。2019 年 10 月 27 日現在，日本企業が当事者となっている案件も 3 件係属している[74]。

2　投資仲裁における仲裁手続の特徴

投資仲裁においても，**第 4 節**で説明した国際仲裁における一般的な手続や実務が妥当する。ICSID 仲裁を念頭において，投資仲裁における手続の特徴をまとめると以下のとおりである[75]。

(1)　仲裁手続の開始段階

投資家と投資受入国との間で紛争が発生した後，直ちに当該紛争が仲裁に付託されるのではなく，通常は ISDS 条項において 3 カ月から 6 カ月程度の協議期間が前置されている。

ISDS 条項には締約国が仲裁付託に同意する旨の同意があらかじめ提供されていることから，投資家が ISDS 条項に基づき仲裁申立てを行うことで当事者間に仲裁合意が成立し，投資家と投資受入国との間で新たに仲裁合意をする必要はない。

(2)　仲裁人の選任

ICSID 仲裁では仲裁人の数は通常 3 人とされることが多く，各当事者が 1 人の仲裁人を指名し，仲裁廷の長となる第三仲裁人は当事者の合意に基づき指名する。一定期間内に第三仲裁人が指名されない場合は，ICSID 議長が仲裁人名簿から指名する[76]。投資仲裁においては商事仲裁と比較して仲裁人の独立性・不偏性の要件が厳格に理解されており，仲裁人に対する忌避申立てが行われることも多い。

---

74)　いずれの案件も，投資家（日本企業）がスペイン政府を相手取り，太陽光発電設備の投資に関する政策変更により損害を被ったとして，エネルギー憲章条約（Energy Charter Treaty）中の ISDS 条項に基づいて ICSID に仲裁を申し立てたものである（2015 年 6 月：日揮，2016 年 3 月：ユーラスエナジーホールディングス，2018 年 7 月：伊藤忠商事）。

75)　ICSID を含めた投資仲裁の手続・特徴につき，濱本正太郎「投資条約仲裁」谷口ほか・前掲注 64）489 頁以下。また，投資仲裁の課題と限界につき，経済産業省通商政策局編「2019 年版不公正貿易報告書」（2019 年 6 月）522 頁以下参照。

76)　ICSID 条約締約国が各国 4 名ずつ指名した者および ICSID 議長が指名した 10 名が仲裁人候補者として ICSID ウェブサイトに掲載されている。

第5節　投資仲裁　　263

　仲裁人が選任されると仲裁廷による審査が開始されるが，投資仲裁においては，投資受入国側が仲裁廷の管轄を争うことが多い。管轄権の有無が争われる際の論点としては，対象となる経済活動が投資関連協定上の「投資」「投資財産」に該当するか，申立人が「投資家」足る国籍要件を充足しているか等が挙げられる。

(3)　審理手続

　ICSID 仲裁は多国間条約に基づく制度であるため仲裁地の概念がなく，仲裁手続における国内裁判所の関与・介入は予定されていない。これに対し，UNCITRAL 仲裁規則に基づく仲裁および商事仲裁機関における仲裁では，通常の商事仲裁と同様に仲裁地の仲裁法が適用され，仲裁地の国内裁判所による関与・介入の余地がある。

　ICSID 仲裁では，手続の透明性を確保するため，仲裁申立て以降案件についての情報および手続の経過がウェブサイトに公表され，口頭審理は当事者のいずれかが反対しない限り公開可能であり，仲裁判断も原則として公表される。これに対し，UNCITRAL 仲裁規則に基づく仲裁および商事仲裁機関における仲裁では，手続は原則として非公開となるが，2014 年 4 月 1 日以降に締結された投資協定に基づく UNCITRAL 仲裁については仲裁手続が原則として公開となることに注意を要する。[77]

　投資仲裁における実体準拠法としては，当該投資関連協定および関係する国際法（条約・慣習等）に加えて，投資受入国の国内法も問題となる場合がある。

(4)　仲裁判断

　ICSID 仲裁では，上記のとおり仲裁地の概念がないことから仲裁判断の取消しという制度はないが，ICSID 内部の特別委員会（ICSID 議長が仲裁人名簿から任命する 3 名により構成される）が仲裁判断の取消しについて審理する手続（annulment proceeding）がある。ICSID 条約上，取消事由は，仲裁廷の構成の誤り，

---

77)　2013 年 7 月に UNCITRAL が採択した，「条約に基づく投資家対国家仲裁における透明性に関する原則」（UNCITRAL Rules on Transparency in Treaty-based Investor-State Arbitration）が適用されることによる。投資協定において同様の透明性原則が置かれていることもある。

仲裁廷の権限踰越，仲裁人による不正行為，手続の基本原則からの重大な離反，理由の欠如に限定されている（ICSID 条約 52 条）。

ICSID 条約は締約国に対し，ICSID 仲裁判断を自国の裁判所の確定判決とみなして執行させる義務を課しており（ICSID 条約 54 条），ICSID 仲裁判断は締約国において自動執行力を有している[78]。これに加えて，投資受入国が世界銀行から融資を受けている場合には，ICSID 仲裁判断の不遵守が貸付けの停止事由となり得るため，仲裁判断不履行に対する抑止力となっている。

ただし，ICSID 条約においても，締約国の執行免除に関する法令の適用は排除されていないため（ICSID 条約 55 条），仲裁判断の執行を申し立てられた投資受入国には，主権免除を援用して強制執行を阻止する余地が残されている。主権免除の問題は，UNCITRAL 仲裁規則に基づく仲裁および商事仲裁機関における仲裁においても，投資家が仲裁判断の強制執行を行う上でのハードルとなり得る。

(5) 仲裁手続の時間と費用

ICSID 仲裁を含む投資仲裁は一般的に手続が長期化する傾向がある。2009 年に ICSID 仲裁 115 件を対象とした調査によれば，仲裁の申立てから仲裁判断が下されるまでの平均期間が 3.6 年であるとされており，さらに仲裁判断の取消しが申し立てられた場合にはその手続に 2〜3 年を要することになる。

投資仲裁の手続に要する時間と事案の複雑さに起因して，仲裁費用とりわけ弁護士費用も高額化している（投資仲裁についての専門性・経験を有する米国や英国系の大型法律事務所が代理人となる場合には特に顕著となる）。このような投資家の費用負担の必要性に対応して，投資仲裁においては，特に，Third party funding と呼ばれる第三者による資金提供サービスの利用が増加している[79]。

---

78) これに対し，ICSID 条約に基づく仲裁判断以外の仲裁判断については，商事仲裁と同様に，ニューヨーク条約等に基づいて仲裁判断の承認・執行を行うことになり，投資受入国が執行拒絶事由を主張する可能性がある。

79) 商事仲裁も含めた国際仲裁における Third party funding の利用については，資金提供についての各国の法規制との適合性，仲裁手続における資金提供に関する情報開示の在り方等が検討されている。近時の報告書として，ICCA-Queen Mary Third Party Funding Taskforce "ICCA-Queen Mary Task Force Report on Third-Party Funding" ICCA Reports No. 4（April 2018）.

第3編

専門的な国際法務

UNIT 11

国際知的財産

第 1 節　知的財産の国際的保護の原則

　19 世紀後半以降，技術の発展や国際貿易の増加を背景に，知的財産権の国際的保護の必要性が唱えられ，1883 年に**工業所有権の保護に関するパリ条約**（パリ条約），1886 年に**文学的及び美術的著作物の保護に関するベルヌ条約**（ベルヌ条約）という知的財産の国際的保護の根幹をなす条約が成立した。これらの条約は，**世界知的所有権機関**（World Intellectual Property Organization: WIPO）により管理されている。1980 年代以降，WIPO の枠組みとは別に，国際貿易の観点から知的財産権の保護が GATT ウルグアイ・ラウンドにおいて議論され，**知的所有権の貿易関連の側面に関する協定**（Agreement on Trade-Related Aspects of Intellectual Property Rights: TRIPS 協定）が 1994 年に成立し，翌 1995 年 1 月 1 日に発効した。TRIPS 協定は**世界貿易機関**（World Trade Organization: WTO）が管理しており，パリ条約遵守義務，ベルヌ条約遵守義務を定めた上で，これらの条約を上回る知的財産権の保護を義務づけている。

　国際条約における知的財産権の国際的保護・調和の要請を踏まえ，各国において知的財産権に関する法制度が整備されているが，各国における知的財産権の成立，効力等は当該国の法律によって定められ，各国の法律に基づいて付与された知的財産権はあくまで当該国の領域内においてのみ効力が認められるの

が原則である。これを**属地主義の原則**という。我が国の最高裁も、「特許権についての属地主義の原則とは、各国の特許権が、その成立、移転、効力等につき当該国の法律によって定められ、特許権の効力が当該国の領域内においてのみ認められることを意味するものである……（中略）……すなわち、各国はその産業政策に基づき発明につきいかなる手続でいかなる効力を付与するかを各国の法律によって規律しており、我が国においては、我が国の特許権の効力は我が国の領域内においてのみ認められるにすぎない。」（カードリーダー事件・最判平成14年9月26日民集56巻7号1551頁）と述べている。したがって、創出した知的財産につき、世界各国で保護を受けようとする場合には、原則として、各国において個別に出願を行い、各国の権利を取得しなければならない。また、属地主義の原則を知的財産権の侵害の場面に当てはめると、たとえば、日本の特許権に係る特許発明を日本において実施する行為はその日本の特許権侵害になるが、当該特許発明を実施する行為を米国で行った場合にはその日本の特許権の侵害には該当しないという帰結となる。

　しかし、経済活動がグローバル化し、世界中で製品の販売活動が行われるようになっている現在、知的財産権の保護を受けるべき国の数が多数に上ることも珍しくない。知的財産権の保護を受けようとする各国に個別に出願を行い、権利を取得するのは、非常に煩雑である。また、知的財産権の保護は、最先の出願人に与えるという先願主義がとられていることが多く、創出した知的財産についての出願手続を迅速に行う必要がある。しかし、多数の国で個別に出願手続を行う場合には、それぞれの国の手続において認められている言語を用い、それぞれの国において定められている手続に従う必要があり、多数の国の出願を一斉に行うことは必ずしも容易ではない。そこで、**第2節**で解説するように、知的財産権の保護を受けるために出願・登録が必要な特許、商標、意匠に関しては、条約により、国際的な出願手続制度が設けられている。また、**第2節**では著作権などの登録によらないで生じる権利の保護についても解説する。

　特許権侵害などの知的財産権をめぐる国際的な争いにおいては、たとえば、我が国の裁判所が他国の知的財産権に関する紛争の審理をすることができるかという国際裁判管轄の問題、我が国の裁判所に国際裁判管轄権が認められるとして、当該知的財産に関する紛争にどの国の法律が適用されるのかという準拠

268　UNIT 11　国際知的財産

法の問題がある。知的財産権を巡る紛争の国際裁判管轄や準拠法については，属地主義の原則との関係もあり，非常に複雑な問題であるが，**第3節**において要点を説明する。

　また，国際的な取引が活発化する中で，外国で適法に流通におかれた物品が我が国に輸入されるという並行輸入の問題が頻繁に発生している。**第4節**において，並行輸入がいかなる場合に許されるか，特許権者等の知的財産権を有する者がいかなる場合に並行輸入を阻止することができるのかについて，最高裁判決を挙げつつ解説を行う。

第2節　国際的な知的財産権の取得

1　特許権

　外国に特許出願を行う方式としては，パリ条約による方式（**パリルート**）と**特許協力条約**（**Patent Cooperation Treaty: PCT**）による方式（**PCTルート**）がある。

(1)　パリルート

　パリルートによる出願は，パリ条約に基づいて優先権主張を行う特許出願である。パリルートによる出願では，特許を取得したいそれぞれの国に個別に出願を行うことになり，それぞれの国の言語で，それぞれの国において定められた手続に従って出願を行う必要があるが，いずれかの同盟国において正規に特許出願を行った者またはその承継人は，12か月間，優先権を主張することができる（パリ条約4条A⑴，同条C⑴）。優先権とは，パリ条約の同盟国（第一国）において特許出願した者が，その特許出願の出願書類に記載された内容について他のパリ条約の同盟国（第二国）に特許出願する場合に，新規性，進歩性等の判断に関し，第二国における特許出願について，第一国における出願の日に出願されたのと同様の取扱いを受ける権利である。

　たとえば，日本で最初に特許出願を行った場合，その出願から12か月以内は，当該日本の特許出願を基礎出願としてパリ条約に基づく優先権を主張することができる。これにより，他の同盟国で行った同内容の特許出願の審査においては，新規性，進歩性等の判断が，当該同盟国での出願の出願日ではなく，

第2節 国際的な知的財産権の取得　269

基礎出願である日本の特許出願の出願日を基準に行われることになる。このようにパリルートによる出願では，基礎出願を行ってから12か月間，基礎出願の優先日を確保しつつ，外国出願の準備を行うことができる。

　他方，パリルートによる出願では，優先権を主張することが可能な12か月の間に，特許出願を行う国を決定し，各国において定められた方式，言語で個別に出願を行うことが要求される。したがって，出願を希望する国が多数あり，手続言語が異なる場合には，出願の段階から各言語に対応した翻訳文を準備する必要がある。

(2) PCTルート

　PCTルートによる出願は，一つの願書をPCT加盟国いずれかの特許庁にPCTに従って提出することによって，PCT加盟国であるすべての国に同時に出願したことと同じ効果を得られる特許出願である。たとえば，PCTに基づいて日本の特許庁に国際出願をすることにより，当該国際出願を行った日に他のPCT加盟国にも出願したのと同様の効果が生じる。したがって，PCTルートによる出願の場合には，権利化を希望するそれぞれの国に個別に願書を提出する必要はない。出願人が各国における権利を取得したい場合には，優先日から原則30か月以内に，各国で定められた言語の出願書類の翻訳文を提出し，PCT出願を指定国に国内移行しなければならない（PCT22条・39条）。国内移行後，各国での審査が開始されることになる。出願人が期間内に国内移行手続を行わなかった場合には，国際出願の効果は，国内出願の取下げと同様の効果を生じて，消滅する（PCT24条1項ⅲ）。

　PCTに基づき国際出願を行うと，国際調査機関による国際調査報告が通知される。この国際調査報告には，国際出願の内容が新規性，進歩性を有するのかについての見解が示されており，出願人は，各国での審査を受ける前に，国際出願の特許性の有無を確認することができる。ただし，特許性についての最終的な判断は各国毎に委ねられていることから，各国の審査においては，国際調査報告の見解と異なる審査結果が出されることもある。

　このように，PCTルートによる出願においては，特許性の判断，市場動向の分析調査，規格標準化のためのマーケティング活動，ライセンス交渉を行ったり，翻訳作業に多くの時間をかけたりすることで，最終的に取得したい権利

270　UNIT 11　国際知的財産

範囲を検討する時間的猶予を持つことが可能となる。他方，PCT ルートで少数の国に出願する場合にはパリルートによる出願よりも費用が高額になること，国際出願を国内移行させるという手続が必要であることから，権利化までにパリルートよりも時間がかかることなどのデメリットもある。

(3)　パリルートと PCT ルートの組み合わせ

　パリルートと PCT ルートを組み合わせて国際出願を行うことも可能である。たとえば，まず，日本において通常の特許出願を行い，その出願日から 12 か月以内に当該日本の特許出願に基づく優先権を主張して（パリルート），PCT に基づく国際出願を行う（PCT ルート）という方法である。この場合，各国での審査における新規性，進歩性等の特許性の判断は，国際出願日ではなく，基礎出願である日本の特許出願の出願日が基準となる。パリルートと PCT ルートの組み合わせは，外国において出願を行うか否かが未定である場合に，まず，日本において特許出願を行い，優先権主張が可能な 12 か月間の間に外国における権利化の要否を判断した上で，PCT に基づく出願を行うという場合に利用されることが多い。

2　商標権

　外国で商標を登録する方法としては，各国に個別に商標登録出願を行うという方法もあるが，この方法では，各国における言語，出願手続に応じた対応が必要であることから，多数の国で出願手続を行う場合には手続が煩瑣となり，現地代理人の費用等のコストが嵩むことになる。そこで，一つの国際出願で複数の国に一括して登録の効果を生じさせる制度として，**マドリッド協定議定書**（正式名称：標章の国際登録に関するマドリッド協定の 1989 年 6 月 27 日にマドリッドで採択された議定書〔**Madrid Protocol**〕）による国際登録が整備されている。

　マドリッド協定議定書により，締約国の官庁に商標出願をしまたは商標登録がされた名義人は，その出願または登録を基礎に，保護を求める締約国を指定し，本国官庁を通じて国際事務局に国際出願をし，国際登録を受けることにより，指定国官庁が 12 か月（または，各国の宣言により 18 か月）以内に拒絶の通報をしない限り，その指定国において商標の保護を確保することができる。マドリッド協定議定書により国際登録された商標は，指定国において，①国際登

録日から，指定国の官庁に直接出願されていた場合と同一の効果，②指定国の官庁が，拒絶の通報期間（12か月または18か月）に拒絶する旨の通報をしない場合には同期間の経過時，または後に拒絶する旨の通報を撤回した場合はその撤回時に，国際登録日から，その商標がその指定国の官庁に登録されていた場合と同一の効果を受けることができる。国際登録の存続期間は，国際登録日から10年であり，その後更新することも可能である。

　マドリッド協定議定書による国際登録には，以下のようなメリットがあるといわれている。

　①　各国への国内出願を行う必要がなく，一つの出願で複数の締約国に登録の効果を生じさせることができるため，各国の現地代理人の選任などが不要となり，コストを削減することができる。

　②　各国で行われる審査における拒絶通報期間が12か月または18か月に制限されていることから，迅速な審査が期待できる。

　③　出願時に指定しなかった締約国を事後的に指定することもでき，保護地域の拡大が容易である。

　他方，国際登録からの5年間は，国際登録の保護は基礎出願等に従属することから，国際登録から5年以内に，基礎出願が拒絶，取下げ，放棄となった場合や，第三者による基礎登録に対する無効審判や不使用取消審判などにより基礎登録が消滅した場合は，国際登録も抹消される（これを**セントラルアタック**という）。マドリッド協定議定書による国際登録にはこのようなデメリットもあることには留意しておく必要がある。

3　意匠権

　意匠については，意匠の国際登録に関するハーグ協定のジュネーブ改正協定（**ジュネーブ改正協定**）により，一つの国際出願手続により国際登録簿に国際登録を受けることによって，複数の指定締約国における保護を一括で受けることが可能となっている。

　ジュネーブ改正協定により出願人が直接または自国官庁を通じてWIPO国際事務局に対して国際出願を行うと，方式審査を経て，WIPO国際事務局が管理する国際登録簿にその国際出願の内容が記録され（国際登録），国際登録された意匠は，その後所定期間が経過すると公表される（国際公表）。国際登録の

名義人は，国際出願時に指定した指定国の官庁が国際公表から6か月（または，各国の宣言により12か月）以内に拒絶の通報をしない限り，その指定国において意匠の保護を確保することができる。

国際登録された意匠は，指定国において，①国際登録日から，指定国の官庁に出願されていた場合と同一の効果，②指定国の官庁が，拒絶の通報期間（国際公表から6か月または12か月）内に拒絶する旨の通報をしない場合には同期間の経過時，拒絶の通報後に当該通報を取り下げた場合はその取下げ時，または，拒絶の通報期間内に保護の付与の声明を行った場合はその声明時から，指定国の法令に基づく保護の付与と同一の効果を受けることができる。国際登録の存続期間は，国際登録日から5年であり，その後更新可能である。指定国における保護の存続期間は，国際登録が更新されることを条件に，国際登録の日から起算して15年である。ただし，指定締約国の国内法における意匠の保護期間が15年よりも長い場合には，当該指定締約国の保護期間と同一となる（ジュネーブ改正協定17条（3））。

ジュネーブ改正協定により，出願人は，複数国，複数意匠（最大100意匠）について，単一書類，単一言語，単一通貨で一括して出願手続を行うことが可能となるため，複数国において意匠権を取得するために必要な直接・間接コストの低廉化を図ることができる。また，国際登録の更新や移転等の手続はWIPO国際事務局に対する一回の手続で可能となるため，複数国・複数意匠についての意匠権の管理が容易になる。

4　著作権その他登録によらないで生じる権利

著作権，パブリシティ権などの登録によらないで生じる知的財産権の保護については，属地主義の原則により，そのような権利の保護を求める国により決定される。たとえば，日本の著作権法に基づいてある著作物について著作権を有する著作権者が，外国において当該著作物について保護を求めることができるかは，その者が当該外国において権利の享有主体としての地位が与えられ，かつ，当該外国における法律によって当該著作物が保護されるかを確認する必要があることになる。その際には，当該外国がどのような著作権に関する条約に加盟しており，加盟している条約の国内法的効力をどのように考えているかも重要な考慮要素になる。[1]

この点，我が国の著作権法においては，著作権法による保護を受ける著作物
は，①日本国民（わが国の法令に基づいて設立された法人および国内に主たる事務所
を有する法人を含む）の著作物，②最初に国内において発行された著作物（最初
に国外において発行されたが，その発行の日から30日以内に国内において発行された
ものを含む），③条約により我が国が保護の義務を負う著作物であるとされてい
る（著作6条各号）。なお，我が国の最高裁は，ベルヌ条約の加盟国ではあるも
のの我が国は国家として承認していない朝鮮民主主義人民共和国の著作物につ
き，著作権法6条3号所定の著作物にはあたらないと判示している（最判平成
23年12月8日民集65巻9号3275頁）。他方，台湾については，WTOの独立関
税地域という立場にあり，WTOのTRIPS協定を通じてベルヌ条約上の権
利・義務を負うと解されている[2]。同じくWTOの加盟国である我が国は，
TRIPS協定により台湾の著作物について保護する義務を負うことから，台湾
の著作物は著作権法6条3号所定の著作物に該当すると解される（東京地判平
成23年3月2日裁判所ウェブサイト）。

　著作権については，ベルヌ条約において何らかの方式の履行を保護の要件と
しないという原則（無方式主義）が採用されて以来，無方式主義を採る国が大
半である。無方式主義を採る国においては，著作権の成立のためには出願や登
録等の方式を要さず，著作物の創作のみによって著作権を享有することができ
る。ベルヌ条約上，著作権の保護期間は原則として「著作者の生存の間及びそ
の死後50年」と定められているが（7条1項），同盟国においてそれよりも長
い保護期間を認めることは否定されない（7条6項）。たとえば，我が国におい
ては，著作権の保護期間は，原則として著作者の死後70年と定められている
（著作51条2項）。著作物の保護期間が同盟国により異なる場合もあるが，その
場合には保護が要求される国の法令によって認められる保護期間が適用される
ことになる（ベルヌ条約7条8項第1文）。もっとも，保護期間については，内国
民待遇原則の例外が認められており，「保護期間は，著作権の本国において定
められる保護期間を超えることはない」とされている（7条8項第2文）。

　パリ条約10条の2は，不正競争行為の禁止について定めており，特に，①
いかなる方法によるかを問わず，競争者の営業所，産品または工業上もしくは

---

1)　木棚照一『国際知的財産法入門』（日本評論社，2018年）128頁。

2)　中山信弘『著作権法〔第2版〕』（有斐閣，2014年）43頁。

商業上の活動との混同を生じさせるようなすべての行為，②競争者の営業所，産品または工業上もしくは商業上の活動に関する信用を害するような取引上の虚偽の主張，③産品の性質，製造方法，特徴，用途または数量について公衆を誤らせるような取引上の表示および主張を不正競争行為として禁止している（同条3項各号）。我が国においては，上記①には不正競争防止法2条1項1号（周知商品等表示に係る混同惹起行為），上記②には同法2条1項21号（営業誹謗行為），上記③には同法2条1項20号（品質等誤認惹起行為）が対応している。

TRIPS協定39条は，「開示されていない情報」の保護について定めており，自然人または法人は，合法的に自己の管理する情報が所定の要件に該当する場合には，公正な商慣習に反する方法により自己の承諾を得ないで他の者が当該情報を開示し，取得しまたは使用することを防止することができる旨を規定している（TRIPS協定39条2項）。TRIPS協定39条の「開示されていない情報」とは，我が国の不正競争防止法における営業秘密にあたり，同法の営業秘密の不正取得等を不正競争行為とする規定により保護が図られている。

■ 第3節　知的財産権を巡る国際紛争

1　知的財産権を巡る国際紛争において問題となる事項

　国際的な取引が活発に行われている現代においては，製品が複数の国で流通し，当該複数の国において特許権等の知的財産権の侵害が問題となる場合も少なくない。このような知的財産権を巡る国際紛争では，どの国のどの機関で紛争解決手続を行うか，その紛争解決手続ではどの国の法律が適用されるかを検討する必要がある場合が多い。

　ライセンス契約のような知的財産契約に関する紛争の場合には，紛争解決手段や準拠法に関する条項が定められていることが一般的であり，契約の定めに従って紛争を解決することになる。他方，知的財産権の侵害のように契約に関する紛争ではない場合や，契約に関する紛争であっても紛争解決手段や準拠法の定めがない場合には，基本的には，紛争解決のためには裁判所に訴訟提起することになる。複数の国に国際裁判管轄が認められる場合には，原告となる側が自社に有利な判決を得られる見込みのある法廷地を選択して訴訟を提起することも考えられる。このような法廷地を巡る訴訟戦略は，**フォーラムショッピン**

グ（Forum Shopping）と呼ばれ，フォーラムショッピングによる恣意的な法廷地の選択が問題となることもある。

　本項においては，いかなる知的財産紛争について日本の裁判所に訴訟提起できるのか，知的財産権を巡る紛争においてどの国の法律が準拠法となるのかなど，主に日本企業が直面することが多い事項を念頭におきながら，国際的な知的財産権訴訟に関する裁判管轄および準拠法について要点の解説を行う。

2　国際的な知的財産権訴訟の裁判管轄

　日本の裁判所が渉外的要素を含む知的財産権訴訟について裁判管轄を有するか否かは，日本の民事訴訟法が定める国際裁判管轄の規定に従って決定される。[3]

(1)　知的財産権の存否または効力に関する訴えの国際裁判管轄権

　まず，民事訴訟法3条の5第3項は，知的財産権のうち設定の登録により発生するものの存否または効力に関する訴えの管轄権は，その登録が日本においてされたものであるときは，日本の裁判所に専属すると規定されている。この裏返しとして，外国で設定登録がされて発生する権利の存否または効力に関する訴えについては，当該外国の裁判所の専属管轄権を認めることを意味すると解されており，そのような訴えが日本の裁判所に提起された場合には却下されることになる。[4]

　他方，著作権は無方式で発生することから，民事訴訟法3条の5第3項が定める「知的財産権……のうち設定の登録により発生するもの」には該当しない。日本の著作権法に基づく著作権の存否および効力に関する訴えについては，民事訴訟法3条の3第3号の「財産上の訴え」に該当するものとして，日本の裁判所の国際裁判管轄権が認められると解されている。[5]

---

3)　なお，日本の裁判所の判決が承認執行されるかは否かは，承認執行を求める国の法律による。特に，知的財産権の侵害に関する訴えも知的財産権所在国の専属管轄であるとして，日本の判決が承認されない可能性がある。

4)　高部眞規子編著『最新裁判実務大系10　知的財産権訴訟 I』（青林書院，2018年）98頁〔鈴木わかな〕。

5)　高部編著・前掲注4）100頁〔鈴木わかな〕。

276　UNIT 11　国際知的財産

(2)　知的財産権の侵害に関する訴えの国際裁判管轄権

また，知的財産権の侵害に関する訴えについては，設定の登録により発生する権利か無方式で発生する権利かを問わず，民事訴訟法3条の2以下の管轄原因の存在が認められる限り，日本の裁判所の国際裁判管轄権が認められる。

(a)　日本法に基づく知的財産権の侵害が問題となる場合

日本法に基づく知的財産権の侵害が問題となる場合は，まず，被告の住所等が日本国内にある場合には，民事訴訟法3条の2第1項の規定により，日本の裁判所の裁判管轄が肯定される。被告の住所等が日本国内にない場合であっても，民事訴訟法3条の3第8号の「不法行為があった地が日本国内にあるとき」という規定に基づき，日本の裁判所の裁判管轄権が認められることが多い。「不法行為があった地」には，加害行為が行われた地と結果が発生した地の双方が含まれると解されているが[6]，日本法に基づく知的財産権の侵害については，侵害行為が日本国内で行われ，知的財産権侵害の損害も日本国内で発生することから，多くのケースで加害行為地および結果発生地ともに「日本国内にある」と認められるためである[7]。なお，知的財産権侵害訴訟においては，典型的には損害賠償および侵害行為の差止めが請求されるが，いずれの請求も「不法行為に関する訴え」にあたる[8]。

インターネットが発達した現代においては，ウェブサイト上で，特許侵害品の譲渡の申出行為などの知的財産権の侵害行為が行われることもある。日本電産事件（知財高判平成22年9月15日判タ1340号265頁）は，韓国法人である被告がインターネット上のウェブサイトにおいて，英語表記のウェブサイトを開設し，販売問い合わせ先として日本を掲げ，販売本部として日本の拠点を掲載していること，日本語表記のウェブサイトにおいても，被告製品を紹介するウェブページが存在し，同製品の問い合わせフォームを作成することが可能である

---

6)　佐藤達文＝小林康彦編著『一問一答平成23年民事訴訟法等改正』（商事法務，2012年）113頁。

7)　髙部眞規子『実務詳説特許関係訴訟〔第3版〕』（金融財政事情研究会，2016年）298頁。

8)　平成23年改正前の民事訴訟法5条9号所定の「不法行為に関する訴え」につき，最高裁は，「民法所定の不法行為に基づく訴えに限られるものではなく，違法行為により権利利益を侵害され，又は侵害されるおそれがある者が提起する侵害の停止又は予防を求める差止請求に関する訴えをも含むものと解するのが相当である」と判断している（ミーリングチャック販売等差止事件・最決平成16年4月8日民集58巻4号825頁）。

ことなどを総合的に評価すれば，被告製品の譲渡の申出行為について，被告による申出の発信行為またはその受領という結果が我が国において生じたものと認めるのが相当であるとして，日本の裁判所の国際裁判管轄権を肯定した。

(b) 外国法に基づく知的財産権の侵害が問題となる場合

外国法に基づく知的財産権の侵害に関する訴訟については，その知的財産の登録国の専属管轄とすべきという見解はほとんど見られず，外国法に基づく知的財産権の侵害に関する訴訟についても日本の裁判所の国際裁判管轄を肯定する見解が有力である。前掲カードリーダー事件は，米国特許権の侵害訴訟について，日本の裁判所の国際裁判管轄を肯定することを前提に判断したものであると理解されている[9]。

被告の住所等が日本国内にある場合には，民事訴訟法3条の2第1項の規定により，日本の裁判所の裁判管轄を肯定してよいと解されている[10]。民事訴訟法3条の9には，「裁判所は，訴えについて日本の裁判所が管轄権を有することとなる場合（日本の裁判所にのみ訴えを提起することができる旨の合意に基づき訴えが提起された場合を除く。）においても，事案の性質，応訴による被告の負担の程度，証拠の所在地その他の事情を考慮して，日本の裁判所が審理及び裁判をすることが当事者間の衡平を害し，又は適正かつ迅速な審理の実現を妨げることとなる特別の事情があると認めるときは，その訴えの全部又は一部を却下することができる。」と規定されているが，外国法に基づく知的財産権に関する侵害が争点となるであろうことのみを理由として「特別の事情」があるとして訴えを却下してはならないと解されている[11]。

他方，被告の住所等が日本国内にない場合には，民事訴訟法3条の3第8号の「不法行為があった地が日本国内にあるとき」という規定に基づき，日本の裁判所の裁判管轄を認めることができるかが問題となる。上記のとおり，「不法行為があった地」には，加害行為が行われた地と結果が発生した地の双方が含まれる。そして，「不法行為があった地が日本国内にあるとき」というために原告がどのような事実をどの程度証明すべきかについて，ウルトラマン事件（最判平成13年6月8日民集55巻4号727頁）は，「原則として，被告が我が国に

---

9)　高部・前掲注7) 287頁。

10)　木棚・前掲注1) 131頁。

11)　木棚・前掲注1) 133頁。

278 UNIT 11 国際知的財産

おいてした行為により原告の法益について損害が生じたとの客観的事実関係が証明されれば足りる」と判示した。具体的には，①原告の被侵害利益の存在，②被侵害利益に対する被告の行為，③損害の発生，④上記②と③との事実的因果関係を立証すれば足り，被告の故意過失，行為の違法性，相当因果関係，損害額の特定などは必要ないと解されている。[12]

　もっとも，前掲カードリーダー事件最高裁判決の考え方によると，被告が我が国においてした行為により原告の法益（外国の知的財産権）について損害が生じたとの客観的事実関係が証明されるのは困難であるといわれる。前掲カードリーダー事件最高裁判決は，被告が被告製品を日本から米国に輸出する等の行為（すなわち，被告の日本国内における行為）が，米国特許法271条（b）項の誘引侵害[13]にあたる等と主張して，被告に対し，被告製品の日本での製造，米国への輸出等の差止めおよび不法行為に基づく損害賠償を求めた事案において，「法例11条1項[14]にいう『原因タル事実ノ発生シタル地』は本件米国特許権の直接侵害行為が行われ，権利侵害という結果が生じたアメリカ合衆国と解すべきであり，同国の法律を準拠法とすべきである。けだし，(ア)我が国における被上告人の行為が，アメリカ合衆国での本件特許権侵害を積極的に誘導する行為であった場合には，権利侵害という結果は同国において発生したものということができ，(イ)準拠法についてアメリカ合衆国の法律によると解しても，被上告人が，米国子会社によるアメリカ合衆国における輸入及び販売を予定している限り，被上告人の予測可能性を害することにもならないからである」と判示した。この最高裁判決は，米国特許権の権利侵害は，原則としてその登録国である米国において発生すると解しており，この見解によれば，上記③の「損害の発生」も，原則として米国内ということができる。そうすると，被告の我が国における行為により原告の法益（米国特許権）について損害が生じたという客観

---

12)　木棚・前掲注1) 135頁。

13)　米国特許法271条（b）項は，"Whoever actively induces infringement of a patent shall be liable as an infringer."（特許侵害を積極的に誘引した者は，侵害者としての責めを負う）と規定しており，この「特許権侵害行為を積極的に誘引する行為」は米国内において行われたものに限られず，米国外で行われた行為も対象に含む。すなわち，米国特許法271条（b）項は米国外の行為に対して域外適用が可能であると考えられている。

14)　法例11条1項は，「事務管理，不当利得又ハ不法行為ニ因リテ生スル債権ノ成立及ヒ効力ハ其原因タル事実ノ発生シタル地ノ法律ニ依ル」と規定していた。

的事実関係の証明は難しいと考えられている[15]。

　なお，我が国における特許権侵害訴訟等の知的財産権の侵害訴訟においては，権利行使の対象となっている権利が無効とされるべきであるとの抗弁（特許104条の3第1項等）が主張されることが多い。外国法に基づく特許権等の侵害に関する訴訟において，当該権利が無効であるとの抗弁を主張することができるかについては，国際裁判管轄の問題ではなく，実体法上の問題として，準拠法となる当該外国特許権等の登録国の法律がその侵害に係る訴えにおいて無効の抗弁を主張することを許容しているか否かにより判断すべきであると解されている[16]。かかる見解によれば，たとえば，ドイツにおいては，特許権侵害訴訟において特許無効の抗弁を主張することが許されていないため，我が国の裁判所においてドイツ特許権の侵害に係る訴訟が係属し，我が国の裁判所が国際裁判管轄を有するときには，被告は当該ドイツ特許権が無効であるとの主張をすることができない[17]。外国特許権等につき登録国法を準拠法として日本の裁判所が有効性を判断する場合，当該外国特許権等が無効である旨日本の裁判所が判断したとしても，その判断は，当該訴訟の判決における理由中の判断として訴訟当事者間において効力を有するものにすぎず，当該外国特許権を対世的に無効とするものではないから，当該抗弁が許容されていることが登録国以外の国の国際裁判管轄を否定する理由となるものではなく，被告から無効の抗弁が主張されているとしても，登録国以外の国の裁判所において当該訴訟の審理を遂行することを妨げる理由となるものでもない[18]。

　日本の裁判所における外国特許権等の侵害訴訟と並行して，登録国において当該権利の有効性に関する手続が行われている場合には，登録国における有効性判断を尊重すべく日本における訴訟手続を中止することも考えられるが，平成23年の民事訴訟法改正時には，そのような訴訟手続の中止に関する規定は設けられなかった。日本の裁判所における外国特許権等の侵害訴訟と並行して，登録国において当該権利の有効性に関する手続が行われるという事態が生じることはそれほど多いとはいえず，そのような場合には，訴訟手続を中止するこ

---

15)　髙部編著・前掲注4）108頁〔鈴木わかな〕，髙部・前掲注7）298頁。

16)　佐藤ほか編著・前掲注6）115頁。

17)　佐藤ほか編著・前掲注6）115頁。

18)　サンゴ化石粉末事件（東京地判平成15年10月16日判時1874号23頁）。

280 UNIT 11 国際知的財産

となく，弁論期日等の間隔を調整するなどして柔軟に対応すれば足りると考えられたためである。[19]

（c）　債務不存在確認の訴えの国際裁判管轄

債務不存在確認の訴えの国際裁判管轄については，特別の規定は設けられておらず，訴えの類型や訴えに係る債務の性質等に応じて個別に判断される。[20]この点，民事訴訟法3条の3第8号の「不法行為に関する訴え」には，たとえば，特許権の侵害に基づく損害賠償請求権および差止請求権が存在しないことの確認を求める訴えのような債務不存在確認の訴えが含まれる。そして，「不法行為に関する訴え」が債務不存在確認請求訴訟である場合の不法行為に基づく損害賠償請求権の不存在確認の訴えに関しては，原則として，原告（被疑侵害者）が日本国内でした行為により被告（権利者）の権利利益について損害が生じたか，原告がした行為により被告の権利利益について日本国内で損害が生じたとの事実関係を被告が主張していることが証明されれば足り，差止請求権の不存在確認の訴えに関しては，原告が被告の権利利益を侵害する行為を日本国内で行うおそれがあるか，被告の権利利益が日本国内で侵害されるおそれがあるとの事実関係を被告が主張していることが証明されれば足りる。[21]

3　国際的な知的財産権訴訟の準拠法

国際的な知的財産権訴訟において，日本の裁判所の国際裁判管轄権が肯定される場合には，次に，その審理においていずれの国の法を選択して適用すべきかという準拠法の選択が問題となる。

準拠法の選択については **UNIT9** で詳述している。ここでは，知的財産権の存否および効力が問題となる場面および知的財産権の侵害が問題となる場面それぞれにつき，準拠法がどのように選択・適用されるのかについて概説する。

（1）　知的財産権の存否および効力についての準拠法

前掲カードリーダー事件は，「特許権の効力の準拠法に関しては，法例等に直接の定めがないから，条理に基づいて，当該特許権と最も密接な関係がある

---

19)　佐藤ほか編著・前掲注6）116頁。
20)　佐藤ほか編著・前掲注6）83頁。
21)　横浜地判平成26年8月6日判時2264号62頁。

国である当該特許権が登録された国の法律によると解するのが相当である」と述べ，特許権の効力の準拠法が登録国の法であることを判示した。法例に代わって制定された法の適用に関する通則法にも特許権の存否および効力についての定めはおかれていないことから，上記最高裁判決により，特許権の存否および効力についての準拠法は，登録国法であると解されている[22]。上記最高裁判決は，特許権以外の実用新案権，商標権，意匠権等設定の登録により発生する権利についても当てはまり，これらの権利の存否および効力についての準拠法は登録国法となると考えられている[23]。

　他方，無方式で発生する著作権の効力については，ベルヌ条約5条2項第3文に「保護の範囲及び著作者の権利を保全するため著作者に保障される救済の方法は，この条約の規定によるほか，専ら，保護が要求される同盟国の法令の定めるところによる」と規定されていることなどを根拠に，著作物の利用地国（保護国）の法が準拠法になると解されている[24]。また，著作権の存否については，ベルヌ条約7条8項により保護期間が保護国法によることから，保護国法が準拠法となるとする見解が一般的である[25]。

(2) 知的財産権の侵害に基づく請求の準拠法

(a) 設定の登録により発生する権利

(i) 差止請求

　前掲カードリーダー事件は，米国特許権の侵害に基づく差止めおよび廃棄請求について，「その法律関係の性質を特許権の効力と決定すべきである」とした上で，上記のとおり，特許権の効力の準拠法は当該特許権が登録された国の法律によるとして，米国法が準拠法となると判断した。この最高裁判決によれば，登録により発生する知的財産権に基づく差止めおよび廃棄請求については，その知的財産の登録国法が準拠法になると解される。

　もっとも，上記最高裁判決は，「我が国は，特許権について前記属地主義の

---

22) 高部編著・前掲注4) 125頁〔鈴木わかな〕。
23) 高部編著・前掲注4) 125頁〔鈴木わかな〕。
24) 高部眞規子編『著作権・商標・不競法関係訴訟の実務〔第2版〕』（商事法務，2018年）170頁〔井上泰人〕，高部編著・前掲注4) 126頁〔鈴木わかな〕。
25) 櫻田嘉章＝道垣内正人編『注釈国際私法　第1巻』（有斐閣，2011年）640頁〔道垣内正人〕，高部編・前掲注24) 166頁〔井上泰人〕，高部編著・前掲注4) 126頁〔鈴木わかな〕。

282　UNIT 11　国際知的財産

原則を採用しており，これによれば，各国の特許権は当該国の領域内において
のみ効力を有するにもかかわらず，本件米国特許権に基づき我が国における行
為の差止め等を認めることは，本件米国特許権の効力をその領域外である我が
国に及ぼすのと実質的に同一の結果を生ずることになって，我が国の採る属地
主義の原則に反するものであり，また，我が国とアメリカ合衆国との間で互い
に相手国の特許権の効力を自国においても認めるべき旨を定めた条約も存しな
いから，本件米国特許権侵害を積極的に誘導する行為を我が国で行ったことに
米国特許法を適用した結果我が国内での行為の差止め又は我が国内にある物の
廃棄を命ずることは，我が国の特許法秩序の基本理念と相いれないというべき
である」として，米国特許法を適用して差止めまたは廃棄を命ずることは，法
例33条にいう我が国の公の秩序に反するものと解するのが相当であるから，
米国特許法を適用しない旨判示している。日本の裁判所において，差止請求の
準拠法が外国法となる場合には，属地主義の原則に反するなどとして，通則法
42条（法例33条と同内容の規定である）により，請求が認められないこともあり
得ることには留意を要する。

　　(ii)　**損害賠償請求**

　前掲カードリーダー事件は，「特許権侵害を理由とする損害賠償請求につい
ては，特許権特有の問題ではなく，財産権の侵害に対する民事上の救済の一環
にほかならないから，法律関係の性質は不法行為であり，その準拠法について
は，法例11条1項によるべきであ」ると判示した。この最高裁判決は通則法
の下でも維持されると解されており，[26]また，特許権以外の設定の登録により発
生する権利一般に当てはまると考えられている。[27]設定の登録により発生する知
的財産権侵害に基づく損害賠償請求の準拠法は，不法行為によって生ずる債権
の成立および効力について定めた通則法17条によって[28]「加害行為の結果が発
生した地の法による」こととなる。

　無体物に係る権利である知的財産権侵害について，通則法17条の「加害行

---

26)　中山信弘ほか編『特許判例百選〔第4版〕』（別冊ジュリスト209号）（有斐閣，2012年）
　　99事件解説〔横溝大〕。

27)　髙部編著・前掲注4）129頁〔鈴木わかな〕。

28)　不法行為によって生ずる債権の成立および効力はその原因となる事実が発生した地の法
　　による旨定めていた法例11条1項が改正され，通則法17条が制定された。

為の結果が発生した地」を一義的に判断することは必ずしも容易ではない。カードリーダー事件は，「法例11条1項にいう『原因タル事実ノ発生シタル地』は，本件米国特許権の直接侵害行為が行われ，権利侵害という結果が生じたアメリカ合衆国と解すべきであり，同国の法律を準拠法とすべきである」と判示した。知的財産権侵害に基づく不法行為の結果発生地を，当該知的財産権の登録国であると解すると，知的財産権侵害に基づく損害賠償請求の準拠法も登録国であるという帰結になる。この最高裁判決には反対意見が付されており，批判的な学説も多いが，[29]基準として明快であるという評価もなされている。[30]

　知的財産権侵害に基づく損害賠償請求の準拠法が外国法となる場合であっても，我が国において損害賠償請求が認められるか，また，どの範囲で損害賠償が認められるかについては，通則法22条により規律される。通則法22条1項は，「不法行為について外国法によるべき場合において，当該外国法を適用すべき事実が日本法によれば不法とならないときは，当該外国法に基づく損害賠償その他の処分の請求は，することができない。」と定めており，損害賠償請求の根拠となる行為が日本法上の不法行為の成立要件を具備しなければ，当該請求は認められない。たとえば，上記最高裁判決は，米国特許法271条(b)項によれば，米国特許権を米国で侵害する行為を我が国において積極的に誘導した者は，米国特許法271条(b)項・284条により，損害賠償責任が肯定される余地があるとしながらも，「属地主義の原則を採り，米国特許法271条(b)項のように特許権の効力を自国の領域外における積極的誘導行為に及ぼすことを可能とする規定を持たない我が国の法律の下においては，これを認める立法又は条約のない限り，特許権の効力が及ばない，登録国の領域外において特許権侵害を積極的に誘導する行為について，違法ということはできず，不法行為の成立要件を具備するものと解することはできない」として，米国特許権の侵害という事実は，法例11条2項（通則法22条1項と同内容の規定である）にいう「外国ニ於テ発生シタル事実力日本ノ法律ニ依レハ不法ナラサルトキ」にあたるから，米国特許法の上記各規定を適用することはできないと判断した。

---

29)　たとえば，木棚・前掲注1）168頁では，最高裁の解釈は「外国特許侵害につき日本で訴訟を認めておきながら，損害賠償請求を認めない結果を導き，知的財産権の国際的保護の観点から妥当性を欠く。」等の批判がなされている。

30)　髙部編著・前掲注4）130頁〔鈴木わかな〕。

284　UNIT 11　国際知的財産

　また，同条2項は，「不法行為について外国法によるべき場合において，当該外国法を適用すべき事実が当該外国法及び日本法により不法となるときであっても，被害者は，日本法により認められる損害賠償その他の処分でなければ請求することができない。」と規定しており，日本法上の不法行為の成立要件を具備したものであっても，日本法によって損害賠償の方法および額が制限される。たとえば，米国特許法284条は，"(T) he court may increase the damages up to three times the amount found or assessed."（裁判所は，認定または評価された損害賠償額を3倍まで増額することができる）と規定しており，米国の判例法上，これは故意侵害（willful infringement）の場合の懲罰的損害賠償（punitive damages）であると解されている。米国においてはこのような懲罰的損害賠償が認められるべき事案であっても，同様の制度を採用していない我が国においては，日本法上認められる相当因果関係の範囲内にある損害のみが認められるにとどまる。

(b)　無方式で発生する権利

　ベルヌ条約5条2項第3文は，「保護が要求される同盟国」という連結点によって準拠法を定めていると解するのが多数説であるといわれており，この見解によれば，「著作者の権利を保全するため著作者に保障される救済の方法」は保護国法になる。この点，裁判例では，「著作者の権利を保全するため著作者に保障される救済の方法」とは，差止請求のみを意味し，損害賠償請求を含まないと解されている。この解釈によれば，差止請求については保護国法が準拠法となり，損害賠償請求については通則法17条により準拠法が決定される。[31]

第4節　並行輸入

1　問題の所在

　外国で当該外国の知的財産権につき正当な権限を有する者により適法に流通におかれた物品を当該外国で購入した者が，当該物品を日本に輸入するという並行輸入が頻繁に行われている。属地主義の原則からすれば，外国の知的財産権と日本の知的財産権はあくまで別個独立の権利であることから，外国におい

---

31)　髙部編著・前掲注4) 131頁〔鈴木わかな〕。

て物品が正当な権限を有する者により製造販売されたという事実は，当該物品に対する日本の知的財産権の行使には影響しないという帰結が考えられ，かつてはこのような考え方が主流であった。しかし，国際的な取引が活発に行われている現代においては，このような考え方を貫くと，国際的な市場における物品の流通が妨げられることになりかねない。

この点，たとえば，日本の特許権を有する者が日本国内において特許製品を譲渡した場合，当該特許製品については，特許権はその目的を達成したものとして消尽し，もはや特許権の効力は，当該特許製品の使用，譲渡，貸渡し等の実施行為には及ばないという消尽論が判例法上確立している。並行輸入の場面のように，いったん特許製品が外国で適法に流通に置かれた場合には，当該外国における特許権のみならず，日本における当該製品についての特許権も消尽する，すなわち，特許権の効力が当該外国にとどまらず，国際的に消尽するという国際消尽が成り立つのかが問題となっていた。[32]

2　特許製品の並行輸入

我が国の最高裁が国際消尽について初めて判断を示したのが，BBS 事件（最判平成 9 年 7 月 1 日民集 51 巻 6 号 2299 頁）である。BBS 事件では，日本に並行輸入された特許製品の販売が日本の特許権侵害になるかが争われた。最高裁は，「特許権者は，特許製品を譲渡した地の所在する国において，必ずしも我が国において有する特許権と同一の発明についての特許権（以下『対応特許権』という。）を有するとは限らないし，対応特許権を有する場合であっても，我が国において有する特許権と譲渡地の所在する国において有する対応特許権とは別個の権利であることに照らせば，特許権者が対応特許権に係る製品につき我が国において特許権に基づく権利を行使したとしても，これをもって直ちに二重の利得を得たものということはできない」と判示して国際消尽を否定しつつ，[33]

---

32)　著作権については，「国外において，前項に規定する権利に相当する権利を害することなく，又は同項に規定する権利に相当する権利を有する者若しくはその承諾を得た者により譲渡された著作物の原作品又は複製物」の譲渡には，譲渡権の規定が適用されない旨規定されている（著作 26 条の 2 第 2 項柱書・5 号）。この規定は国際消尽を明文化したものである。

33)　米国最高裁は，特許製品の販売が外国で行われた場合も国内販売の場合と同じく特許権の消尽を認めるべきであると判断し，国際消尽を正面から認めている（Impression Products, Inc. v. Lexmark Intern., Inc., 137 S.Ct. 1523（2017）.）。

「我が国の特許権者又はこれと同視し得る者が国外において特許製品を譲渡した場合においては，特許権者は，譲受人に対しては，当該製品について販売先ないし使用地域から我が国を除外する旨を譲受人との間で合意した場合を除き，譲受人から特許製品を譲り受けた第三者及びその後の転得者に対しては，譲受人との間で右の旨を合意した上特許製品にこれを明確に表示した場合を除いて，当該製品について我が国において特許権を行使することは許されない」と判示した。最高裁は，「特許製品を国外において譲渡した場合に，その後に当該製品が我が国に輸入されることが当然に予想されることに照らせば，特許権者が留保を付さないまま特許製品を国外において譲渡した場合には，譲受人及びその後の転得者に対して，我が国において譲渡人の有する特許権の制限を受けないで当該製品を支配する権利を黙示的に授与したものと解すべきである」一方，「特許権者の権利に目を向けるときは，特許権者が国外での特許製品の譲渡に当たって我が国における特許権行使の権利を留保することは許されるというべきであり，特許権者が，右譲渡の際に，譲受人との間で特許製品の販売先ないし使用地域から我が国を除外する旨を合意し，製品にこれを明確に表示した場合には，転得者もまた，製品の流通過程において他人が介在しているとしても，当該製品につきその旨の制限が付されていることを認識し得るものであって，右制限の存在を前提として当該製品を購入するかどうかを自由な意思により決定することができる」と述べており，国際取引における商品の円滑な流通の要請と並行輸入を阻止したいという特許権者の保護のバランスを考慮している。

　特許権者が並行輸入を阻止するためには，①譲受人との関係では，当該製品について販売先ないし使用地域から我が国を除外する旨を合意し，②転得者との関係では，譲受人との間で上記の旨を合意したことを特許製品に明確に表示することが必要となる。この特許製品上の表示をいかなる言語で行えばよいかなどを含め，具体的にどのような表示を特許製品上にすれば特許製品の並行輸入を阻止することができるのかについては，より詳細な検討が必要である[34]。

3　登録商標を付した商品の並行輸入

　登録商標を付した商品の並行輸入については，フレッドペリー事件（最判平

---

34)　木棚・前掲注1) 14頁。

成15年2月27日民集57巻2号125頁）において，以下のとおり判断されている。
最高裁は，「商標権者以外の者が，我が国における商標権の指定商品と同一の
商品につき，その登録商標と同一の商標を付したものを輸入する行為は，許諾
を受けない限り，商標権を侵害する」としつつ，「そのような商品の輸入であ
っても，(1)当該商標が外国における商標権者又は当該商標権者から使用許諾を
受けた者により適法に付されたものであり，(2)当該外国における商標権者と我
が国の商標権者とが同一人であるか又は法律的若しくは経済的に同一人と同視
し得るような関係があることにより，当該商標が我が国の登録商標と同一の出
所を表示するものであって，(3)我が国の商標権者が直接的に又は間接的に当該
商品の品質管理を行い得る立場にあることから，当該商品と我が国の商標権者
が登録商標を付した商品とが当該登録商標の保証する品質において実質的に差
異がないと評価される場合には，いわゆる真正商品の並行輸入として，商標権
侵害としての実質的違法性を欠く」と判断し，並行輸入が許される3つの要件
を示した。これらの3要件を充足する「いわゆる真正商品の並行輸入は，商標
の機能である出所表示機能及び品質保証機能を害することがなく，商標の使用
をする者の業務上の信用及び需要者の利益を損なわず，実質的に違法性がな
い」というのが最高裁の考え方である。

UNIT 12

知的財産契約

第1節　海外企業との間の知的財産契約

　今日では，我が国の企業と外国企業との間での技術上，営業上の情報のやり取り，特許，商標等の知的財産に関する実施・使用許諾（ライセンス）や，グローバルな共同研究開発などの知的財産に関する取引が日常的に行われている。これらの取引は，外国のマーケットでの製品販売に基づくライセンス料収受，外国企業が有する技術の導入など我が国の企業にとって有用な側面がある一方，外国企業への技術流出や知的財産権の帰属に関する争いなど，法的紛争に発展するリスクも多分に含む。国際法務に携わる者としては，知的財産契約に適切に対処できるよう，その重要なポイントを理解しておくことは必須である。

　本 UNIT においては，主要な知的財産契約である秘密保持契約（**第2節**），ライセンス契約（**第3節**）および共同研究開発契約（**第4節**）について解説を行う。なお，国際契約全般に関する解説については，**UNIT1** を参照されたい。

第2節　秘密保持契約

1　秘密保持契約の意義

秘密保持契約とは，契約の相手方から開示された情報を秘密として保持し，

第三者に開示，漏洩等しないこと，当該情報を契約において定められた目的以外に使用しないことなどの契約当事者間でやり取りされる情報の取扱いについて定める契約である。

一般的に，秘密保持契約が必要となる場面としては，①一定の取引を行うかどうかを検討するに際し，秘密情報を開示することを予定している場合，②一定の取引に付随して，または，当該取引の目的を達成するために，秘密情報を開示することを予定している場合，③相手方が日常的に秘密情報に接する場面などが挙げられる。本書においては，特に上記①の場面，たとえば，外国企業との間において，ライセンス契約や共同研究開発の前提として，技術情報を相互に開示することが予定されている場面を念頭におきつつ，説明する[1]。

2 秘密保持契約の条項

秘密保持契約においては，秘密情報を定義した上で，秘密情報の開示，使用，管理，返還までのプロセスを念頭に置いた条項が定められる。具体的には，情報を開示する当事者（情報開示者）が開示した秘密情報を秘密として保持すること（秘密保持義務）や秘密情報を当該秘密保持契約において定める目的以外には使用しないこと（目的外使用禁止義務）等の情報を受領する当事者（情報受領者）の義務，秘密保持義務の例外，秘密情報の返還・破棄などの条項を定める。

(1) 秘密情報の定義

秘密保持契約においては，まず，いかなる情報が「秘密情報」に該当するのかを明確かつ適切に定義することが重要であるが，いかなる情報を「秘密情報」に含めるかについては，情報開示者，情報受領者それぞれの立場により考え方が異なる。情報開示者は開示するすべての情報が「秘密情報」に該当するようにしたいと考えるのに対して，情報受領者は開示を受ける情報のうち「秘密情報」に該当するものの範囲をできるだけ限定したいと考えるのが通常である。もっとも，外国企業とのライセンス契約，共同研究開発契約においては相互に情報の開示・受領が行われることが多い。したがって，秘密保持契約の

---

1) 国際的な平和および安全の維持の観点からの技術の提供の管理については，**UNIT4 第3節**参照。

「秘密情報」の定義条項については，自社が主に情報開示者・情報受領者のいずれの立場に立つと想定されるかを考慮しつつ，バランスの取れた内容であるかを検討する必要がある。

具体的には，秘密情報の具体例を例示列挙しつつ，口頭，書面，電磁媒体等の情報開示の方法を問わず情報開示者が情報受領者に対して開示した情報が広く秘密情報に該当する旨を定義するという方法がある。これに対して，「秘密情報」の範囲を制限的に定義する際には，

① 書面，記憶媒体，電子メール，電子ファイル等の有体的な方法で開示される情報が秘密情報に該当するための要件として，秘密情報を記載した書面，記憶媒体等に "CONFIDENTIAL" 等の秘密であることを示す表示を要求するか，

② 口頭，音声，映像など無形的な方法で開示された情報が秘密情報に該当するための要件として，情報開示時点で秘密情報に該当することの告知や開示後一定期間内の書面化を要求するか，

等の点が考慮される。

また，情報受領時に既に公知であった情報，情報受領時に適法に保有していた情報，情報受領後に受領者の責によらずに公知になった情報，情報受領者が独自に開発した情報など一定の情報は，秘密情報から除外する旨の規定が置かれることが多い。

(2) 秘密保持義務・目的外使用禁止義務

秘密保持契約に基づく情報受領者の重要な義務の一つは，**秘密保持義務**，すなわち，情報受領者は秘密情報を第三者に開示，漏洩してはならないとの義務である。秘密保持義務の例外として，情報受領者が公的機関や裁判所等から開示命令等を受けた場合には，当該命令等に従って開示を行う限りは，秘密保持義務違反とはならない旨を定めることが一般的である。

また，情報受領者において秘密情報を弁護士，公認会計士，税理士等の専門家や自社の役員・従業員，関係会社や委託先などとも共有する必要がある場合も考えられる。この場合，情報受領者の弁護士等の専門家については情報受領者が秘密情報を開示してはならない第三者から除外される旨，役員・従業員，関係会社などに対する秘密情報の開示は，情報開示者の承諾なく行うことがで

きる旨を規定することが多い。秘密情報を共有した専門家，役員・従業員等による秘密保持義務等の違反については，情報受領者が責任を負う旨規定されるのが一般的である。

秘密保持契約に基づき秘密情報のやり取りを行う場合，当該秘密情報をいかなる目的においても使用可能とすることは稀であり，通常は，当該秘密情報を一定の目的のために使用することが想定されている。したがって，秘密保持契約においては，秘密情報の**目的外使用禁止義務**が定められることが通例である。このような目的外使用禁止義務の前提として，秘密保持契約の目的を定義することが必要となる。情報のやり取りを行う目的を明確にしておかなければ，目的外使用禁止義務の範囲が画されないこととなり，情報開示者が想定していた事柄の範囲外で秘密情報が使用されることを禁止できないおそれがある。したがって，たとえば，「X技術に関するライセンス契約の締結の可能性を検討するため」，「Y物質に関する共同研究開発の可能性を協議するため」というように，秘密保持契約の目的を明確かつ適切に定めることが重要である。

(3) 秘密情報の返還・破棄

秘密保持契約の目的を達成した場合など，情報受領者による秘密情報の利用が不要となった場合等の秘密情報の取扱いを明確にしておく必要がある。具体的には，情報開示者が情報受領者に対して**秘密情報の返還・破棄**等を求めることができる旨の規定が設けられるのが通例である。

情報開示者の立場からは，情報受領者による情報漏洩のおそれがある場合などに，速やかに開示した秘密情報の返還・廃棄を求めることができるように，契約の有効期間中であるか終了後であるかにかかわらず，情報開示者が請求したとき，すなわち，情報開示者が任意のタイミングで秘密情報の返還・破棄を求めることができる旨を規定しておくことが望ましい。他方，情報受領者の立場からすれば，情報開示者から想定外のタイミングで秘密情報の返還・破棄を求められる可能性もあることから，情報開示者の任意のタイミングで秘密情報の返還・破棄の請求が可能である点は受け入れるとしても，当該請求を行うべき合理的根拠（たとえば，情報漏洩など）を示さなければならないなど，秘密情報の返還・破棄の請求について一定の制限を設けるか否かついて慎重に検討することが求められる。

292　UNIT 12　知的財産契約

なお，返還・破棄の対象となる秘密情報の範囲を明確にするため，返還・破棄すべき秘密情報には，書面，電磁的記録などの媒体を問わず秘密情報を抜粋，複製したものを含む旨を明記することもある。

(4) 義務違反の場合の救済規定

秘密保持契約の準拠法が日本法の場合，秘密保持契約において定められた秘密保持義務，目的外使用禁止義務などの義務に情報受領者が違反した場合には，情報受領者は，民法上，債務不履行に基づく損害賠償責任を負う（民415条）。したがって，少なくとも，日本法が準拠法の秘密保持契約においては，損害賠償請求の規定はこの民法上の原則的ルールを確認的に規定したものという位置づけとなる。また，日本法が準拠法の場合，契約違反に基づく差止請求権が認められ得ることから，義務違反の場合の差止請求権を確認する意味合いのものになる。

情報開示者が情報受領者に対し，秘密保持契約違反に基づいて損害賠償請求を行う場合，情報開示者は，生じた損害（損害額を含む）および契約違反と損害の因果関係について主張立証責任を負うが，これらの立証は必ずしも容易ではない。そこで，情報開示者としては，秘密保持契約において，損害賠償額の予定（民法420条1項）を定め，損害や因果関係を立証することなく損害賠償請求を行えるようにすることも考えられる。もっとも，実務上は，秘密保持契約違反が生じた場合の損害額を予め見積もることは容易でなく，情報受領者の立場としても，秘密保持契約違反を前提とした損害賠償額の予定に応じることには抵抗があるのが通例であることから，損害賠償額の予定が規定される例は必ずしも多いわけではない。

準拠法が日本法以外の場合，当該準拠法の下で損害賠償請求，差止請求等の義務違反の救済の根拠となる規定をおくべきであるかを確認し，適切な内容の規定を定める必要がある。[2]

(5) 有効期間

秘密保持契約においては，開示された秘密情報について秘密保持義務や目的

---

2)　差止請求の規定については，**UNIT1 第4節**参照。

外使用禁止義務等を負う期間を明記することが必要である。通常は，秘密保持
契約の有効期間を「契約締結の日から1年間」などと規定し，秘密保持契約の
有効期間の始期と終期を定めることによって，当該秘密保持契約により当事者
が負う義務の期間を規定するが，秘密保持契約自体は終了した後も，秘密保持
義務等に関する条項は一定期間存続する旨の残存条項を定める場合もある。

　秘密保持契約の有効期間は，秘密情報を開示する当事者の立場からは，開示
された情報が陳腐化するまでの期間を想定して定めることを希望するであろう。
他方，秘密情報の開示を受ける当事者の立場からは，当該秘密情報を管理する
労力，方法，コスト等に鑑みた期間を希望する。利用価値が長期間にわたって
認められる情報であれば，秘密保持義務等の存続期間を無期限とすることも可
能であるが，情報の価値なども考慮し，3～5年程度の秘密保持義務の具体的
な有効期間を定めることが多い。

(6)　準拠法・紛争解決条項

　準拠法，紛争解決条項の詳細については，**UNIT1** において解説したとおり
であるが，秘密保持契約においては，特に以下の点に留意すべきである。

　まず，当事者が合意した準拠法は，あらゆる法律関係で適用されるわけでは
ない。通則法7条で「法律行為の成立及び効力は，当事者が当該法律行為の当
時に選択した地の法による」と規定されているとおり，準拠法はあくまで法律
行為の成立および効力に適用される。秘密保持契約の対象となる秘密情報につ
いて，秘密保持契約上の秘密保持義務，目的外使用禁止義務等の契約の効力に
関する条項については，その違反を根拠に救済を求める場合は，選択された準
拠法が適用されることになる。差止請求権などの契約違反時の救済についても，
契約上の合意があれば，当事者が選択した準拠法が適用される[3]。

　これに対し，契約違反を根拠とせずに，営業秘密の侵害を理由に不法行為に
準じた法理により保護を求める場合には，当事者が選択した準拠法ではなく，
不法行為の結果発生地法が適用されると解される（通則法17条参照）。たとえば，
ニューヨーク州において秘密情報が不正に開示，漏洩等されている場合には，

---

3)　牧野和夫「準拠法の選択による契約条件の効力への影響について——秘密保持契約書，
　共同開発契約書，ライセンス契約書を中心に」知財管理64巻6号（2014年）［初出796頁］
　802頁。

294　UNIT 12　知的財産契約

不法行為の結果発生地であるニューヨーク州の州法が準拠法として適用され，営業秘密の定義，侵害の要件，侵害に対する救済，消滅時効等の点でニューヨーク州法に従うことになる[4]。

　日本企業にとっては，秘密保持契約の準拠法を日本法とし，紛争解決も日本における裁判または仲裁とする方が有利なようにも思われるが，秘密情報は相手方の国で管理，使用され，違反行為も相手方の国で行われるケースが多い。相手方の国で行われた秘密保持義務違反や目的外使用禁止義務違反に対しては，相手方の国における法律により，当該国における紛争解決機関において救済を受ける方が時間的，労力的にも効率的である[5]。このことに鑑みると，日本企業が外国の当事者に対して秘密保持義務違反等の責任を問う場合には，必ずしも日本法を準拠法とし，日本における裁判，仲裁等による紛争解決が日本企業にとって有利だと一概にいえるわけではない。逆に，日本企業が秘密保持義務違反等の責任を問われるケースを想定すると，相手方の国の法を準拠法とし，相手方の国の紛争解決機関における紛争解決を定めておくと，相手方は権利を行使しにくくなる面がある。

　また，秘密保持契約違反が争われる紛争においては，特に公開が原則とされている裁判手続において，秘密情報が開示され，その内容が相手方や一般傍聴人等に広く知られてしまうという問題も生じ得る。これに対応するため，たとえば，米国の統一営業秘密法（Uniform Trade Secrets Acts）の第5条では，裁判所は営業秘密を，ディスカバリーにおける保護命令（Protective Order），審理への出席の制限（インカメラ手続），訴訟記録の封印その他の合理的な方法によって保護しなければならないとして，訴訟手続において営業秘密の秘密性を保護すべきことを定めている。このように，紛争解決手続における秘密情報の保護に関する制度の整備・運用状況も念頭において，紛争解決手段を選択すべきである。

　以上のとおり，秘密保持契約においては，秘密保持契約違反がどの当事者によりどの国で行われるか，紛争解決手続における秘密情報保護のための制度の有無，運用などの事情を考慮して準拠法，紛争解決条項を検討する必要がある。

---

4)　牧野・前掲注3）802頁。
5)　牧野・前掲注3）810頁も同旨。

第3節　ライセンス契約　　295

第3節　ライセンス契約

1　ライセンス契約

ライセンス契約とは，典型的には，特許発明，商標，著作物等の知的財産の実施，使用，利用等を許諾し，その許諾の諸条件について定める契約である。知的財産権は，その権利者のみが利用できる独占的・排他的権利であり，権利者以外のものは許諾なくして当該知的財産権を利用することはできない（許諾なく利用した場合には，知的財産権の侵害となる）。他者が保有する知的財産の利用を希望する者は，ライセンス契約により実施権，使用権，利用権等の許諾を受けることにより，適法な権原に基づいて当該知的財産を利用することができる。

　ライセンスをする当事者（ライセンサー）の立場からは，ライセンス許諾に対する対価を収受することにより，自社による製造販売等の能力を超えた収益や，利活用できていない知的財産権による収益を期待することができ，また，研究開発費，権利の取得・維持費用の回収等を図ることも可能となる。他方，ライセンスを受ける当事者（ライセンシー）の立場からは，ライセンスを受けることにより自社による研究開発を行う場合と比較して，研究開発費用の削減，研究開発期間の短縮を期待できる。また，知的財産権侵害を回避，解決するためにライセンス契約が締結されることもある。

　本節においては，日本企業と外国企業との特許ライセンス契約を念頭に置きながら，ライセンス契約において定めるべき条項例について解説を行う。

2　ライセンス契約の条項例

(1)　ライセンスの許諾

Subject to the terms of this Agreement, Licensor hereby grants to Licensee an exclusive license（without the right to sublicense）under the Patent to manufacture, use, distribute, sell and offer for sale the Products in the Territory.
〈訳〉
　本契約の定めに従って，ライセンサーは，ライセンシーに対して，本特許に基づいて，本製品を本領域内において製造，使用，供給，販売および販売の申出をする（サブライセンス権のない）独占的ライセンスを許諾する。

　本条項は，ライセンサーがライセンシーに対して許諾するライセンスの基本

的権利内容および範囲を定めるものであり，ライセンス契約において最も重要な条項である。

　ライセンスの対象となっている特許等の知的財産を第三者にはライセンスせず，ライセンサー自身も当該知的財産を利用しないという合意がある場合を**独占的ライセンス**（exclusive license），当該知的財産を第三者にはライセンスしないが，ライセンサー自身による利用は認めるという合意がある場合を**準独占的ライセンス**（sole license），ライセンシー自身の利用や第三者へのライセンスを禁止する旨の合意がない場合を**非独占的ライセンス**（non-exclusive license）という。まず，ライセンスの許諾条項では，当該ライセンスが独占的（exclusive）か，準独占的（sole）か非独占的（non-exclusive）かを明示する必要がある。

　また，ライセンスの内容，範囲として，ライセンス対象特許，当該ライセンスに基づいて実施することができる行為，地域，技術分野などを明確に規定すべきである。上記条項例では，許諾対象特許に基づき，許諾地域（Territory）におけるライセンス対象製品の製造，使用，流通，販売，販売の申出（manufacture, use, distribute, sell and offer for sale the Products）を行う権利をライセンスする旨を特定し，実施行為および実施地域を明確にしている。

　さらに，ライセンス契約においては，ライセンシーが第三者にさらに実施許諾（**再実施許諾**〔**サブライセンス**〕）をする権利を有するかについても明記すべきである。たとえば，日本法の下では，専用実施権者がその専用実施権について他人に通常実施権を許諾するためには，特許権者の承諾を得なければならないとされている（特許77条4項）。また，通常実施権についても契約において再実施許諾権の有無について言及されていない場合は，通常実施権者による再実施許諾は許されておらず，再実施許諾の可否についての個別の承諾を得なければならないと解されている[6]。このルールに従えば，ライセンシーに，ライセンサーの個別の承諾なく再実施を許諾する権利を付与する場合には契約条項上これを明記すべきであることはいうまでもない。ライセンシーに再実施許諾権を付与しない場合であっても，その旨規定して，ライセンシーの再実施許諾権の有無を明確にしておくべきである。上記条項例においては，ライセンシーに許

---

6)　中山信弘＝小泉直樹編『新・注解特許法〔第2版〕［中巻］』（青林書院，2017年）1465頁〔城山康文〕。

第3節　ライセンス契約　　297

諾される権利には再実施許諾権は含まれないこと（without the right to subli-
cense）を明記している。

(2)　ライセンス料

Licensee shall make to Licensor the following payments according to the following schedule.
All payments shall be made in U.S. dollars via wire transfer to Licensor's bank account speci-
fied separately.
- (a)　500,000 USD on the Effective Date;
- (b)　300,000 USD fourteen（14）days following Licensee's receipt of marketing authoriza-
  tion of the Product from relevant governmental authority;
- (c)　1 % of net sales of the first 10,000 Products sold;
- (d)　2 % of net sales of the next 20,000 Products sold; and
- (e)　3% of net sales for any additional Products sold.

〈訳〉
　ライセンシーは，ライセンサーに対し，以下のスケジュールに従って，以下の支払を行うもの
とする。すべての支払は，米ドルにより，別途指定されるライセンサーの銀行口座宛に振り込む
方法により行う。
- (a)　効力発生日に50万ドル
- (b)　関係政府当局から本製品に関する販売承認をライセンシーが得た日から14日以内に30
  万ドル
- (c)　本製品の最初の販売個数1万個分につき，正味売上高の1％
- (d)　本製品のその後の販売個数2万個分につき，正味売上高の2％
- (e)　本製品の以降の販売個数分につき，正味売上高の3％

　ライセンス契約は，無償（royalty-free）の場合もあるが，多くの場合は，ラ
イセンシーがライセンサーに対して何らかの**ライセンス料**（**ロイヤリティ**と呼ば
れることもある）の支払を行う（royalty-bearing）。

　ライセンス料の定め方には，大きく分けて，ライセンス契約の発効時または
発効後の一定期間内に一定額を支払う固定額方式，ライセンシーが一定期間内
の出来高（許諾製品を販売した販売額・販売量など）に応じて算出した金額を支払
う出来高払方式の2種類がある。上記条項例は，固定額方式（(a)および(b)）と
出来高払方式（(c)ないし(e)）を組み合わせている。また，上記条項例は，契約
締結時（(a)），ライセンシーが許諾対象製品について関係政府当局から承認を
得たときから14日以内（(b)），許諾対象製品の売上数量に応じて正味売上高の
一定割合（(c)〜(e)）という段階的なライセンス料の支払スケジュールを定めた
例である。

　なお，ライセンス料に対する課税に関しては，**UNIT16**を参照されたい。

298　　UNIT 12　知的財産契約

(3) 技術情報の提供・技術指導

Licensor will disclose technical information and/or provide technical assistance which Licensor thinks necessary for the manufacture and sale of the Products under the Patent upon Licensee's request.

〈訳〉

　ライセンサーは，ライセンシーの要請により，本特許に基づいて本製品の製造および販売を行うために必要であるとライセンサーが考える技術情報の開示および／または技術支援を行う。

　特許ライセンスのような技術ライセンス契約では，ライセンシーが許諾対象特許を現に実施できるようにするため，ライセンサーがライセンシーに対して，技術情報やノウハウの開示を行うべきことや，ライセンサーがライセンシーに対して技術指導を行うべきことが規定されることが多い。

　ライセンシーにとってはライセンスを受けただけでは実施できない場合にはライセンスが無意味となることから，ライセンサーによる一定の範囲の技術情報の提供，技術指導を要請できるようにしたいと考える一方，ライセンサーの立場からは，技術指導等が時間，労力，費用等の面において過度の負担となったり，重要な技術情報が流出したりするのを避けるべく技術情報の提供・技術指導の範囲は必要最小限に留めたいという要請が生じる。したがって，技術情報の提供・技術指導の条項においては，技術指導等を求めることができる条件，時期やその方法，費用負担等について具体的な取決めを行うことが望ましい。

(4) 権利侵害への対応

Licensee shall report to Licensor immediately in the event that Licensee discovers any fact or possibility of infringement of the Patent by a third party. Licensor shall be responsible for abating and preventing such infringement and possibility of infringement in the Territory, and shall give Licensee prior written notice before taking any legal action against such infringement or possibility of infringement. Licensee shall, upon Licensor's reasonable request, render reasonable assistance necessary for abating and preventing such infringement or possibility of infringement.

〈訳〉

　ライセンシーが，第三者による本特許の侵害の事実またはそのおそれを発見した場合，ライセンシーは直ちにライセンサーに報告しなければならない。ライセンサーは本領域内における当該侵害および侵害のおそれを排除および阻止する責任を有し，当該侵害および侵害のおそれに対していかなる法的措置を執る前に，ライセンシーに事前の書面通知を行わなければならない。ライセンシーは，ライセンサーの合理的要請があるときは，当該侵害および侵害のおそれを排除および阻止するために必要な合理的支援を行わなければならない。

第三者がライセンスの対象となっている知的財産権を侵害していること，または，侵害するおそれがあることをライセンシーが発見した場合の対応方法について規定した条項である。ライセンシーの立場からすると，知的財産権を保有しているライセンサーに権利侵害対応を行ってもらいたいと考えることが多く，上記条項例のようにライセンサーが侵害排除義務を負うべきことを規定することもある。もっとも，現に許諾対象地域において事業活動を行っているライセンシーが第一次的な権利侵害対応を行う方が迅速に侵害を排除できる場合もあり，ライセンサーとライセンシーのいずれが権利侵害対応を行うべきかにつき柔軟な対応が望ましい場合もあることには留意すべきである。いずれの当事者が直接的な権利侵害対応を行うにしても，両当事者が協力して対応に当たるべきことは規定されることが多い。

　一般的に，ライセンシーに与えられているライセンスが非独占的（non-exclusive）ライセンスである場合，ライセンシー単独では侵害者に対する権利行使（差止請求，損害賠償請求等）が認められない。我が国においては，非独占的通常実施権者は侵害者に対する差止請求権および損害賠償請求権を有さず[7]，独占的通常実施権者は侵害者に対する損害賠償請求権を有するものの[8]，差止請求権は有しない（ただし，特許権者が侵害者に対して有する差止請求権を代位行使可能と解すべき見解はある[9]）と解されている（なお，専用実施権者は差止請求権を有する〔特許100条1項〕）。ライセンシー単独による侵害者に対する権利行使が認められない場合には，対象となっている権利を有しているライセンサー単独，または，ライセンサーとライセンシーとの共同による権利行使が必要となることから，ライセンシーにとっては，ライセンサーに侵害排除を義務づける条項，または，侵害者に対する権利行使につきライセンサーの協力を義務づける条項を設けることが重要である。

---

7)　実用新案権の非独占的通常実施権者による損害賠償請求および債権者代位権に基づく差止請求権を否定した事例として，大阪高判昭和59年12月21日無体集16巻3号843頁。

8)　独占的通常実施権者による侵害者に対する損害賠償請求を認めた事例として，知財高判平成21年3月11日判時2049号50頁等。

9)　独占的通常実施権者による差止請求権の代位行使を肯定した事例として，東京地判昭和40年8月31日判タ185号209頁，東京地判平成14年10月3日平成12年（ワ）第17298号（裁判所ウェブサイト）がある。

300　UNIT 12　知的財産契約

(5)　改良発明の取扱い

If Licensee shall, during the term of this Agreement, devise any improvement for the technology covered by the Patent, Licensee shall promptly notify Licensor in writing of the details of the improvement. Any such improvement and the intellectual property rights associated with such improvement shall be owned by Licensor, but Licensee shall be granted a non-exclusive royalty-free license to utilize such improvement under the terms of this Agreement. Licensee shall cooperate with Licensor in providing any information or explanations as the Licensor may reasonably require in order to be able to effectively assess, utilize, and protect the intellectual property rights of the same, including cooperation in filing, prosecuting, and assigning any patent application arising out of such improvement.

〈訳〉

　ライセンシーが本契約の有効期間中に本特許の技術的範囲に属する技術に関連して改良発明をなした場合，ライセンシーは，改良発明の詳細を記した書面により，直ちにライセンサーに通知しなければならない。当該改良発明および当該改良発明に係る知的財産権はライセンサーが保有するが，ライセンシーは，本契約の定めに従って当該改良発明を利用する非独占かつ無償のライセンスを付与される。さらに，ライセンシーは，当該改良発明に係る知的財産権を効率的に評価し，利用し，保護することができるようにするためにライセンサーが合理的に要請するときは，情報提供または説明に協力（特許出願手続における協力，および，当該改良発明から生じる特許出願に係る権利の譲渡を含む）しなければならない。

　ライセンシーがライセンスを受けた発明を実施する中で，当該発明に係る技術の改良に成功する場合は少なくない。このような改良技術に係る発明等（**改良発明**〔improvement〕）が生み出された場合，誰にその権利が帰属するのか，改良発明を誰がどのような条件で利用できるのか等の問題が生じる。そこで，ライセンス契約においては，通常，ライセンシーによって改良発明が生み出された場合の取扱いに関する条項が置かれる。

　上記条項例においては，ライセンシーが改良発明をなした場合は，ライセンサーに直ちに通知すべきこと，改良発明に係る権利はライセンサーに帰属するが，ライセンシーには改良発明について非独占的かつ無償のライセンスが付与され，改良発明を利用できること，ライセンシーはライセンサーが改良発明について知的財産権の保護を受けるために必要な事項につき協力を行うべきことを定めている。実際には上記条項例のように改良発明に係る権利の帰属等をライセンス契約締結時点において明確に取り決めることは困難であり，改良発明の帰属等の詳細については協議する旨のみを規定する場合も少なくない。

　ライセンシーに対して，改良発明をライセンサーに帰属させる義務（**アサインバック**）やライセンサーに改良発明について独占的ライセンスを許諾する義務（**グラントバック**）を負わせ，ライセンシーによる改良技術の利用を禁止する

ことは，ライセンシーによる技術開発活動の意欲を低下させ，技術開発が行われれば活発になり得た製品や技術の取引をめぐる競争を阻害する反競争的効果があるとして独占禁止法，競争法違反となる場合があることには十分に留意すべきである[10]。我が国の「知的財産の利用に関する独占禁止法上の指針」（平成28年1月21日改正）においても[11]，ライセンサーがライセンシーに対し，ライセンシーが開発した改良技術について，ライセンサーまたはライセンサーの指定する事業者にその権利を帰属させる義務，またはライセンサーに独占的ライセンスをする義務を課す行為は，技術市場または製品市場におけるライセンサーの地位を強化し，また，ライセンシーに改良技術を利用させないことによりライセンシーの研究開発意欲を損なうものであり，また，通常，このような制限を課す合理的理由があるとは認められないので，原則として不公正な取引方法に該当するとされている[12]。他方，ライセンシーに対して，改良発明をなしたことをライセンサーに通知する義務や改良発明についてライセンサーに非独占的実施権を許諾する義務を課すこと，相応の対価を支払って，改良発明をライセンサーに譲渡する義務を課すことは，通常は，独占禁止法，競争法違反とはならないと考えられている。上記「知的財産の利用に関する独占禁止法上の指針」においては，ライセンサーがライセンシーに対し，ライセンシーによる改良技術をライセンサーに非独占的にライセンスをする義務を課す行為は，ライセンシーが自ら開発した改良技術を自由に利用できる場合は，ライセンシーの事業活動を拘束する程度は小さく，ライセンシーの研究開発意欲を損なうおそれがあるとは認められないので，原則として不公正な取引方法に該当しないとされている[13]。また，ライセンサーがライセンシーに対し，ライセンス技術についてライセンシーが利用する過程で取得した知識または経験をライセンサーに報告する義務を課す行為は，ライセンサーがライセンスをする意欲を高めるこ

---

10) 独占禁止法，競争法については，**UNIT17 第４節２** 参照。

11) 本指針で示される考え方は，事業者の事業活動が行われる場所が我が国の内外のいずれであるかを問わず，我が国市場に影響が及ぶ限りにおいて適用される（公正取引委員会「知的財産権の利用に関する独占禁止法上の指針」平成19年9月28日〔最終改正平成28年1月21日〕第1・2(3)2頁）。

12) 公正取引委員会「知的財産の利用に関する独占禁止法上の指針」第4・5(8)「改良技術の譲渡義務・独占的ライセンス義務」ア24頁。

13) 公正取引委員会「知的財産の利用に関する独占禁止法上の指針」第4・5(9)「改良技術の非独占的ライセンス義務」ア24頁。

302　UNIT 12　知的財産契約

とになる一方，ライセンシーの研究開発意欲を損なうものではないので，原則として不公正な取引方法に該当しないとされている[14]。

(6)　ライセンサーの義務

Licensor provides no warranty, express or implied, for (i) the patentability of the technology covered under the Patent and (ii) the non-infringement of third party's right by any product covered by or developed under the Patent.
〈訳〉
　ライセンサーは，(i)本特許の技術的範囲に属する技術の特許性，および，(ii)本特許の技術的範囲に属するまたは本特許に基づいて開発されるいかなる製品による第三者の権利の非侵害についても，明示的または黙示的にかかわらず，いかなる保証もしない。

　許諾対象特許の有効性，許諾対象発明の実施による第三者の権利の非侵害等についてライセンサーが保証するか否かを規定する条項である。このような条項が規定されていない場合は，ライセンス契約の準拠法に従って，ライセンサーがライセンス対象の権利，発明の瑕疵について担保責任を負うか否かが判断されることになるが，ライセンサーとしては，自己の責任を一般的な契約法理や解釈に委ねるリスクを回避すべく，保証責任の有無について契約上明記しておくべきである。

　一般的には，ライセンサーが許諾対象特許に無効理由がないことや第三者の権利を侵害していないことなどを包括的・網羅的に調査することは困難であり，特許無効等のリスクすべてをライセンサーが負うことは公平でもないことから，特許の有効性等についてライセンサーが保証することは実務的には多くはない。上記条項例も，ライセンサーは特許の有効性や第三者の権利の非侵害について保証しない旨を規定している。

(7)　ライセンシーの義務

Licensee agrees that it shall not challenge or dispute, or assist others in challenging, or disputing, the validity, enforceability or ownership by Licensor of the Patent.
〈訳〉
　ライセンシーは，本特許に関する有効性，権利行使可能性またはライセンサーの権利者性について，異議を申し立てまたは争い，もしくは，異議を申し立てまたは争うのを支援してはならな

---

14)　公正取引委員会「知的財産の利用に関する独占禁止法上の指針」第4・5(10)「取得知識，経験の報告義務」25頁。

いことに合意する。

　ライセンス契約において，ライセンシーの種々の義務が定められるが，上記条項例のように，ライセンシーがライセンスを受けた知的財産権の有効性を争わないという義務（**不争義務**）が定められることが少なくない。

　不争義務については，独占禁止法，競争法違反となり，その効力が否定される可能性がある[15]。我が国の「知的財産の利用に関する独占禁止法上の指針」においては，円滑な技術取引を通じ競争の促進に資する面が認められ，かつ，直接的には競争を減殺するおそれは小さいが，無効にされるべき権利が存続し，当該権利に係る技術の利用が制限されることから，公正競争阻害性を有するものとして不公正な取引方法に該当する場合もあるが，ライセンシーが権利の有効性を争った場合に当該権利の対象となっている技術についてライセンス契約を解除する旨を定めることは，原則として不公正な取引方法に該当しないとされている[16]。各国においても，ライセンス契約にライセンシーが許諾対象特許の効力を争う場合にライセンサーはライセンス契約を解約できる旨の解約条項を設けることを許容しているといわれている[17]。

　不争義務と似て非なる義務として，ライセンシーの**非係争義務**を定めることもある。非係争義務とは，ライセンサーがライセンシーに対し，ライセンシーが所有し，または取得することとなる全部または一部の権利をライセンサーまたはライセンサーの指定する事業者に対して行使しない義務であり，ライセンシーがライセンスを受けた知的財産権の有効性を争わないという義務である不争義務とは異なる義務である。上記「知的財産の利用に関する独占禁止法上の指針」においては，非係争義務は，「ライセンサーの技術市場若しくは製品市場における有力な地位を強化することにつながること，又はライセンシーの権利行使が制限されることによってライセンシーの研究開発意欲を損ない，新たな技術の開発を阻害することにより，公正競争阻害性を有する場合には，不公

---

15)　独占禁止法，競争法については，**UNIT17 第４節２**参照。

16)　公正取引委員会「知的財産の利用に関する独占禁止法上の指針」第４・４(7)「不争義務」20 頁。

17)　村上政博＝淺見節子『特許・ライセンスの日米比較──特許法と独占禁止法の交錯〔第４版〕』（弘文堂，2004 年）304 頁。

正な取引方法に該当する（一般指定12項）。〔改行〕ただし，実質的にみて，ライセンシーが開発した改良技術についてライセンサーに非独占的にライセンスをする義務が課されているにすぎない場合は，原則として不公正な取引方法に該当しない。」とされており[18)]，独占禁止法，競争法違反になる可能性がある点に十分に留意すべきである。

さらに，ライセンサーがライセンシーに対し，ライセンサーの競争品を製造・販売することまたはライセンサーの競争者から競争技術のライセンスを受けることを制限する旨の条項を設ける場合もある。もっとも，上記「知的財産の利用に関する独占禁止法上の指針」においては，かかる条項は，「ライセンシーによる技術の効率的な利用や円滑な技術取引を妨げ，競争者の取引の機会を排除する効果を持つ。したがって，これらの行為は，公正競争阻害性を有する場合には，不公正な取引方法に該当する（一般指定2項・11項・12項）。〔改行〕なお，当該技術がノウハウに係るものであるため，当該制限以外に当該技術の漏洩又は流用を防止するための手段がない場合には，秘密性を保持するために必要な範囲でこのような制限を課すことは公正競争阻害性を有さないと認められることが多いと考えられる。このことは，契約終了後の制限であっても短期間であれば同様である[19)]。」とされている点に留意すべきである。競争品の取扱い等を制限する規定を設ける場合には，独占禁止法，競争法上の問題がないかの検討が必須である。

3　その他の留意点

我が国においては，知的財産権のライセンス契約は当事者間の合意のみによって有効に成立するが，たとえば，インド，インドネシア，タイなどの国においては，ライセンス契約を特許庁等の関係機関に登録する義務がある旨が定められており，登録がなされない限り契約が有効とならない場合や第三者に対して法的効力を有しないとされている場合もある。相手方の国において登録が必要なライセンス契約であるか，登録の要件，効果などを確認しておくべきであ

---

18)　公正取引委員会「知的財産の利用に関する独占禁止法上の指針」第4・5(6)「非係争義務」23頁。

19)　公正取引委員会「知的財産の利用に関する独占禁止法上の指針」第4・4(4)「競争品の製造・販売又は競争者との取引の制限」20頁。

る。

　また，たとえば，外国企業がライセンサーとして中国の企業に対して技術ライセンスを行う場合には，ライセンサーは，技術輸出入管理条例上，ライセンス権原，技術の完全性等について保証しなければならず，このような保証責任は強行規定であると解されている。このように，相手方の国においてライセンス契約に適用される強行法規がライセンス契約の内容にも影響し得ることから，そのような強行法規の有無，その内容についても確認が必要になる。

第４節　共同研究開発契約

1　はじめに

　かつては，企業が単独で研究開発活動を行うのが主流であったが，グローバルな競争が激化し，新技術，新製品の研究開発のスピードが求められている現代においては，複数の企業が技術，人的リソース，資金等の面において相互に補完し合うべく共同で研究開発活動を進めることが不可避になっている。共同研究開発には，研究開発スピードの向上，研究開発資金の補完，パートナーとのコスト・リスクの共有等のメリットがある反面，共同研究開発の結果生じた成果の帰属・利用についての紛争リスク，共同研究開発終了後の事業化における制約などのデメリットもあることから，このようなメリット，デメリットを十分に理解した上で，共同研究開発契約を作成・締結する必要がある。

　共同の研究開発活動の態様は，参画する当事者それぞれが研究開発活動を分担して行うもの，一当事者が研究開発活動を行い，他当事者は費用のみを分担するもの，参画する当事者が研究開発を行う組織を共同で作るものなど多種多様であるが，本節では，日本企業と外国企業が特定のテーマを対象に研究開発活動を分担して行う場合を想定して，共同研究開発契約において定めるべき主要な条項について解説する。

2　共同研究開発契約の主要条項

　共同研究開発は，複数の企業が共同で特定のテーマについて研究開発活動を行い，何らかの成果を完成させ，それを事業化するということが基本的な目的であることから，共同研究開発契約の根幹となるのは，共同研究開発の対象，

各当事者の役割・責任・費用の分担，進捗状況の報告，生じた成果の帰属・利用等の条項である。

(1) 共同研究開発の対象の設定

> Subject to the terms and conditions of this Agreement, AAA and BBB shall jointly research and develop the XXX product, the details of which shall be described in Appendix A hereto (the "Product"), based on AAA's manufacturing technology and BBB's synthesis method.
> 〈訳〉
> 　本契約の定めに従って，AAA および BBB は，AAA の製造技術および BBB の合成方法に基づいて XXX 製品（「本製品」）（詳細については別紙 A に記載する）を共同で研究開発する。

　共同研究開発契約においては，まず，当事者が何を対象に共同研究開発を行うのかを明確にしておく必要がある。共同研究開発契約の締結時においては，共同研究開発の対象は具体的に存在していないが，各当事者が何を対象にして研究開発活動を行うべきかにつき理解を共有するため，共同研究開発契約において可能な限り対象を特定すべきである。上記条項例のように，対象の概要のみを規定し，詳細については別紙において定めることが多い。

　共同研究開発の対象の設定に関する条項は，共同研究開発における各当事者の役割分担の規定（下記(2)）の前提となるだけでなく，当該共同研究開発契約に基づく費用分担の範囲（下記(3)），当事者が生み出した成果が当該共同研究開発契約において定められた帰属や利用の規定の適用対象となるか否か（下記(5)），当該共同研究開発の対象と競合する研究開発を制限する場合の制限の範囲（下記(6)）などの共同研究開発の対象の範囲内外によって適用の有無や適用の範囲が画される契約条件の判断基準となる。共同研究開発の対象をどのように設定すべきかは事案に応じて判断する必要があり，各当事者が想定している共同研究開発の内容，計画を十分に理解した上で，共同研究開発の実態に即して適切かつ明確な規定を検討すべきである。

(2) 共同研究開発における当事者の役割分担

> Each Party shall be responsible for performing following roles for the joint research and development under this Agreement:
> I.　Roles of AAA:

- (a) to determine and provide BBB with technical information including specification of the Product;
- (b) to test and evaluate the Compound to be used in manufacturing the Products;
- (c) to provide BBB with a written report（s）on test and evaluation results/analyses of the Compound and the Products; and
- (d) to develop and complete the Products and their specifications.
II. Roles of BBB:
- (a) to prepare and provide AAA with the specification of the Compound;
- (b) to synthesize the Compound;
- (c) to revise and complete the Compound and its specification; and
- (d) to provide AAA with the Compound.

〈訳〉

各当事者は，本契約に基づく共同研究開発に関し，以下の役割を実行する責任を負う。

I AAA の役割
- (a) 本製品の仕様を含む技術情報を決定し，BBB に提供する
- (b) 本製品を製造する際に使用する本化合物の試験および評価を行う
- (c) 本化合物および本製品に関する試験および評価の結果／分析に関する報告書を提供する
- (d) 本製品およびそれらの仕様を開発し，完成させる

II BBB の役割
- (a) 本化合物の仕様を準備し，AAA に提供する
- (b) 本化合物を合成する
- (c) 本化合物およびその仕様を修正し，完成させる
- (d) 本化合物を AAA に提供する

　設定した共同研究開発の対象を前提に，共同研究開発において，各当事者がどのような役割を分担するのかを具体的に定める必要がある。各当事者の役割分担が曖昧な場合，共同研究開発自体が円滑に遂行できないという運営の問題が生じるのみならず，共同研究開発に関する費用（下記(3)）につき各当事者が分担すべき範囲や（特に共同研究開発が頓挫した場合に）共同研究開発における各当事者が果たすべきであった責任を巡って争いが生じるなどのリスクを抱えることにもなる。

　役割分担については，各当事者が行うべき研究開発活動を契約書別紙等において詳細に特定する例もあるが，実際に研究開発活動を進めてみなければ具体的・実務的な役割分担を判断することが困難な技術的事項が存在する場合など，共同研究開発契約締結時点では，各当事者が果たすべき役割分担や義務を一義的に決定することができないことも少なくない。上記条項例は，必要最低限の規定として，各当事者が果たすべき役割分担を項目で特定する例である。共同研究開発が進行するにつれ，各当事者が行うべき活動内容がより具体化することや修正が必要になることから，定期的に当事者間で具体的な役割分担につい

308　UNIT 12　知的財産契約

て確認し，必要に応じて修正等をすることが重要である。

(3) 費用負担

⑴　AAA and BBB shall bear the respective expenses that each will incur for the roles under Article XX.

⑵　Notwithstanding the preceding paragraph, AAA and BBB shall equally bear the following expenses:
　Cost for installing manufacturing equipment for the Product
　……

⑶　If the joint research and development under this Agreement is suspended before the completion thereof, neither Party may request payment of the expenses borne by such Party, in accordance with paragraph⑴, from the other Party.

〈訳〉

⑴　AAA および BBB は，第 XX 条に基づく役割に関連して各当事者に生じる費用を各自負担する。

⑵　前項にかかわらず，AAA および BBB は，以下の費用を均等に負担する。
　本製品のための製造設備の導入費用
　・・・

⑶　本契約に基づく共同研究開発が完了前に中止になった場合，いずれの当事者も，当該当事者が第 1 項の定めに従って負担した費用を相手方当事者に対して請求することはできない。

　各当事者が対等な立場で人的，物的，資金的リソースを持ち寄って共同で研究開発活動を行うことが想定されている場合には，費用分担についても，上記条項例⑴項のように，自己が分担する研究開発活動に関する費用は各自がそれぞれ負担する旨を規定することが多い。上記条項例⑶項では，共同研究開発が頓挫した場合であっても，自己が分担すべき業務に関して負担した費用を相手方当事者に請求することができない旨も併せて定めている。自己が分担する研究開発活動に関する費用は各自がそれぞれ負担する旨を規定する場合であっても，上記(2)において説明したとおり，そもそもの各当事者が行うべき役割分担が曖昧であると，結局，各当事者がいかなる費用を分担すべきであるかも曖昧になってしまうことに留意すべきである。

　自己が分担する研究開発活動に関する費用は各自がそれぞれ負担することを原則としつつも，当事者間で行うべき研究開発業務量に大きな差がある場合や，一方当事者が研究開発業務を行うために多額の投資・費用を要する項目が存在する場合などには相手方当事者も費用を負担する旨を取り決めることもある。上記条項例(2)においては，共同研究の対象製品の製造機器の導入費用を各当事

第 4 節　共同研究開発契約　　309

者で等分するという例を挙げた。

(4)　進捗状況の報告

Both Parties, in principle, will have a monthly meeting to report to each other the progress of the joint research and development under this Agreement. In addition, at any time, and upon the reasonable request of the other Party, either Party shall report to the other Party, in writing, the progress of the joint research and development.
〈訳〉
　原則として，両当事者は，本契約に基づく共同研究開発の進捗状況を相互に報告するための月例会議を開催する。加えて，相手方当事者の合理的な要請があるときは，いつでも，当事者は，相手方当事者に共同研究開発の進捗状況について書面で報告しなければならない。

　上記条項例では，共同研究開発を進めていくにあたり，各当事者の研究開発業務の進捗状況を確認し合えるよう定期的なミーティング等の機会を設けることを規定している。共同研究開発においては，予定どおり研究開発業務が進むとは限らず，定期的に各当事者の進捗状況を確認し，必要に応じて役割分担，活動内容等の見直しを行う必要がある。このような進捗状況の確認等を行う手続を共同研究開発契約において事前に定めておくことが重要である。

　このような手続としては，上記条項例のように定期的なミーティングの機会等を定める以外に，各当事者の共同研究開発の責任者，担当者等から構成される運営委員会（Joint Steering Committee）を組織し，当該委員会にて共同研究開発を進めるにあたって問題となっている事項を審議・検討し，意思決定を行う例もある。

(5)　成果の帰属・利用

(1)　The invention, idea, design or know-how for the Product, jointly developed, invented or acquired by both Parties through the joint research and development during the term of this Agreement (the "Joint Results"), and the intellectual property rights for the Joint Results (the "Joint Intellectual Property Rights"), shall be jointly and equally owned by the Parties. Either Party may not assign, transfer, sell or otherwise dispose of the Joint Results and the Joint Intellectual Property Rights to any third party without the prior written consent of the other Party.

(2)　The invention, idea, design or know-how for the Product, solely developed, invented or acquired by either Party during the term of this Agreement (the "Independent Results"), and the intellectual property rights for the Independent Results (the "Independent Intellectual Property Rights") shall be the sole property of such developing Party. The Parties shall inform each other immediately of any Independent Results developed, invented or acquired.

(3) Each Party may use and practice (including the right to have made) any of the Joint Results and Independent Results, subject to the following conditions:

 (a) In case of the Independent Results owned by one Party, the other Party shall obtain a prior written consent for use and practice of such Independent Results from the owning Party;

 (b) In case of Joint Results, either Party may use and practice Joint Results without restriction; provided, however, that, when one Party uses and practices Joint Results for any purpose other than the Product, such Party shall obtain the other Party's prior written consent to the use and practice of such Joint Results;

 The conditions of use and practice of the Joint Results and Independent Results upon the prior written consent of the other Party as provided in the foregoing items (a) and (b) shall be separately discussed and determined from time to time by the Parties.

(4) Neither Party shall, in whole or in part, license, assign or encumber any Joint Results without the prior written consent of the other Party.

〈訳〉

(1) 本契約の有効期間中に共同研究開発を通じて両当事者が共同で開発，発明または知得した本製品に関する発明，アイデア，デザインまたはノウハウ（「本共同成果」）および本共同成果に係る知的財産権（「本共同知的財産権」）は，両当事者が均等な割合で共有する。いずれの当事者も，相手方当事者の事前の書面による同意を得ることなく，本共同成果および本共同知的財産権をいかなる第三者に対しても譲渡，移転，販売し，または，その他の処分をしてはならない。

(2) 本契約の有効期間中にいずれかの当事者が単独で開発，発明または知得した本製品に関する発明，アイデア，デザインまたはノウハウ（「本単独成果」）および本単独成果に係る知的財産権（「本単独知的財産権」）は，それを開発した当事者に単独に帰属する。両当事者は，本単独成果を開発，発明または知得したときは，直ちにお互いに報告する。

(3) 各当事者は，本共同成果および本単独成果を以下の条件に従って使用および実施することができる（製造委託する権利を含む）。

 (a) 一方当事者が保有する本単独成果の場合，相手方当事者は当該本単独成果の使用および実施について，その保有当事者の事前の書面による同意を得なければならない。

 (b) 本共同成果の場合，いずれの当事者も本共同成果を制約なしに利用および実施することができる。ただし，一方当事者が本製品に関する目的以外で本共同成果を使用および実施するときは，当該本共同成果の使用および実施について他方当事者の事前の書面による同意を得なければならない。

 上記(a)および(b)に定める他方当事者の事前の書面による同意により本共同成果および本単独成果を使用および実施する際の条件については，両当事者がその都度別途協議し決定する。

(4) いずれの当事者も，他方当事者の事前の書面による同意を得ることなく，本共同成果の一部または全部をライセンスし，譲渡し，または，担保に供してはならない。

　共同研究開発において生み出された成果の帰属および成果の利用は，各当事者の関心が最も高く，それゆえ紛争が生じるリスクも高い事項である。共同研究開発終了後の事業化にも大きな影響を与える条項であり，適切な取決めをすべきである。共同研究開発開始時点で各当事者のいかなる共同研究開発業務に

基づきどのような成果が生じるかを予測することは必ずしも容易ではないことから，成果の帰属や利用については各当事者の協議により別途定めるとする例も見受けられる。しかし，特に当事者間のコミュニケーションが十分に取れておらず，必要な協議がなされないまま共同研究開発が終了した場合などには，成果に係る知的財産について冒認出願・共同出願義務違反などの紛争が生じるリスクが非常に高くなることには十分に留意しなければならない。[20]

　上記条項例においては，成果および当該成果に係る知的財産権は，原則として，各当事者の共有（持分均等）となる旨（(1)項），その例外として，一方当事者が単独でなした成果および知的財産権については，当該成果をなした当事者に単独に帰属する旨（(2)項）を定めている。成果の利用については，一方当事者により単独でなされた成果・知的財産権を他方当事者が利用する場合には，成果をなした当事者の同意が必要である旨（(3)項(a)），共同でなされた成果・知的財産権については，一方当事者が共同研究開発の対象製品に関する目的以外で利用する場合を除き，各当事者が制限なく利用できるものの（(3)項(b)），ライセンス，譲渡，担保権の設定は他の当事者の同意なくしてできない旨（(4)項）を定めている。

　共同で生み出した成果およびその知的財産権を各当事者の共有とすることは，各当事者にとっても受け入れやすい条件であるが，共有とされた成果については特許法，著作権法等の規定により一定の制約を受け得ることに十分留意すべきである。たとえば，我が国の特許法上，特許を受ける権利が共有の場合，他の共有者と共同でなければ特許出願を行うことができない（特許38条），共有に係る特許を受ける権利や特許権の持分を譲渡するには，他の共有者の同意を得なければならない（特許33条3項・73条1項），共有に係る特許権について専用実施権の設定，通常実施権の許諾を行うには，他の共有者の同意を得なければならない（特許73条3項）等の制約がある。共有にかかる発明の実施は別段の定めがない限り各共有者が自由になし得るが（特許73条2項），成果が共同著作物である場合には，共同著作物に係る共有著作権は，その共有者全員の合意によらなければ，行使することができないとされており（著作65条2項），

20）　共同研究による成果について冒認出願・共同出願義務違反等が問題となった事案として，大阪地判平成21年10月8日判タ1333号244頁，大阪地判平成22年2月18日判タ1339号193頁等がある。

312　UNIT 12　知的財産契約

成果がいかなる知的財産に該当するかによってデフォルトのルールが異なる。さらに，かかるデフォルトのルールは，国によっても異なる（たとえば，米国特許法の下では，共有発明の第三者への実施許諾について他の共有者の同意は不要である〔米国特許法262条〕）。

　以上のような知的財産法制におけるデフォルトのルールにも留意して，共同研究開発終了後の事業化に支障がないよう，成果の帰属，利用について明確に取り決めておくことが重要である。

(6)　競合する研究開発の禁止

> During the term of this Agreement, neither Party may conduct research and development activities with any third party for the Product or any product competing with the Product.
> （訳）
> 　本契約の有効期間中，いずれの当事者も本製品または本製品と競合する製品に関する研究開発活動をいかなる第三者とも実施してはならない。

　当事者を共同研究開発に専念させるため，また，当事者が単独または他の当事者と共同で実施する研究開発との区別を明確にするため，上記条項例のように，競合する研究開発活動の実施を禁止ないし制限する場合がある。競合する研究開発を禁止ないし制限する義務を課す場合には，独占禁止法，競争法違反の問題が生じないよう注意する必要がある。[21]

　我が国の「共同研究開発に関する独占禁止法上の指針」（平成29年6月16日改定）[22]では，

　　①　共同研究開発のテーマと同一のテーマの独自の又は第三者との研究開発を共同研究開発実施期間中について制限すること

　　②　共同研究開発の成果について争いが生じることを防止するため又は参加者を共同研究開発に専念させるために必要と認められる場合に，共同研究開発のテーマと極めて密接に関連するテーマの第三者との研究開発を共同研究開発実施期間中について制限すること

---

21)　独占禁止法，競争法については，**UNIT 17 第3節2**参照。

22)　本指針は，我が国市場に影響が及ぶ限りにおいて，参加者が国内事業者であると外国事業者であるとを問わず適用される（公正取引委員会「共同研究開発に関する独占禁止法上の指針」はじめに・2(1)）。

③　共同研究開発の成果について争いが生じることを防止するため又は参加者を共同研究開発に専念させるために必要と認められる場合に，共同研究開発終了後の合理的期間に限って，共同研究開発のテーマと同一又は極めて密接に関連するテーマの第三者との研究開発を制限すること

④　参加者を共同研究開発に専念させるために必要と認められる場合に，共同研究開発実施期間中において，共同研究開発の目的とする技術と同種の技術を他から導入することを制限すること

などは，原則として不公正な取引方法に該当しないとされている[23]。他方，

⑤　技術等の流用防止のために必要な範囲を超えて，共同研究開発に際して他の参加者から開示された技術等を共同研究開発以外のテーマに使用することを制限すること

⑥　共同研究開発の実施のために必要な範囲を超えて，共同研究開発の目的とする技術と同種の技術を他から導入することを制限すること

などは，公正な競争を阻害するおそれがあるとされている[24]。さらには，

⑦　共同研究開発のテーマ以外のテーマの研究開発を制限すること（上記②③の場合を除く）

⑧　共同研究開発のテーマと同一のテーマの研究開発を共同研究開発終了後について制限すること（上記③の場合を除く）

などは不公正な取引方法に該当するおそれが強い場合であると整理されており[25]，このような制限は許されない。

---

23)　公正取引委員会「共同研究開発に関する独占禁止法上の指針」第2・2(1)ア。
24)　公正取引委員会「共同研究開発に関する独占禁止法上の指針」第2・2(1)イ。
25)　公正取引委員会「共同研究開発に関する独占禁止法上の指針」第2・2(1)ウ。

UNIT 13

国際労務

第 1 節 はじめに──問題となる三つのパターン

　国際労務が問題になるケースを分類してみると，①日本法人が外国人を日本において雇用するケース，②日本法人が雇用する日本人を海外の現地法人等に海外出張させたり海外派遣するケース，③海外現地法人が同地において現地人を雇用するケースの三つにパターン分けすることができる。

　このうち，①のケースは日本法の問題である。日本の労働法が被用者の国籍によっていかなる影響を受けるのか（あるいは受けないのか），特に社会保障制度との関係や出入国管理法[1]上の問題等が検討すべき事項となる。

　次に，②のケースは，日本で成立している雇用関係について，就労場所が海外に広がったに過ぎないと解される**海外出張**と，もともとは日本で成立している雇用関係が出向等により一旦指揮命令から離れ，海外の現地法人との間で雇用関係が成立していると見るべき**海外派遣**[2]とに分けることができる。このうち，海外出張は日本の労働法の領域といってよい。逆に海外派遣は現地の労働法の影響を受けるため，どちらかといえば後記③のケースに近い。しかし，日本法

---

1) 　出入国管理及び難民認定法（昭和 26 年政令第 319 号）。

2) 　一般的には海外赴任ともいうが，本書では厚生労働省の通達に倣い，海外派遣で統一する。

人との関係も切れているわけではなく，むしろ通常は日本への復帰が想定されているから，日本法との関係も残る。また，②のケースは日本法と現地法が錯綜する部分があるため，労働法分野における準拠法の問題も確認しておく必要がある。

　最後に，③のケースは，完全に現地の労働法の問題である。労働法は，日本でもそうであるように，基本的にローカルな（つまり地域差のある）法律であり，個々人の生活に直結する法領域でもあることから，それぞれの国における実務的慣行や取扱いが重要な意味を持つ。そのため，単に労働法令の規定のみを見るだけでは十分とはいえない。たとえば，法治国家でかつ安定的国家である日本においても，労働法令の規定が厳しくきちんと遵守されている部分とあまり厳密に遵守されていない部分があり，またその範囲は時の経過とともに移ろうものであって，それらの切り分けは実務的取扱いのレベルといえ，現地の労働法の専門家にアドバイスを仰ぐべきである。もっとも，各国の法制の概略は説明が可能であるから，その範囲で説明を試みることとする。

　なお，外国に本社があるグローバル企業が日本子会社を有する場合に同子会社の労務問題も国際労務の範疇ではあるが，この場合，日本子会社は日本法人であり，労務提供地も日本であるため，基本的に日本法の問題となる。もっとも，子会社の代表者や役員は本社を含むグループ企業からの出向者（労働者）であることもあり，その場合は出向元となる法人が存する国の法令も問題になり得る。

　以上が問題となるケースの分類であるが，以下では，①ないし③のそれぞれのケースに沿って問題となる点を検討する。

第２節　日本法人が外国人を日本において雇用するケース（①）

1　序　　論

　経済のグローバル化に伴って，日本企業が外国人を日本において雇用するケースは増えている。[3]　外国人を日本において雇用する場合にはまず出入国管理法

---

3)　2018 年 10 月末時点における外国人労働者数は，146 万 463 人であり，前年同期比で約 19 万 5000 人の増加である。2007 年に外国人雇用状況の届出が義務化されて以来，過去最高を更新した。国籍別では中国が最も多く（38 万 9117 人），次いでベトナム（31 万 6840 人），

316 UNIT 13 国際労務

との関係で当該外国人に**在留資格**が認められなければならない。労働施策推進法[4]は使用者に対して，雇用する外国人労働者の在留資格を確認する義務を定めているが，詳細は次項で述べる。

労働基準法3条は「使用者は，労働者の国籍，信条又は社会的身分を理由として，賃金，労働時間その他の労働条件について，差別的取扱をしてはならない。」と定めている。また，労働施策推進法は，使用者が外国人労働者を雇用する場合にとるべき努力義務を規定し（労働施策推進7条），その具体的な内容を指針[5]として定め（労働施策推進8条），国籍差別を禁じている。同指針は，外国人労働者にも日本の労働法令が適用されることを明らかにしている。また，外国人労働者は言語が不自由であること等を考慮して，法令や労働条件等につき分かりやすい説明に努めること等を求めている。このように，日本法人が外国人を雇用する場合，労働法令および社会保障法令は，基本的に国籍を問わず外国人にも適用される。もっとも外国人は日本国との結びつきが永続的ではなく，将来的には本国への帰国が想定されるから，社会保険には例外的な取扱いが認められる場合がある。これらの点の詳細も次項で述べる。

なお，外国人労働者については，どの範囲の所得が日本で課税されるかも問題となる。この点，日本の居住者[6]に該当するか，居住者でも非永住者[7]かどうかによって課税対象が変わるところ，非永住者以外の居住者はすべての所得について日本で課税されるため，外国人労働者は長期間の日本滞在を厭う傾向がある。

2 外国人労働者の雇入れおよび離職の際の留意点

(1) 届出義務

外国人を雇用する事業主は，雇入れおよび離職の際に，当該外国人の氏名，

フィリピン（16万4006人）となっている。

4) 正式名は，「労働施策の総合的な推進並びに労働者の雇用の安定及び職業生活の充実等に関する法律」昭和41年法律第132号。

5) 外国人労働者の雇用管理の改善等に関して事業主が適切に対処するための指針。

6) 国内に住所を有し，または現在まで引き続いて1年以上居所を有する個人をいう（所税2条1項3号）。

7) 非永住者について「居住者のうち，日本の国籍を有しておらず，かつ，過去10年以内において国内に住所又は居所を有していた期間の合計が5年以下である個人」と定義される（所税2条1項4号）。

在留資格，在留期間その他厚生労働省令で定める事項を確認し，ハローワークに届け出る義務がある（労働施策推進28条1項）。ただし，特別永住者や外交・公用の在留資格者は除かれる。届出義務違反については30万円以下の罰金の制裁がある（労働施策推進40条1項2号）。

事業主は，中長期在留者については在留カード，それ以外の外国人については旅券または在留資格証明書によってこれらの情報を確認することができる（労働施策推進則11条）。法務省の入国管理局ホームページでは，在留カードの番号の有効性を確認することができる「在留カード等番号失効情報照会」ページがあり，偽造等がされていないか等の確認に資する。

仮に外国人であることが言語や容姿等から判明せず，本人からの申告もない場合には，上記確認は求められない。事業主は，通常の注意力をもって判断すればよい。[9]

(2) 在留資格

2019年4月1日に改正出入国管理法が施行され，在留資格として「特定技能1号」および「特定技能2号」が追加されるとともに，これまで法務省の内部部局であった入国管理局が「出入国在留管理庁」という外局として設置されるなど，日本における外国人材受入れは拡充の方向で変化の最中にあって在留資格は一様ではない。しかし，就労の可否に着目すると大きく3種類に分類される。

具体的には，①在留資格に定められた範囲で就労が認められるもの，②原則として就労が認められずアルバイト等をするためには資格外活動の許可が必要なもの[10]，③就労活動に制限がないものである[11]。グローバル企業では，外国の現地法人で雇用する外国人労働者が，日本の本社に赴任する等，国際的な異動は珍しくないが，そういった場合は「企業内転勤」の在留資格が選択されることが多い。また従前から社会問題ともなってきた「技能実習」も一つの在留資格

---

8)　生年月日，性別，国籍・地域，雇入れまたは離職に係る事業所の名称および所在地などである（雇用対策法施行規則10条1項）。

9)　前掲注5）指針第五の四「確認に当たっての留意事項」。

10)　文化活動，短期滞在，留学，研修，家族滞在の五つである。

11)　永住者，日本人の配偶者等，永住者の配偶者等，定住者の四つである。

318　UNIT 13　国際労務

であり，①のカテゴリーの一つである。[12]

(3)　社会保険

　労働者災害補償保険（労災保険）は外国人労働者にも等しく適用される。

　雇用保険についても，週の所定労働時間が 20 時間以上であり 31 日以上引き続き雇用されることが見込まれる場合には，国籍を問わず雇用保険の被保険者となる。

　健康保険および厚生年金保険といった社会保険についても，日本法人から賃金の支払があれば，原則として，外国人労働者も被保険者となる[13]。ただし，**社会保障協定**を締結している相手国からの労働者である場合には，特例として厚生年金保険の加入は免除される場合がある。

　社会保障協定は，外国（この①のケースでは日本）での勤務期間が 5 年を超えない見込みの場合に，社会保険料の二重負担を防止すべく加入する制度を二国間で調整するという「二重加入の防止」の趣旨がある。すなわち，外国での勤務期間が 5 年を超えない見込みの場合には自国の法令のみを適用し，5 年を超える見込みの場合には外国の法令のみを適用するものである。

　また，外国での勤務期間の見込みが 5 年を超えるために当該外国の法令の適用を受け，自国の制度から離脱する場合でも，老齢年金を受給する頃には自国に戻っていることが通常であるため，そのままでは外国で支払った保険料が掛け捨てとなってしまう。そこで外国での年金加入期間について，帰国後，自国の年金制度に加入していた期間とみなして取扱い，自国での年金を受給できるようにするという「年金加入期間の通算」の趣旨もある。

　ただし，社会保障協定の詳細な内容や手続は，相手国によって相違があるため，実務的には当該国との間の社会保障協定の内容を確認する必要がある。

---

12)　外国人技能実習制度は，1960 年代後半頃から海外の現地法人などの社員教育として行われていた研修制度を原型として 1993 年に制度化された。古くは，研修生・実習生を単純労働者として扱い劣悪な労働環境や長時間労働に置く等の実態が社会問題化したが，2009 年に在留資格「技能実習」として見直されるとともに，実質的に労働契約であれば労働基準法や最低賃金法等が適用されることが確認された。さらに 2017 年 11 月 1 日施行の技能実習法（正式名称は「外国人の技能実習の適正な実施及び技能実習生の保護に関する法律」）により，技能実習制度は同法下で規律されることとなった。

13)　加入させなくてもよい場合として，従業員数によって，1 週間の所定労働時間が，20 時間をこえていないことなどの要件がある。

2019 年 9 月時点では，日本は 23 か国と協定を署名済みであり，うち 19 か国が発効している[14]。社会保障協定相手国から来る外国人労働者について，5 年を超えない見込みで日本において勤務する場合には，日本の厚生年金保険への加入は免除される。

なお，日本の厚生年金保険について被保険者期間が 6 か月以上である場合には，外国人労働者が離職する際，脱退一時金制度が適用される。当該外国人労働者が出国後 2 年以内に請求した場合には被保険者期間と標準報酬額に応じた金額が当該外国人に対して支給される。前掲指針第四の四の 2 では，使用者は外国人労働者に対して，帰国前に同制度を説明すべき旨定めている。

第 3 節　日本法人に雇用される日本人が海外勤務するケース（②）

1　序　論

日本企業で勤務する従業員が，業務上の必要性から海外で勤務するケースは非常に多い[15]。このうち，海外出張とは，「単に労働の提供の場が海外にあるにすぎず国内の事業場に所属し，当該事業場の使用者の指揮に従って勤務する」と定義される。一方，海外派遣とは，「海外の事業場に所属して当該事業場の使用者の指揮に従って勤務すること」と定義されている[16]。両者は，期間の長短ではなく，いずれの事業場の使用者の**指揮命令**に従って労働しているかで区別される。6 カ月程度のそれなりに長期の海外出張も珍しくはない。

一口に海外派遣といっても，その中にはいくつかのバリエーションがある。一つは，同一の法人内で海外の支店や営業所等といった事業場に配置転換される，いわゆる「転勤」のケースである。他には，日本企業に籍を置きつつ海外

---

14)　発効済の国は，ドイツ・英国・フランス・米国・カナダ・オーストラリア・韓国・インド・ブラジル等が含まれ，中国は署名済みであるが未発効である。発効済み国のうち英国と韓国の社会保障協定には，「年金加入期間の通算」はない。

15)　2017 年 10 月 1 日時点の統計によれば，日本人の長期滞在者（3 か月以上の海外在留者のうち，海外での生活は一時的なもので，いずれ日本に戻るつもりの邦人）は 86 万 7820 人，永住者と合わせた在留邦人数 135 万 1970 人で統計開始以降最多である。国別では米国約 42 万人，中国約 12 万人であり，両国で 40％ 以上を占めるが，中国は減少傾向にある（外務省領事局政策課「海外在留邦人数調査統計（平成 30 年版）」）。

16)　昭和 52 年 3 月 30 日基発 192 号。この通達は労災保険を適用するか否かの区別として発せられている。

320   UNIT 13　国際労務

の現地法人や合弁会社に「在籍出向」するケース，日本企業から籍を抜き海外の現地法人等に「転籍」するケースもある。転籍は，法的には雇用契約の終了と新たな締結，または使用者間での雇用契約上の地位の移転を意味し，いずれの場合も当該従業員から個別の同意を得る必要がある。日本法人との関係は解消され，海外の現地法人のみに雇用されるため，冒頭に分類した③のケースに等しく，本節での検討からは除外する。

　いずれにしても，海外出張に分類される場合と海外派遣に分類される場合とでは法的関係が異なるため，以下では，海外出張について**2**で述べ，海外派遣について**3**で述べる。これらに加えて，海外勤務者全般に共通する事項として，健康管理の問題について**4**で述べる。

　なお，前節で来日する外国人労働者の在留資格について述べたが，外国で働こうとする日本人労働者については，渡航先における出入国関連の法令を遵守する必要がある。米国で勤務する場合に就労ビザを予め備えることは同じであり，各国の出入国関連の法令に対する配慮は不可欠である。

2　海外出張について

(1)　法令の適用関係

　海外出張は，国内事業の延長と理解されるため，会社と従業員との雇用関係に対しては，日本法が適用される。

(2)　命令の権限について

　多くの企業では，海外出張の場合に備えて，就業規則に出張命令権について定めるとともに，海外出張期間中の旅費等の諸経費や日当について定めた海外出張規程を設けていることが多い。この点，海外出張は出張先が海外というだけであって，法的性質は国内出張と連続性があることから，国内出張規程との整合性に留意する必要がある。海外出張規程は，国内出張規程と同様，就業規則の一部として雇用契約の内容ないし条件を規律する。

　使用者には広範な人事権が認められるから，原則として海外への出張命令を出すことは可能であるが，人事権の濫用にわたる場合は無効となる。[17]たとえば

―――――――――――――――――

17)　危険地域への出航命令に対して，「その意に反して義務の強制を余儀なくされるものとは断じ難い」として出航命令の有効性は認めつつも，それに応じなかった従業員への解雇に

第3節 日本法人に雇用される日本人が海外勤務するケース（②） 321

危険地域への出張や健康面で不安のある従業員に対する出張命令の場合は，権利濫用とされる可能性がある。

(3) 労働時間および休日等

海外出張中も日本法人が指揮命令を行い，労働基準法以下，日本の労働法令の適用がある。

海外出張で大きな負担となる移動時間は，日本法の下では，通常「労働時間」とは解されていない。現地における勤務については，実務的には，事業場外みなし労働時間制（労基38条の2）を適用して所定労働時間勤務したものとみなすことが多い。その上で，海外への移動や海外特有の負荷に対しては，海外出張手当や日当等の追加の賃金によってカバーする。海外出張手当等が一切ない場合には，海外出張命令は従業員に与える不利益の程度が大きくなるため，権利濫用と判断されやすくなる。また，海外出張を命じられる従業員のモチベーションや公平感の維持という観点から，労務政策上もこのような取扱いが望ましい。

(4) 給与・社会保険・所得税等

海外出張の場合は，基本的に国内勤務者と身分としては変わらず，期間もそれほど長期間にわたらないことから，(3)で述べた他は給与について特殊な扱いをすることは通常ない。

社会保険関係においても，国内勤務者と基本的に相違ない。海外出張中の業務起因の怪我や病気は，労災保険上も，国内事業の危険が顕在化したものとして扱われ，保障の対象となる。

所得税については，滞在国で所得税が発生するのが税法上の原則であるが，日本と**租税条約**を締結している国に出張する場合で，短期滞在免税適用の要件を満たす場合には，滞在国での所得税課税が免除される。かかる免税の要件は一般に，①勤務地国における滞在期間が，暦年または継続する12カ月を通じて183日を超えないこと，②給与等を支払う雇用者が，勤務が行われた締結国

ついて，妥当性・合理性を欠き，裁量権の範囲を著しく逸脱したものとして無効としたものとして電電公社千代田丸事件（最判昭和43年12月24日民集22巻13号3050頁）がある。

18) 昭和23年3月17日基発461号，昭和33年2月13日基発90号。

322 UNIT 13 国際労務

の居住者でないこと，③給与等が，勤務地国にある支店その他の恒久的施設によって負担されていないことの三つである。通常の海外出張はこれらを満たすものと思われるが，長期にわたると①を満たさない等の支障が出てくるおそれがある。

3 海外派遣について

(1) 命ずる権限について

　海外派遣のうち，同一企業内での配転については，勤務地限定合意がなく，就業規則等に配転の定めがあれば，権利濫用にならない限り命じることができる。また，在籍出向の場合にも，就業規則等に出向命令についての定めがあれば，権利濫用にならない限り命じることができる。もっとも，海外に長期間にわたって滞在および勤務し相応の成果を期待するためには，従業員本人の意向を踏まえ，同意を得て海外派遣をすることが望ましい。本人が拒絶しているのに海外派遣を強行することは，安全配慮義務の観点からも，労務政策的にも得策ではない。

　海外派遣であっても，配転や在籍出向のケースでは，日本法人との関係は終了しておらず，雇用契約も存続している。そこで，日本法人において，配転および出向の権限を明らかにすることに加えて，海外派遣中の処遇，旅費や一時帰国の取扱い，その間の給与や手当等に関して海外赴任・出向規程を設けることが多い。ただし，海外派遣中は現地国の労働法の適用を受けるため，それらとの整合性に留意する必要がある。

(2) 準拠法の問題について

　海外派遣の場合，いずれの国の労働法令が適用されるかについて問題となる。[19]

　この点，まず海外で勤務している労働者に日本の労働法令が適用されるかについては，労働基準法や労働安全衛生法，労働者災害補償保険法等といった行

---

19)　国際裁判管轄すなわち日本の裁判所に管轄権があるかについては，民事訴訟法が第2章第1節で詳細な規定を置いている。被告が法人である場合には，その主たる事務所または営業所が日本国内にあるとき（同法3条の2第3項）に加えて，労働関係に関する訴えに関しては同法3条の4第2項に特則があり，労働者から使用者に対する訴えについては，労務提供地が日本国内である場合にも日本の裁判所に国際裁判管轄が認められる。国際裁判管轄一般については，**UNIT9 第2節**参照。

第3節　日本法人に雇用される日本人が海外勤務するケース（②）　323

政規制として公法的側面を有する法令のうち公法（刑法）的側面については，**属地主義**の原則があり（刑1条），基本的には適用されない。海外派遣の場合には，指揮命令が海外事業場においてなされると解されることから，日本法人は直接的には関与しておらず，労働法令に違反もしていないことになる。むしろ，海外において使用するのであるから，当該国の労働法令の適用が想定される。労働時間や休日等は実際に指揮命令をする当該国の法令と実情に併せて設定されることとなる。

　もっとも，海外事業場が独立性を欠き実質的な指揮命令主体とならない場合には（そのような場合は，先の区別からは，そもそも海外出張と分類されるが），依然，日本法人が日本において「使用」するものと解釈され，日本国内の労働法令違反行為として罰則の適用対象となり得る。[20]

　このような公法（刑法）的側面に対して，労働基準法13条は，同法に労働契約の最低基準となる私法的効力を認めている。その他労働契約法など私法的効力を有する労働法令について，海外派遣者に適用されるかは労働契約の準拠法の問題である。日本では，法の適用に関する通則法（通則法）により，[21] 当事者間で合意して選択することが原則であり（通則法7条），当事者が「最密接関連地」法を選択すればそれによることになる。しかし，当事者が「最密接関連地」法を選択しなければ，当事者によって選択された地の法に加えて，「最密接関連地」法中の強行規定については労働者側からそれを適用すべき旨の意思表示があれば適用される（通則法12条1項）。そして，労働契約において「最密接関連地」とは，基本的には労務提供地をいうから（通則法12条2項），仮に日本法人とそれに雇用される労働者が準拠法に日本法を選択したとしても，海外派遣される当該国の強行規定も適用可能性が残ることとなる。なお，日本法人の中には，雇用契約の準拠法を明確にしていないケースが珍しくないが，そのような場合でも，日本人との雇用契約については，日本法を選択したと判断される可能性は高い。準拠法の選択がなされていないと判断される場合には，労務提供地を「最密接関連地」と推定し（通則法12条3項），同法8条1項により労務提供地の法が準拠法となる。

　以上から，私法的効力については，当事者間で日本法を選択していれば日本

20）　昭和25年8月24日基発776号。

21）　平成18年法律第78号。

324   UNIT 13   国際労務

法の適用があるが，現地法の適用可能性も残る。当事者間で準拠法を選択していなければ，「最密接関連地」法として現地法が適用されることとなる。もっとも，指揮命令にかかわる部分を除く契約の消長（特に解雇や退職等）については，配転の場合も在籍出向の場合も雇用契約自体は日本法人との間でなお存在することから，日本法の問題が残る。

(3) 海外派遣者の給与について

海外派遣者の処遇については，既述のとおり，海外赴任規程等に定めるのが通常である。その際に給与はどのように定めるか。配転や在籍出向によって当該労働者が不利益を被らないようにし，海外勤務に見合う報酬を受けさせるとともに，国内勤務者との不均衡にも配慮する必要がある。

かかる観点から，海外派遣者の給与について，国内支給賃金として支給する部分と海外支給賃金として現地で支給する部分とに分ける方法をとる企業が多い。生活費として費消されることが多い基本給等は海外支給賃金に分類し，**購買力補償方式**で金額を算出して現地通貨で支給する。一方，貯蓄や特別の支出に供されることが多い賞与や海外勤務手当（海外勤務に対するボーナス）等は国内支給賃金に分類し，国内勤務時同様に日本円で支給する。

購買力補償方式とは，国内勤務時の給与額面から公租公課等を控除した「所得」について海外生活費指数を乗じて現地物価に換算し，これに為替レートを乗じて金額を決定する方式である（適用される為替レートについても決めておく必要がある）。購買力補償方式によることは法によって強制されるものではないが，公平性が保ちやすく合理的な方式であると考えられる。また，海外において海外派遣者が納めるべき公租公課に関しては，**グロスアップ方式**[22]（手取り収入を基礎として金額を設定する方式）により総支給額を決定する方が社会制度や経済情勢の異なる外国では公平になりやすい。

一方，海外派遣者もいずれは日本に復帰するから，国内支給賃金は従前と同

22）　グロスアップ方式では，勤務国で支払う公租公課や社会保険料（公租公課等）を会社が負担する。海外派遣者の所得税は日本ではなく勤務国で支払うべき場合が多く，社会保険も日本で継続的に加入しつつも（その方が従業員にとって被保険者期間が長くなり有利である），勤務国での社会保険制度加入が義務の場合があるため，これも会社が負担する方が合理的である。この場合，公租公課で還付金がある場合には，会社に返還させる旨を定めることも多い。

第3節　日本法人に雇用される日本人が海外勤務するケース（②）　　325

じくすることが公平である。さらに，海外派遣には様々な苦労や費用が伴うため，会社によっては，より手厚い福利厚生や手当，費用負担を設定することが多い。たとえば，ハードシップ手当，海外単身赴任手当，家族の移動費用，国内帰郷手当等である。

　これらにより，実質的な所得を同水準に維持して国内勤務者との公平を保つとともに，海外派遣者の苦労にも報いることができる。上記の考え方を参考に，企業の実情を踏まえて規程化することが，配転や出向命令等の有効性を支え，勤務者の予測可能性を高め，引いては海外勤務者の活躍を促すことになる。

(4)　社会保険に関する問題

　労災保険は，海外出張中は日本の事業の延長上であるため，既述のとおり適用がある。しかし，海外派遣中は国内事業の延長上にないため，原則として日本の労災保険は適用がない（公法的側面であり，派遣先国の労災保険制度が適用される）。もっとも，日本の労災保険には，海外派遣者用の**特別加入制度**があるので（労災33条7号[23]），配転や在籍出向の場合，そのような対応も可能である。

　雇用保険の被保険者資格については，海外派遣後も引き続き日本企業と雇用関係が継続しているかによって判断される。したがって，配転や在籍出向の場合には被保険者資格は継続するが，転籍の場合は資格を喪失する。

　健康保険や厚生年金保険といった社会保険については，海外派遣後も引き続き日本企業との間で使用関係が継続していると認められるか否かという観点で総合的に判断され，その判断材料として，給与支払の実態が特に重視される。海外派遣に伴って，給与がすべて現地法人から支給されることになれば，日本国内の適用事業所から支払われる給与がなく，社会保険料を算定する際の標準報酬月額の算定基礎も存在しなくなるから，被保険者資格の継続はできない。日本企業から一定程度の給与が支払われるのであれば，被保険者資格を継続できる[24]。したがって，配転や在籍出向の場合でも被保険者資格を継続できる場合

---

[23]　日本国内で行われる事業（有期事業を除く）から派遣されて，海外支店，工場，現場，現地法人，海外の提携先企業等の海外で行われる事業に従事する労働者であることが要件である。

[24]　海外勤務者が社会保険の被保険者資格を継続できる場合に，その標準報酬月額の算定基礎について，国内事業所からの支給分に限るのか，海外事業所からの支給分も含めるのかについては，後者が国内事業所の給与規定や出向規程に基づく支給であるか否かによって決せ

があるが，転籍の場合は被保険者資格を失う。

　なお，日本との間に社会保障協定がある派遣先国の場合，海外派遣の期間が
5 年を超えることが見込まれる場合には，当初から厚生年金保険の被保険者資
格を失う。ただし，厚生年金保険の被保険者資格を失う場合でも，当該労働者
が希望をすれば，国民年金に任意加入できる。

　海外派遣中，現地の社会保険制度の加入の要否は現地の社会保障法令による。
しかし，海外の社会保障制度は日本に比べると脆弱なことが多い。また，日本
の健康保険が継続した場合でも，自ら一旦医療費を立て替えなければならず，
かつ日本で保険診療を受けた場合の金額をベースに支給されるにとどまるため，
海外の高額な医療費への備えとして十分とはいえない。そのため，通常海外旅
行傷害保険への加入が推奨される。

4　海外勤務者の健康管理——海外出張・海外派遣共通

(1)　安全配慮義務

　日本法人は海外出張中も**安全配慮義務**（労契 5 条）等の義務を負う。海外は国
内に比べて危険の内容や程度が深刻な地域が珍しくない。災害リスクや感染症
などの健康リスク，テロや治安に起因するリスク等様々なリスクに備える必要
がある。使用者としては，これらに対応するべく情報収集が重要である上[25]，マ
ニュアルの整備や社員教育等を行っておくべきである。

　海外派遣でも，派遣元である日本企業が従業員を「配転」する場合，同一法
人である配置先事業所が適切な安全配慮を行わない限り，義務違反に問われる。

　在籍出向の場合，一義的には出向先である海外現地法人において安全配慮義
務を負担することになるが，出向元との間にも雇用契約は残っており，同契約
から生じる使用者の義務として安全配慮は免じられない。出向させることまた
は出向を継続すること自体が，国や地域の危険性，本人の健康状態等からふさ
わしくない場合には，出向先で適切な配慮がなされない限り，出向元もまた義
務違反に問われる[26]。

　られる（2014 年・日本年金機構「海外勤務者の報酬の取扱い」）。

25)　たとえば外務省の海外安全ホームページや厚生労働省の検疫所ホームページがある。

26)　出張の場合についてデンソー事件（名古屋地判平成 20 年 10 月 30 日労判 978 号 16 頁），
　　出向の場合について A 鉄道（B 工業・C 工場）事件（広島地判平成 16 年 3 月 9 日労判 875

第3節　日本法人に雇用される日本人が海外勤務するケース（②）　　327

　海外では，国内での異動と比べても，気候や風土はおろか，言語，社会環境，医療水準等の様々な要素が日本と異なるため，大きなストレスがかかりやすいことに留意する必要があり，とりわけ単独での長期の海外出張や海外派遣，度重なる頻度での海外出張等はリスクが大きい。

（2）健康診断について

　海外出張か海外派遣かを問わず，6カ月以上海外で勤務させる場合，および6か月以上海外勤務をしたものを国内で勤務させる場合には，医師による**健康診断**を実施する必要がある（労働安全衛生規則45条の2第1項および第2項）。ただし，一時帰国は除かれる。海外で勤務することが決定した者が海外勤務中に健康上の問題が生じないように，あるいは海外勤務中に健康上の問題が生じた場合に適切に処置ができるようにという考慮から，使用者に求められるものである。海外派遣中は，労働安全衛生法は適用されないため，定期健康診断を受けさせる法律上の義務はない。海外出張の場合は，安衛法の適用があり，国内勤務中に定期健康診断を受けさせるべきである。

　渡航前の健康診断で何らかの問題（要精密検査・要経過観察・要治療など）が発見された場合には，それに応じた措置が必要となる。要治療の結果が出て派遣先国では適切な治療が期待できない場合には海外派遣自体を中止すべきである。

　なお，就労ビザを取得するために特殊な健康診断や予防接種を要求する国がある[27]。感染症の種類にもよるが，一度の接種では足りず数回にわたって接種する必要のあるものもあるため，海外派遣の際には注意が必要であり，医療機関や検疫所において，接種すべきワクチンの種類および日程等を相談するのが望ましい。

　号50頁）等。

27)　中国やロシアでは就労ビザ取得の条件としてHIV抗体検査の陰性証明が必要とされている。

328　UNIT 13　国際労務

■ 第 4 節　現地法人が現地人を雇用するケース──各国労働法のポイント(③)

1　序　　論

本節では，日本以外の国の労働法について，可能な範囲で概観する。日本企業が進出する国は多数に上るが，進出数の統計資料[28]をもとに，代表的な国として米国および中華人民共和国を取り上げることとする。

2　米　　国

(1)　序　　論

米国には州法と連邦法があり，労働法は連邦法のみならず州法によって規律される部分が大きい。そのため，州ごとに規制が異なっており，一様には言えない部分がある。しかし，米国労働法の特徴を端的にいえば，**Employment at will の法理**が重要であること，**差別禁止**が極めて重要であることの 2 点を挙げることができる。以下では，これら二つのポイントについての説明を中心とし，それ以外の規制についても若干述べる。

(2)　Employment at will の法理

(a)　原　　則

米国は自由主義的な思想が労働法においても強い。使用者のみならず労働者[29]も競争し，優れた労働者はよりよい仕事に就くとともに高い給与をもらうというように労働分野にも市場原理が機能すべきとする。そのため，雇用の流動性は高い。

このような価値観を背景に，伝統的に米国では，雇用契約は労働者のみならず使用者においても自由に解約できるとの考え方がとられている（Employment

---

28)　前掲注 15)「海外在留邦人数調査統計」によると，2017 年 10 月 1 日時点で，国外進出している日本企業の拠点数は 7 万 5531 拠点であり，前年比 5.2% の伸びを示している。国別では，中国に 3 万 2349 拠点（約 43%），米国に 8606 拠点（約 11%）で多く，3 位以降はインド 4805 拠点（約 6.4%），タイ 3925 拠点（約 5.2%）等となっている。

29)　独立請負人（independent contractor）との関係で「労働者」の範囲も問題になるが，具体的な判断は日本法に似ており，業務遂行に関する支配権があるか，経済的に従属しているか等の要素で判断される。

at will, 「随意的雇用」)。雇用契約の内容は当事者の合意で決まり，当事者の意思によって，いつでも，理由の有無を問わず可能との原則である。日本法を含む多くの国の解雇法制のように，解雇をするに際して法律上正当理由が求められる等ということはない。

(b) 例　　外

しかし，1970年代から1980年代にかけて，Employment at will の法理の例外がいくつか認められるようになった。

一つは，public policy 法理である。これは，現行法秩序の下で許し難い解雇を public policy に違反するものとして不法行為とする考え方である。具体的には，使用者から違法行為をするよう指示されたのに労働者が拒否したことを理由とする解雇や，労働者が自らの法律上の権利を行使したことを理由とする解雇，陪審員等の公的義務を履行したことを理由とする解雇などが含まれる。法制度が体現している一定の明確な規範に違反するような解雇は，いかに Employment at will であるとしても不法行為として違法となり，損害賠償の対象となる。

二つ目の例外は，契約法理による修正である。たとえば，雇用契約書の中に使用者が「正当な理由がなければ解雇しない」あるいは「解雇をする場合は以下のような場合である」等として，解雇権を明示的に制限している場合である。これは，職場のハンドブックの中に同種の記載がある場合も適用され得る。明示的でなくても，採用時のやり取りや使用者の人事方針等から黙示的に解雇権を制限する契約内容と解釈されることもある。このようなことから，最近では，使用者は採用や契約書の締結にあたり，雇用保障があるかのような表現を避け，自由な解雇権があることを明示的に留保する文言の挿入が推奨される。この類型による解雇権制限の違反は契約違反となるので，バックペイは受けられるが，精神的損害や懲罰的損害賠償の対象にはならない[30]。

上記二つの例外の採用状況は州によって異なるが，かなり多くの州が採用するに至っている。

以上のほかに，黙示的な契約上の信義則違反（implied covenant of good faith and fair dealing）を認める州もある。契約書に解雇権の制限を窺わせる記載が

---

30)　中窪裕也『アメリカ労働法〔第2版〕』（弘文堂，2010年）310頁。

なく，あるいは現行法秩序に対する侵害とはいえない場合でも，契約目的に照らして積極的に不誠実な，あるいは不公正な解雇が制限される。しかし，かかる例外を採用する州は少ない。また，日本法のように，解雇に客観的な合理性を求めているわけではなく，あくまで積極的に悪意のあるような解雇のみが制限される。

このように，米国では，州によって違いはあるものの，総じて Employment at will の法理が有効に機能しており，一部解雇権が制限される場合があるという理解が正しいといえる。

(3) 差別禁止法

米国の労働法の最も特徴的な点は，差別禁止法の広範さおよび厳しさである。米国のロースクールにおける労働法の授業は，その大半を差別禁止に関するケースを学ぶことに費やす。差別禁止はその厳しさとともに，日本人にとって馴染みがなく，感覚的な理解が容易ではない点でも注意が必要である。日系企業が犯しがちな失敗として，日本の本社から米国の現地法人に出向中の日本人同士が「日本人同士でないとダメだ」等といった他愛のない日常会話をした場合，それが出身国差別の証拠となり，差別を認定されるおそれがある。したがって，事前の十分な社員教育が欠かせない。

米国の差別禁止法の中心は **1964 年公民権法第 7 編**（Title VII of the Civil Rights Act of 1964）という連邦法である[31]。公民権法第 7 編は 703 条（a）で，使用者に対して，「人種（race），皮膚の色（color），宗教（religion），性（sex）または出身国（national origin）」を理由とする雇用の場面でのあらゆる差別的処遇を禁止している。かかる差別禁止は，雇用契約締結後のみならず，採用時から対象となる。これらの差別カテゴリーのうち「性」に関しては，妊娠差別禁止法と呼ばれる第 7 編 701 条（k）[32]において，「妊娠（pregnancy），出産（childbirth）またはこれらに関連する健康状態（related medical conditions）」も含むとされている。条文上明示されていないが，sexual harassment（セクハラ）も，性による差別的処遇に含まれることが確立した考えである[33]。セクハラは日本に

---

31)　中窪・前掲注 30) 195 頁以下。

32)　Pregnancy Discrimination Act.

33)　EEOC のガイドライン等において定義されている。

おいても禁止される行為であるが，米国では使用者による性差別の一類型と捉えられ，違反した場合の悪影響や効果の甚大さは，日本の比ではない。[34]

　上記以外の差別カテゴリーに関する連邦法も制定されている。たとえば，「雇用における年齢差別禁止法（ADEA）[35]」では，40 歳以上の者に対する差別を禁止して高齢の労働者の保護を図っている。アジアでは一般的な定年制は，米国においては違法である。

　また，障害を差別カテゴリーとする連邦法として「障害を持つ米国人法（ADA）[36]」も制定されている。障害（disability）は，同法 3 条（1）で「（A）身体的または精神的損傷で，当該個人の主要な生活活動の一つ又は複数を実質的に制限するもの，（B）そのような損傷の経歴，又は（C）そのような損傷があるとみなされていること」と定義される。たとえば HIV のような感染症の罹患も「障害」に該当する。また，過去の傷病歴や手術痕等から損傷があると偏見を受ける場合もこれに該当する。一方，一時的な風邪や骨折等で治癒するものは ADA では「障害」に該当しないが，このような一時的な損傷も「障害」として保護する州がある。[37]このように，何が「障害」かの外延の把握は複雑である。ADA で特徴的な点は，reasonable accommodation（合理的な便宜）を付与しないことが差別に該当するとされている点である。障害を持つ労働者について合理的な便宜があれば職務を果たすことが可能であるならば，使用者は undue burden（過大な困難）がない限り，それを付与する必要がある。これに類する考え方は，日本における障害者雇用促進法にもみられる。

　このほか「遺伝子情報差別禁止法（GINA）[38]」も制定されており，遺伝子情報による差別も禁止されている。使用者は，一定の場合を除き，労働者またはその家族の遺伝情報を入手しようとすること自体が禁じられる。

34）　近時 sex の中に性的志向（sexual orientation）が含まれるかについて争いとなっている。EEOC は従来から含まれることを主張してきたが，裁判所はこの点について明確に判断することを控えてきた。しかし 2016 年 11 月に肯定する連邦地裁の判断が出され，2017 年には二つの連邦高裁（7th Circuit および 2nd Circuit）でも肯定する判断が出された。連邦高裁レベルで判断が分かれており，連邦最高裁の判断はまだ示されていない。

35）　Age Discrimination in Employment Act.

36）　Americans with Disabilities Act.

37）　フレッシュフィールズブルックハウスデリンガー法律事務所編『よくわかる世界の労働法』（商事法務，2016 年）15 頁。

38）　Genetic Information Nondiscrimination Act.

332　UNIT 13　国際労務

　以上はいずれも連邦法であるが，差別カテゴリーは州法によっても定めることが許容されており，多くの州では，連邦法以外の立法を行って重畳的に規制している。たとえば年齢差別でも，40歳以上という限定を設けない州もある。そのため，絶えず州法と連邦法の両方を意識する必要がある。

(4)　EEOC について

　EEOC（Equal Employment Opportunity Commission）は，公民権法第7編が雇用の場面における差別を禁じていることを受けて，その実施のために設置された行政機関である。

　第7編違反の差別を受けたと主張する被害者は，まずEEOCに申立（charge）を行い，いきなり訴訟はできない仕組みとなっている。申立を受けたEEOCは調査を行う。調査では，申立を受けた会社から反論書面や証拠の提出等をさせる。調査の結果，EEOCが申立に理由がないと考えれば却下し，理由があると考える場合には，当事者間の協議や説得を伴う調整（conciliation）を行う。調整により合意が成立すれば，EEOCを含む三者間で拘束力のある書面による協定が締結される。これらの手続の代替として，両当事者の同意があれば，調停（mediation）という手続をとることもある。

　EEOCにおける手続から訴訟に移行するのは，①EEOCが申立てを却下した場合，②調整が不調に終わったもののEEOCが訴訟を提起しない旨を決定した場合，③申立から180日以内に調整が成立しない場合のいずれかに該当する場合である。これらの場合，申立人はEEOCに請求して訴権付与状（right-to-sue letter）を得て連邦地裁に訴えを提起できる。

(5)　採用の際の留意点

　米国で労働者を採用する場合，取得する情報に注意しなければならない。上記のとおり，差別禁止法が広範かつ厳しく適用されるため，差別カテゴリーに該当する情報は求めるべきではない。これらの情報を入手しながら採用しないことにすれば，当該情報が不採用の理由でなくても，使用者は差別クレームの

---

39)　EEOCは重大事案については，申立後30日が経過してなお調整が成立しない場合に，自ら原告となって連邦地裁に訴訟を提起することができるが，事例としてはごく少数に限られる。

リスクにさらされることになる。

　そのため，日本のように，応募者の履歴書に顔写真の添付を求めることはしない。性別や年齢，生年月日，出身国等の情報，本人や家族の遺伝子情報等も同様である。健康診断についても，ADAによって，選考段階で行うことは禁じられている。注意すべき情報の範囲は，州によっても異なるが，基本的に質問や取得する情報は，職務遂行能力の測定として合理的である範囲に限られる。そのため，採用の前提として**職務明細**（job description）を明確にすることが重要である。

　使用者は，職務適格性に関する調査は禁じられておらず，むしろ十分な調査をすべきとされる。かかる義務を怠って明らかに不適格で危険な労働者を採用し，あるいはそのような労働者との雇用を漫然と継続し，当該労働者が他の労働者に危害を加えた場合，negligent hiring（過失雇用）として不法行為責任を負うとする州が増えている。採用時の麻薬検査はADAでも禁止されていない。州によって，あるいは業種によって，むしろ麻薬検査は義務づけられることがある。犯罪歴，特に有罪歴についても業種や州によって確認することが許容され，または義務づけられる。これらの点についても，進出する州の法律を事前に確認する必要がある。

(6)　解雇の際の留意点

　Employment at willの法理からすると，使用者は簡単に解雇できると捉えられるかもしれない。しかし，差別禁止法が厳しいため，実際には解雇自由とまではいい難い。解雇が差別や報復でないというためには，使用者は一定の解雇理由を疎明する必要がある。そのため，使用者は，パフォーマンスが悪い労働者を解雇しようとする場合には，そのことを後々明らかにできるよう，PIP[40]と呼ばれるプログラムを履践することが多い。これによりパフォーマンスの悪さや改善機会の付与および改善がなかったこと等を明らかにし，解雇が差別的でないことを明らかにするのである。

　米国法では解雇自由が原則のため，日本法と異なり，退職の同意自体には重要な意味はない。むしろ，米国では雇用契約の終了が差別的行為や報復的なも

---

40)　Performance Improvement Plan.

334　UNIT 13　国際労務

のでなく，したがって労働者から使用者に対して権利がないこと，またそのような権利行使（訴え提起等）を行わないこと，すなわち請求権放棄や免責が重要である。退職合意書にはこの点を明らかにする必要がある。なお，米国法では，退職合意書を締結する際，労働者に対して一定の考慮期間を付与するよう求める州が多い。また，合意書締結以後にクーリングオフ期間を設定する州もある。

(7)　最低賃金と労働時間および White-color exemption，有給など

　米国にも，最低限の労働時間および賃金を規制する法律として公正労働基準法（Fair Labor Standards Act）がある。同法 6 条は最低賃金を定め，7 条は労働時間の最長時間を規制する。

　最低賃金は時間あたり 7.25 ドルである。労働週（workweek）単位で判断されるが，賃金の決め方自体に制限はなく時給制，月給制等は問われない。同法 6 条（d）は同一賃金法（Equal Pay Act）として性別による差別禁止法に列せられる。

　労働時間に関しては 7 条が規制する。週 40 時間を超える労働に対しては，通常の 5 割増の時間外手当を支払う義務があるが，それ以外の規制はない。したがって，賃金さえ支払えば，何時間働かせても FLSA 違反とはならない。かかる規制の適用除外が 13 条（a）に列挙されている。そのうち，(1) は**ホワイトカラー・イグザンプション**（white-color exemption）と呼ばれ，管理的被用者，運営的被用者，専門的被用者，外勤セールスマンが含まれる。

　FLSA は連邦法であるが，州法による異なる規制を排除しておらず，両方の適用を受ける。多くの州が FLSA よりも厳しい規制を置き，その規制内容は多様であるため（最低賃金のみならず，支払期日や控除の制限，休日や休憩時間等の規制も含む州がある），各州法を確認する必要がある。

　一般に，米国でも残業代の紛争は多い。特に適用除外に該当するとの誤解はリスクがある。連邦法および州法上，適用除外の要件を満たすか確認し，残業代の支払漏れをしないことが肝要である。FLSA 違反については，刑事罰や行政による制裁金（civil penalty）がある（FLSA16 条）。

　なお，米国には有給休暇制度はない。任意で，すなわち労働契約で休暇を定めるが，法律で強制されない。もっとも，連邦法に「家族・医療休暇法」

（Family and Medical Leave Act）という，育児休暇や介護・看護休暇・病気休暇等をすべてまとめた無給の休暇付与を義務づける法律はある。年間12週の枠内で，上記事由による休暇付与を義務づけるもので，休暇終了後，労働者は自分の原職またはそれと同等な条件の別の職に復帰する権利を有する。こちらについても州法で別途の規制をしている州は少なくない。

(8) 仲裁合意について

米国の労働法上，労使の紛争について，仲裁合意は禁じられておらず，有効である。明示的にこれを無効とする日本の仲裁法と異なる（仲裁法附則4条）。[41]

最近では，予め雇用するに際して，雇用上のすべての紛争を裁判ではなく仲裁によって解決する旨の仲裁合意を明示的に締結することが推奨されており，実際にそのような例が増えている。仲裁合意の対象は，公民権法第7編等をはじめとする法令違反のみならず，不法行為や契約違反等を広く含めることが多い。

3 中　国

(1) 序　論

中国の法令は抽象的な定めとなっている場合が多く，解釈に幅があり，地域ごとに実情に合わせて行政機関が決定する要素が大きいと言われる。しかも，その解釈や運用は頻回に変わる。[42]

一般に中国法では，法律，行政法規，行政部門規章，地方法規（地方条例および地方政府規則）という四大法令のほか，最高裁判所に相当する最高人民法院または最高人民検察院が制定する「司法解釈」があるところ，最高人民法院は審判の過程において，法律・法令の具体的解釈についてどのように行うのかの判断を示すことができ，下級審を拘束するため，抽象的な法令の定めを補足するものとして実務的に非常に重要とされる。特に労働関係では，地方政府の地方法規（地方条例および地方政府規則）や行政部門規章の他に，所在地を管轄する高裁が出している法律解釈に関する意見や解釈規定があり，当該地方の実務に与える影響が大きい。そのため，これらを常にフォローすることが重要であ

---

41)　仲裁合意については **UNIT10** 参照。
42)　董保華＝立花聡『実務解説　中国労働契約法』（中央経済社，2010年）2頁。

336   UNIT 13　国際労務

る。また，行政機関およびその担当者との関係を日常から良好に保つ努力が肝要ともされる。[43]

　もっとも，中国でも，**労働契約法**などの労働者の権利を保護する法令が存在し，重要な位置を占めている。そこで，本書では，これら中国の労働関連法令のうち，特に重要度の高い労働契約法を中心に概説することとする。

(2)　労働契約の締結について

(a)　書 面 性

　使用者は労働者と労働契約を締結する場合には，書面で労働契約を交わすことが必要である（中国の労働契約法〔以下「中国労契」〕10 条）。実際の勤務開始日から 1 か月を超えても書面契約を締結していない場合には，毎月 2 倍の賃金を支払わなければならない（中国労契 82 条）。さらに，勤務開始日から 1 年を超えても書面契約を締結しなければ，無期労働契約を締結したものとみなされる（中国労契 14 条 3 項）。これらの点は，有期雇用で契約期間満了により労働契約が終了しているのに漫然と勤務を継続した場合も同様である。

(b)　契約期間の定めおよび試用期間

　労働契約について期間の定めを置くことは許容される（中国労契 12 条）。しかし，①勤続年数が満 10 年となる場合や，②期間の定めのある労働契約（有期労働契約）を連続して 2 回締結し，かつ労働者に解雇理由がなく労働契約を更新する場合等には，労働者が有期労働契約の締結を申し出ない限り，無期労働契約を締結しなければならない（中国労契 14 条 2 項）。中国では，無期労働契約になると労働者の労働意欲や作業能率の低下を招きやすい等として敬遠する傾向が強い。[44] 契約期間内に労働者を見極める必要があるが，契約期間自体の長短についての規制はない。原則として，有期労働契約を 1 回更新すると無期労働契約となるため，実務的には最初の有期労働契約の期間を長めにとって，当該労働者の適否を確実に判断することが望ましい。

　この点，長めの契約期間を設定した上で，試用期間を設定し，試用期間に能力等を見極めることも制度としては可能である。試用期間は労働契約期間に応

---

43)　フレッシュフィールズブルックハウスデリンガー法律事務所編・前掲注 37) 103 頁以下。
44)　黒田法律事務所『Q&A 中国進出企業の労務ハンドブック〔新版〕』（清文社，2014 年）20 頁以下。

第4節　現地法人が現地人を雇用するケース──各国労働法のポイント（③）　337

じて最長で6か月まで認められており（中国労契19条[45]），試用期間中に従業員が採用条件に適合しないことが証明できる場合は，予告期間なく，**経済補償金**なくして解雇することができる（中国労契39条および46条）。また，試用期間中の賃金は80%の水準まで落とすことができるが，最低賃金は上回る必要がある。ただし，採用条件に適合しないことの立証が容易でないことから，実務的にはあまり有用ではないようである。

(c)　定年制および定年退職後の契約

　中国では定年制がある。定年制は男女で異なっており，具体的には，男性の場合は，「満60歳（特に負担の重い労働又は身体の健康に有害な労働に従事する場合は満55歳）かつ勤続年数満10年」であり，女性の場合は，「満50歳（管理職は満55歳，特に負担の重い労働又は身体の健康に有害な労働に従事する場合は満45歳）かつ勤続年数10年」である。勤続10年の要件は，関係法令の制定当時入れられたものであるが，現在は一般企業の従業員には適用されず，法定の定年に達するとともに退職となる。

　定年との関係で特徴的な点は二つあり，一つは解雇制限があることである。すなわち，労働契約法42条では，「当該使用者のもとにおける勤続年数が満15年以上であり，かつ法定の定年退職年齢まで残り5年未満である場合」には，解雇理由がある場合でも解雇できない。

　もう一つの特徴は，定年退職した労働者のうち，既に基礎年金待遇を受けている定年退職者の再雇用については，労働関係ではなく，労働契約法は適用されず，すべて当事者間の雇用協議書に定めるところに従うことになり，よって解雇制限や経済補償金等の支払義務はない点である。もっとも，基礎年金未受領の定年退職者については争いがあり，地方によって解釈が異なるようである。

(3)　解雇と経済補償金

(a)　解雇について

　使用者から労働契約を一方的に解除（解雇）できる場合はどのような場合か。まず即時解雇が認められる場合として，労働契約法39条は「試用期間にお

---

45)　満3カ月以上1年未満の場合の試用期間は1か月以内，満1年以上3年未満の場合の試用期間は2カ月以内，3年以上であれば試用期間は6か月以内である。3か月に満たない場合は試用期間を設定できない。

いて採用条件に合致しないことが証明された場合」「使用者の規則制度に著し[46]
く違反した場合」「重大な職務上の過失を犯し，私利のために不正を働き，使
用者に重大な損害を与えた場合」など六つの場合を挙げる。これらは日本法上
の懲戒解雇に相当する。解雇については，いずれも工会（労働組合）への事前
通知が必要である（中国労契43条）。

　次に，労働契約法40条は，30日前までの書面による通知または1か月分の
賃金支払を要する解雇の場合として三つ挙げる。すなわち，「①労働者が疾病
または業務外の負傷により，規定された医療期間の満了後，元の業務に従事す
ることができず，使用者が別途手配した業務にも従事することができない場
合」「②労働者が業務に堪えることができず，研修又は職場調整を経たあとも，
なお業務に堪えることができない場合」「③労働契約の締結時に根拠とした客
観的な状況が著しく変化したため，労働契約を履行することができなくなり，
使用者と労働者による協議を経ても，労働契約の内容の変更について合意に達
しない場合」である。日本法でいえば，健康状態やローパフォーマンスによる
普通解雇に相当する。

　また，大規模な人員削減（具体的には20人以上，または全従業員数の10%以上
の人員削減）については，労働契約法41条において特別な手続的なルールが定
まっている。特に，労働行政管理部門への事前報告が必要であるが，報告の受
理を通して，実質的には許可制のような運用となっている。これらは日本法で
は整理解雇に相当する。いずれの解雇も，容易には認められない。

（b）　経済補償金について

　中国では，労働契約が終了するに際し，即時解雇が認められる場合（中国労
契39条）を除き，使用者は労働者に対して，経済補償金を支払う義務がある
（中国労契46条）。これは労使が協議および合意して退職する場合（中国労契36
条）も同様である。

　経済補償金の水準は，原則として勤続年数に応じて満1年につき「1か月
分」の賃金である。勤続年数が6カ月以上1年未満の部分は1年に繰り上げ，
6カ月未満は半月分の賃金相当として計算する（中国労契47条）。ただし，最高
でも勤務年数は12年を超えないものとして計算される。「1か月分」の賃金は，

---

46)　中国でも就業規則が制定され，規律と処分内容を含め，様々なことを規定することにな
　っている（中国労契4条）。

第4節　現地法人が現地人を雇用するケース──各国労働法のポイント（③）　339

原則として労働契約が終了する前 12 カ月間の平均賃金をいい，この中にはボーナスや各種手当等も含まれる。

　なお，解雇が不当である場合，労働者の選択により，復職するか，経済補償金の倍額を支払わせることができる（中国労契 48 条および 87 条）。

（4）　その他の労働条件関係

（a）　最低賃金

　中国にも最低賃金制度があり，省・自治区・直轄市の労働行政部門により当該地区の最低賃金が公布される。少なくとも 2 年に一度調整されるため，確認が必要である。

（b）　労働時間および残業代

　中国では，労働時間は日本同様，1 日 8 時間・1 週間 40 時間と定められている。法定労働時間を超えて働かせる場合や，休日労働については，時間外手当を支払う義務がある。平日の時間外手当は 150％ 以上，休日出勤の場合で代休を手配することができない場合は 200％ 以上，法定の祝休日の場合は 300％ 以上の時間当たり手当を支払う義務があり，日本の割増率より高くなっている。[47]

　なお，延長できる労働時間は，最大 1 日 3 時間まで 1 か月 36 時間までとなっている（労働法 41 条）。

（c）　年次有給休暇等

　中国にも法定の年次有給休暇がある。中国では，機関，団体，企業，事業組織，民営非企業組織および雇用労働者を有する個人事業主などの組織の従業員が連続して 12 カ月以上勤務した場合に，通常の勤務期間と同一の賃金収入を得ながら取得できる休暇と定義される。[48]特徴的なのは，「連続して 12 カ月」を一企業でカウントするのではなく，複数の会社に連続して勤務していれば満たすという点である。日本と比べ，転職が常識の国らしい規定である。付与される日数は累計勤務期間で決せられ，1 年以上 10 年未満で年間 5 日などとなっている。[49]暦年の途中で職を転じた場合には，それぞれの会社における在籍日数で割りつけて日数を計算する。1 日未満については切り捨てられる。仮に暦年

47）　賃金支払暫定規定。
48）　従業員年次有給休暇条例 2 条，企業従業員年次有給休暇実施規則 3 条。
49）　10 年以上 20 年未満で 10 日，20 年以上では 15 日である。

の途中で退職する従業員に未消化の年次有給休暇がある場合，使用者としては年次有給休暇を取得させた方がよい。未消化分については，日額賃金収入の300％の基準で経済補償を行う必要がある。

このほか，業務外の私傷病による休暇や婚姻休暇，出産休暇等の制度がある。少子化のため，長年続いた一人っ子政策が2015年に解消され，2人まで子供を持つことが認められたことに伴い，出産休暇は2人目までは付与されるようになった。

(5)　工会（労働組合）

中国の工会（労働組合）は，日本等の労働組合とは異なり，労働者を代表して使用者と交渉する組織というより，労使間の橋渡し的な役割を担う組織と位置づけられている[50]。その設立は企業の義務ではなく，労働者の権利であるが，機能としては，労働者の権利保護のみならず，会社経営がうまくいくようサポートする役割もある。そのため，労働者のみならず経営者も入会することができるほか，工会の運営費は使用者が拠出する。

工会（労働組合）法27条は，工会の行う争議行為を定めるが，ストライキ（同盟罷業または怠業）とその際の使用者との協議しか定めがなく，その以上の行為について法令上定めがない。一般に中国政府は社会不安をあおるため，工会の争議行為に否定的である[51]。

工会の組織は3段階の構造となっており，企業ごとに設置される基層工会，その上位機関として地方ごとに設置される地方総工会，さらにその上位機関として中華全国総工会があり，これが全国の工会を統括する。トップは中国共産党の幹部が就任し，工会は全体として中国共産党の統制下にある[52]。使用者が工会を敬遠していること，労働者も必ずしも従業員の利益を代表しない工会を頼らないこと等から，企業単位の基層工会は形骸化している傾向がある。しかし，良好な労使関係の維持のためには，工会が労働者とうまくコミュニケーション

---

50)　奥北秀嗣＝韓晏元『中国のビジネス実務　人事労務の現場ワザQ&A100』（第一法規，2010年）281頁以下。

51)　King & Wood Mallesons「Chapter China（Employment & Labour Law 2018)」Global Legal Insights（2018）56pp.

52)　フレッシュフィールズブルックハウスデリンガー法律事務所編・前掲注37）106頁。

第4節　現地法人が現地人を雇用するケース——各国労働法のポイント（③）　　341

をとって統制し，従業員が暴徒化しないようにしてもらうことが肝要とされ，工会の形骸化は望ましくない。

　使用者は，工会が設立されると，①従業員を解雇するときに事前に解雇理由を通知しなければならず，②就業規則を作成・変更するときには工会と協議しなければならない（ただし同意までは不要である）。また既述のとおり，賃金総額の2%を経費として工会に支給しなければならない等の義務がある。

UNIT 14

個人情報保護制度

第 1 節　はじめに

　日本においては，2005 年の個人情報の保護に関する法律（以下「日本の**個人情報保護法**」という）の全面施行をきっかけに，個人情報保護制度に関する関心が高まった。その後，2017 年の改正個人情報保護法の全面施行を始めとする法制度の変化と個人の個人情報に関する権利意識の高まりに加えて，企業の事業活動の中でデータの利活用の比重が増したことが相まって，個人情報保護制度に関する注目がさらに増している。

　海外展開を進める日本企業は，日本のみならず国際的な潮流にも否応なしに対応を迫られている。EU においては，2018 年に**一般データ保護規則**（以下[1]「**GDPR**」という）が施行された。米国に目を移すと，**連邦取引委員会**（Federal Trade Commission, 以下「**FTC**」という）による**連邦取引委員会法**（Federal Trade Commission Act, 以下「**FTC 法**」という）違反に基づくプライバシー関係の執行が続いている。

---

[1]　Regulation（EU）2016/679 of the European Parliament and of the Council of 27 April 2016 on the protection of natural persons with regard to the processing of personal data and on the free movement of such data, and repealing Directive 95/46/EC（General Data Protection Regulation）（Text with EEA relevance）.

さらに，個人情報保護制度に関する激しい動きは，先進国に限られるものではない。世界各国において急速に個人情報保護制度の整備が進められており，日本企業が事業を拡大しているアジア諸国のこの数年の動向だけを見ても，中国，ベトナム，タイ，インド等で，新たな個人情報保護制度を整備する動きがある。

こうした動きを踏まえ，本 UNIT では，特に多数国の法制度に対応するために理解しておくべき基本的な視点と，実務的な対応における留意事項を中心に説明する。そのため，日本の個人情報保護法を含む個別法の詳細な内容には言及しない。

以下，**第 2 節**では，米国および欧州を中心とした世界の概況を紹介する。**第 3 節**においては，個人情報保護制度の適用範囲に関する問題と，個人情報保護制度の原則を解説し，**第 4 節**においては個人情報保護制度の遵守体制を構築する際に実務的に留意すべき事項を述べる。

なお，本 UNIT で用いる用語について若干補足すると，個人情報保護に関する法制度は，米国においてはプライバシー法，欧州においてはデータ保護法と呼ばれることが多いが，本 UNIT では，個別の法に言及する場面を除き，原則として「個人情報保護制度」と総称する。また，個人情報保護制度の保護対象となる情報についても，米国における**個人識別可能情報**（personally identifiable information）や，欧州における**個人データ**（personal data）など，種々の呼び方があるが，本 UNIT では，原則として「**個人情報**」と呼ぶ。

第 2 節　各国における制度の状況

1　米国における個人情報保護制度

(1)　概　　要

米国における個人情報保護制度の顕著な特徴は，日本の個人情報保護法やEU の GDPR と比較できるような，個人情報の取扱いに関する包括的な連邦法が存在しないことである。

もっとも，これは，米国において個人情報の取扱いについて制度がないことを意味しない。実際には，個別領域に特化した多くの連邦法が存在することに加え，連邦取引委員会が，FTC 法に基づいてプライバシーに関する執行をし

ている。さらに，米国は連邦制国家であり，州の権限が強いことから，州法の
存在も無視することはできない。

以上のように，米国においては，包括的な制度がないがゆえに，逆に，様々
な諸規制に対応することが求められる。ここでは，連邦法と州法に分けて制度
を概観する。

なお，米国において，刑事手続を始めとする政府による個人情報の取扱いに
ついては，合衆国憲法修正 4 条のような人権が問題とされ得るが，企業による
個人情報の取扱いについて，憲法上の価値が直接論じられることは少ない。

(2) 連邦法による規制

先に述べた通り，連邦法の中に，包括的な個人情報保護法に相当する法はな
く，医療情報[2]や，消費者の信用情報[3]といった分野別の規制が存在する。

こうした中で，FTC のみは，比較的包括的な権限を有している[4]。FTC は，
日本においては競争法の執行機関として著名であるが，古くから消費者保護機
関としての機能も有しており，その一環として，個人情報を巡る様々な事件を
執行している。

FTC は，インターネット上の青少年の個人情報保護に関する連邦法[5]など，
いくつかの個人情報に関する分野別規制法を所管しているが，FTC が個人情
報保護分野において重要な執行機関とみなされる最大の理由は，FTC 法に基
づく執行権限にある。FTC 法 5 条 (a) (1) は「不公正又は欺瞞的な行為又は
慣行」(unfair or deceptive acts or practices) を禁止している。FTC は，古くか
らこの規定を消費者保護のために用いてきたが，1990 年代から，インターネ
ットを通じた消費者被害が顕在化するにともなって，個人情報を巡る事件に対
して，幅広く適用するようになった。FTC は，その規制権限の広さと独立性
ゆえに，事実上のデータ保護機関と呼ばれることもある。

---

2)　Health Insurance Portability and Accountability Act of 1996, Pub. L. No. 104-191.

3)　Fair Credit Reporting Act of 1970, Pub. L. No. 91-508.

4)　プライバシー保護に関する FTC の機能については，クリス・フーフナグル『アメリカプ
ライバシー法：連邦取引委員会の法と政策』（勁草書房，2018 年）。

5)　Children's Online Privacy Protection Act of 1998, Pub. L. No. 105-277.

(3) 州法による規制

米国の各州は、それぞれ個人情報に関する多様な州法を制定している。

代表的なものとして、個人情報に関するデータ侵害が生じた場合に各州当局や本人に対して通知することを求める州法がすべての州で制定されている。他方で、連邦法には、こうした一般的な通知義務を定めた法律はない。もっとも、各州法には、保護される個人情報の項目や、どのような事態が生じた場合に、何日以内に誰に対して通知をするかといった重要な点において、様々な差がある。このため、影響を受けた個人が多数の州にまたがる場合には、対応に困難を伴うことになる。

上記の通知に関する州法のほかにも、各州が独自に、個人情報に関する州法を制定している。中でも影響が大きいのがカリフォルニア州法である。カリフォルニア州は、個人情報保護に関する州法の制定が盛んな州のひとつであるが、全米で最大の人口を誇る州であり、大手 IT 企業の本社が集中して経済的に重要な位置にあるため、その影響は広く全米に及ぶ。中でも、近時最も注目されている州法が、2018 年に制定され、2020 年 1 月から施行されることが予定されている消費者プライバシー法（以下「CCPA」という[6]）である。同法の規制内容を見ると、個人による個人情報の開示や削除請求といった請求権のほか、企業が個人情報を販売する場合には、個人にオプトアウトの権利を認めるなどの規定を有している。同法の州域外適用の範囲は未だ定まっていないが、広く適用された場合には、その影響は米国に拠点を有する企業のみならず、米国に拠点を持たない企業にも及ぶおそれがあるため、動向には注意が必要である。

2 欧州における個人情報保護制度

(1) 概　　要

欧州における個人情報保護制度としては、GDPR を始めとする EU 法の規制が著名であるが、全体像を把握するためには、EU 法が適用される欧州経済領域（European Economic Area, EEA[7]）と、それ以外の国を含む全欧州という二つの領域に切り分け、歴史的経緯を踏まえるとわかりやすい。

---

6) California Consumer Privacy Act of 2018.
7) EU 全加盟国に加えてノルウェー、アイスランドおよびリヒテンシュタインが加盟する。

346　UNIT 14　個人情報保護制度

　欧州においては，1970年の西ドイツ・ヘッセン州におけるデータ保護に関する州法の制定を皮切りに，1970年代から北欧諸国やフランスなどにおいて国レベルの法整備が進められた。

　1980年，当時西ヨーロッパ諸国を中心として組織されていた欧州評議会（Council of Europe）[8]において，個人データの自動処理に係る個人の保護に関する条約（以下「条約108号」という）[9]が採択された。条約108号は，世界で最初の拘束力のある個人情報保護に関する条約と位置づけられる。1980年代の西ヨーロッパ諸国においては，同条約に従う形で個人情報保護制度の整備が進められた。

　冷戦の終結後，欧州評議会に東ヨーロッパ諸国が加盟したことに伴い，条約108号を批准する国家も東方に拡大した。また，同条約は継続的に改正作業が行われている。

　他方で，EUにおいては，条約108号に準拠しつつ，その内容をさらに強化する形で，1995年にデータ保護指令が制定され[10]，これに従って加盟国法の整備が進められた。このデータ保護指令の後継として，GDPRが2016年に制定され，2018年に施行された。GDPRもまた条約108号に準拠して整備されている。

　その結果，現在の欧州の個人情報保護制度は，GDPRその他のEU法が適用されるEEAと，条約108号のみに準拠しているそれ以外の国（典型例としてロシアやトルコが挙げられる）に大きく区別されている。なお，GDPRはいくつかの規制を各国法に委ねているため，GDPR適用国についても各国法を無視できるわけではない。

　このような制定法の現状に加えて，欧州においては個人情報の保護が人権の一つとして認められていることに留意すべきである。先に述べた欧州評議会は，

---

8)　1949年に西ヨーロッパ諸国10か国によって設立された組織である。現在は欧州諸国のうち，バチカンやベラルーシなど一部を除く47か国が加盟しており，日本もオブザーバーとして参加している。なお，欧州連合とはまったく別個の組織であり，欧州連合の一機関である欧州理事会（European Council）とも関係がない。

9)　Convention for the Protection of Individuals with regard to Automatic Processing of Personal Data, 28 January 1981, ETS 108.

10)　Directive 95/46/EC of the European Parliament and of the Council of 24 October 1995 on the protection of individuals with regard to the processing of personal data and on the free movement of such data.

1950 年に欧州人権条約を締結したが[11)]，8 条には，私生活の尊重が人権の一つと
して挙げられている。欧州人権条約に基づき設けられた欧州人権裁判所は，デ
ータ保護への関心の高まりの中で，同条が，一定のデータ保護の権利を含んで
いると判断するに至っている。さらに，EU においては，2009 年に発効した
EU 基本権憲章 7 条が[12)]，欧州人権条約 8 条 1 項をほぼそのまま引き継いで私生
活の尊重を基本権として認めていることに加え，同憲章 8 条は，同憲章 7 条か
ら独立して，データ保護の権利を基本権として認めている。このように，個人
情報保護制度が明確に人権と結びつけられている点が，欧州における個人情報
保護に関する規制や執行に影響を与えていることは見過ごされてはならない。

(2) EU における現在の政策動向

　上記のとおり欧州においては，EU を中心とした EEA 域内と，それ以外の
国家の間で，基本的な法制度の枠組みが異なっているが，EU の動向が最も重
要であることは言うまでもない。そこで，EU における現在の政策動向につい
て若干説明する。

　先に述べたとおり，GDPR は EU 基本権憲章に定められたデータ保護の権利
を具体化するものである。しかし，そのことは，GDPR が，専ら人権保護の
みを目的とした法であることを意味しない。EU においては，デジタル単一市
場（Digital Single Market）戦略が進められており，データ保護指令に基づき策
定された各国の個人情報保護法制を GDPR の制定によって統一することで，
EU 内の規制の共通化を進めて，EU 内の個人情報の移動を円滑化することは，
このデジタル単一市場戦略の一環としても位置づけられている[13)]。

　こうしたデジタル単一市場戦略においては，他にも個人情報に関連した規制
について動きがある。その中でも重要なものとして，e プライバシー指令の規[14)]

---

11)　European Convention on Human Rights.

12)　Charter of Fundamental Rights of the European Union.

13)　Communication from the Commission to the European Parliament, the Council, the Eu-
　　ropean Economic and Social Committee and the Committee of the Regions, "A Digital Sin-
　　gle Market Strategy for Europe" |SWD（2015）100 final|.

14)　Directive 2002/58/EC of the European Parliament and of the Council of 12 July 2002
　　concerning the processing of personal data and the protection of privacy in the electronic
　　communications sector（Directive on privacy and electronic communications）.

348　UNIT 14　個人情報保護制度

則への改正作業が挙げられる。eプライバシー指令は，もともと2002年に電気通信分野においてデータ保護指令を補完するために制定され，後に多くの点で改正がなされた。同指令は，ダイレクトマーケティングの規制等の様々な規制を含んでいるが，日本企業にとって最も重要な規制が，2009年に改正された同指令5条3項のクッキー等に関する規制である。同条は，登録者または利用者の端末機器に保存された情報へのアクセスおよび端末機器への情報の保存に，本人の同意を得ることを求めており，これによって，スマートフォンやPCにクッキー等をインストールする行為を広範に規制している。

　eプライバシー指令から規則への改正作業においては，広範な域外適用規定やGDPRと同水準の課徴金額の導入が検討されている。制定された規則の内容によっては，インターネット上の日本企業の活動に大きな影響を与える可能性がある。

3　米国および欧州以外の国における状況

　米国および欧州においては個人情報保護制度について数十年の蓄積があるが，近時，新興国においても個人情報保護制度が急速に整備されつつある。どのような内容の法制度を個人情報保護制度と評価するかという問題があるため，世界の国のうち個人情報保護制度を整備している国の割合を正確に把握することは容易ではない。そのため，あくまでも参考値として扱うことが適切であるが，国連貿易開発会議（United Nations Conference on Trade and Development: UNCTAD）のサイト（Data Protection and Privacy Legislation Worldwide）によれば，2019年3月時点で，世界の58%の国がこうした法制度を有しており，10%の国が立法過程にあるとされている。アジア太平洋地域になるとこの比率はやや下がり，45%の国が法制度を有し，7%の国が立法過程にあるとされている。アジアの主要国に限定すれば，この比率はより高くなり，その規制の範囲や程度はばらつきがあるものの，何らかの個人情報保護制度がある可能性が高いと想定する方が実態に即している。なお，世界各国で整備されつつある個人情報保護制度は，必ずしも，欧米のような消費者保護や個人情報保護だけではなく，公権力の個人情報へのアクセス可能性の確保や安全保障上の考慮など，他の目的も含めて立法されていることがある。

　欧米以外の制度の一例として，中国における制度について若干紹介する。香

港およびマカオについてはそれぞれの個人情報保護制度が存在していたが，近時，中国本土においても**サイバーセキュリティ法**[15]が制定され，2017年6月から施行されている。同法の主目的はネットワークにおけるセキュリティの確保であるが，同法40条から43条は，概括的な定めであるものの，個人情報の収集使用時の本人同意，第三者提供の際の本人同意，削除や訂正請求といった事項を定めており，個人情報保護制度としての側面を有している。なお，同法が注目される最大の理由は，データローカライゼーション規制を含んでいるためであるが，これについては後述する。

また，中国における個人情報保護制度は，サイバーセキュリティ法だけではない。たとえば，2018年には，情報安全技術・個人情報安全規範が施行されている[16]。上記のとおりサイバーセキュリティ法は個人情報保護制度としては概括的な定めしか有していないのに対して，同規範は国が推奨する基準であって，法的拘束力はないものの，より詳細なルールを定めている。その内容は，日本の個人情報保護法と比べても決して見劣りするものではなく，たとえばプライバシーポリシーに記載すべき事項を詳細に定めた上で，モデルを付録として公開するなど，場合によっては日本法よりも細かい規制となっている。

なお2018年11月の全人代において，今後の立法計画に個人情報保護法が上程されたため，今後の中国における個人情報保護制度の動向に注目する必要がある。

第3節 実務的対応①——個人情報保護制度の範囲と原則の確認

1 概　要

急速に発達する諸外国の個人情報保護制度に対応するためには，具体的に適用を受ける法律，およびそれらの適用法がどのような原則を有しているかを知る必要がある。

---

15)　中華人民共和国網絡安全法。
16)　信息安全技術　個人信息安全規範。

350   UNIT 14   個人情報保護制度

2 実務的対応において検討すべき法制度の範囲

　個人情報保護制度の遵守対応の出発点として，具体的に各国のどの法に対応する必要があるかを調査する必要がある。GDPR のように，日本の個人情報保護法に相当する包括的な法律がある場合には比較的わかりやすいものの，米国のような分野別の法律が中心となっている場合には，遵守すべき法律を特定することは容易ではない。

　また，包括的な法制度がある場合でも，必ずしも，当該法律の遵守だけで足りるわけではない。まず，個人情報保護制度そのものではないが，類型的に個人情報保護制度と密接に関連する別個の法制度が存在している可能性がある。たとえば，消費者向けのサービスの提供に伴う情報の取扱いであれば，電子商取引や通信販売に関する消費者法の考慮が必要となり，グローバルな内部通報制度の構築のように雇用関係情報の取扱いが問題となるのであれば，各国の労働法を確認する必要がある。さらに，取り扱う情報の種類によっては，一般的な個人情報保護制度以外のルールが適用される場合がある。たとえば，日本においても，健康情報や金融情報については，一般向けのガイドラインとは別に，分野別のガイドラインが公表されているが，諸外国においても，こうした類型的に機微な個人情報については，一般のルールとは別に，特則的なルールが，個人情報保護制度の一部としてまたは事業規制の一環として設けられていることがある。

　以上のとおり，実務的対応を検討する際には，隣接諸法や，特則的な規制の存否についても調査する必要がある。

3 個人情報保護制度の地理的範囲

　ついで，適用される可能性のある法律について，それぞれの法律がどこで行われる個人情報の取扱いに関して適用されるかという，地理的な適用範囲について検討する必要がある。

(1) 地理的範囲についての基本的な考え方

　各国法によって，個人情報保護制度が適用される地理的範囲の設定は異なるが，日本の個人情報保護法をベースに基本的な発想を大きく3パターンに分けると理解しやすい。

第3節　実務的対応①——個人情報保護制度の範囲と原則の確認　351

　まず，①個人情報保護法は，日本に所在する個人情報取扱事業者が行う個人情報の取扱いに対して適用される。当該個人情報の本人の国籍および所在地は限定されない。

　ついで，②個人情報保護法24条は，日本国内の個人情報取扱事業者が外国にある第三者に対して個人データを提供する際には，相手方との契約等によって，提供先において，日本法と同レベルの水準の保護が確保されるように求めている。こうした個人情報の移転を**越境データ移転**（cross border data transfer）と呼び，対応する規制を越境データ移転規制と呼ぶことがある。

　さらに，③個人情報保護法75条は，日本国内に所在する者（国籍は限定されない）に対して商品や役務を提供することに関連して，個人情報保護取扱事業者が個人情報を外国で取り扱った場合には，個人情報保護法が直接適用されることを定めている。

　すなわち，①が原則的な直接適用があるケース，②が越境データ移転に伴って日本法の規制が契約等を介して間接的に及ぶケース，そして③が直接域外適用されるケースと整理できる。日本法のこのような適用関係に関する整理は，各国法を検討する際の比較の基準として用いることができる。たとえば，GDPRであれば，①③は3条（③は特に3条2項），②は44条以下に類似する規定が置かれている。

(2)　越境データ移転規制とデータローカライゼーション規制

　上記の基本的な規制に加えて，近時，**データローカライゼーション**（data localization）規制と呼ばれる，データを自国内に留めることを求める規制が注目されている。同規制は，自国民保護のみならず，法執行機関による自国民情報へのアクセス可能性の確保や自国産業の保護等を目的として，特に新興国の法律で増加している。

　越境データ移転規制とデータローカライゼーション規制は，ともに国境をまたぐデータの移動に対する規制であるということから同一視されることもあるが，データの自国内への保管を求めるかどうかという点で重要な違いがあるため，異なる規制と理解した方が分かりやすい。

　越境データ移転規制は，理念的に，データを，自国と同程度の保護が確保される国に対してのみ移転することを認める規制と整理することができる。同規

352　　UNIT 14　個人情報保護制度

制においては，データを移転する場合に，オリジナルまたはコピーを自国内に保管することは求められていない。たとえば，個人情報保護法24条は典型的な越境データ移転規制であるが，要件を遵守する限り，すべてのデータを外国に持ち出すことが可能である。すなわち，同規制は，確かに，自国より劣った保護水準の国への持ち出しを禁止するため，個人情報の移転を制限する規制とも捉えられるが，他方で，適正な保護を条件に個人情報の移転の自由を保証する規制とも捉えることができる。

　これに対して，データローカライゼーション規制は，その用語のとおり，移転先の保護水準にかかわらず，データを自国内に留めることを求める規制と整理することができる。規制の態様としては，全面的に国外への移転を禁止するものから，許可制とするもの，オリジナルの国内保管を義務づけ，コピーに関しては移転を認めるものなど様々であるが，いずれにしても国内にデータを保管することを求める点で共通している。

　こうしたデータローカライゼーション規制の代表例としてロシア法と中国法が挙げられる。ロシア法のデータローカライゼーション規制は，同国の個人データ法18条に基づくものである。[17]その規制内容は，基本的に個人情報の処理（収集・分析・保管を含む）がロシア国内で行われることを求めるというものであり，ロシア国外への個人情報の移転は，ロシア国内で処理された個人情報のコピーを持ち出す形でのみ認められるとされる。このデータローカライゼーション規制については，実際に活発に執行されているため，注意が必要である。

　また，中国のサイバーセキュリティ法37条は，重要情報インフラストラクチャー運営者と呼ばれる事業者に対して，その取得した個人情報を国内に保管しなければならず，業務上国外に情報を持ち出す必要がある場合は，安全評価を行わなければならないと定めている。同条については，下位規則が定められる予定であるが，その内容によっては同条の条文以上に規制される事業者やデータの範囲が拡張される可能性があるため，今後の立法動向に留意すべきである。

　なお，日本の個人情報保護制度もデータローカライゼーション規制と無縁ではない。個人情報保護法自体にはこのような制度は存在していないが，たとえ

17）渥美坂井法律事務所・外国法共同事業「諸外国の個人情報保護制度に係る最新の動向に関する調査研究報告書」（2018年）323頁。

ば，医療機関が診療録等を院外の受託業者に保管させる場合，日本法の執行が及ぶ範囲に保管することが求められており[18]，典型的なデータローカライゼーション規制と言うことができる。

4 個人情報保護制度の物的範囲——個人情報の範囲

(1) 概　要

個人情報保護制度の適用を検討する際には，法の及ぶ地理的範囲のみならず，物的範囲，すなわちどのような情報に対して法が適用されるかを検討する必要がある。より具体的には，何が個人情報として扱われるか，という問題と，個人情報をどのように加工すると個人情報ではなくなるか，という問題に区別して検討すると分かりやすい。

(2) 個人情報の範囲

日本を含む多くの個人情報保護制度が持つ個人情報の定義は，基本的な発想のレベルでは共通している。すなわち，個人情報とは，概ね，その情報単独で個人を識別できる情報，またはその情報単独では個人を識別できないが，他の情報と組み合わせると個人を識別できる情報のいずれかに該当する情報であると定義できる。

したがって，氏名のように，一般的に個人を特定するために用いられる項目を含む情報は，基本的にどのような国の個人情報保護制度であっても保護対象となり得る。

ところが，そうした明白な個人情報ではない場合，特にその情報単独では個人を識別できないが，他の情報と組み合わせれば個人を識別し得るタイプの情報については，法制度によって結論が異なり得る。たとえば，ウェブサイトの運営者が，ユーザーのIPアドレスと当該サイトにおける閲覧行動を収集した場合，これらの情報は個人情報に該当するであろうか。日本法では，会員制のサイトで会員情報とこれらの情報が結びつけられるような場合を除き，個人情報ではないと解釈されることが多い。他方で，欧州司法裁判所は，IPアドレスの中でも，インターネットサービスプロバイダーからの割当てによって変化

---

18) 経済産業省「医療情報を受託管理する情報処理事業者向けガイドライン第2版」（2012年10月）16頁。

することが予定されている動的 IP アドレスについて，サイト運営者がインターネットサービスプロバイダーに照会できる可能性を重視して，個人情報に該当し得るとの判断を示している[19]。

さらに，近時は必ずしも「個人」に結びつかない形で，個人情報が定義されることもある。たとえば，FTC は，個人情報を「特定の個人，コンピュータ又はデバイスと合理的に結び付けられる情報」と定義した上で，「多くの場合に，機器の識別子，MAC アドレス，静的 IP アドレス，及び小売業者の会員カードの番号といった固定的な (persistent) 識別子はこのテストをみたす[20]」と整理しており，機器との結びつきが問題とされている。また，先に紹介した CCPA の個人情報の定義を見ると[21]，「特定の消費者または世帯を，識別し，関係し，記述し，結びつけることが合理的に可能であり，または直接もしくは間接に連結することが合理的に可能である情報」とされており，個人との結びつきだけではなく，世帯 (household) との結びつきがある情報にまで定義が拡張されている。

以上のとおり，ある情報が個人情報に該当するかは，法制度によって判断が異なる微妙な問題であることに留意すべきである。

(3) 加工による個人情報性の喪失

さらに，個人情報を加工して新たな情報を作成した場合に，得られた情報が引き続き個人情報として保護されるかという問題がある。

日本を含む諸外国の個人情報保護制度をみると，一般的に，加工によって個人を識別することができなくなった場合には，保護対象から外れるという構造を有している。典型的には，個人情報を用いて統計情報を作成した場合には，統計情報はもはや個人情報ではなく，個人情報保護制度の枠組みから外れることとなる。

他方で，統計情報の作成にまで至らない加工を施した場合については，各国の法制度で様々な取扱いがなされている。たとえば日本の個人情報保護法では，

---

19) Judgement of ECJ 19 October 2016, *Patrick Breyer v Bundesrepublik Deutschland*, C-582/14, ECLI: EU: C: 2016: 779.

20) Edith Ramirez "Protecting Consumer Privacy in the Digital Age: Reaffirming the Role of Consumer Control Keynote Address of FTC Chairwoman Edith Ramirez" Technology Policy Institute Aspen Forum Aspen, Colorado August 22, 2016.

21) Cal. Civ. Code Section 1798. 140 (o) (1).

第3節　実務的対応①——個人情報保護制度の範囲と原則の確認　**355**

個人情報を個人情報の定義に該当しないレベルにまで加工した場合には，保護対象から外れることになる。その他，法の定めたルールに従って，個人情報を匿名加工情報に加工した場合にも，個人情報の定義から外れることになる。

米国法では，このような個人情報性を失わせる加工を，**非識別化**（de-identification）と呼ぶことが多い。他の規定と同様に，非識別化に関しても個別法によって，様々な解釈が示されている。たとえば，FTC は，企業が非識別化された情報を取り扱っているというためには，(1) 情報が合理的に個人を識別可能でないように加工されていること，(2) 非識別化された情報を用いて再識別を行わないことを公に約束すること，および (3) 非識別化された情報を提供する際には提供先が再識別を行わないように禁止をすること，という3要件を遵守する必要があるとする（このほか，企業が識別可能な情報と非識別化された情報を同時に取り扱う場合には，両者を分別管理することも求められている[22]）。この FTC の考え方は日本法に匿名加工情報を導入する際にも参考とされたが，企業の自主規制ルールの一部として示されている点が異なる。

ついで，GDPR を見ると，**匿名化された**（anonymised）**データ**と，**仮名化された**（pseudonymised）**データ**を区別している点に特徴がある（前文26段落）。匿名化加工も仮名化加工も共に情報の個人識別性を低減する加工であるという点では共通しているが，GDPR の適用との関係ではまったく異なる効果を持つ。すなわち，データに匿名化加工が施された場合には，個人がもはや識別できないとして，統計情報と同様に，当該データは GDPR の保護対象から外れることになるが，他方で，データが仮名化されたに過ぎない場合には，GDPR の保護対象からは外れない。

GDPR においては，個人情報性が極めて広く解釈されていることから，個人情報を匿名化することは難しく，単にデータに含まれる氏名等を消去するといった加工では，仮名化に過ぎず，匿名化にまで至らないことが多い点に留意する必要がある。こうした個人識別性低減加工に関する日本と EU の間の考えの違いが端的に表れたのが，日本 EU 間の十分性認定に関する補完的ルールにおける匿名加工情報の取扱いである。同ルールでは，十分性認定に基づいて輸入した個人情報を匿名加工情報として取り扱うためには，通常の情報よりも厳

22）　FTC Report "Protecting Consumer Privacy in an Era of Rapid Change: Recommendations For Businesses and Policymakers,"（March 2012）p22.

356 UNIT 14 個人情報保護制度

しい匿名加工を行うことを求めている。[23]

　このように，日米 EU の三極だけを見ても，ある情報が個人情報であるかという問題と同様に，どのような加工が個人情報性を失わせるかという問題についても，複雑な状況がある。

5 個人情報保護制度の原則

(1) 概　要

　企業が個人情報保護制度に関する対応を検討する際には，多くの個人情報保護制度に共通する原則を意識し，その原則が個別法の中でどのように実装されているかを把握することが効率的である。ここでは，こうした原則の一例として **OECD8 原則** を紹介するとともに，米国および EU における原則についても簡単に紹介する。

(2) OECD8 原則

　OECD は，1970 年代に米国および西ヨーロッパ諸国において，先行的な国が個人情報保護法制を制定し始めたことを受けて，1980 年に「プライバシー保護と個人データの国際流通についてのガイドラインに関する理事会勧告」を採択した。同勧告は 2013 年に改訂されている。

　同勧告のうち，付属文書第 2 部が，加盟国による国内法制定の原則を定めたものであり，通常 OECD8 原則と呼ばれるものである。

　OECD8 原則は，大きく以下に掲げる内容を定めている。[24]

収集制限の原則	適法かつ公正な手段によって，かつ適当な場合には，本人への通知又は同意に基づく個人データの収集を行わなければならない。
データ内容の原則	個人データの内容が利用目的に関連しており，利用目的に必要な範囲内で正確，完全かつ最新のものに保たれなければならない。
目的明確化の原則	個人データの利用目的は，収集時までに明確化されなければならない。
利用制限の原則	データ主体の同意がある場合又は法律の規定のある場合を除き，個人データは利用目的外に利用されてはならない。

---

23)　個人情報保護委員会「個人情報の保護に関する法律に係る EU 域内から十分性認定により移転を受けた個人データの取扱いに関する補完的ルール」（2018 年 9 月）10 頁。

24)　詳細については堀部政男ほか『OECD プライバシーガイドライン 30 年の進化と未来』（一般財団法人日本情報経済社会推進協会，2014 年）225 頁以下参照。

安全保護の原則	個人データは，合理的な安全保護措置によって保護されなければならない。
公開の原則	個人データに関する開発，運用及び政策は一般的に公開するポリシーを採用しなければならない。
個人参加の原則	データ主体は，管理者に対して個人データの開示等の権利を持たなければならない。
責任の原則	管理者は諸原則を実施するための責務を負わなければならない。

OECD8原則は，日本の個人情報保護法[25]を含め各国法に大きな影響を与えたため，これを参照点として，対象となる法制度を日本法と比較して分析整理することが可能である。

他方で，各原則はごく抽象的なものであるため，同じ原則に準拠していたとしても，各国法の具体的な規制の在り方は異なり得る。また，必ずしも上記OECD8原則が実務対応において重要となる全ての規制を網羅しているわけではない。それでもなお，諸外国法の具体的な規制を読み解く際に，どの原則に関連する規制であるかを意識することで，比較の手がかりを得ることができる。

(3) 米国および EU における原則

米国および EU の個人情報保護制度の原則は必ずしも OECD8 原則の直接の影響の下に形成されたものではないが，それぞれの法制度の中で，OECD8 原則とも重なる固有の原則を形成している。

まず，米国においては，1970 年代から**公正な情報取扱原則**（Fair Information Practice Principles，FIP または FIPP と略されることが多い）と呼ばれる原則が形成された。もっとも，統一的な個人情報保護法制が形成されなかった結果として，公正な情報取扱原則も複数のバージョンが存在しており，米国として統一的なFIP があるわけではない[26]。たとえば，FTC が 2000 年のレポートにおいて整理した消費者向けのウェブサイトの FIP は，(1)消費者に対する情報の取扱いに関する通知（Notice），(2)個人情報が提供された目的以外に用いられる場合には消費者に選択の機会を与える（Choice），(3)消費者に情報を閲覧させ，情報の訂正や削除の機会を与える（Access），そして(4)個人情報の管理者が情報のセキ

---

[25] OECD8 原則と日本の個人情報保護法の対応関係については『個人情報保護法の解説〔第二次改訂版〕』（ぎょうせい，2018 年）138 頁参照。

[26] Robert Gellman, Fair Information Practices: A Basic History（April 10, 2017）.

358 UNIT 14 個人情報保護制度

ュリティを確保する（Security）という 4 原則として提示されている。[27]

　次に，EU における個人情報保護法制の原則を最も端的に示すものとしては，GDPR5 条が挙げられる。同条は個人データの取扱いと関連する基本原則と銘打たれており，個人データ取扱いの①適法性，公正性および透明性，②目的の限定，③データの最小化，④正確性，⑤記録保存の制限，⑥完全性および機密性の 6 原則と，⑦これら 6 原則の遵守について管理者が責任を負い遵守していることが説明できるようにするというアカウンタビリティの全 7 原則で構成されている。

　これらの原則を OECD8 原則と比較すると，その内容が大きく異なるわけではないことが見て取れる。このことからも，OECD8 原則を比較軸として，日本法と諸外国の個人情報保護法制を比較することが有益である。

第 4 節　実務的対応②——個人情報保護制度遵守体制の構築

1　概　要

　本節ではこれまでの前提的な議論を受け，企業が，実際に個人情報保護制度を遵守する体制を構築するプロジェクトを行う際に留意すべき事項を述べる。

　体制を構築するためのプロジェクトは，一般にデータマッピングと呼ばれるデータの流れの把握，適用法の整理，そして，実際の対策という流れで行われることが多い。

2　データマッピング

　個人情報保護制度遵守体制の構築は，データマッピングと呼ばれることがある，情報の流れの把握作業から始まる。データマッピングは，全社的に行うこともある一方で，リスクが高いと考えられる特定の事業やサービスに絞って実施することもある。いずれにしても，データマッピングを行う際には，対象となる部署や現地法人にアンケートやヒアリングを行い，どのような組織がどのような情報を取り扱っているかを整理することになる。

　データマッピングは対策の前提となる情報の整理収集のために行われること

---

27)　FTC Report to Congress, "Privacy Online: Fair Information Practices in the Electronic Marketplace" iii（May 2000）.

第4節　実務的対応②——個人情報保護制度遵守体制の構築　　359

から，対策の対象となり得る情報を網羅的にリストアップする必要がある。ところが，各国の個人情報保護制度における個人情報の定義は複雑であるため，担当部門に対して，単に個人情報を取り扱っているかどうかを聞くだけでは，正しい回答が得られる保証はない。特に，マーケティング部門や研究開発部門のように，個人情報性の判断が困難な情報を取り扱っている部署については，対象部門の「個人情報ではない」や「匿名化されている」といった説明を鵜呑みにせず，実際のデータを確認するなどして，踏み込んで調査を行う必要がある。

　また，データマッピングの際には，ともすれば自社における個人情報の取扱いに意識が集中しがちであるが，個人情報の取扱いに関する委託先や再委託先についても把握しておく必要がある。これは，委託先の管理が重要な対策対象となるためである。

　実際のデータマッピングの作業では，データの種別，利用目的，管理責任者などの項目を決めて調査を行う必要がある。調査項目の設定方法については，予め対策をとることを予定している法制度において，情報の取扱いに関する記録義務がある場合には，そうした義務に準拠したひな型を用いることが望ましいが，特にそうした義務が見当たらない場合には，GDPR30条が定める取扱記録の項目を用いることが考えられる[28]。GDPR30条の取扱記録は，情報の流れを把握するための基本的な項目を網羅しているため，EUのデータを含まないプロジェクトにおいても利用可能である。

3　対策対象となる個人情報保護制度の整理

　データマッピングによって特定されたデータの流れを元に，対策対象となる法制度を整理する必要がある。特に，新サービスを複数国で開始する際に，個人情報保護制度上問題ないかを確認したいといった場合や，多数国に現地法人を擁するグループ内で円滑な個人情報流通の制度を作りたいといった場合には，そもそもどの法律が適用され，その中で具体的にどの法律を念頭に対策を行うかを検討する必要が生じる。

　この適用法の検討においては，データマッピングで把握された情報の流れを

---

28)　UK Information Commissioner's Office, "How do we document our processing activities?".

前提として，既述の法制度適用の地理的範囲および物的範囲等の要素を考慮して，関係し得る法律をリストアップすることになる。

もっとも，多数国の法律が関係し，すべての法律に対応することが現実的ではないケースもある。この場合には，日本に本社がある会社であれば，日本法を遵守することは当然として，諸外国法については，①取り扱うデータのリスク（データの機微性や量），②事業・拠点のリスク（会社としての当該事業や拠点の重要性，監督当局の関心を呼び得る事業であるか），および③法制度のリスク（法律の規制レベルや執行実績の有無）といった要素を考慮して，リスクが高いと思われる法律を選定して対策を進めることにならざるを得ない。

4　対策の実施

データマッピングによる情報の流れの把握と，対策すべき個人情報保護制度を特定した上で，具体的な対策を行うことになる。当然のことながら対応の詳細は対象となる個人情報保護制度によって異なるが，ここでは一般的に対策に含まれ得る事項を，内部体制の整備とデータ主体である個人への対応に区別して解説する。

(1)　個人情報の取扱いに関する内部体制の整備

(a)　概　　要

個人情報の取扱いに関する内部体制の整備は多岐の項目にわたるが，ここでは，全般的な体制整備にかかわる項目と，個別の情報の流れの整備にかかわる項目，そして少し性質の異なるものとして情報セキュリティにかかわる項目に区別して述べる。

(b)　全般的な体制の整備

(ⅰ)　組織体制　　組織体制の整備としては，典型的には，個人情報保護制度を所管する部署や責任者の指名，規程等の必要な文書の作成，継続的な監視・改善体制の整備といった事項が挙げられるが，責任者の指名に関して若干述べる。

日本の個人情報保護法は，責任部署や責任者について特に定めを置いていないため，責任者等を各社の事情に合わせて任意に定めることができる。ところが，諸外国の個人情報保護制度では，責任者等に求められる要件を法定し，選

任を義務づけているものがある。たとえば，GDPRにおいては，取り扱っている情報が一定の要件を満たした場合には，データ保護責任者（37条）を選任する義務が生じるほか，EU内に拠点を有さずに個人情報を取り扱っている場合には，原則として代理人の選定義務が生じる（27条）。特に，データ保護責任者については，その能力や権限の点で，厳しい要件が定められているため，選定は慎重に行う必要があり，必ずしも既存の組織の中に適任者がいるとは限らない。このような責任者の選定義務は，GDPRのみならず，他の外国法にもみられるため，注意が必要である。

(ii) **届出等の行政的対応**　日本の個人情報保護法においては，個人情報を処理するにあたり個人情報保護委員会に届け出るという制度や，個人情報保護責任者を指名して届け出るといった制度は存在しない。しかしながら，各国の個人情報保護法制は，しばしば届出制度等の行政手続を含んでいる。

まず，国によっては，個人情報の取扱いそのものについて，届出義務を課している場合がある。もともと，EUにおいても，データ保護指令時代の各国法においては，フランス法のように，パーソナルデータの処理について，監督機関への届出等を義務づけていることがあった。こうした制度はGDPR下で廃止されたが，たとえばフィリピン法[29]などでは，引き続きこうした届出制度が存在している。

このほか，データ取扱いの届出とは別に，役職者の届出に関する制度を持つ法制もある。たとえば，GDPRにおいては，データ保護責任者を選任した場合には，これを監督機関に届け出る必要がある（37条7項）。

対策対象となる個人情報保護制度がこうした行政対応を求める場合には，適当な対応を行う必要がある。

(c) **個別の情報の流れの整備**

(i) **概　要**　個別の情報の流れの整備としては，個人情報の利用目的の特定，取扱根拠の確定，越境データ移転に関する契約や関連する委受託契約の見直しなどが対策として挙げられる。

(ii) **利用目的と取扱根拠の確定**　OECD8原則でも目的明確化の原則や利用制限の原則において利用目的の特定と目的外利用の禁止が定められているこ

---

29)　National Privacy Commission, Circular 17-01 - Registration of Data Processing systems and Notifications regarding Automated Decision-Making.

362   UNIT 14   個人情報保護制度

となどからわかる通り，利用目的の確定は，当該情報の取扱いの根幹として極めて重要であり，多くの個人情報保護法制で求められている。利用目的は，本人への説明や，利用目的達成後の削除といった他の規制にもかかわるため，過不足のない内容で設定する必要がある。

また，合わせて，個人情報の取扱根拠（legal basis）を確定する必要がある。具体的には，個人情報の取得，保管，利用，提供，廃棄といった各プロセスが，適用される個人情報保護制度が用意する取扱根拠のメニュー（典型的にはGDPR6条および9条が挙げられる）に照らして，どの根拠に基づいて適法に実施できるかを明らかにすることになる。

日本の個人情報保護法が，通常の個人情報については，本人の同意等を含め一切の根拠なく取得することを認めていることもあり，日本企業には，取扱いの根拠をプロセスごとに明確にするという意識が希薄である。ところが，各国の個人情報保護制度では，GDPR を筆頭に，日本の個人情報保護法と異なり，取得，保管，利用，提供，廃棄に至るまでの各ステップについて取扱根拠を明確化するよう求められることが多い。

取扱根拠のメニューは各国で様々であり，ある法制度で妥当な取扱根拠が他の法制度でも妥当するとは限らない。たとえば，日本の個人情報保護法においては，従業員の健康情報を取り扱う際に，本人の同意に広く依拠できる。しかし，GDPR においては，同意の要件としての任意性などが厳しく解釈されるため，従業員から同意を取得することは多くの場合には困難であり，法令に基づく取扱いなど他の根拠に基づかなければならない。

こうした検討の中で，取扱根拠の明らかではない情報を取得していたり，利用目的を達成した情報が保管され続けていたりといった事情が判明した場合には，速やかに取得項目の見直しや情報の削除といった対策をとる必要がある。

　(iii)　**越境データ移転規制およびデータローカライゼーション規制の対応**　　国をまたいでデータを移動させる場合には，移転元の越境データ移転規制やデータローカライゼーション規制を遵守する必要がある。越境データ移転を行うための要件は，多くの場合には，本人の同意，移転元と移転先との契約などであるが，移転元の国の制度によっては日本と EU の間でみられるような，国レベルで相互の個人情報保護制度が十分な保護水準にあることを認定しあう十分性認定など，それ以外の手法も考え得る。また，データローカライゼーション規制

については，そもそも越境が可能か，可能である場合にどのような条件を満たす必要があるか，法制度を注意して確認する必要がある。

こうした一般的な注意事項に加えて，越境データ移転やデータローカライゼーションの体制を整備する際には，移転が適法であるかどうかを双方向で検討する必要があることおよび移転の結果，移転元の法が移転先・再移転先に及ぶ可能性があることに留意する必要がある。

まず，双方向性であるが，現地法人と日本本社の関係を考えると，通常個人情報は双方向にやり取りされる。そのため，現地法人から日本本社への移転を適法化するためには現地法人が所在する国の法を，日本本社から現地法人への移転を適法化するためには日本の個人情報保護法 24 条を，それぞれ遵守しなければならない。

また，これらの規制は，移転元と移転先だけではなく，移転先からの再移転先をも拘束し得ることも重要である。たとえば A 国の現地法人から，現地従業員に関する情報が日本本社に移転され，さらに日本本社から B 国の委託先に移転されるケースを想定する。この場合，A 国の現地法人には A 国法が適用されるだけであるが，日本本社には，日本の個人情報保護法が適用されることに加え，A 国法に基づく規制が適用され得る。さらに，B 国の委託先については，B 国法に加えて，A 国法と日本の個人情報保護法の両方の規制が適用され得ることになる。

(iv) **委受託関係の整理**　多くの企業が，個人情報の取扱いを含む業務を外部に委託している。委受託関係は企業活動の維持のために必要不可欠である一方で，個人情報取扱い責任の不明確さや，情報漏洩の原因ともなることがある。

このため，日本の個人情報保護法 22 条が委受託の場合の管理責任を定めるように，各国の個人情報保護制度も，それぞれ委受託に関する特別の規制を置いていることが多い。したがって，個人情報の流れの一部に受託業者が介在している場合には，委受託契約の内容を各国の法規制に応じた適切なものに変更するなど，対応を行う必要がある。各拠点での委受託契約は，基本的に所在国の委受託契約に関する規制を遵守すれば足りるが，先に述べたとおり，委託される個人情報の中に，越境データ移転規制に従って輸入された情報などが含まれる場合には，移転元法が委託契約にまで及ぶケースがある。この場合には，

364　UNIT 14　個人情報保護制度

所在国法に加えて，移転元法の委受託契約の規制も遵守する必要がある。

(2) データ主体である個人との関係

(a) 概　要

個人情報保護体制を確立するためには，これまで述べたような対内的な体制整備とともに，データ主体である個人との関係の整備も必要不可欠である。ここではそうした関係性を整備する際の実務的留意点を解説する。

(b) プライバシーポリシーと同意

OECD8 原則のうち，公開の原則に見られるとおり，データ主体である個人への情報提供の必要性は古くから認識されてきた。日本の個人情報保護法においても，体系的なプライバシーポリシーの公表義務は定められていないものの，利用目的の通知や公表など幾つかの条文において，情報提供の規定が定められている。

他方で，諸外国の個人情報保護法制においては，GDPR12 条から 14 条に典型的にみられるように，個人に通知すべき事項が詳細に決められていることがある。したがって，対策対象となる法律において，こうした事項が定められている場合には，対応した通知等を用意する必要がある。

なお，インターネットサービスやスマートフォンアプリのように，複数国法が同時に適用される場合，すべての法律に準拠する統一的なプライバシーポリシーを作成することは実務的には容易ではない。たとえば，GDPR13 条は，個人情報の取扱いの根拠を記載することを求めているが，先に述べたとおりGDPR においては，同意の要件が厳しいため，契約の履行のために必要な取扱いや，管理者の正当な利益に基づく取扱いに依拠することが多くなる。

他方で，日本法や多くの諸外国の個人情報保護制度は，本人の同意を中心とした取扱根拠の体系を有することが多い。そのため，GDPR の取扱根拠と，日本を含む他国法の取扱根拠が整合しない事態が生じることがある。同様に，GDPR13 条は，GDPR で定められた各種権利の本人への告知を要求しているが，後に述べるとおり，GDPR は，日本を含む他国法よりも広範な権利を認めているため，この点でも必ずしも整合しない。そのため，日本法への対応を念頭に，基本的なプライバシーポリシーを作成した上で，重要な個別法については，別個のプライバシーポリシーを作成することもある。

プライバシーポリシーの作成と並んで，OECD8原則のうち収集制限の原則にもある通り，本人からの同意取得も重要な問題である。日本の個人情報保護法は，同意が有効であるための条件に関して細かな定めを持たないが，たとえばGDPRは，法およびガイドラインによって，その条件を詳細に定めている。そのため，ウェブサービスの同意画面等，本人から同意を取得する際のフローは，条件を満たすように慎重に検討する必要がある。

また，日本法では，一度本人が同意した場合には，撤回権が認められていないのに対して，多くの諸外国法では，撤回権が認められていることが多い。したがって，撤回権が認められる法が適用される場合には，どのように撤回を認めるか，また撤回した本人のデータをどのように削除するかといったことを検討する必要がある。

（c）個人による権利行使

日本の個人情報保護法においては，開示，訂正や削除といった権利が個人に対して認められている。これはOECD8原則のうち個人参加の原則が，個人の権利として，開示や訂正，削除といった請求権を設けていることに沿ったものであり，具体的に認められる権利行使の範囲の広狭はともかくとして，こうした権利は，多くの個人情報保護制度に見られる。

日本においては，実際に個人がこうした権利を行使することが稀であったため，実務的な対応においてあまり重視されてこなかった。しかしながら，諸外国においてはこうした権利が実際に行使される頻度が増加しているため，適切な対応が取れるようにするための体制整備が必要である。特に，削除請求に関しては，個人情報を保管しているデータベースからデータを削除することが技術的に難しい場合もあるので，事前にどのような対応が可能かを検討しておく必要がある。

さらに，諸外国法の中には，OECD8原則には含まれない個人の権利が存在することがある。代表的なものとしてはGDPRにおける**データポータビリティ権**（data portability）や，**プロファイリング**（profiling）を含む自動化された意思決定に関する権利が挙げられる（20条・22条）。今後の新興国における個人情報保護法制の立法においては，GDPRを参照して起草されるケースが増えることが予想されるため，こうした権利がEU外に広まっていく可能性は高い（たとえばフィリピン法上のデータポータビリティ権を参照）。[30]

366 UNIT 14　個人情報保護制度

　また，こうした特殊な権利はGDPRの専売特許ではなく，他の国において
も制定されることがある。たとえば先に紹介したCCPA[31]では，事業者が消費
者の情報を「販売」する場合に，それに対する**オプトアウト権**（opt-out）を認め，
オプトアウトのための詳細な手続規定をおいている。

　したがって，個人の権利行使に対する対応を検討するためには，一般的な権
利に加えて，特殊な権利規定の有無を確認し，権利行使を受けた際の対応体制
の整備等を行う必要がある。

(3)　情報セキュリティとデータ侵害に関する対応

(a)　**情報セキュリティ対策**

　情報セキュリティは，OECD8原則の一つである安全保護の原則として明記
されているほか，日本の個人情報保護法（20条）にも，GDPR（32条）にもそ
れぞれ条文が存在する。また，FTCも，十分な情報セキュリティ措置を講じ
なかったために情報漏洩等が発生したことを理由として，FTC法に基づく数
多くの執行をしている。

　GDPR32条がリスクに見合った適切な技術的および組織的措置を取ること
を求めており，具体的な実装方法を明確にしていないことに典型的に表れると
おり，法制度は，情報セキュリティに関して細かな実務的な要件を定めている
わけではない。日本の個人情報保護法20条に関しては，個人情報保護委員会
から比較的詳細なガイドラインが示されているが，これもすべてを実装するこ
とが求められているわけではない。したがって，実際の情報セキュリティ措置
の実装方法は，これら監督機関の示す手がかりと，各社が所属する業界の標準
的なレベルを基準として，取り扱う情報の機微性やシステムの特徴を考慮しつ
つ検討することになる。

　なお，実際の対策を行う上では，情報セキュリティを所管する部署と個人情
報保護を所管する部門が異なることがあるため，両者の連携が必要不可欠であ
る。また，現地法人における情報セキュリティ対策は，本社サイドに比べて十
分に徹底されない傾向があるため，現地法人の管理部門との連携も必要である。

---

30)　Section 16 and 18 of the Data Privacy Act of 2012.
31)　Cal. Civ. Code Section 1798. 135.

(b) データ侵害に対する対応

　情報セキュリティ対策を巡る大きな問題として，情報の紛失，毀損や流出といった侵害が発生した場合の対応がある。こうした事故というと，サイバー攻撃による情報の流出が想起されるが，実際には，それに加えて，情報を廃棄する際の処理の不徹底，従業員や委託業者の従業員による持出し，PCやスマートフォン等の情報機器の紛失や盗難など多様な理由によって発生する。また，情報漏洩だけではなく，サーバに蓄積されていたデータの毀損や，システムの停止など，外部への流出がなくとも，データの完全性が損なわれることも侵害として扱われ得ることに注意されたい。

　データ侵害対応は一般的な危機管理の問題でもあるが，ここでは特に，侵害発生時の通知の問題について紹介する。日本法においては，個人情報の侵害が生じた場合には，個人情報保護委員会への報告が推奨されているものの，個人情報保護法上の法的義務としては，データ侵害時の通知等の定めがおかれていない。

　これに対して，諸外国の個人情報保護法制では，侵害時の監督機関や本人への通知が義務づけられることが一般化しつつある。米国では既に説明をしたとおり，州法を中心としてこうした通知を義務づける法制度が普及しているほか，GDPR33条・34条でも同種の義務が存在する。さらに，こうした法制度は，新興国の個人情報保護法制にも取り込まれつつあり，実際，OECDガイドラインにおいても，2013年の改訂時に情報漏洩通知に関する規定が新設されている[32]。

　したがって，自社が関係する国におけるこうした通知義務の有無，通知義務がある場合にはその要件および通知手続を事前に調査し，データ侵害通知を迅速に行うための社内体制を構築しておくことが望ましい。その際には，こうした侵害が，現地法人や個人情報の委託先で生じることも想定しておく必要がある。

---

32)　堀部ほか・前掲注24）181頁。

UNIT 15

国際倒産

第1節　はじめに

　企業活動のグローバル化が進む中，倒産した日本企業が，外国に支店・営業所・工場等のほか，世界各地に売掛金や知的財産権等様々な資産を保有し，外国に取引先や労働者等の債権者が存在したり，反対に外国で倒産した企業に対して，日本の企業が債権を有していることもある。

　このような場合，倒産した企業が日本と外国の資産を一体として換価した方が高価な配当が可能となることがあり得るし，事業再生を試みる場合には，両者を対象としなければ，本来再建できる企業が再建できなくなってしまうおそれもある。また，外国の手続と日本の手続で配当の対象となる債権者や配当率等が異なることも生じ得る。債務者が財産を隠匿・処分したり，一部債権者に偏頗的な弁済を行ったりする行為に対しても，国際的に協調した対応が不可欠になる。

　国際倒産については，大きく分けて，**普及主義**（universality principle）と**属地主義**（territoriality principle）の二つの考え方がある。普及主義とは，倒産手続開始国以外の国までも倒産手続開始の効力が及ぶとするものであり，属地主義とは，ある国で行われる倒産手続はその国だけで完結してその効力はその国だけに限られ，対外的効力を持たないとするものである。

第２節　UNCITRAL 国際倒産モデル法　　369

倒産処理自体の合理性や債権者間の公平を徹底するには，普及主義に立脚した上で，一人の債務者につき全世界で一個の倒産処理手続を行うこととし，その後，その国の倒産処理手続を全世界で統一的に遂行させることが好ましい（**単一主義**）。単一主義では，債務者の本拠国で開始された倒産手続が，国際的な効力を持ち，他国における財産・事業も処理することになり（他国では倒産手続を開始することができない），統一的で迅速な倒産処理と，債権者の平等が実現されるものとされる。しかし，優先権の存在・範囲・額・順位等が各国において異なることから，単一主義は現実的ではない。そこで，外国の倒産処理手続間の協力関係を構築することが合理的となる（修正（制限）された普及主義）。

また，中国やインドネシア等，支店や営業所による事業を認めず，現地法人を設立することを要求する外資規制を有する国は多く（**UNIT5** 参照），米国においては，大きな訴訟リスク（**UNIT9** 参照）から現地法人による事業を行うなど，グローバルに事業を行う企業は，国毎に，現地法人を設立することが多い。したがって，一国の企業の国際倒産だけではなく，各国の企業グループの国際倒産が問題となる。

以下，**第２節**で UNCITRAL 国際倒産モデル法について，**第３節**で同法を採用した日本の国際倒産法について，**第４節**で同じく同法を採用し，実務的に影響の大きい米国の国際倒産法について，および，**第５節**で企業グループの国際倒産の規定を有する EU 倒産手続規則について説明する。最後に，**第６節**で，実務的側面についていくつか触れる。

第２節　UNCITRAL 国際倒産モデル法

1　経　　緯

1994 年 4 月，UNCITRAL・INSOL[1] 共催の国際倒産シンポジウムで，倒産法の実体的な統一という野望は当面放棄すべきであり，むしろ裁判所間の協力の容易化や倒産裁判所のアクセスの改善，外国手続の承認を中心に捉えたプラグマティカルな枠組みで作業を進めることが提言された。

その後，1995 年 5 月の UNCITRAL 第 28 回総会で，①司法協力・アクセス

1）　INSOL International は，事業再生および倒産を専門とする弁護士および会計士の各国協会の世界的な連合会である。

370　UNIT 15　国際倒産

問題と承認問題に規律の対象を絞ること，②条約ではなくモデル法による緩やかな規制を図ること，③一定の問題については，複数の選択肢を用意し，各国の立法者に選択の余地を与えることといった検討作業の基本方針が受け入れられ，倒産作業部会に付託されることになった[2]。

そして，**UNCITRAL 国際倒産モデル法**（**UNCITRAL Model Law on Cross-Border Insolvency〔1997〕**，以下「モデル法」という）は，1997 年 5 月 30 日に採択された。2019 年 10 月 27 日現在，日本や米国等 48 の法域がモデル法に準拠した法を整備している。

2　適用範囲

モデル法は，①再生・清算のための外国の倒産手続（**外国手続〔foreign proceeding**，2 条（a）号〕）に関して，外国の裁判所，もしくは，外国手続の代表者である**外国管財人**（**foreign representative**，2 条（d）号）から，援助が求められる場合，②モデル法採用国（内国）の倒産手続に関して，外国において援助が求められる場合，③同一の債務者について，外国手続と内国の倒産手続が並行して行われている場合，または，④外国の債権者等が，内国の倒産手続の開始の申立て，もしくは，参加に利益を有する場合に，適用されると規定されている（1 条 1 項）。なお，内国の**公序**（**public policy**）に明らかに反する場合，裁判所が援助等を拒絶することができる旨規定されている（6 条）。しかし，外国が内国の倒産手続を承認することを要求する相互主義は規定されていない。

3　外国管財人および外国債権者の内国手続へのアクセス

モデル法は，最初に，外国管財人および外国の債権者による内国の倒産手続へのアクセスを規定している（2 章）。内国倒産手続へのアクセスとしては，まずは，外国管財人が，内国の倒産手続開始の要件を満たせば，内国の倒産手続の開始の申立てをすることができると規定されている（11 条）。モデル法では，後述するとおり，外国手続の承認も規定している。しかし，承認の効果の多くは，裁判所の裁量にかかっており，十分な救済が得られる保証はない。そのた

---

2)　山本和彦「UNCITRAL 国際倒産モデル法の解説（1）」NBL628 号（1997 年）20 頁。

め，外国管財人が自ら内国倒産手続開始の申立てをする意味がある場合がある。

次に，後述する外国手続が承認されると，外国管財人が，内国倒産手続に参加することができると規定されている（12条）。

そして，外国債権者が，内国倒産手続の開始および参加において，原則として，内国の債権者と同等の権利を有すること（**内外無差別の原則**〔**内国民待遇の原則**〕）が規定されている（13条）。つまり，外国債権者も，内国の倒産法上可能であるならば，倒産手続開始の債権者申立てをすることができ，また，倒産手続に債権届出をして，配当を受けること等ができる。

4 外国手続の承認

モデル法は，第2に，外国手続の承認および救済について規定している（3章）。

外国管財人は，外国手続の承認の申立てをすることができる旨規定されている（15条）。他方で，外国債権者は，前述のとおり，内国の倒産手続開始の申立権を有するが，外国手続の承認の申立権を有しない。外国手続の承認の申立てについて決定されるまでの間，外国管財人は，債務者に対する執行手続の停止，債務者財産の管理等を外国管財人等に委任する等の保全処分の申立てをすることもできる旨規定されている（19条）。

ここで，外国手続には，**外国主手続**（foreign main proceeding）と**外国従手続**（foreign non-main proceeding）が規定されており，外国主手続と外国従手続で承認の効果が異なる。外国主手続とは，債務者がその**主たる利益の中心**（centre of its main interests, COMI）を有する国において行われる外国手続をいい（2条（b）号），外国従手続とは，債務者が**営業所**（establishment）（2条（f）号）を有する国において行われる，外国主手続以外の外国手続をいう（2条（c）号）。債務者の登録本店が，主たる利益の中心と推定される（16条（3）項）。なお，債務者が財産だけを有する国において行われる手続は外国手続に含まれない。

外国主手続が承認されたときは，個別手続の中止，および，債務者の財産処分権限の停止という効力が当然に生じる（20条）。外国従手続については，裁判所の裁量に基づき必要な救済措置が付与される（21条）。

外国手続が承認されると，外国管財人が否認権等を行使できる旨（23条），

内国法の要件を満たす場合，債務者が当事者となっている個別手続に参加することができる旨（24条）も規定されている。

5　外国手続への協力

モデル法は，内国の裁判所と外国裁判所の協力（25条），内国倒産手続の管財人等と外国裁判所または外国管財人との協力（26条）も規定している。

6　並行手続（concurrent proceedings）

外国手続と内国手続については，内国手続が先に開始されている場合，前記の外国主手続の承認に認められる効力が適用されず，裁判所の裁量により，内国手続に整合させられる旨規定されている（29条（a）号）。

外国主手続の承認後は，内国に債務者の財産がない限り，内国の倒産手続が開始されないこと，および，内国の倒産手続の効力は内国の債務者の財産にのみ限定されることが規定されている（28条）。しかし，外国手続の承認申立後に，内国の倒産手続が開始された場合，外国手続承認の効力は，内国の倒産手続に整合するように修正または廃止され得る旨規定されている（29条（b）号）。なお，モデル法は，複数の外国手続の間の調整規定も設けている（30条）。

担保付債権（secured claim）や**物権**（right in rem）は別として，外国の倒産手続で配当を受領した債権者は，同じ種類の他の債権者が同率の配当を受領するまで，内国の倒産手続で配当を受けることができない旨の**ホッチポットルール**（Hotchpot rule）も規定されている（32条）。

7　モデル法の意義

モデル法は，前述のとおり，倒産法の実体的な統一という観点では理想的であるが，現実的でない目標を放棄して，司法協力・アクセス問題と承認問題に規律の対象を絞りこんでいる。そして，モデル法という緩やかな規制を図り，一定の問題については，複数の選択肢を用意している。

それにもかかわらず，前述のとおり，48の法域しかモデル法に準拠した法を整備しておらず，幅広く，外国の倒産手続が承認される状況ではない。また，モデル法は，企業グループの倒産に対応できる規定を有していない。

第3節　日本の国際倒産法

1　経　　緯

日本の倒産法は，かつて，日本の倒産手続は，日本国内にある財産について
のみ効力を有し，外国で開始した倒産手続は，日本国内にある財産については
効力を有しないと規定する属地主義を採用していた（旧破産法3条2項，旧和議
法11条1項，旧会社更生法4条2項）。そのため，一成汽船事件においては，日
本の債権者が，カナダの港に停泊中の更生会社所有の船舶を差し押さえ，それ
に対し，日本の更生管財人が異議申立てをしたが，認められなかった[3]。

その後，前述のとおり，モデル法が1997年に採択されたこともあり，1999
年に旧和議法を改正して民事再生法が制定され，2000年には破産法および会
社更生法が改正されて，日本の倒産手続において，属地主義の規定が廃止され，
国際協調的な措置が定められた[4]。外国倒産手続の効力の国内での承認について
も，**外国倒産処理手続の承認援助に関する法律**（以下「**承認援助法**」という）が2000
年に制定された。また，外国人の破産能力については相互主義を定めていたが
（旧破産法2条但書），完全な内外人平等主義が採用されている（破3条，民再3条，
会更3条）。

2　日本の手続

(1)　申立要件

破産法および民事再生法では，債務者が個人の場合，日本国内に営業所，住
所，居所または財産があるとき，債務者が法人等の場合，日本国内に営業所，
事務所または財産があるとき（破産4条1項，民再4条1項），日本での手続開始
が認められる。英国法系のように，個人等の倒産は**破産法**（**Bankruptcy Act**）
が取り扱い，会社の倒産は**会社法**（**Companies Act**）が取り扱う場合，外国居
住者が，銀行口座や不動産等の財産だけを有するときや，外国会社が営業所を
登記しておらず，売掛金等の財産だけを有するときには，破産法および会社法

---

3)　三上威彦『倒産法』（信山社，2017年）681頁，深山卓也編著『新しい国際倒産法制　外
　　国倒産承認援助法等の逐条解説＆一問一答』（きんざい，2001年）4頁。
4)　深山・前掲注3）24頁。

が適用されず，その財産の保全をどうするかが問題となるが，日本法では，日本に財産を有する場合だけでも，破産法および民事再生法上の手続開始の申立てをすることができる。

担保権者等に大きな影響を与え，また会社の組織再編にも関係する更生手続においては，会社が日本国内に営業所を有するときにのみ（会更4条），日本での手続開始を認める。

なお，以上は，債務者が外国人または外国法人であっても同様である（破3条，民再3条，会更3条）。実際に，ラムスコーポレーション株式会社の事件（ラムスコーポレーション事件）では，シンガポール法およびパナマ法を設立準拠法とする SPC の会社更生手続開始が認められた。[5]

(2) 効 果

手続開始の効力は，日本における財産だけでなく，外国における財産にも及ぶ（破34条1項，民再38条1項，会更72条1項）。また，手続開始の前に，保全管理命令が発せられたときは，債務者の外国にある財産も保全管理人の管理処分権に服する（破93条，民再81条，会更32条）。しかし，管財人の管理処分権（破78条1項，民再66条1項，会更72条1項）や個別的権利行使の禁止（破100条1項，民再85条1項，会更47条1項）等，その他の手続開始の効力および保全管理人の管理処分権が認められるかは，外国法による。前記ラムスコーポレーション事件においても，シンガポールやパナマにおいて日本の更生手続が承認されていなかったため，管財人の在外資産に対する管理処分権がシンガポールやパナマにおいて認められないことを前提に，シンガポール SPC の場合，株式質権を有する更生担保権者に質権実行してもらい，新株主に管財人等を新たに取締役に選任してもらい，パナマ SPC の場合，株式質権を有する更生担保権者が株主総会で議決権を行使できたので，管財人等を新たに取締役に選任してもらい，在外資産の処分が行われた。[6] 他方，民事再生法においては，個別的権利行使の禁止等は認められなくても，再生債務者が，[7]DIP として，引き続き，

---

5) 進士肇ほか「特集　会社更生の活用促進に向けて　第3部ラムスコーポレーションの会社更生事件　外国法人の更生手続に関する諸問題」事業再生と債権管理159号（2018年）110頁。

6) 進士・前掲注5）114頁。

財産の管理処分権を有するので（民再38条1項），外国においても，再生債務者の財産管理処分権は認められやすいと思われる。

3 並行倒産

後述するとおり，モデル法と異なり，承認援助法は，承認援助手続等の同時並立により複雑・困難な事態が発生することを避けるため，同一債務者について複数の手続が日本で同時に効力を生じることを認めない**一債務者一手続主義**（**一債務者一手続進行の原則**）を採用した。また，国内手続優先主義を採用した。その結果，日本においては，日本の手続のみが優先して行われるが，外国での倒産手続が並行することを認めている。

(1) 債権者の権利

日本の手続の債権者は，手続開始決定後，財団に属する国外財産に対して権利行使して弁済を受けた場合でも，弁済を受ける前の債権額について手続に参加できる（破109条，民再89条1項，会更137条1項）。ただし，外国における権利行使により弁済を受けた債権者は，他の同順位の債権者が自己の受けた弁済と同一の割合の配当ないし弁済を受けるまでは，配当ないし弁済を受けることができない旨のホッチポットルールが規定されている（破201条4項，民再89条2項，会更137条2項）。

(2) 管財人等の権利

日本の管財人や再生債務者は，「外国で開始された手続で，破産手続または再生手続に相当する」外国倒産処理手続において，債務者の財産の管理および処分をする権利を有する者である外国管財人に対し，必要な協力および情報の提供を求めることができる（破245条1項，民再207条1項，会更242条1項）。なお，後述のとおり，承認援助法は，外国倒産処理手続を，外国で申し立てられた手続で，破産手続，再生手続，更生手続または特別清算手続に相当するものをいう（承認援助法2条1号）と定義しており，手続開始前のものも含むのに対

---

7) 第4節2参照。

8) 山本和彦『倒産処理法入門〔第5版〕』（有斐閣，2018年）303頁，三上・前掲注3）689頁。

し，破産法等では，外国倒産処理手続を，手続開始後に認めれば十分であると考えられ，上記のように定義されている[9]。また，破産法等では，更生手続または特別清算手続に相当するものが規定されていないが，清算型手続一般と（DIP型を含む）再建型手続一般を指すものとして，実質的に同義である[10]。もっとも，外国管財人が協力および情報の提供をするか否かは，外国法による。また，日本の管財人や再生債務者は，同様の協力等をするよう努めるものとされている（破245条2項，民再207条2項，会更242条2項）。

日本の管財人や再生債務者は，日本の手続において届出をした債権者であって，外国倒産処理手続に参加していないものを代理して，外国倒産処理手続に参加することができる（破247条2項，民再210条2項，会更245条2項）。この場合，管財人や再生債務者は，代理した債権者のために，外国倒産処理手続に属する一切の行為をすることができる（破247条3項，民再210条3項，会更245条3項）。ただし，届出の取下げ，和解その他の債権者の権利を害するおそれがある行為をするには，債権者の授権がなければならない。もっとも，このような管財人等の権限を承認するか否かは，外国法による。このような制度を**クロス・ファイリング**というが，後述するEU規則を別として，明示的な規定を置く国は，日本以外には見当たらないようである[11]。

(3) 外国管財人の権利

外国管財人は，日本の手続開始申立てをすることができる（破産246条1項，民再209条1項，会更244条1項）。また，外国管財人は，日本の手続において，債権者集会等に出席し，意見を述べることができ（破産246条3項，民再209条2項，会更244条2項），民事再生手続における再生計画案，会社更生手続における更生計画案を提出することができる（民再209条3項，会更244条3項）。

さらに，外国管財人は，届出をしていない債権者であって，外国倒産処理手続に参加しているものを代理して，手続に参加することができる（破産247条1項，民再210条1項，会更245条1項）。ただし，外国の法令によりその権限を有

---

9) 深山・前掲注3）35頁，竹下守夫編集代表『大コンメンタール破産法』（青林書院，2007年）1047頁〔深山卓也〕。
10) 深山・前掲注3）36頁，竹下編集代表・前掲注9）1047頁〔深山〕。
11) 山本・前掲注8）316頁，三上・前掲注3）691頁。

する場合に限られている。

4 承認援助手続

(1) 申立要件

承認の対象となる外国倒産処理手続は，外国で申し立てられた手続で，破産手続，再生手続，更生手続または特別清算手続に相当するものをいう（承認援助法2条1号）。前述のように，破産法等で，並行倒産として扱われる外国倒産処理手続は，外国で開始された手続で，破産手続または再生手続に相当するものをいうので（破245条1項，民再207条1項，会更242条1項），承認援助法上，承認の対象となる手続は，開始前のものを含む点で広くなっている。手続が開始されていることが承認の要件であるが（承認援助法22条1項），外国倒産処理手続が申し立てられれば，開始される前でも，日本において承認の申立てをして，承認決定前の仮の処分を得ることができる（承認援助法25条1項・2項，26条1項・2項，27条1項・2項，51条）。

次に，承認の対象となるには，外国倒産処理手続が申し立てられた国に，債務者の住所，居所，営業所または事務所があることを要件としている（承認援助法17条1項）。つまり，債務者の財産だけがある国における倒産処理手続は承認されない[12]。

承認の申立権者は外国管財人等だけである（承認援助法17条1項）。債権者は，日本の手続の債権者申立てをすることはできるが，承認の申立てをすることはできない。

裁判所は，外国倒産処理手続の承認の申立てがあった場合，原則として，承認の決定を行わなければならないが（承認援助法21条・22条），日本における公序良俗に反するときは，承認の申立てを棄却することができる（承認援助法21条3号）。また，外国倒産処理手続において，債務者の日本国内にある財産にその効力が及ばないものとされていることが明らかであるときも，承認の申立てを棄却することができる（承認援助法21条2号）。

---

12) 深山・前掲注3）116頁。

378　UNIT 15　国際倒産

(2) 効　　果

　承認の効果は，裁判所の裁量に基づき，援助処分がなされることである[13]。こ
の点，モデル法 20 条が，外国主手続の承認によって個別の訴訟・執行等が自
動的に中止され，また，債務者の財産の処分も自動的に禁止されると規定して
いるのと異なっている。

　援助処分の内容としては，他の手続の中止命令等（承認援助法 25 条），債務者
の業務・財産に関する処分禁止・弁済禁止等（承認援助法 26 条），担保権の実行
手続等の中止命令（承認援助法 27 条），および，包括的な強制執行等禁止命令
（承認援助法 28 条）がある。担保権の実行手続等の中止命令については，債権者
の一般の利益に適合し，かつ，競売申立人または企業担保権の実行手続の申立
人に不当な損害を及ぼすおそれがないと認めるときに限定されている（承認援
助法 27 条 1 項）。

　また，債務者が日本国内にある財産の処分または国外への持出し等をするに
は裁判所の許可を得なければならないものとすることができる（承認援助法 31
条）。さらに，債務者の日本国内における業務および財産に関し，承認管財人
による管理を命じる管理命令を発することもできる（承認援助法 32 条）。承認管
財人が選任された場合は，債務者を当事者とする，債務者の日本国内にある財
産に関する訴訟は，当然に中断する（承認援助法 36 条 2 項）。

　なお，外国倒産処理手続における免責等の権利変更の効果が，日本国内にお
いても有効であるかは疑義がある。麻布建物事件においては，後述する米国の
チャプター 11 について承認援助を得られたが，チャプター 11 の免責の効果が
日本に及ぶのか不明であるため，日本においても会社更生申立てがなされた[14]。

(3)　手続間の競合

　国内倒産手続と承認援助手続とが競合した場合には原則として国内手続が優
先するという，**国内倒産手続優先の原則**が採用されている。

　国内倒産処理手続が係属している場合，承認申立ては原則として棄却される
（承認援助法 57 条 1 項）。また，承認決定後に国内手続が開始されるか，または

---

13)　深山・前掲注 3）165 頁。
14)　片山英二ほか「特集　国際（海外・並行）倒産の新展開　日米にまたがる麻布建物㈱に
　　みる──承認援助手続と国際並行倒産」事業再生と債権管理 127 号（2010 年）67 頁。

既に開始されていることが判明した場合，承認援助手続は中止される（承認援助法59条1項2号）。例外的に，承認される手続が外国主手続であり，外国手続の承認援助が債権者一般の利益に適合すると認められ，国内債権者の利益が不当に侵害されるおそれがないときには，承認が優先される（承認援助法57条1項各号，59条1項1号）。外国の事業と一体的に事業譲渡したり再建計画を立てたりした方が高価に換価できたり，再建が容易になったりし，外国手続に国内債権者の参加を求めるのが必ずしも酷でないような場合に，認められ得る[15]。これは，モデル法などの世界的な水準を上回る国際協調的な姿勢を示すものである。

なお，承認援助法において，外国主手続とは，主たる営業所の所在地で申し立てられた外国倒産処理手続をいい（承認援助法2条1項2号），それ以外の，会社の小さな一支店の所在地で申し立てられたような外国倒産処理手続を外国従手続という（承認援助法2条1項3号）。

複数の外国手続について複数の承認援助手続が並行する場合，主手続優先の原則が採用されている。外国主手続が承認された後の外国従手続の承認申立ては棄却される（承認援助法62条1項1号）。逆に外国従手続が承認された後の外国主手続の承認申立ては当然に認められ，外国従手続の承認援助手続が中止される（承認援助法62条2項）。外国従手続間では，原則として先行の手続が優先する（承認援助法62条1項2号）。外国主手続の承認の申立てが競合した事件では，外国主手続の基準となる主たる営業所の判断について，その基準時が最初の倒産手続開始申立てがなされた時点と解され，本部機能ないし中枢，債権者から容易に識別可能な場所，債務者の主要な財産またはオペレーションの認められる場所および債務者のマネージメントの行われる場所が重点的に検討された[16]。

5　企業グループの倒産

日本国内の企業グループの倒産手続は，事実上，同時に進行される実務であるが，規定は存在しない。また，実体的併合を定める更生計画例は少しあるようであるが，一般的には実体的併合はされないようである[17]。

---

15)　三上・前掲注3）690頁。

16)　東京高判平成24年11月2日判時2174号55頁。

380　UNIT 15　国際倒産

第 4 節　米国の国際倒産法

1　米国倒産法

　合衆国憲法は，連邦議会に，統一的な倒産法を確立する権限を与えており（1 章 8 条（4）項），米国連邦法典第 11 編（Title 11 of USC）は，**連邦倒産法**といわれる。現行の連邦倒産法は，1978 年倒産法改正法（Bankruptcy Reform Act of 1978）が，1979 年 10 月 1 日に効力が生じ[18]，その後，同法が改正されたものとなっている。

　連邦倒産法は，1 章総則（Chapter 1-General Provisions），3 章事件管理（Chapter 3-Case Administration），5 章債権者，債務者および財団（Chapter 5-Creditors, the Debtors, and the Estate），**7 章清算（Chapter 7-Liquidation**），9 章地方公共団体の債務整理（Chapter 9 Adjustment of Debts of a Municipality），**11 章更生（Chapter 11-Reorganization**），12 章定期的収入のある農家もしくは漁師の債務整理（Chapter 12-Adjustment of Debts of a Family Farmer or Fisherman With Regular Annual Income），13 章定期的収入のある個人の債務整理（Chapter 13-Adjustment of Debts of an Individual with Regular Income），**15 章付随および国際倒産事件（Chapter 15-Ancillary and Other Cross-Border Cases**）から構成されている。

2　チャプター 11

　11 章更生は，**チャプター 11** と呼ばれ，日本の民事再生法および会社更生法の制定に大きな影響を与えた法律である。倒産状態にある債務者は，7 章清算（**チャプター 7** と呼ばれる）とチャプター 11 のいずれかを自由に選択して申し立てることができるが，直ちにチャプター 7 を申し立てるより，再建の可能性が多少でもあればチャプター 11 を申し立てることが多い[19]。チャプター 11 では，

---

17)　金春「結合企業の倒産処理における実体的併合についての一試論」民訴 62 号（2016 年）143 頁。

18)　ジェフ・フェリエル＝エドワード・J・ジャンガー著（米国倒産法研究会訳）『アメリカ倒産法（上巻）』（レクシス・ネクシス・ジャパン，2011 年）194 頁。

19)　堀内秀晃ほか「アメリカ事業再生の実務──連邦倒産法 Chapter11 とワークアウトを中心に」（きんざい，2011 年）58 頁。

債務者が，**占有継続債務者**（debtor-in-possession, DIP）として，財団を管理する（1101 条 (1) 号）。

また，チャプター 11 は，外国法人であっても，米国内に，事業所・営業所（a place of business）または財産（property）を有していれば，申し立てることができる（109 条 (a) 項）。

米国倒産法には，自動停止（**automatic stay，オートマティックステイ**）が規定されており，倒産手続の申立てがなされると，事実上すべての債務者，債務者の財産または財団に属する財産に関する個別的権利行使が，直ちに禁止される（362 条）[20]。オートマティックステイにより，チャプター 11 の DIP に，経済的再建のための余裕が与えられる。

米国倒産法は，普及主義を採用しており，米国外に存在する財産にも効力を生じる[21]。もっとも，米国外に存在する財産を保全し，換価するには，財産所在国における協力が必要である。ところが，米国は，現在，世界一の市場であり，米国で事業活動をしている国際的な企業も多い。特に，ニューヨーク市は世界の金融センターとなっており，そこに拠点を有する銀行も多い。また，銀行においては，資金の融通のしやすさから，子会社ではなく，支店の形式で進出しているものが多い。したがって，米国の倒産手続を承認していない外国においても，銀行や他の債権者が，米国の倒産手続に従わないと，法廷侮辱罪の制裁を科されるおそれがある（105 条 (a) 項）。特に，オートマティックステイ違反による場合，懲罰的損害賠償を科され得る（362 条 (k) 項 (1) 号）。よって，銀行等が，自主的に，米国の倒産手続に従うことが多い。そのために，後述するチャプター 15 ではなく，チャプター 11 を申し立てることにより，外国の銀行や他の債権者を同手続に従わせることも多い[22]。

---

20) フェリエルほか・前掲注 18) 359 頁，堀内ほか・前掲注 19) 68 頁，阿部信一郎編著『わかりやすいアメリカ連邦倒産法』（商事法務，2014 年）57 頁，福岡真之介『アメリカ連邦倒産法概説〔第 2 版〕』（商事法務，2017 年）46 頁。

21) 堀内ほか・前掲注 19) 87 頁，阿部・前掲注 20) 66 頁，福岡・前掲注 20) 385 頁。

22) 阿部昭吾ほか「国際並行倒産の実務 (1) 更生会社マルコーの実務にみる米国倒産手続」NBL556 号（1994 年）8 頁，堀内ほか・前掲注 19) 67 頁。

382　　UNIT 15　国際倒産

3　チャプター15

(1)　経　　緯

米国は，以前も，外国倒産事件の運営を援助する**付随手続**（**ancillary proceeding**）（304条廃止）を規定していたが，2005年，モデル法を，米国倒産法15章として採択した（1501（a）条（a）項）。

(2)　適用範囲

チャプター15は，外国手続の対象となっている債務者のみに関し適用される（1502条（1）号）。モデル法同様に，外国手続には，外国主手続と外国従手続があり，外国主手続とは，債務者がCOMIを有する国で係属している外国手続であり（1502条（4）号），外国従手続は，債務者がCOMI以外の営業所（1502条（2）号）を有している国で係属している外国手続である（1502条（5）号）。したがって，債務者が財産だけを有する国における手続については，適用されない。

(3)　外国手続の承認

モデル法同様に，外国管財人（101条（24）号）は，外国事件の承認を申し立てることができ（1509条・1504条および1515条），裁判所は，原則として，承認しなければならない（1517条）。ただし，明らかに米国の公序に反する場合は，拒絶することができる（1506条）。

チャプター11の申立てでオートマティックステイの効力が生じるが，チャプター15の申立てではオートマティックステイの効力は生じない。そこで，承認の申立てが係属している間，外国管財人の申立てにより，裁判所は，債権者による債務者財産の差押えを停止することができ，その価値を維持するために，外国管財人等に債務者財産の管理を委託することができる（1519条（a）項（1）号および（2）号）。

外国主手続が承認されると，オートマティックステイの効力が生じる。しかし，それは，属地的であり，米国内にある財産および債権者にしか効力が及ばない（1520条（a）項（1）号）。

外国従手続の承認により，オートマティックステイの効力は生じない。チャプター15の目的を達成するのに必要な場合か，債務者の財産または債権者の

利益を保護するために必要な場合に，外国管財人の申立てにより，裁判所が，米国内の債務者の財産および責任に関する係属中の手続を停止することができるだけである（1521 条（a）項）。

外国主手続の承認により，外国管財人は，債務者の事業を運営する権限，および管財人または DIP に通常認められているのと同様の，財団財産を使用し，売却しまたは賃貸する権利を行使する権限を取得する（1520 条（a）項（3）号）。外国従手続の承認においては，裁判所が，外国管財人等に，米国内にある債務者の財産の全部または一部の管理または換価を委託することができる（1521 条（a）項（5）号）。

外国主手続の承認により，債務者がその財産を自由に譲渡する権限を制限する条項が適用される（1520 条（a）項（2）号）。他方，外国従手続の承認により，裁判所は，外国管財人の申立てにより，債務者がその財産を譲渡，権利負担その他の処分をする権利を制限することができる（1521 条（a）項（3）号）。

裁判所は，外国管財人の申立てにより，外国管財人等に対し，米国内にある債務者の財産を配当する権限を委託することができる（1521 条（b）項）のほか，外国管財人に対し，破産管財人または DIP に認められている救済手段や，その他の支援を追加的に与えることができる（1521 条（a）項（7）号・1507 条（a）項および（b）項）。しかし，外国管財人は，偏頗行為等に対する否認権を与えられない（1521 条（a）項（7）号）。もっとも，外国主手続の承認がされた場合，債務者が，米国内に財産を有しているときは，外国管財人は，チャプター 7 またはチャプター 11 の**自己申立事件（自発的申立事件〔voluntary case〕）**を開始することができるので（1511 条（a）項（2）号・1528 条[23]），チャプター 11 により，否認権を行使することができる。ただし，この自己申立事件の効力は，米国内にある債務者の財産に限定される（1528 条）。なお，外国従手続の外国管財人は，**債権者申立事件（非自発的申立事件〔involuntary case〕）**を開始することができる（1511 条（a）項（1）号，303 条（b）項（4）号）。

外国倒産手続が承認されると，外国管財人は，債務者が当事者となっている米国の訴訟手続に介入することができる（1524 条）。

23）　阿部・前掲注 20）228 頁，福岡・前掲注 20）406 頁，ジェフ・フェリエル＝エドワード・J・ジャンガー著（米国倒産法研究会訳）『アメリカ倒産法（下巻）』（レクシス・ネクシス・ジャパン，2012 年）520 頁。

384　UNIT 15　国際倒産

(4)　外国手続への協力

　米国の裁判所は，最大限可能な範囲で承認した外国手続の外国倒産裁判所との間で協力し調整する義務を負うが（1525条（a）項），他方で，外国裁判所または外国管財人と直接連絡を取る権限も有している（1525条（b）項）。米国の管財人または DIP も，最大限可能な範囲で承認された外国手続の外国倒産裁判所または外国管財人との間で協力し調整する義務を負うが（1526条（a）項），他方で，外国裁判所または外国管財人と直接連絡を取る権限も有している（1526条（b）項）。

(5)　並行手続

　前述のとおり，外国主手続が承認された場合，外国管財人は，米国の手続を申し立てることができる。また，米国の手続が債権者申立てされることもあり得る。他方，米国手続が開始されている場合に，外国手続の承認が求められることもある。

　このようにして，並行手続が係属した場合，倒産裁判所は外国手続との協力と協調を追求しなければならない（1529条）。外国事件の承認に基づき認められた救済は，その後開始された米国の手続における救済と矛盾する場合，変更または終了され得る（1529条（2）号（A））。米国の手続が開始された後，外国管財人が外国の手続の承認を求めた場合，債権者の行為を制限する1519条および1521条に基づく救済は，それ以前の米国の手続で認められた救済と矛盾してはならない（1529条（1）号（A））。また，外国手続が外国主手続として承認されたときでも，オートマティックステイは適用されない（1529条（1）号（B））。ただし，外国倒産手続が承認されると，外国管財人は，米国の手続に参加することができる（1512条）。

　複数国で，外国手続が係属している場合，裁判所は，複数の外国手続との間で協力および協調することが求められる（1530条）。

---

24)　2016年10月，Judicial Insolvency Network（JIN）が発足し，Guidelines for Communication and Cooperation between Courts in Cross-Border Insolvency Matters（JIN Guidelines）が発行された。デラウェア州，ニューヨーク州南部地区およびフロリダ州の連邦倒産裁判所やシンガポール最高裁判所等が参加している。日本の東京地方裁判所と最高裁判所はオブザーバーとして参加している。

担保権付債権や物権は別として，外国の倒産手続で配当を受領した債権者は，同じ種類の他の債権者が同率の配当を受領するまで，米国の倒産手続で配当を受けることができない旨のホッチポットルールも規定されている（1532条）。

(6) 事　例

　エルピーダメモリ株式会社（エルピーダ）の会社更生事件では，米国に有する資産を保全する必要があったこと，また，米国に，エルピーダを被告とする訴訟を複数抱えており，オートマティックステイによりかかる訴訟の進行を停止する必要があったこと等から，上記更生手続を外国主手続としたチャプター15の開始がデラウェア州の連邦倒産裁判所に申し立てられた。[25][26]

　エルピーダがチャプター15の申立てを行ったのは，上記更生手続開始決定前であったが，当時の代表取締役が，東京地裁が発令した監督命令に基づきチャプター15の申立てをすることについて監督委員の同意を得ることにより，外国管財人たる権限を与えられたものとして申立てを行った結果，申立てが認められた。

　前述のとおり，チャプター11と異なり，チャプター15の申立てではオートマティックステイの効力が生じないので，エルピーダは，債務者の財産に対する執行の停止等を内容とする仮の救済を求める申立てを行い，裁判所の決定を得た。その後，上記連邦倒産裁判所は，東京地裁における更生手続を外国主手続として承認する旨の決定を行い，オートマティックステイの効力が生じた。

　また，前述のとおり，エルピーダは，常務の範囲内であれば在米資産を処分等する権限を有していたが，常務の範囲外の在米資産の処分については，裁判所の許可が必要とされた（1520条（a）項（2）号・363条（b）項（1）号。**363セール**）。

　チャプター15の申立てを行い，外国主手続として承認されても，当然に外国主手続で認可された再建計画の効力が米国内に及ぶことにはならない。エルピーダは，チャプター15が終結しオートマティックステイの効力が失われた

25）　小林信明ほか「エルピーダ物語　第1回　エルピーダメモリのいわゆるDIP型会社更生手続——製造業で過去最大の法的事業再生手続を振り返って」NBL1021号（2014年）14頁。
26）　小林信明ほか「エルピーダ物語　第6回　エルピーダの海外対応をめぐる諸問題」NBL1026号（2014年）57頁。

後に，更生債権者等が米国にて更生計画による権利変更前の権利に基づき債権回収を行う懸念があったこと，エルピーダのスポンサーである米国法人マイクロンテクノロジーから出資を受けるための条件として，チャプター15において更生計画の承認を取得するよう要請されたことから，上記連邦倒産裁判所に対し，日本の更生計画および更生計画認可決定を承認し，債権者等による更生計画に反する行為を禁止すること等を求める申立てを行い，同裁判所より，承認決定を得た（1521条・1522条・105条（a）項）。なお，エルピーダの事例は，日本の更生計画についてチャプター15の承認を得た初めての事例であった。その後，エルピーダは，チャプター15を終結する申立てを行い，終結命令によりチャプター15は終結した。

4　企業グループの倒産

米国倒産法は，企業グループの国際倒産についての規定を有していない。しかし，企業間グループの倒産手続については，手続上の管理併合をすることができる（規則1015条（b）項・1014条（b）項）。また，倒産版の法人格の否認である実体的併合が認められることもあり得る。国際倒産においても，Quebecor事件では，カナダの債務者と米国の債務者の間で実体的併合が行われた[27]。しかし，これは，カナダと米国という特殊な二国間であるから実現したと思われる。一般的には，米国の手続で実体的併合が認められても，外国での効力等には大きな問題があると思われる。

第5節　EU倒産手続規則

1　経　緯

EUは，1995年，単一破産主義を貫徹せずに，二次的倒産手続を採用したEU倒産条約（Convention on Insolvency Proceedings of 23 November 1995）を作成したが，効力が生じなかった。そこで，旧倒産手続規則（COUNCIL REGULATION（EC）No 1346/2000 of 29 May 2000 on insolvency proceedings）を，2000年5月29日に成立させ，2002年5月31日から施行させた。

---

27)　藤本利一「日本における国際倒産事件の規律」「第5回　東アジア倒産再建シンポジウム論文集」（2013年）86頁。

EU は，その後，旧倒産手続規則を数回修正したが，新しい**EU 倒産手続規則**（REGULATION (EU) 2015/848 OF THE EUROPEAN PARLIAMENT AND OF THE COUNCIL of 20 May 2015 on insolvency proceedings）を，2015 年 5 月 20 日に成立させ，一部の条項を除いて，2017 年 6 月 27 日から施行させた（92 条）。新規則の主な改正点は，DIP 型再建手続も適用範囲に含めること，**法廷地あさり**（forum shopping, フォーラムショッピング）を制限すること，債務者が複数の加盟国に財産を保有する場合により効率的に管理すること，倒産情報の共有の登録制度を創設すること，および，企業グループの倒産も取り扱うことである。

同規則は，後述のとおり，EU 加盟国間における倒産手続に関するもので，加盟国以外の倒産手続の調整を図るものではない。

2　適用範囲

同規則は，デンマークには適用されない（前文（88））。前述のように，旧規則は清算型または管財人を選任する手続に限られていたが，新規則は，債務者の財産および事業が裁判所の監督に従うものや，債権者との協議を許すために個別執行手続を一時的に停止するものにも適用されるようになり（1 条 1 項），DIP 型再建手続も適用範囲に含められた。

債務者の COMI が，EU 域内に存在する場合に，同規則は適用される（3 条 1 項・2 項）。債務者の COMI が存在する加盟国で開始された倒産手続を，**主倒産手続**（main insolvency proceedings）という（3 条 1 項）。他方，債務者の COMI が存在しない加盟国では，営業所（2 条（10）号）が存在する場合のみ，倒産手続を開始することができ，その効力は当該加盟国に存在する債務者の財産に限定される（3 条 2 項）。このような地域的な倒産手続は，原則として，主倒産手続が開始された後でのみ開始することができ（3 条 4 項），**二次的倒産手続**（secondary insolvency proceedings）という（3 条 3 項・4 項）。債務者の COMI がどこに存在するかが重要であるので，債務者が有利な倒産手続を有する加盟国に，COMI を移動させることがある。このようなフォーラムショッピングを防ぐために，登録された事務所所在地が債務者の COMI と推定されるが，倒産手続の開始申立前 3 か月以内に，他の加盟国に登録された事務所所在地を移動した場合は，そのような推定は適用されない（3 条 1 項）。

倒産手続が開始された加盟国の裁判所は，原則として，倒産手続から直接生じる，または，否認訴訟等密接に関連する訴訟について，管轄権を有する（6条1項）。また，倒産手続の準拠法は，原則として，手続が開始された加盟国の法になる（7条1項）。

否認権の行使等は別として，倒産手続の開始は，手続開始の時に他の加盟国に存在する債務者の財産に対する債権者または第三者の物権，手続開始の時に他の加盟国に存在する財産の所有権留保，債権者の相殺権に影響を与えない（8条・9条・10条）。

3 倒産手続の承認

主倒産手続が開始されると，他の加盟国でも承認される（19条1項）。ただし，二次的倒産手続を開始することは可能である（同条2項）。

他の加盟国でも，主倒産手続が承認されると，二次的倒産手続が開始されていない限り，原則として，主倒産手続が開始された加盟国の法に基づき，同じ効力を有する（20条1項）。主倒産手続が開始された加盟国の裁判所により選任された**倒産実務家**（**insolvency practitioner**，2条（5）号）は，二次的倒産手続が開始されていない限り，原則として，同国の法により与えられた権限を，他の加盟国でも有し，これには，他の加盟国に存在する債務者の財産を移動することも含む（21条1項）。

倒産手続開始の申立後あるいは同時になされる保全決定等も，他の加盟国において，承認および執行される（32条）。

なお，他の加盟国は，承認が明らかに公序に反する場合は，拒絶することができる（33条）。

債権者は，物権や所有権留保は別として，主倒産手続が開始された後，他の加盟国に存在する財産から回収したものを，倒産実務家に返還しなければならない（23条1項）。また，ある倒産手続で配当を取得した債権者は，同等の順位や種類の他の債権者が，他の倒産手続で，同額の配当を得る限り，他の倒産手続でされる配当を共有できる旨のホッチポットルールも規定されている（23条2項）。

4 倒産登録

新規則は，加盟国間での倒産情報を共有するための登録制度を新設し，それに関する規程を設けている（24条ないし30条）。

5 二次的倒産手続

(1) 申立て

前述のように，主倒産手続が開始されると，倒産実務家は，他の加盟国に存在する債務者の財産を移動することもできるが（21条1項），財産が存在する国の債権者にとっては，不利益となることもある。そこで，他の加盟国で主倒産手続が開始されている場合でも，営業所が存在するときには，二次的倒産手続を開始することができる。ただし，その効力は当該加盟国に存在する債務者の財産に限定される（3条2項・34条）。二次的倒産手続に適用される法律は二次的倒産手続が開始された国の法律である（35条）。二次的倒産手続を申し立てることができるのは，主倒産手続の倒産実務家と二次的倒産手続開始の申立てがなされる国の法律上申立権を有する者である（37条1項）。

二次的倒産手続は，主倒産手続に大きな影響を与えるため，主倒産手続の倒産実務家は，二次的倒産手続の開始を避けるために，二次的倒産手続が開始され得る加盟国に存在する財産について，それを配当するとき，または，それを換価した結果得られる収益を配当するときに，二次的倒産手続が開始されたら，債権者が，当該国法に基づき得られる配当および優先権に従う旨の一方的な**引受け（undertaking）**をすることができる（36条）。たとえば，倒産実務家が，二次的倒産手続で個別財産を換価して得られる配当と同額を当該国の債権者に支払うことを約束することにより，債務者全体を継続企業として売却することが可能となる。この引受けは，二次的倒産手続が開始され得る加盟国法上再生計画の採用に適用される規定に従って，知れたる当該国の債権者により承認されなければならない（36条5項）。

二次的倒産手続開始の申立てがされると，裁判所は，直ちに，主倒産手続の倒産実務家またはDIPに通知をし，意見を述べる機会を与える（38条1項）。倒産実務家が引受けをした場合，裁判所は，倒産実務家の申立てにより，引受けが当該国の債権者の利益を適切に保護していると判断すれば，二次的倒産手続開始の申立てを棄却する（38条2項）。債権者との交渉を許すために個別執

390 UNIT 15 国際倒産

行手続の一時的停止がなされた場合，裁判所は，倒産実務家または DIP の申立てにより，当該国の債権者の利益を守る適切な措置がなされている限り，最大3か月間，二次的倒産手続開始を停止することができる（38条3項）。倒産実務家の申立てにより，裁判所は，当該国法上要件が満たされており，当該国の債権者の利益および主倒産手続と二次的倒産手続の統一性の観点から最も適切である限り，申し立てられた二次的倒産手続と別の種類の倒産手続を開始することができる（38条4項）。つまり，清算型の倒産手続が申し立てられていても再建型の倒産手続を開始することができる。

(2) 協　力

二次的倒産手続が開始されると，主倒産手続の倒産実務家または DIP と二次的倒産手続の倒産実務家または DIP は，原則として協力しなければならない（41条）。プロトコル等協力の形式は問われない。

倒産手続開始の申立てがされた，または，倒産手続を開始した裁判所間も協力しなければならない（42条1項）。さらに，倒産実務家と他の加盟国の裁判所の協力も規定されている（43条）。

(3) 債権者の権利行使

債権者は，主倒産手続および二次的倒産手続において債権届出をすることができる（45条1項）。倒産実務家は，債権者の利益になるのであれば，他の倒産手続において，自らの手続に届出された債権の債権届出をしなければならず（45条2項。前述のクロス・ファイリング），債権者と同じ立場で，他の倒産手続に参加することができる（45条3項）。

(4) 財産換価手続の停止

二次的倒産手続が開始された後，裁判所は，主倒産手続の倒産実務家の申立てがあれば，財産の換価手続を停止しなければならない（46条1項）。同裁判所は，同倒産実務家に，二次的倒産手続の債権者または個別の種類の債権者の利益を保証する適切な措置を要求することができる。

第5節　EU 倒産手続規則　391

(5)　倒産手続の転換

　二次的倒産手続が開始された後も，主倒産手続の倒産実務家の申立てにより，裁判所は，当該国法上要件が満たされており，当該国の債権者の利益および主倒産手続と二次的倒産手続の統一性の観点から最も適切である限り，開始された２次的倒産手続を別の種類の倒産手続に転換することができる（51条）。

(6)　再生計画案の提出

　二次的倒産手続が再建型手続である場合，主倒産手続の倒産実務家は，再生計画等を提案することができる（47条）。

(7)　主倒産手続の後続開始

　前述のとおり，二次的倒産手続は，原則として，主倒産手続が開始された後でのみ開始することができるが（3条4項），主倒産手続が後で開始された場合も，前述の倒産実務家間の協力（41条），債権者の権利行使（45条），財産換価手続の停止（46条），倒産手続の転換（51条）および再生計画案の提出（47条）は，適用される（50条）。

6　外国債権者への通知および債権届出

　外国債権者も，倒産手続で債権届出をすることができる（53条）。倒産手続が開始されるとすぐに，裁判所または倒産実務家は，知れたる外国の債権者に通知しなければならない（54条1項・2項）。

7　企業グループの倒産

(1)　協　　力

　EU 倒産手続規則は，企業グループの倒産手続についての規定を有する（5章）。企業グループの倒産手続については，管財人等の倒産実務家についての規定は，DIP にも適用される（76条）。

　倒産手続が企業グループの複数社に関係する場合，各倒産手続の倒産実務家は，原則として，協力しなければならない（56条）。プロトコル等協力の形式は問われない。加盟国間の裁判所も協力しなければならない（57条）。さらに，倒産実務家と他の加盟国の裁判所の協力も規定されている（58条）。

392　UNIT 15　国際倒産

　グループ各社に関して開始された倒産手続で選任された倒産実務家は，グループ各社の倒産手続の効率的な管理を促進するのに適切な限度で，①他のグループ各社の手続で意見を述べることができ，②一定の場合には，他のグループ会社の手続で財産換価の停止を求めることができ，③後述する**グループ調整手続**（**group coordination proceedings**）を申し立てることができる（60条1項）。

(2)　グループ調整手続

　グループ各社の倒産手続の効率的な管理を促進するのに適切であり，グループ各社の各債権者にとって経済的に不利益にならないであろう場合，グループ各社の倒産実務家の申立てにより，グループ調整手続を開始することができる（61条・68条1項・63条1項）。倒産実務家は，調整手続に含まれることに異議を述べることができる（64条・65条）。

　グループ調整手続で選任された**調整者**（**coordinator**）は，グループ会社の倒産の解決に対する統合型のアプローチに適切な包括的な手段を記載したグループ調整計画を提案する（72条1項）。グループ調整計画には，グループ間紛争の解決やグループ各社の倒産実務家間の合意等を規定することができる。また，調整者は，①グループ各社の手続に参加して意見を述べること，②グループ各社の倒産実務家間の紛争を調停すること，③手続を調整するために，グループ各社の倒産手続実務家に情報を要求すること，および，④調整計画の適切な実施を確保するために必要があり，当該手続の債権者の利益になりそうである場合，グループ各社の手続を最大6か月間停止することを要求することができる（72条2項）。

　倒産実務家と調整者は，原則として，協力しなければならない（74条）。ただし，理由を述べて，グループ調整計画の全部または一部に従わないこともできる（70条）。

第6節　実務的側面

1　プロトコル
プロトコル（**protocol**）とは，当事者と裁判所の事件ごとに協議する協調の

枠組み，あるいは，そのために関係国の裁判所の許可を得て管財人等の間で交わされる協定書をいう。プロトコルの目的は，財団の価値を増大化させることと，費用等裁判所の違いによる衝突を最小化するために手続を調和させることである。企業グループの倒産にも利用される。しかし，各国の独自の倒産処理の制約や各国グループ企業間の利益相反関係への配慮が必要で，各国管財人等に手続参加を強制できないし，参加者に法的拘束力を課すことができない。リーマン・ブラザーズ・グループの倒産事件においてもプロトコルが作成されたが，倒産処理手続が行われた17国のうち10国の管財人等しか締結せず，リーマン・ブラザーズ証券会社も締結しなかった。

2 親子会社の倒産

(1) 問 題 点

企業グループの国際倒産について，できるだけ手続を調和させるために，特に，子会社について，DIP型の再建手続がとられることは多いと思われる。しかしながら，子会社が倒産状態にあるということは，子会社としては，子会社の株主である親会社およびその債権者よりも，子会社の債権者の利益を考慮する必要があり，両者間には緊張関係が生じ得る。

(2) Spansion Japan の事例

Spansion Japan 株式会社は，主として①米国親会社である Spansion LLC（Spansion Japan の DIP 型会社更生の申立てから約20日後に米国でチャプター11の申立てをした）が保有する知的財産権を利用して半導体の半製品を製造し，それを米国親会社に販売する事業，および，②半導体の完成品を米国親会社から購入し日本国内で販売する事業を行っていた。このように，Spansion Japan の事業は Spansion グループに取り込まれていたことから，Spansion グループから独立して事業を再建するよりは米国親会社と一体となって事業を再建する方が Spansion Japan にとって利益となることが想定された[29]。しかしながら，Spansion LLC の債権者の意向により，米国親会社と一体での再建は困難とな

---

28) 阿部・前掲注20) 245頁，フェリエルほか・前掲注23) 509頁。

29) 嶋寺基「DIP 型会社更生を検証する I Spansion Japan ① Spansion Japan における会社更生手続」NBL951号（2011年）23頁。

394   UNIT 15   国際倒産

り，Spansion Japan 独自でスポンサーを探すこととなった。そして，最終的には，スポンサーとしてテキサス・インスツルメンツを選定し事業譲渡することで，Spansion Japan 単体での事業再建が実現された。

(3) アシストテクノロジーズジャパンの事例

アシストテクノロジーズジャパン株式会社（ATJ）の更生手続事件においても，Spansion Japan の事例と同様に，米国親会社 Asyst Technologies, Inc. がチャプター 11，および，日本子会社が DIP 型会社更生手続を申し立てた（なお，Spansion Japan の事例と異なり，日米で同日に申立てがなされた）。米国親会社は，ATJ が製造した製品につき米国での販売およびアフターサービス等を行っていたこと，また，ATJ の事業に必要な知的財産権の一部を保有していたこと等から，会社更生の申立て当初は米国親会社と ATJ とが一体となって事業を再建することが検討された。しかしながら，①その後のスポンサー選定手続の中でスポンサー候補は主に ATJ に関心を持っていることが判明したこと，② ATJ 単体で事業継続を図り独自にスポンサーを選定することが可能であると考えられたこと等から，管財人の下，ATJ 単体の事業価値の最大化を図るべく ATJ 単独でスポンサーを選定して更生計画案提出前に事業譲渡をすることにより事業再建を果たした。[30)]

3 その他

以上のように，各国において，倒産手続を普及主義にしながらも，外国倒産手続も承認したり，プロトコルを締結したりして，外国の倒産手続との協力および協調を図っていく傾向にあると思われる。

しかし，そもそも，倒産手続が機能しておらず，労働債権および租税債権等を全額完済しないと会社を清算できないアジア諸国等発展途上国も多く，また，他国の倒産手続の承認等を認めない国も多い。さらに，各国で倒産手続をとる費用を考えると，各国における債権者間の平等を犠牲にしても，私的整理をする方が良い場合もある。

---

30) 渡邉光誠ほか「特集　国際（海外・並行）倒産の新展開　ATJ・AJH・ATI の事例にみる日米親子会社の同時再建──更生計画外事業譲渡と『363 条セール』」事業再生と債権管理 127 号（2010 年）38 頁。

また，破産手続においては，財団の寄与と迅速処理の観点から，外国にある資産を放棄することも多い。日本の債権者の立場としても，日本と外国の債務者が，個別に財産を換価して清算しているような場合には，各国において，個別財産からの債権回収を図ることを検討すべきである。そのような債務者が再建を図っている場合でも，債権者自らにとっての再建のメリットを考え，各国において，倒産法を考慮の上，個別財産から債権回収を図るのか，私的整理の合意をするのか等，有利な選択を検討すべきである。

UNIT 16

国際課税

第1節　はじめに

　国際課税とは国際的な取引に関する課税全般を指すものと理解されるが，国際的な取引が日常的に行われるようになった現代社会において，国際課税は様々な場面で問題となり得る。契約交渉等の場面では国際課税の問題にまで十分な注意が払われないことも見受けられ，結果，後に思わぬ負担が強いられるような事態を招くことも考えられる。本UNITでは，国際課税の基本的な考え方および重要な法制度を概観することにより，国際的な取引に携わるに際して意識しておくべき税務上のポイントを紹介する。

第2節　国際課税の基本的考え方

　国際課税といっても，日本において適用される法律は基本的には国内の租税法であり，具体的には，各国税に共通の事項等を定める国税通則法，所得税法や法人税法等の個別租税法，さらには各個別租税の特別措置を定めた租税特別措置法が適用されることになる点は国内の課税関係と変わらない。加えて，国際課税との関係では租税条約も重要な役割を担うことになる。租税条約は，二国間のものだけでなく，OECD税務行政執行共助条約のように多数の国との

第 2 節　国際課税の基本的考え方　397

間で締結されるものもある。租税条約においては国内法と異なる定めがなされる場合，租税条約の規定が優先して適用されることになる点にも注意が必要である。

1　国際課税の基本的課題とその対応

(1)　二重課税の基本的な構造とその対応

国際課税の場面では，対象となる取引が複数の国にまたがって行われることから，同じ取引に関連して複数国の税務当局による課税が問題となり得，したがって，同じ所得に対して二重に課税がなされるリスクが発生することになる。このような二重課税のリスクへの対応は，各国の国内法においてもなされているが，場合によっては租税条約において規定されていることから，当該取引が関係する外国との間の租税条約の内容にも注意を払う必要がある。

日本の税制では，原則として，居住者および内国法人については，国際取引による所得を含めたすべての所得が課税対象となり（**全世界所得課税方式**），非居住者および外国法人については，国内に源泉のある所得のみが課税対象となる（**国内源泉所得課税**）。これに対して，シンガポールや香港等のように，国外で生じた所得を居住者等に対する関係でも課税対象に含めないという属地主義的な法制度を採用している国・地域もある。

全世界所得方式を採用する国の居住者または法人が，国外を源泉地とする所得を稼得する場合には，二重課税のリスクが生じることになる。たとえば，日本法人について，国際取引により得る所得の源泉地が外国である場合，このような所得も日本法人の所得である以上，原則として日本における課税の対象とされることになる。他方で，このような所得の源泉地国である外国においても，当該外国の国内源泉所得として課税されることになり，結果，日本法人は同じ所得について二重に課税されるという不利益を受けることになる。

以上のような二重課税を排除するための方法としては，大きく分けて二つの

---

1)　居住者とは，「国内に住所を有し，又は現在まで引き続いて 1 年以上居所を有する個人をいう。」と規定されている（所税 2 条 1 項 3 号）。住所は，個人の生活の本拠を意味し，居所は，生活の本拠ではないが，その人が現実に居住している場所を意味するとされている。厳密には，居住者は，非永住者以外の居住者と非永住者とに分類され，非永住者には国外源泉所得以外の所得と，国外源泉所得のうち国内で支払われるもの（国内に送金されるものを含む。）に対して課税されることとなる点で，非永住者以外の居住者と異なる（所税 7 条 1 項）。

398　UNIT 16　国際課税

方法がある。居住地国（法人の場合は所在地国）において課税される税額から，源泉地国で支払われた税額を控除する方式（**外国税額控除方式**）と，居住地国において課税対象とされる所得から源泉地国における国外源泉所得を控除した上で，税額を計算する方式（**国外所得免除方式**）である。日本の税制では，原則として，外国税額控除方式が採用されている。

(2) 源泉地課税の考え方

　国際取引では，複数の国において何らかの経済活動が行われることから，これらの国が，程度の差こそあれ，当該取引から生じる所得に何らかの影響を与えることになる。このような所得についての源泉の所在地を決める法則は，**ソース・ルール**と呼ばれている。

　ソース・ルールに関する規定は，各国国内法で定められる。日本法においては，一定の種類の所得を国内源泉所得として，非居住者および外国法人についても課税対象とするということが規定されている（所税5条2項・7条1項3号・5号，法税4条3項・9条）。具体的には，後に述べる恒久的施設に帰属する所得等が国内源泉所得と規定されている。このような非居住者または外国法人の国内源泉所得に対しては，その所得の内容等に応じて課税方法が異なる。特に，非居住者または外国法人に対して，一定の国内源泉所得の支払をする場合には，支払者に対して**源泉徴収義務**が課せられる場合もあるので，注意が必要である（反対に，外国における一定の源泉所得について，外国法人が日本法人に支払をする場合に，当該支払者に源泉徴収義務が課される場合がある）。

　ソース・ルールが各国国内法で規定される以上，どのような所得が国内源泉所得として課税されるかは，国毎に異なり得ることになる。もし，関係する二国間において，一方の国（A国）である所得が国内源泉所得として課税対象となるのに対し，他方の国（B国）で国内源泉所得とされない場合には，A国法人がB国で当該所得を獲得するとA国においてのみ課税され，B国法人が同様の所得をA国において獲得してもA国において課税される（B国法人はB国

---

2) 外国税額控除方式においては，国内源泉の所得と国外源泉の所得を課税上同等に扱うことになるので，同じ経済活動を国内で行う場合と国外で行う場合とで税制が中立の立場であることを意味する（資本輸出中立性）。これに対して，国外所得免除方式では，所得の源泉地における経済活動に対して税制が中立に作用することを意味する（資本輸入中立性）。

において外国税額控除の問題が生じることになる）ことになる。

　このような関係は両国での経済活動に不均衡を生ずる可能性もあることから，租税条約において，締約国間で課税対象とする国内源泉所得の範囲や税率が調整されることも多く見受けられる。たとえば，日本法上は日本国内において業務を行う者から支払を受ける特許権等の使用料については国内源泉所得として日本での課税対象とされているが，日米租税条約においては，使用料を受け取る側の国でのみ課税され，当該特許の使用者（使用料の支払者）の国における源泉課税はなされないことになっており，日米間の使用料の支払については後者が適用される。したがって，源泉地課税の問題については，各国国内法に加え，関係国間の租税条約の規定内容にも留意する必要がある。

2　国際的租税回避への対応（BEPS プロジェクト）

　国際取引については，基本的には当該取引が関連する各国税制の適用を受けるところ，各国税制における課税対象や税率には自ずと違い（ギャップ）が生じることになる。そこで，国際取引を行う納税者としては，各国税制のギャップを利用することにより，租税回避を行うことが可能となる。他方で，各国政府の側にも，税収確保や産業誘致等の観点から，税率を引き下げたり，一定の産業分野等に対して優遇措置を与えたりするインセンティブが働くことになり，結果，税源獲得の競争が激しくなってきている。

　このような状況を利用して，一部の巨大多国籍企業が低課税国に所得を移すなど，税源の浸食が国際的な問題となり，経済協力開発機構（Organization for Economic Co-operation and Development: OECD）が中心となり，その対応を図ることとなった。この問題は，Base Erosion & Profit Shifting（BEPS）と呼ばれ，これに対応するためのプロジェクトが立ち上げられ，2015 年 9 月に最終報告書が OECD の租税委員会で承認されるに至った。この最終報告書を受け，OECD 加盟国は，必要な国内法の整備と租税条約の改正を進めることになる。日本を含む一部先進国では，以前から，かかる問題について国内法による一定の対策を講じてきていたが，今後，国際的な協力関係を踏まえて，一層の対策が求められることになる（2017 年 6 月に BEPS 防止措置実施条約に日本を含む 67 カ

---

3)　使用料については **UNIT12 第 3 節 2** 参照。

400　UNIT 16　国際課税

国・地域が署名し，結果，BEPS 防止措置実施条約締約国との間では，二国間の租税条約の関連箇所について，BEPS 防止措置実施条約に読み替えて適用されることとなった）。

■ 第3節 ＼ 海外展開と国際課税

　法人の海外展開には幾つかの段階があることについては，**UNIT5** で説明したとおりであるが，国際課税への対応の仕方も海外展開の段階に応じて異なってくることになる。

1　駐在員事務所・支店に関する国際課税

(1)　恒久的施設該当性

　源泉地課税の一つの典型が，**恒久的施設（Permanent Establishment: PE)** に帰属する所得に対する課税である。恒久的施設とは事業を行う一定の場所のことをいい，支店，事務所，工場，作業場などが含まれるほか，一定期間以上存続する建設工事現場（または建設工事）や代理人（内国法人の名前で，契約を締結する者であり，代理人業を通常業務とするものを除く）も含まれるのが一般的である。

　事業所得に関しては，「**恒久的施設なければ課税なし**」という原則が，日本を含め各国で一般的に採用されており，単なる貿易活動や恒久的施設として認められる前段階の準備活動などについては，たとえ所得が生じたとしても源泉地課税の対象とされないのが原則である。

　駐在員事務所は，事業遂行のための補助的・準備的業務のみを行い，営業活動を伴わないことから，一般的には恒久的施設に該当せず，駐在員事務所の活動に関する所得に対する課税は受けない。もっとも，駐在員事務所であっても，実質的に営業活動を行っていると評価される場合には恒久的施設として認定されて，現地での課税を受ける可能性がある。特に，中国やアジアの新興国においては，恒久的施設の範囲が広く認定されることもあるので，活動内容によっては現地での課税の可能性があることに注意が必要である（コンサルティングサービス等一定の役務提供に PE を認める考え方〔サービス PE〕が広く認められるようになってきているが，さらに一定の国の場合には，たとえば，日本の親会社の従業員等が，一定期間以上，外国子会社等に出張することについて PE 認定されることがあるので，

注意が必要である）。

これに対して，法人が外国に支店を置く場合には，当該支店は恒久的施設として認定されることになり，支店に帰属する所得については支店が設立された国での課税を受けることになるのが一般的である。

(2) 外国税額控除（所税95条1項，法税69条1項）

内国法人が源泉地課税等外国で課税を受ける場合には，当該外国税額については費用として計上することもできるが，それだけで二重課税を十分に解消することはできない。そこで，国内での法人税額の算定に際して，外国で納付した一定の税額を控除する，つまり，**外国税額控除**を受けることにより，二重課税を回避することが認められている。

この際，控除される外国税額は，一定の控除限度額の範囲内に限られる。具体的には，ある年度の所得金額のうち国外の所得金額（国外源泉所得金額に一定の調整を加えたもの。調整国外所得金額と呼ばれる）の占める割合を，国内の法人税額に乗じて計算した金額が控除限度額となり，その額を限度とした外国法人税額についてのみ，法人税額からの控除が認められる。控除対象外国税額のうち，控除限度額を超える部分については，一定の限度額（地方税控除限度額）内で住民税の額からも控除を受けることができるが，これでも控除されない部分については3年間に限り繰り越して控除を受けることができる。反対に，控除対象となる外国税額が控除限度額および地方税控除限度額を超えない場合には，控除限度額に足りない金額（控除限度余裕額）について，3年間繰り越すことができる。つまり，ある年度に繰り越される控除限度余裕額があれば，控除対象となる外国税額が当該年度の控除限度額を超える場合でも，繰り越される控除限度余裕額の範囲でさらに控除を受けることが可能になる。

2 外国子会社・外国関係会社に関する国際課税

(1) 本店所在地国での課税

外国子会社または外国関係会社（「外国子会社等」）は内国法人とは別法人であり，当該外国子会社等の本店または主たる事務所が日本に所在しない限り，内国法人として課税されることはない。つまり，外国子会社等に日本における国内源泉所得がない限り，外国子会社等の所得について日本国内で課税されるこ

402　UNIT 16　国際課税

とはないし，反対に日本法人に外国子会社等が所在する国における源泉所得が
ない限り，当該外国において日本親会社の所得について課税されることもない。

　もっとも，外国子会社等との関係を利用した海外への所得の移転があるよう
な場合に，税源確保および租税の公平性担保の観点（上記の BEPS プロジェクト
と共通する観点）から一定の対応が必要になることがある。日本においては，
第 4 節以降に述べる税制を構築して対応を図っている。

(2)　外国子会社配当金益金不算入制度（法税 23 条の 2）

　2009 年の税制改正で**外国子会社配当金益金不算入制度**が採用されることとなり，
日本の親会社が外国子会社等から受け取る配当については，日本では原則とし
て課税されないこととなった。具体的には，内国法人が株式等を 25% 以上の
割合で保有する外国法人で，その保有が配当等の支払義務の確定日以前 6 カ月
以上継続している法人から内国法人が剰余金の配当等を受ける場合にこの制度
が適用される。この要件を満たす外国子会社等から内国法人が配当を受け取る
場合，受取配当額の 5% を費用の額とみなし，これを控除した 95% の金額に
ついては内国法人の当該年度の所得の計算上益金に算入しない，つまり，課税
対象としないことになる。これは，外国子会社等に生じた所得を日本法人に配
当させて，日本国内において活用させるという産業政策のあらわれである。

　なお，外国子会社配当金益金不算入制度の対象となる配当に対する外国源泉
税については，外国税額控除の対象とはならず，内国法人の損金にも算入され
ない。他方で，内国法人が外国子会社等から受ける配当について，その額の全
部または一部が当該外国子会社の所得の計算において当該外国子会社の損金に
算入することとされている場合，損金に算入される配当の額については，本制
度の対象とならず，内国法人の所得の計算上益金の額に算入される。

■ 第 4 節　　移転価格税制（租税特別措置法 66 条の 4）

　内国法人が，外国子会社等を設立した後，当該外国子会社等との間で取引を
行う場合には，**移転価格税制**に注意を払う必要がある。

　移転価格税制は，内国法人が国外関連者との間で，国外関連取引を行う場合
に，当該国外関連取引について，内国法人が国外関連者から支払を受ける対価

の額が独立当事者間で設定されるべき**独立企業間価格**に満たないとき，または内国法人が国外関連者に支払う対価の額が独立企業間価格を超えるときは，当該国外関連取引を独立企業間価格で行われたこととみなして課税所得を計算する制度である。

国外関連取引においては，当事者の事情により，その取引の対価がコントロールされる可能性があるところ，独立当事者間で想定される正常な価格とは異なる対価が設定される場合には，発生する所得に偏りが生じることになる。たとえば，日本法人が米国の子会社に対して製品を販売し，米国の子会社が当該製品を市場で販売する場合において，日本法人から米国子会社への販売価格が正常な価格よりも安く設定されると，日本法人としては本来得られる所得よりも低い所得しか得ることができず，反面，米国子会社は，正常な価格より安く仕入れた当該製品を市場で正常な価格で再販売することにより，より高い所得を得ることができることになる。この結果，日本が課税することができる所得が減少し，米国が課税することができる所得が増加するが，かかる現象は**所得移転**といわれる（反対に，日本法人からの販売価格が正常な価格よりも高く設定されると，日本側の所得が増加するという形で所得移転が起こることになる）。移転価格税制は，このような所得移転を是正することにより適正な国際課税を実現することを目的として各国で導入されている制度である。

1 国外関連者

国外関連者は，外国法人のうち，内国法人との間に一定の持株関係があるものまたは実質支配関係のあるものをいうとされている。

国外関連者として認められるための一定の持株関係とは，①二の法人のいずれか一方の法人が他方の法人の発行済株式等（当該他方の法人が有する自己の株式等を除く）の総数の 50% 以上の数の株式等を直接または間接に保有する関係（実質的な親子会社の関係）にある場合，または②二の法人が同一の者によってそれぞれの発行済株式等の 50% 以上の数の株式等を直接または間接に保有される関係（兄弟会社の関係）にある場合をいう。ここで注意を要するのは，50% の株式保有関係の場合を含むということである。たとえば，内国法人が 50 対 50 の出資比率での合弁会社を外国法人として設立した場合，つまり，合弁相手と対等の関係にあり，内国法人としては合弁会社を実質的には支配できてい

ないような場合であったとしても，当該合弁会社は内国法人との関係では国外関連者としてみなされ，この者との取引は移転価格税制の対象とされることになる。

次に，実質支配関係とは，①他方の法人の役員の半数以上または代表する権限を有する役員が一方の法人の役員もしくは使用人を兼務している者（または過去において役員もしくは使用人であった者）である場合，②他方の法人の役員の半数以上または代表する権限を有する役員を一方の法人によって実質的に決定されていると認められる場合，③他方の法人が事業活動の相当部分を一方の法人との取引関係に依存して行っている場合，④他方の法人がその事業活動に必要とされる資金の相当部分を一方の法人からの借入により，または一方の法人の保証を受けて調達している場合，⑤他方の法人が一方の法人から提供される知的財産権に依存してその事業活動を行っている場合等とされている。

以上に加え，これらの関係が連鎖している外国法人についても国外関連者とされている。

2 国外関連取引

国外関連取引には，国外関連者との間の資産の販売・購入・賃貸借，無形資産の提供，金銭消費貸借，役務の提供など，出資や配当等の資本取引以外のあらゆる取引が含まれる。

親会社が外国子会社に対して本社機能（経理や労務・人事関係等のスタッフ的な機能）の代行サービスのような役務を提供するような場合や，親会社の従業員の派遣を通じて親会社で形成・蓄積されたノウハウを海外子会社に使用させるような場合にも，役務提供取引や無形資産（ノウハウ）提供取引として国外関連取引と扱われることになる。このようなグループ内の役務やノウハウの提供（**グループ内役務提供**）に関しては，親会社の子会社に対する当然のサポートであるとして，対価が設定されないことも見受けられる。しかし，親会社から何らかの役務やノウハウの無償提供を受けた外国子会社の収益性が後に向上する場合には，当該外国子会社に対する所得移転があったものと認定され，移転価格税制に基づく課税がなされることになるので，注意が必要である。

3 独立企業間価格

独立企業間価格とは，当該取引が特殊の関係にない者（非関連者）との間で同様の状況の下で行われた場合に合意されると認められる価格をいう。具体的には，棚卸資産の売買取引には，以下の方法のいずれかによって算定される金額である。

①独立価格比準法
②再販売価格基準法
③原価基準法
④上記①〜③の方法に準ずる方法
⑤その他政令で定める方法
　　・比較利益分割法
　　・寄与度利益分割法
　　・残余利益分割法
　　・取引単位営業利益法
　　・ディスカウント・キャッシュ・フロー法（DCF法）
　　・以上に準ずる方法

棚卸資産の売買取引以外の取引についても，これらと同等の方法によって，独立企業間価格が算定される。

従前は，上記の①〜③の算定方法を基本三法と呼び，これらの方法を用いることができない場合に限り，それ以外の方法を用いることができるとされていたが，現在では，取引内容や当該事案で利用することができる情報の内容等，当該事案の具体的状況を勘案して，独立企業間価格を算定するための最も適切な方法を用いることができるとされている。①〜③の方法は，国外関連取引と，対象物（サービス）が同種（②および③については同種または類似）であり，取引規模，取引条件，当事者の果たす機能，さらには当該取引が実施される市場環境などが同様である具体的な比較対象取引の存在が前提となるところ，納税者がこのような比較対象取引に関する情報を入手するのは困難であることが多い。取引当事者間でのリスクや機能の配分状況から独立企業間価格を算定する利益分割法や類似する取引の営業利益率を利用する取引単位営業利益法などの方法

406 UNIT 16 国際課税

（⑤の方法）は，個別具体的な比較対象取引を前提にしない算定方法であり，納税者が適切な比較対象取引に関する情報を有しない場合にも用いることが可能とされている。特に，高度なノウハウや無形資産が所得の源泉となるような取引においては，具体的な比較対象取引を見出すことは一層困難であり，このような場合に⑤の方法は有用な算定方法になり得ると考えられている。

4 相互協議

内国法人が日本の税務当局からある国外関連者との国外関連取引につき移転価格税制による更正処分を受ける場合，当該国外関連取引の実際の価格と日本の課税所得の計算上認識される取引価格との間に差異が生じることになる。つまり，この場合，日本の税務当局は国外関連取引について独立企業間価格での取引が行われたものとして内国法人の所得計算を行う一方で，国外関連者の所在地国の税務当局としては，実際の取引価格を基準に計算された所得に基づき国外関連者に対する課税を行うことになる。その結果，上記の差額分は，内国法人と国外関連者の所在地国の両方の税務当局により課税されることになる。このような実質的な二重課税の問題は，国外関連者の所在地国の税務当局が，国外関連者に対して移転価格税制による課税を行う場合にも生じることになる。

内国法人が日本の税務当局から移転価格税制による更正処分を受けた場合の二重課税の問題を回避する方法としては，当該更正処分の取消しを求めて不服申立てをすることが考えられる。しかし，不服申立手続の中で最終的に更正処分が取り消されない場合には，二重課税の問題は解消されないことになる。

そこで，このような不服申立手続とは別に，**相互協議**（Mutual Agreement Procedure）という手続が用意されている。相互協議とは，租税条約に規定される手続で，国際的な二重課税の問題を解消するために，租税条約締約国の税務当局同士が協議を行うという制度である。この協議の中で，対象となる国外関連取引についての独立企業間価格の算定方法についての合意を目指すことになる。相互協議の結果，両国税務当局間の合意が成立する場合には，各税務当局が，その合意内容（合意された算定方法により計算される国外関連取引の対価の額）に従って，それぞれの国内での課税内容を変更することにより，二重課税の解消を図ることになる（**対応的調整**）。

もっとも，相互協議手続を申し立てても，両国税務当局が合意に至らない場

第 4 節　移転価格税制　407

合も十分に考えられ，そのような場合には，相互協議により二重課税の問題は解消されない。そこで，移転価格課税の更正処分を受ける場合には，国内法上の不服申立手続をした上で，相互協議手続を申し立てることにより，二重課税の問題を解消するための手段を尽くしておくことが望ましい。[4]

5　事前確認制度

　上述のとおり，税務当局が移転価格税制を適用して更正処分を行う場合には，納税者としては，その後の手続で二重課税の問題を解消することができない可能性が残ることになる。そこで，そもそもの更正処分を避けることにより，移転価格課税に伴う国際的二重課税の問題を未然に防ぐ手続として，**事前確認制度**（Advance Pricing Arrangement: APA）が設けられている。これは税務当局に対して，国外関連取引に係る独立企業間価格の算定方法等について確認を求める制度であり，この申出を受けて当局が確認を行ったときは，納税者は，確認対象取引について確認された方法で独立企業間価格を算定する限り，当該取引について移転価格課税による更正処分を受けないこととされている。

　事前確認には，一国のみの事前確認と二国間の事前確認とがあり，後者の場合には，相手国においても移転価格課税を受けるリスクを予め回避することが可能となる。もっとも，二国間の事前確認のためには，相互協議によりそれぞれの国の税務当局間で確認対象取引の独立企業間価格の算定方法を合意する必要がある。二国間の事前確認を申し出たが，合意が成立しない場合には，一国のみの事前確認に移行することも可能である。

6　文　書　化

　内国法人は，一定の国外関連取引（前事業年度の国外関連取引の対価の額の合計金額が 50 億円（知的財産権のライセンス取引の場合は 3 億円）以上の場合等）を行う

---

[4]　なお，一部の国との間の租税条約においては，仲裁規定が導入されている。このような国との関係では，相互協議が開始されてから一定の期間内に当局間で解決ができていない事項について，納税者は仲裁委員会による解決を求めることができる。両当局は仲裁委員会の決定に拘束され，相互協議の合意の中で仲裁決定を実施することになるため，仲裁決定により二重課税の問題は解消されることになる。もっとも，いずれかの締約国の国内の不服申立手続の中で，当該未解決事項について決定がなされた場合は，当該事項は仲裁に付託されないことになるので，注意が必要である。

場合には，独立企業間価格を算定するために必要と認められる書類を申告書の作成期限までに作成し，保存しなければならない（**同時文書化義務**）。

法人が担当税務職員からかかる書類の提示または提出を求められる場合には，一定の期日までに当該文書を提示または提出しなければならず，これに応じなかった場合には，税務当局は，推定課税あるいは同種の事業を営む者に対して質問検査を行うことができるとされている。

▌第5節　外国子会社合算税制（タックスヘイブン対策税制。租税特別措置法40条の4・66条の6）

税率が低い国に外国子会社等を設立する場合には，**外国子会社合算税制**の適用に注意する必要がある。

外国子会社合算税制とは，内国法人や居住者と一定の関係にある外国法人が軽課税国に所在する場合に，当該外国法人の所得のうち一定の要件を満たすものを，その内国法人・居住者の所得に合算して課税するという制度である。

従前は，軽課税国に所在する外国子会社等については，当該外国子会社等の所得全体を合算対象とした上で，一定の適用除外要件を満たす場合には，今度は外国子会社等の所得全体を合算しないとする制度であった（**会社単位での合算課税**）。しかし，このような制度設計では，外国子会社等が現地で実体のある活動を通じた所得を得ている場合であっても，合算課税の対象とされる場合がある反面，適用除外要件を充たせば，外国子会社等が一部において実体の伴わない活動により所得を得ていたとしても，かかる所得は合算課税の対象とされないという不均衡が生じていた。そこで，現在では，実体に欠ける外国子会社については会社単位での合算課税を維持するものの，外国子会社が軽課税国において実体のある活動をしていると評価できる場合であっても所得の性質に応じて一定の所得については合算課税の対象とするという考え方（**部分合算課税**）が採用されるに至った。

1　外国関係会社

外国子会社合算税制の対象となるのは，内国法人・居住者等と一定の関係を有する外国法人（**外国関係会社**）である。外国関係会社とは，①内国法人・居住者等が合計して50％超の株式等の保有を通じた連鎖関係がある外国法人，

②内国法人・居住者等との間に実質的支配関係（外国法人の残余財産のおおむね全部について分配を請求する権利を有する関係，もしくは外国法人の財産の処分の方針のおおむね全部を決定する権利を有する関係）のある外国法人，または③かかる株式保有の関係と実質的支配関係が連鎖している外国法人をいうとされている。つまり，内国法人等と当該外国法人との間に①または②の関係を有する会社が幾つか介在した場合も，これらの関係が続く限り，外国関係会社となり，そのような外国関係会社の税負担割合が一定の割合を下回る場合に，外国子会社合算税制の対象となる。

2 納税義務者

外国子会社合算税制における納税義務者は，外国関係会社との間に上記**1**の①乃至③の関係を有する内国法人等のうち，さらに，以下の関係を有する者である。

具体的には，①外国関係会社に対する直接・間接の株式保有割合が 10% 以上である内国法人等，②外国関係会社との間に実質支配関係がある内国法人等，③内国法人等との間に実質支配関係がある外国法人の外国関係会社に対する直接・間接の株式保有割合が 10% 以上である場合における当該内国法人等，および④外国関係会社に対する直接・間接の株式保有割合が 10% 以上である一の同族株主グループに属する内国法人等が，外国子会社合算税制の適用を受ける納税義務者となる。

3 会社単位の合算課税

前述のとおり，合算課税の対象となる外国関係会社の所得の範囲については，外国関係会社の内容に応じて異なり，外国関係会社の所得全体が合算の対象とされる場合（会社単位の合算課税）と外国関係会社の所得のうち一定の種類の所得のみが合算対象とされる場合（部分合算課税）とがある。

以下では，まず，会社単位の合算課税がなされる場合としてどのような場合があるかについて説明する。

(1) 特定外国関係会社

特定外国関係会社については，所得の種類を問わず，会社単位で合算課税の

対象とされる。ただし、当該特定外国関係会社の税負担割合が 30% 以上である場合には合算課税の適用は免除される。

特定外国関係会社とは、以下の外国関係会社をいう。

(a) ペーパー・カンパニー

事業に必要な固定施設を保有せず、管理支配も自ら行っていない外国関係会社（後述する経済活動基準の実体基準、管理支配基準をいずれも満たさない外国関連会社）。なお、2019 年の税制改正により、一定の要件を満たす持株会社である外国関係会社等についてはペーパー・カンパニーに該当しないこととされた。

(b) 事実上のキャッシュ・ボックス

総資産額に対する一定種類の受動的所得（受取配当、受取利子等）の合計額の割合が 30% を超える外国関係会社。

(c) ブラック・リスト国所在外国関係会社

税に関する情報交換に関する国際的な取組みへの協力が著しく不十分な国に本店等を有する外国関係会社。

(2) 対象外国関係会社

対象外国関係会社とは、以下で説明する経済活動基準のいずれかを満たさない外国関係会社をいい、所得の種類を問わず、会社単位で合算課税の対象とされる。ただし、当該対象外国関連会社の税負担割合が 20% 以上である場合には合算課税の適用が免除される。

経済活動基準とは、以下の四つの基準で成り立っている（従前、適用除外基準と呼ばれていたものと同じものである）。

(a) 事業基準

主たる事業が、株式等・債券の保有、知的財産権等の提供または船舶もしくは航空機の貸付ではないこと。このうち株式等の保有を主たる事業とする場合であっても、**事業持株会社**と判定される場合、あるいは船舶または航空機の貸付を主たる事業とする場合であっても、一定の貸付業としての実体を有する場合については、事業基準を満たすこととされている。事業持株会社は、25% 以上の議決権割合を占める 2 以上の外国法人（被統括会社）の事業活動の総合的な管理および調整を通じてその収益性の向上に資する業務（統括業務）を行う場合の被統括会社の株式等の保有を行うものを意味する。たとえば、シンガ

ポール等にある子会社に本社機能の一部を移して，アジア地域に所在するグループ会社（被統括会社）の株式を保有させ，それらの事業を統括させるというような業態が想定されている。もっとも，統括業務の対象となる会社の株式を25% 未満しか保有していない場合等，実質的な統括業務をしていたとしても，事業持株会社として事業基準の要件を満たさない場合もありうる。そのような場合でも，実際に統括会社が行っている業務の内容次第では，そもそも主たる事業が株式保有業ではなく，地域統括業とされ，事業基準を満たすと判断されることがある。[5]

(b) 実体基準

本店所在地国においてその主たる事業を行うに必要と認められる固定施設（事務所，店舗，工場等）を有していること。なお，固定施設を自ら所有している必要はなく，賃貸借等の正当な権原に基づき使用していれば足りるとする裁判例（東京高判平成 25 年 5 月 29 日裁判所ウェブサイト）がある。

(c) 管理支配基準

本店所在地国においてその事業の管理・支配および運営を自ら行っていること。外国関係会社において株主総会や取締役会が開催される等，内国法人から独立した運営がなされていることが要求される（前掲東京高判平成 25 年 5 月 29 日は，外国関係会社の役員が多数の会社の役員を兼務していた事例について，管理支配基準の充足を認めた）。

(d) 所在地国基準・非関連者基準

①外国関係会社の主たる事業が，卸売業，銀行業，保険業等一定の事業である場合には，関連者以外の者との間の取引金額が収入金額の 50% を超えること（非関連者基準）。②外国関係会社の主たる事業が①以外の事業である場合には，その事業を主としてその本店所在地国において行っていること（所在地国基準）。なお，非関連者基準が適用される卸売業との関係で，物流統括会社（主たる事業を卸売業とする統括会社）については，その被統括会社は関連者に含まないとされている。また，製造業は所在地国基準が適用される業種となるが，本店所在地国において製品の製造を行っている場合だけでなく，本店所在地国

---

5) 事業持株会社という概念が法文上規定される以前の事案についての判例であるが，最判平成 29 年 10 月 24 日民集 71 巻 8 号 1522 頁は，地域統括業について，株式の保有に係る事業には包含されない独立した事業であると評価した。

にて製造における重要な業務を通じて製造に主体的に関与している場合も，所在地国基準を満たすとされている。たとえば，外国関係会社が，その本店所在地国において製造委託のみを行い，委託される製造自体は本店所在地国外で行われる場合でも，製造に主体的に関与していると認められるための一定の要件を充たせば，製造業としての所在地国基準を満たすこととなる。従前，香港に外国関係会社を持ち，当該外国関係会社が中国本土の製造会社に製造委託を行ういわゆる来料加工取引については，製造業を当該外国関係会社の本店所在地国外で行っているとして，所在地国基準を満たさないとされていたが，一定の要件の下，所在地国基準を充足するとされることになった。

(3) 主たる事業の判定

外国関係会社が二つ以上の事業を行う場合に経済活動基準の充足性を判断するためには，その前提として，外国関係会社の「主たる事業」をどのように判定するかが重大な問題となる場合がある。事業基準の対象業種と判定されるか，あるいは非関連者基準の対象業種と判定されるか等により，各基準の充足性の判断に影響を与える可能性があるからである。

この点については，それぞれの事業活動によって得られた収入金額または所得金額，事業活動に要する使用人の数，事務所・工場等の固定施設の状況等を総合的に勘案して判定すべきものとされている。具体的にどのような要素が勘案されるかは，事案によることになるが，たとえある事業の所得金額が他の事業に比べて突出している場合でも，それだけを理由に主たる事業を認定することは適当ではなく，当該所得を獲得する背景（他の事業による当該所得への寄与の有無・程度）や所得以外の観点からの事業規模（売上高や人員構成）等も併せて勘案すべきものとする判例がある（前掲最判平成29年10月24日）。

(4) 適用対象金額

会社単位の合算課税をする場合，特定外国関係会社または対象外国関係会社の各事業年度の決算に基づく所得の金額に，繰越欠損金額および納付法人所得税の額に関する調整を加えた金額が合算対象とされる（**適用対象金額**）。

なお，上述のとおり内国法人について外国子会社配当金益金不算入制度が導入されたことに伴い，これと辻褄を合わせるという観点から，外国関係会社が

持株割合 25% 以上を有し，株式の保有期間が 6 カ月以上継続している法人から受け取る配当等は適用対象金額に算入しないこととされている。

適用対象金額のうち，実際に特定の内国法人の益金の額に算入される金額は，課税対象金額として後述 **5** で説明する計算を経たものである。

4 部分合算課税

(1) 部分対象外国関係会社

経済活動基準のすべてを満たす外国関係会社は，**部分対象外国関係会社**と呼ばれる。

部分対象外国関係会社の所得のうち合算課税の対象となるのは，①剰余金の配当等，②受取利子等，③有価証券の譲渡損益，④有価証券の貸付の対価，⑤固定資産の貸付の対価，⑥特許権や著作権等の無形資産の使用料，⑦無形資産の譲渡損益，⑧デリバティブ取引に係る損益，⑨外国為替差損益，および⑩その他の金融取引の損益に係る所得の額（各所得を得るために直接要した費用の額等を控除した残額）であり，いわゆる**受動的な所得**とされるものである。このような受動的所得は，日本国内においても稼得することができる性質のものであり，軽課税国に所在して稼得することについて税負担の軽減以外に積極的な経済合理性を見出し難いと考えられ，原則として部分合算課税の対象とされることとなった。これらに加え，外国関係会社の資産規模や人員等の経済実態に照らせば通常稼得できないと考えられる所得についても，⑪**異常所得**として部分合算課税の対象とされている。

もっとも，部分合算課税の対象とされる種類の所得の中には，外国関係会社の行う事業の性質上重要で欠くことができない業務から生じるものもある。そこで，租税回避リスクをそれぞれの所得の類型に応じて判断して，その所得を得るだけの実質を備えていると考えられるものは，もはや受動的所得と評価することは適切でないことから，部分合算課税の対象から個別に除外するとされている。部分合算課税から除外される所得の例としては，以下のものがある。

ⓐ　剰余金の配当等および有価証券の譲渡損益について，持株割合が 25% 以上であり，その状態が 6 カ月以上継続している場合における当該法人からの剰余金の配当およびかかる法人の株式等の譲渡損益。

ⓑ　受取利子等について，業務の通常の過程で生ずる預貯金利子，一定の

グループファイナンスに係る利子，一定の貸金業者が行う金銭の貸付に係る利子。

ⓒ　固定資産の貸付の対価について，本店所在地国において使用に供される固定資産等の貸付による対価の額，および外国関係会社の役員・従業員が本店所在地で固定資産の貸付に必要なすべての業務に従事している等一定の要件を満たす外国関係会社が行う固定資産の貸付の対価の額。

ⓓ　無形資産の使用料および譲渡損益について，(i)外国関係会社が自ら研究開発を行った場合の無形資産の使用料および譲渡損益，(ii)相当の対価を支払い外国関係会社が取得した無形資産の使用料および譲渡損益，ならびに(iii)外国関係会社が相当の対価を払い使用許諾された無形資産の使用料。

(2)　部分適用対象金額

部分適用対象金額は，上記(1)の①，②，④〜⑦および⑪の所得（損益非通算グループの所得）と，上記(1)③および⑧〜⑩の所得（損益通算グループの所得）とを分けて計算する。

損益通算グループの所得については，その金額の合計額から当該事業年度開始日前 7 年以内に開始した各事業年度において生じた損益通算グループの所得で損失が発生している場合の当該損失額のうち既に控除された金額を除いた金額を控除した金額（これがゼロを下回る場合にはゼロ）を計算し，これと当該年度の損益非通算グループの所得の合計額とを合計して計算する。

適用対象金額とされた金額のうち，実際に特定の内国法人の益金の額に算入される金額は，課税対象金額として後述 5 で説明する計算を経たものである。

(3)　適用免除

外国関係会社の税負担割合が 20% 以上の事業年度については部分合算課税の適用が免除される。上記の対象外国関係会社についてと同じである。

これに加えて，部分合算課税については，各事業年度の部分適用対象金額が2,000 万円以下であるか，または各事業年度の内国法人の所得の金額のうちに部分適用対象金額の占める割合が 5% 以下である場合にも，適用免除される。

5　課税対象金額

内国法人の所得に合算される金額（**課税対象金額**）は，内国法人が外国関係会社を実質支配している場合には，適用対象金額または部分適用対象金額の100%，外国関係会社の株式等を直接または間接に一部保有している場合には，適用対象金額または部分適用対象金額に内国法人が実質的に保有する株式等が外国関係会社の発行済株式等の数に占める割合を乗じた金額となる。

後者の場合，内国法人が外国法人の株式をa% 保有しており，当該外国法人が外国関係会社の株式をb% 保有している場合には，適用対象金額等にa×b% を乗じた金額が課税対象金額となる。

第6節　過少資本税制・過大支払利子税制

内国法人が，国外の関連者に対して，利子を過大に支払うことにより，国内の所得を圧縮して，税負担の軽減を図るという事態が考えられる。

このような事態に対しては，日本では，前述の移転価格税制（利子が独立企業間価格となっていない場合）が適用される可能性に加え，**過少資本税制**および**過大支払利子税制**の適用の可能性を考慮する必要がある。

1　過少資本税制（租税特別措置法66条の5）

内国法人が国外の支配株主から資金を調達するにあたって，出資をできるだけ少なくし，代わりに借入を多くすることで，内国法人の税負担の軽減を図るという形で租税回避を図ることが考えられる。つまり，同じ資金を調達する場合でも，出資とする場合には発生しない費用を借入の形式を取ることで計上することができ，その分税負担を軽減することが可能となる。

このような事態に対応するための制度が過少資本税制であり，日本では，国外支配株主等に対する平均負債残高が国外支配株主の資本持分の3倍を超えるような場合には，その超える部分に対応する金額は出資とみなし，支払利子を損金に算入しないこととされている。

2　過大支払利子税制（租税特別措置法66条の5の2）

過大支払利子税制は，過少資本税制が，国外の支配株主に対する一定規模以

上の借入等に対応するものの，かかる規模に相当しない借入や株主以外の関連者に対する支払利子は対象としていないことから，関連者に対する過大な利子の支払全般をカバーする税制として導入された。その後，税率の高い国において第三者から借入をして，これを税率の低い国の企業に出資することにより，税源流出が生じる可能性があるとして，2019年の税制改正において，関連者間の取引だけでなく，第三者への支払利子をも対象にする制度へと改変された。

　本税制は，受領者側において日本の課税対象所得に含まれる支払利子を除く支払利子全般（**対象支払利子等**）を問題とし，その合計額から，これに対応するものとして計算した受取利子等の額の合計額を控除した残額（**対象純支払利子等の額**）を対象とする。

　このような対象純支払利子等の額が，内国法人の所得に一定の調整を加えた金額（調整所得金額）の20%に相当する金額を超えるときは，その超える部分の金額については，内国法人の所得の計算上，損金に算入することができないこととされている。ただし，対象純支払利子等の額が2000万円以下であるとき，または内国法人及びその関連会社（持株関係50%超の会社）のグループの合算純支払利子等の額が合算調整所得金額の20%を超えない場合には，過大支払利子税制は適用されない。

UNIT 17

競争法（独占禁止法）

第1節　はじめに

　日本の独占禁止法と同様のことを定める法律は，米国では反トラスト法[1]と呼ばれ，欧州やその他の地域では**競争法**（**Competition Law**）と呼ばれることが多い。以下では，競争法と呼称する。

　各国・地域の競争当局による競争法違反に対する罰金や制裁金，被害者に対する損害賠償の額は数百億円に上る場合もある（競争法違反のリスクについては**第6節**のとおり）。

　取引の相手方がある国の競争法に違反する要求をしてきた場合には，競争法を理由にその不当な要求を拒絶したり，民事手続によって競争法を根拠として救済を求めたりすることも考えられる。その反対に，契約の履行を請求した場合に，契約の相手方から競争法を理由に契約の履行を拒絶されることもある。

　また，特に海外の市場に影響を与える M&A において，ガン・ジャンピングの問題にも注意する必要がある（**第5節**参照）。

　さらには，社内において競争法に違反する行為が発覚した場合に，各国・地

---

1)　米国の反トラスト法とは複数の法律の総称である。主に連邦法であるシャーマン法，クレイトン法，連邦取引委員会法およびこれらの修正法を指す。また，多くの州が独自に反トラスト法を制定している。

418　UNIT 17　競争法（独占禁止法）

域のリニエンシー（**第7節2**参照）等の制度を利用して競争法違反に起因する
被害をできる限り抑えることも考えられる。

このように，国際的にビジネスを展開するにあたっては，適用される競争法[2]
を見極めた上で，その違反の場合のリスク等を踏まえて，行動する（または従
業員を教育する）ことが必要不可欠である。

なお，国際的な企業結合は，関係する国・地域の競争法の規制を受けること
があり，一定の要件を満たした場合には事前の届出等が必要となる。この点に
ついては，**UNIT7第5節**を参照されたい。

第2節　適用される競争法

競争法の内容は，国・地域ごとに異なるため，各国・地域の法律等を踏まえ
た対応を行う必要がある。ところが，競争法の分野では，シンガポールにおけ
る行為に対し，シンガポールの競争法が適用されるとは限らない。

効果理論，実施理論，客観的属地主義など様々な名称で説明されるが[3][4]，現在
では，ある行為によってある国・地域が直接的・実質的な影響を受ける場合に
は，当該国・地域の競争法を適用できる，という考え方が世界的に採用されて
いる[5]。

具体例を挙げると，シンガポールのレストランで，ある日本企業が，競合他

---

2)　適用される競争法について**第2節**参照。

3)　たとえば，米国では，外国取引反トラスト改善法（Foreign Trade Antitrust Improve-
ments Act：FTAIA）において，概要，輸入取引・通商以外の外国との取引・通商に関す
る行為が，米国に直接的，実質的かつ合理的に予見可能な効果を有し，かつ，シャーマン法
に基づく請求を生じさせる場合にシャーマン法の適用が認められる，とされている。

4)　日本では，最判平成29年12月12日民集71巻10号1958頁が，「不当な取引制限の定義
について定める独禁法2条6項にいう『一定の取引分野における競争を実質的に制限する』
とは，当該取引に係る市場が有する競争機能を損なうことをいうものと解される」とした上
で，「本件のような価格カルテル（不当な取引制限）が国外で合意されたものであっても，
当該カルテルが我が国に所在する者を取引の相手方とする競争を制限するものであるなど，
価格カルテルにより競争機能が損なわれることとなる市場に我が国が含まれる場合には，当
該カルテルは，我が国の自由競争経済秩序を侵害するものということができる。」と判示し
た。

5)　白石忠志『独禁法講義〔第8版〕』（有斐閣，2018年）226頁，山崎亘＝幕田英雄監修
『論点解説　実務独占禁止法』（商事法務，2017年）329頁参照。

社である中国企業との間で，欧州市場の価格引上げについて合意した場合には，欧州の競争法に違反する可能性がある。

　したがって，国際的なビジネス活動に関し，競争法への対応を検討するにあたっては，まずその行為により直接的・実質的な影響を受ける国・地域を分析して，当該行為に適用される競争法を検討することが必要となる。

　もっとも，影響という観点で見た場合，検討すべき国・地域が多くなり過ぎるということもあるかもしれない。通常，競争当局が当該国・地域に拠点を有しない企業に対して調査を行うことには一定の制約があること，多くの国において売上額等を基準に罰金・制裁金の額が定められること等から，まずは自社の子会社，支店，営業所等の拠点や売上高がある国・地域の競争法を検討することが考えられる。

　なお，欧州については，各国の競争法だけでなく，欧州連合の機能に関する条約（EU機能条約。EU競争法と呼ばれることがある）が適用されることがあるので，注意が必要である。

第3節　カルテル・入札談合等について

1　カルテル等

　カルテルについて，法律上の定義はないが，日本では，事業者または事業者団体の構成事業者が相互に連絡を取り合い，本来，各事業者が自主的に決めるべき商品の価格や販売・生産数量などを共同で取り決め，競争を制限する行為などと説明される[6]。

　たとえば，ある製品の製造販売業者らが，当該製品の価格や値上げについて合意すると，カルテルとなる（**価格カルテル**）。また，ある製品の製造販売業者らが，各社の販売地域について，A社は日本，B社は北米，C社は中国，D社は欧州と定めるというように，市場を分割する合意をすることも，カルテルとなる（**市場分割カルテル**）。また，ある製品の製造販売業者らが，当該製品の各生産数量を取り決めて，それ以上に生産しないことを合意することも，カルテルとなる。

---

6)　公正取引委員会ウェブサイト。

420　UNIT 17　競争法（独占禁止法）

　また，国や地方公共団体などの公共工事や物品の公共調達に関する入札の際，入札に参加する事業者たちが事前に相談して，受注事業者や受注金額などを決めてしまうことは，**入札談合**と呼ばれる[7]。

　細かい要件は異なることがあるものの，全世界的にカルテル・入札談合（カルテル等）は競争法違反に該当する[8]。

　日本の独占禁止法では，カルテル等は同法3条の不当な取引制限に該当するとされており（同法2条6項），これが成立するためには，一定の取引分野における競争の実質的制限が必要である[9]。これに対し，米国等の一部の国・地域では，競争者間の価格カルテル，市場分割カルテル，入札談合，共同ボイコットなどの行為は，市場の競争に与える影響を見ることなく，その行為の外形から**当然違法**（Per se illegal）とされる。

　第6節のとおり，カルテル等に対する制裁は非常に厳しい。

　したがって，国際的にビジネスを行うにあたっては，カルテル等を行ったとして摘発されることがないよう注意する必要がある。

2　情報交換・業務提携等

(1)　はじめに

　競争者間の共同行為の中には，技術の相互利用，生産や物流の効率性向上，投資コストの分散等を理由としたものも含まれる。これらの行為（いわゆるハードコア・カルテル以外の行為）については，多くの国において，当然違法（Per se illegal）とはされず，事案ごとに，当該行為による競争阻害効果と競争促進効果等を考慮して，**合理の原則**（Rule of reason）により適法性が判断される。これらの問題に関しては，米国では競争者間の協力に関する反トラスト法ガイドライン[10]，欧州では水平的協調に関するガイドラインが定められており[11]，参考

---

7)　公正取引委員会ウェブサイト。

8)　米国のシャーマン法1条は，「州間又は外国との取引又は通商を制限するすべての契約，トラストその他の形態による結合又は共謀」を禁止している。また，EU機能条約101条は，「加盟国間の取引に影響を与えるおそれがあり，かつ，域内市場の競争を妨害し，制限し，又は歪曲する目的又は効果を有する事業者間のすべての合意，事業者団体のすべての決定及びすべての協調行動」を禁止している。

9)　もっとも，いわゆるハードコア・カルテルの場合には，日本でも，この要件が満たされることが多い。

10)　米国の司法省および連邦取引委員会「Antitrust Guidelines for Collaborations Among

第3節　カルテル・入札談合等について　421

になる。

　以下では，実務上よく問題となる情報交換と業務提携等について取り上げる。

(2)　情報交換

　まず，競争者間で競争上重要な情報を交換する場合，カルテル等の証拠になることがある。カルテル等について顧客割当表が作られたり，明確に競争者間で合意したことを示す議事録やメール等が作られたりしていれば，当然それらはカルテル等の証拠となるが，そのような証拠が残されていないケースもある。そのような場合に，競争者間で競争上重要な情報を交換した事実が，他の証拠と合わせてカルテル等の証拠として使われることがある（カルテル等が認定された場合には，米国などでは，当然違法とされる[12]）。

　また，競争者間の情報交換それ自体も，競争法上問題となることがある。たとえば，欧州では，合意，決定に加えて，一定の目的または効果を有する協調行動（concerted practice）も違法とされており[13]，競争上重要な情報の交換は協調行動として競争法違反となり得る。たとえば，将来予定する価格に関する個別データを競争者間で交換することは，競争を制限する目的の行為と見られ[14]，競争法上問題となり得る。また，米国においては，単なる情報交換にとどまる場合には，通常，当然違法（Per se illegal）の原則は適用されないが，事案ごとに行為の市場に与える影響を検討して違法性を判断するという合理の原則が適用される[15]。

Competitors」。

11)　欧州委員会「Guidelines on the applicability of Article 101 of the Treaty on the Functioning of the European Union to horizontal co-operation agreements」。

12)　**第7節2**のリニエンシー制度の下では，他の競争者が情報交換の際にカルテル等の合意に至ったと競争当局に自主的に申告することにより，罰金・制裁金等の免除や減額を得ようとすることが考えられ，これに対して，客観的証拠が少ない中で他方当事者として有効な反論を行うことは困難である。

13)　前掲注8) 参照。

14)　欧州委員会「Guidelines on the applicability of Article 101 of the Treaty on the Functioning of the European Union to horizontal co-operation agreements」の74項。さらには，将来の価格に関する個別の意向を競争者間で交換することは通常カルテルと見られる（同項）。

15)　渡邊肇『米国反トラスト法執行の実務と対策〔第2版〕』（商事法務，2015年）35頁は，米国では，価格に関する情報交換が行われた場合，情報交換の目的，効果，参加者全体の市

422　UNIT 17　競争法（独占禁止法）

　このように，単に情報を交換しただけでも，競争法上問題となることがあるので，注意が必要である。

(3)　業務提携等

　競争者間で行う業務提携等には，重複する費用の削減，リスクの高い事業への参入，技術の補完・開発，生産や物流の効率性向上など，当事者の競争力を高める効果を有する場合もある。その形態としては，複数の競争者が合弁会社を設立する場合もあれば，独立した競争者が共同で事業活動を行う場合もある。

　競争者間の業務提携等や，当事者が業務提携等に付随して締結する合意については，競争制限だけを目的とする場合を除き，競争促進効果と競争阻害効果を総合的に勘案して（合理の原則により）適法性が判断されることが多い[16]。米国では，共同行為者と参加者の市場シェア合計が 20% 以下である場合には，特段の事情がない限り競争当局は問題視しないとされる[17]。また，欧州では，競争者間の共同研究開発については，当事者のシェア合計が 25% 以下である場合，通常問題とならない[18]。また，通常市場における力を有しないと判断される市場シェア合計について，生産の契約は 20% 以下，購買および商業化の契約は 15% 以下というように，業務提携等の類型ごとに異なる数字が定められている[19]。

　また，競争者間で業務提携等を行う場合には，一部の担当者間で情報交換も行われるところ，M&A における情報交換と同じ注意が当てはまる。すなわち，後記 3 だけでなく，後記**第 5 節 2** にも留意する必要がある。

　　場占有率等を考慮はするものの，価格を安定させる目的または効果が認められた場合には，積極的に当該情報交換行為を違法とする連邦最高裁判所判決がいくつか出されていることを指摘する。

[16]　たとえば，米国の司法省および連邦取引委員会「Antitrust Guidelines for Collaborations Among Competitors」（2000 年 4 月）の Section 3 参照。

[17]　米国の司法省および連邦取引委員会「Antitrust Guidelines for Collaborations Among Competitors」（2000 年 4 月）の 4.2.。

[18]　欧州委員会「COMMISSION REGULATION （EU） No 1217/2010 of 14 December 2010 on the application of Article 101 （3） of the Treaty on the Functioning of the European Union to certain categories of research and development agreements」の 4 条。

[19]　欧州委員会「Guidelines on the applicability of Article 101 of the Treaty on the Functioning of the European Union to horizontal co-operation agreements」の 169 項，208 項および 240 項。

第3節　カルテル・入札談合等について　423

3　実務上の留意点

(1)　競争者との接触の制限

　顧客から見積依頼があったり，入札が行われたりするような場合においては，競争者間で見積価格や受注予定者について話し合うことがカルテル等と認定されることが多い。たとえば，世界に展開する顧客から複数の市場における見積価格の提出を求められた際の競争者との話合いが国際的なカルテル等に該当する可能性がある。また，製品価格の引上げの場面や，顧客からの値下げ要求があった場合においては，競争者との間で値上げ・値引きの意向やその率や額等について話し合うことが競争法違反と認定されるおそれがある。

　そのため，競争者との不必要な接触はできる限り避けるべきである。そのための方策として，役職員が競争者と接触するにあたり事前または事後の届出やコンプライアンス担当部署の事前許可取得を義務づけることが考えられる。この方策は，不必要な接触を防ぐというだけでなく，実際に競合他社と接触する役職員に，その都度，競争法のリスクを認識させる，後にカルテル等を疑われた場合に反論する証拠として利用できる，会社として適切なコンプライアンス体制を構築していることを示す，といった効果も期待できる。

(2)　競争者との接触時の対応

　正当な目的でやむを得ず競争者と接触する場合がある。たとえば，競争者から製品を購入する必要が生じた場合や，顧客がある部品のサプライヤーを対象に会合を開催する場合などである。また，業界団体の集まりは，製品の標準化や環境問題について話し合うなど正当な目的で開催されることもあるから，業界団体の集まりに一切参加しないというわけにはいかない。

　かかる場合であっても，正当な目的に必要な範囲の情報の交換にとどめるべきであり，正当な目的がない限り，競争上重要な情報の交換は避けるべきである。一般的に**競争上重要な情報**とは，①製品・役務等の価格，製造・販売のコスト，マージン，数量および性能・仕様に関する情報，②生産能力・供給能力に関する情報，③顧客，購入先等との取引条件，④入札関連情報，⑤事業計画・マーケティング戦略，⑥研究開発に関する情報，⑦未公表の新製品・新役務等の情報であるといわれる。

　競争者と接触する場合でも，競争者との間でこのような競争上重要な情報の

交換を行わないようにするとともに，事後にどのような情報交換を行ったかを記録化しておくことが有用である。かかる記録化の一方法として，役職員が競争者と接触した場合には，コンプライアンス担当部署にその内容を報告させるということが考えられる。

また，事前に会合のアジェンダ等が判明している場合には，これをチェックし，競争法上問題がないことを確認しておくべきであり，仮に競争法上問題があると思われる場合には，誰も出席しないことや，会合にコンプライアンス担当者等が同席することも考えられる。

競争者との接触時に，当該競争者から，世界的な市場における値上げに関する発言がされた場合に，積極的に賛成しなくとも，その場で異論を唱えずに座り続けただけで，価格カルテルに関与したと疑われるおそれがある。

したがって，誰かが競争上重要な情報やそれに関する意向等を話し出した場合には，直ちに発言の中止を求め，それでもそのような発言が続く場合には，会合を退席すべきである。また，会合の議事録が作成される場合には，議事録に発言の中止を求めたこと等の記載を求めることが考えられる。

また，そのような発言はなかった場合でも，話合いの内容を確認するために，会合の議事録が作成される場合にはその内容を確認しておくべきである。

■ 第４節　水平的共同行為以外の行為の規制について

1　はじめに

メーカーと流通業者間の取引において，メーカーが流通業者に対して，流通業者の販売価格を拘束したり，流通業者の販売先を制限したりすると，競争法に違反する可能性がある。また，市場支配的な事業者がその地位を濫用する場合にも，競争法違反となることがある。

このような水平的共同行為以外の行為については，各国・地域によって法規制が異なるので注意が必要である。また，国・地域によっては，競争当局がカルテル等の摘発には熱心である一方で，カルテル等以外の行為に対してはあまり活発に摘発していないということもある。

海外で事業を行うにあたっては，水平的共同行為以外の行為について，まず適用される競争法を把握し[20]，次にその競争法の違反の有無や，競争法違反の場

第4節 水平的共同行為以外の行為の規制について **425**

合のリスクの程度等を踏まえて，行動する必要がある。

また，国・地域によっては，一定の市場シェア等の**セーフハーバーの基準**（当該シェアを下回る場合には通常競争法違反とはならないという基準）を設けていることがある。セーフハーバーに該当する場合には，通常，競争法違反のおそれなくビジネスを遂行することができるため，このような情報を有効に活用すべきである。

2 　垂直的制限

ある事業者が，取引関係にある事業者の事業活動を制限する行為を一般に**垂直的制限**という。[21]

垂直的制限のうち，取引先の価格設定を制限する**再販売価格拘束**は，厳しく違法性が判断されることが多い。米国では，最低再販売価格維持の合意について，過去，当然違法とする考え方が取られていたが，Leegin 事件の最高裁判決により合理の原則により判断すべきという考え方に変更された。[22] もっとも，多くの州では再販売価格拘束は依然として当然違法とされているため，Leegin 判決後も，米国における再販売価格拘束には注意が必要である。また，米国では，垂直的な取引関係にある事業者間の価格以外の活動を制限する行為（非価格制限行為）については，従来より，基本的に合理の原則により適法性が判断されている。

欧州では，垂直的制限は，競争者間の契約・協定と同様に，EU 機能条約 101 条 1 項により規制される。欧州各国間の自由な商品の流通の確保という観点から，欧州域内での商品の移動を制限する行為に対する規制は厳しい。

この欧州における垂直的制限については，競争法の考え方についてのガイドライン（**垂直的制限に関するガイドライン**）が定められており，[23] また，一定の場合に EU 機能条約 101 条 1 項の禁止規定の適用が一括して免除されるという規則（**垂直的協定に係る一括適用免除規則〔Block Exemption Regulation〕**）が定 [24]

---

20)　適用される競争法について**第 2 節**参照。

21)　販売店契約については，**UNIT3** 参照。

22)　Leegin Creative Leather Products, Inc. V. PSKS, Inc., 551 U.S. 877（2007）.

23)　欧州委員会「Commission notice - Guidelines on Vertical Restraints」。

24)　欧州委員会「COMMISSION REGULATION（EU）No 330/2010 of 20 April 2010 on the application of Article 101（3）of the Treaty on the Functioning of the European Union

められている。再販売価格維持の合意や，販売地域制限の場合の地域外顧客への受動的販売の制限の合意といったハードコア制限には同規則は適用されない[25]が，ハードコア制限以外の垂直的制限については，当事者のそれぞれの市場における地位がいずれも 30% 未満である[26]などの一定の要件を満たす場合には原則として同規則が適用される[27]（つまり，セーフハーバーとして機能する）。シェアが 30% を超えるなどして一括適用免除規則の適用を受けない場合であっても，垂直的制限が即座に違法となるわけではなく，個別具体的に適法性を判断することになる。

取引関係にある当事者間の契約書において，欧州市場に影響を与える垂直的制限を定める場合には，一括適用免除規則により EU 機能条約 101 条 1 項の禁止規定の適用が一括して免除されるかを検討し，免除されない場合には，垂直的制限に関するガイドライン等に基づき個別具体的に適法性を検討すべきである。

また，知的財産権のライセンスに関しては，米国では，IP ライセンスガイドライン[28]が定められており，また，欧州では，特許権のライセンス等の技術移転契約について，一括適用免除規則[29]とガイドライン[30]が定められているため，米国や欧州での特許権のライセンス等に関してはこれらを参照すべきである。[31]

3　市場支配的地位の濫用

多くの国・地域で，**市場支配的地位の濫用**[32]の禁止規定が置かれている。

---

　　　to categories of vertical agreements and concerted practices」。

25)　垂直的協定に係る一括適用免除規則 4 条。

26)　垂直的協定に係る一括適用免除規則 3 条 1 項。

27)　ハードコア制限を含まず，当事者のシェアが 30% 未満であっても，5 年を超える期間の排他的な購入義務を課す場合など一定の場合には，一括適用免除規則が適用されないとされている（垂直的協定に係る一括適用免除規則 5 条 1 項）。

28)　米国の司法省および連邦取引委員会「Antitrust Guidelines for the Licensing of Intellectual Property」。

29)　欧州委員会「Commission Regulation（EU）No 316/2014 of 21 March 2014 on the application of Article 101 (3) of the Treaty on the Functioning of the European Union to categories of technology transfer agreements」。

30)　欧州委員会「Guidelines on the application of Article 101 of the Treaty on the Functioning of the European Union to technology transfer agreements」。

31)　ライセンス契約等については，**UNIT12** 参照。

第5節　ガン・ジャンピング　　427

欧州では，ある特定の市場における支配的地位を濫用する行為は，これにより加盟国間の取引が悪影響を受けるおそれがある場合には違法となる（EU機能条約102条）。支配的地位を有するかどうかは，市場におけるシェア，新規参入の容易性等から判断される。濫用行為の例としては，排他的取引，略奪的価格設定，取引拒絶，抱き合わせなどが挙げられる。欧州では，この市場支配的地位の濫用に対して多額の制裁金が課されることがある。

　したがって，市場支配的地位の濫用の禁止規定が置かれている国・地域においてビジネスを行う場合には，ある特定の市場におけるシェア等を勘案するなどして，市場支配的地位の濫用とならないように注意すべきである。

第5節　ガン・ジャンピング

1　はじめに

　M&A の当事者が，M&A 実施前に，競争法上問題となるような行為を行うことが，**ガン・ジャンピング**と呼ばれて議論されている。米国や欧州では，ガン・ジャンピングの違反に対し，数十億円の制裁金・罰金が課されたこともあり，特に海外の競争法との関係に注意する必要がある。

　ガン・ジャンピングの問題が生じる場面は大きく二つに分けることができる。

　一つは，ある国・地域の競争法上必要となる事前の届出等を行わずに（または，競争法で定められた待機期間中に），M&A を実行する（クロージングする）こと（または後記**3**のように業務遂行への関与等を行うこと）が競争法違反となる場合である。国際的な企業結合における事前の届出等については，**UNIT7 第5節**のとおりであるところ，M&A の当事者は，必要な手続を履践して，競争法違反とならないように注意しなければならない。M&A に複雑なスキームを用

---

32)　日本の独占禁止法における優越的地位の濫用規制（独禁2条9項5号）における優越的地位は，市場支配的地位である必要はなく，取引の相手方との関係で相対的に優越した地位であれば足りると解されている（公正取引委員会「優越的地位の濫用に関する独占禁止法上の考え方」第2の1）。

33)　40% 未満の市場シェアの場合には，支配的地位が認められる可能性は低いと言われている。

34)　競争法上，事前届出の対象となる M&A につき，一定期間その実行が禁止されることがあり，その禁止されている期間を「待機期間」と呼ぶ。

428　UNIT 17　競争法（独占禁止法）

いる場合にも，慎重に事前の届出等が必要であるかを確認する必要がある。[35]

　もう一つは，一つ目（M&A そのものを実行すること）とは異なり，M&A 実行前に，M&A 当事者である競争事業者間で価格・数量に関する合意を行うこと，競争上重要な情報を交換することや，M&A の一方当事者が他方当事者の事業活動を拘束することが，競争法違反となる場合である。これは，企業結合について事前の届出等が不要な場合も問題となることがある点に注意する必要がある。特に実務的に問題が生じやすい競争上重要な情報の交換に関する留意点は後記 **2** のとおりである。

2　競争上重要な情報の交換

(1)　はじめに

　M&A の交渉段階においては，企業価値算定や統合効果・リスクの分析等のため，通常，対象企業に対する調査（デュー・ディリジェンス）が行われる。このデュー・ディリジェンス等の機会に，一定の情報交換や協議が行われることがある。たとえば，競争者同士の合併の交渉段階において，適切な合併比率を算定することなどを目的に，競争者間で価格やコストに関する情報等が交換されることがある。競争者の全株式を取得するという M&A の交渉段階において，株式価値算定のために，競争者間で原価や利益に関する情報等が交換されることもある。

　このような競争者間の情報交換等は，M&A の際であれば特別許されるというわけではなく，**第3節2**のとおり，競争法上の問題を生じさせる可能性がある。たとえば，M&A の当事者が，取引実行前に，準備段階で交換された情報に基づいて，価格設定などを行った場合には，カルテル等と疑われる可能性がある。

---

35)　多くの競争当局は，ウェアハウジング方式の買収手法（warehousing arrangement。買主がクリアランスを取得するまでの間，一旦第三者が対象会社の株式を暫定的に取得し，買主がクリアランスを取得した後に対象会社の株式を当該第三者から買主に対して譲渡するスキーム）やカーブアウト合意（carving-out agreement。一般に，特定の国・地域の競争当局からクリアランスを取得できていない場合であっても，当該特定の国・地域の競争当局との間で一定の合意をすること等により，既に競争当局からクリアランスを取得している国・地域においては M&A 取引を実行する合意）といった企業結合規制を回避する手法を認めていないとされる（経済産業省「海外ガン・ジャンピング規制についての実態と対策調査報告書」〔2018 年 5 月〕72 頁）。

交換される情報が海外の市場に関するものである場合には，海外の競争法が適用される可能性があり，たとえば，日本企業同士の M&A であったとしても，欧州市場の価格情報を交換する場合には，欧州の競争法が問題となる。

一般的には，①M&A にとって必要な情報について，②当該情報を入手する必要がある者に限って開示するとともに，③当該開示にあたり競争法上の問題が生じないように適切な措置を講じている場合には，競争法上問題となることはないと考えられる。

(2) M&A にとって必要な情報

M&A においてやり取りする情報は，M&A にとって必要なものに限定する必要がある。特に競争上重要な情報（**第3節3(2)参照**）のやり取りには注意する必要がある。

たとえば，複数の事業を営んでいる中の一部の事業について競争している二社が，両者が競争していない事業を譲渡するという M&A を行うケースを想定すると，当該 M&A とは関係のない，両者が競争している事業に関する情報は，M&A にとって必要な情報にはあたらない。したがって，そのような情報をやり取りすることは，M&A を隠れ蓑にしてカルテル等を行っていると疑われるリスクがあるので，避ける必要がある。

この必要性は，M&A の進行度合いに応じて，個別具体的に判断する必要がある。一般的には，M&A の交渉の初期段階と比較して，交渉が進展していくに連れて，M&A の実現可能性も高まり，より詳しい具体的な情報のやり取りが必要になっていくことが多い。すなわち，M&A の各段階において「M&A にとって必要な情報」は，当然異なり得る。よって，各時点において，やり取りしようとする情報が，検討している M&A にとって必要かを具体的に判断しなければならない。

なお，当然のことながら，交換された情報は，M&A にとっての必要性を超えて利用されないようにしなければならない。

(3) 入手の必要性がある者への限定

M&A における情報の開示にあたっては，当該情報を入手する必要がある者に限定して開示を行うべきである。

430　UNIT 17　競争法（独占禁止法）

　たとえば，経営企画部門の担当者がM&Aの検討をしている際に，当該M&Aの検討とは直接関係のない営業部門の担当者が，競合他社の競争上重要な情報を入手すると，カルテル等と疑われる可能性がある。

　このような疑いを避けるために，実務上，情報を受領する人員を，日々の営業活動や事業上の意思決定に直接関与しない人員（たとえば，営業や調達以外の人員）で構成したチームのメンバーに限定するという対応を取ることがよく行われている。当該チームのことは**クリーンチーム**などと呼ばれる。

　また，クリーンチームを作りながら，クリーンチームのメンバーが他の人員に情報を伝えてしまうと意味がない。したがって，クリーンチームのメンバーには厳格な情報管理が求められる。たとえば，受領した情報を社内の共有サーバーに置いてしまい，社内の誰でもがその情報にアクセスできる状態にしてしまっては意味がないので，受領した情報を適切に管理することが必要である。

(4)　適切な措置

　価格，コストなどの特に競争上重要な情報を生のデータのまま交換することは，仮にそのうちのある程度の情報がM&Aにとって必要なものであり，また，当該情報を入手する者を限定したとしても，競争法上の問題を生じさせる可能性がある。よって，そのような場合には，競争法上の問題が生じないように適切な措置を講じる必要がある。具体的には，情報の種類・性質に応じて，総計や平均値のみの開示にとどめたり，弁護士・会計士等の第三者にデータを集計・加工させたりするなど，やり取りする情報の抽象化を行うことが考えられる。

　また，カルテル等と疑われないためには，情報交換や交渉の経過を記録に残しておくことが重要である。かかる観点からは，M&Aの交渉段階において，どのような情報を交換したか，どのような協議を行ったかということを記録化するために，提供資料・受領資料のリスト作成や，両者間の協議の議事録を作成しておくべきである。

　また，法務部が議事録を都度確認することにより，適時に競争法上の問題がないかをチェックしておくことも有用である。

(5) M&A が頓挫した場合

　M&A の交渉段階において競争上重要な情報を交換していた場合，M&A が頓挫した場合にも，それらの情報が M&A の当事者に残ってしまう可能性がある。M&A の一方当事者が，そのようにして自社に残っていた他方当事者の情報を用いて事業を遂行すると，競争法違反となる可能性がある。競争事業者間の M&A が頓挫し，M&A 以外に情報交換の理由がない場合には，競争事業者間で情報交換したという事実だけが残ることになるため，特に注意を要する。

　そこで，M&A が頓挫した場合には，M&A に伴う契約（秘密保持契約等）の定めに従い，M&A の交渉段階で交換した情報を，相手方に返却するか，適切に破棄する必要がある。クリーンチームのメンバーの記憶にとどまっている情報などは，適切に管理し，目的外に利用しないことを徹底するとともに，必要に応じて当該メンバーを一定期間当該情報を利用し得る部署には配属しないといった処置をとることも考えられる。

3　業務遂行への関与等

　M&A 契約の締結からクロージングまでの間に，一方当事者が，他方当事者に対し，その事業価値を大きく毀損することがないように求めることは合理的であり，他方当事者に一定の行為を行わないという義務（たとえば，通常の業務の過程の範囲内で事業を遂行し，その範囲を超える行為を行わない義務）を課したり，一定の重要な事項について当該一方当事者の同意を必要としたり（たとえば，財産に対する担保権の設定に一方当事者の同意を必要とするなど）することはよく行われている。これらのことは，その目的が正当であり，当該目的を実現するために合理的に必要とされる範囲内である場合には，通常，競争法違反とはならない。

　他方で，M&A の当事者は，そのような範囲を超えて，いずれ一緒になるのであれば，早期に経営改善を行いたい，いち早くシナジー効果を実現したいなどと考え，一方当事者が事実上他方当事者の業務上重要な事項を決定したり，両者で共同キャンペーンを行ったり，原材料の仕入先との交渉を一本化して行ったりといったことを，競争当局のクリアランスが得られる前に実施してしまうことがある。特に M&A 契約の締結後には，当事者の意識も前のめりとなり，このようなことが起こりやすい。

432　UNIT 17　競争法（独占禁止法）

　M&A 実行前（特に競争法で定められた待機期間が満了する前）に，一方当事者が他方当事者を実質的に支配したり，他方当事者と共同行為を行ったりすることは，競争法違反となることがある。

　よって，M&A 実行までの間の，他方当事者の業務遂行への関与や他方当事者との共同行為の実施については，競争法の観点から問題となり得ることを念頭に，目的や手段を慎重に検討する必要がある。

■ 第6節 ＼ 競争法違反のリスク等

1　罰金・制裁金等

　競争法に違反した場合，会社や個人が，各国・地域の競争当局により調査され，その後，制裁を受けることがある。制裁は，**制裁金・課徴金**といった行政手続によるものと，**罰金・禁固刑**といった刑事手続によるものとに大きく分かれる。

　競争当局が活発に競争法違反を摘発している国・地域もあれば，そうでない国・地域もある。また，国・地域によって罰金や制裁金の算定方法も異なっている。そのため，会社にとっての罰金・制裁金等のリスクを一般化することは難しい。

　多くの国では，競争法違反行為期間中の関連売上高に一定の率を乗じた上で，個別の加算・減算事由等により調整することによって，罰金や制裁金の額が算出される。たとえば，欧州委員会は，カルテル等の場合，一般的には，最終年度の関連売上高に，30% 以内の係数を乗じ，さらに違反行為の期間を乗じて得た額に，関連売上高の 15% から 25%（エントリー・フィーと呼ばれる）を加算し，その後に加重事由や軽減事由により増減するなどして，制裁金額を算出する[36]。米国では，カルテル等の場合，量刑ガイドラインに基づき，関連売上高に 20% を乗じた後，有責性スコアに応じて罰金額の上限・下限が決定され，その範囲内で罰金額が算定される[37]。

　したがって，通常，競争法違反行為に関連する売上高が大きければ大きいほ

36）　欧州では，事業者グループの前年度総売上高の 10% が上限である。
37）　米国では，1 億ドル，または，得た利益もしくは与えた損失の 2 倍，のいずれか高い方が上限である。

ど，また，違反行為の期間が長ければ長いほど，罰金や制裁金も高額となる。特に米国や欧州では，競争法に違反した日本企業に対して数百億円の罰金・制裁金が課された実例がある。その他の地域でも，日本企業が数十億円の制裁金を課されている。

　また，会社だけでなく，個人が刑事責任を問われる可能性もある。個人は，罰金刑に加えて禁固刑が科されることもある。米国では，カルテル等により禁固刑が科される場合原則として実刑とされており，現に国際カルテルにより多数の日本企業の役職員が米国の刑務所に収監されるという事態が生じている。

　このように，競争法違反の場合の罰金・制裁金等のリスクは非常に大きい。

2　被害者からの請求

　競争法違反が明らかになると，被害者から違反者に対して損害賠償の請求がなされることがある。

　特に米国や欧州に関係するカルテル等の場合には，被害者から損害賠償の請求がなされるのが通常である。そして，それらの請求を解決するための金員（和解に応じて支払う金員を含む）が数百億円に上る場合もある。詳細は**第8節**のとおりである。

　また，競争法違反の行為に対しては，差止請求を受けることや契約条項の無効を主張されることもある。

3　ビジネス上のリスク

　競争法違反が認定された場合に，指名停止を受けて公共入札等に参加できなくなったり，発注停止が行われたり，契約を解除されたりすることがある。

　また，ある国である企業と契約を締結し，当該契約の各条項を前提にビジネスを遂行している際に，当該企業から，契約の一部が競争法に違反するため無効であるなどと主張されることがある。実際に無効となった場合には，ビジネスの前提が覆されることにもなりかねない。

　このように，競争法違反はビジネスに大きな影響を与えることがある。

　また，競争当局により競争法違反を認定された場合（場合によっては，そこまで至らず，競争当局による調査を受けているということが明らかになった段階であっても），会社のレピュテーションが毀損される結果にもなる。

434　UNIT 17　競争法（独占禁止法）

4　調査費用等

　競争法違反について社内で調査を行ったり，また，競争当局による調査が行われたりすると，これに伴って，調査費用，当局対応費用等が必要となる。また，被害者からの損害賠償請求等への対応費用も必要となる。

　競争当局からドキュメントレビューや従業員に対するヒアリング等の徹底的な調査を要求される場合も多く，日本語の文書の外国語訳の費用も含め，これらの費用が多額に上ることも多い。

5　取締役の責任

　競争当局による競争法違反摘発後には，違反を防止できなかった点や適時にリニエンシーを申請しなかった点に取締役の過失があるとして，日本国内で株主代表訴訟が提起されることもあり得る。

　2014 年 5 月，光ケーブルなどを巡るカルテルに関して約 88 億円の課徴金を納付した住友電気工業の当時の役員ら 22 人に対し損害賠償を求めた株主代表訴訟において，役員らが会社に対し 5 億 2000 万円の解決金を支払う旨の和解が成立した。

6　小　　括

　国際的なビジネス活動を行うにあたり，以上のような競争法違反のリスク等を分析した上で，これらを踏まえて，競争法の違反防止や競争法違反があった場合の適切な対応に向けて行動する必要がある。

▌第 7 節 ＼ 競争当局への対応

1　調査対応

　競争当局の調査[38]は，**立入検査**，**情報提供要求**など様々な方法によって行われる。
　海外のある国・地域の競争当局の調査を受けた場合には，当該国・地域の調査方法に応じた対応をしていかなければならない。たとえば，海外の競争当局

---

38)　欧州では，EU レベルで競争法を執行するのは欧州委員会である。EU の加盟国にはそれぞれの競争法を執行する競争当局が別途存在し，執行面での協力・調整が行われている。米国の連邦レベルでは，司法省反トラスト局と連邦取引委員会が競争法を執行する。

が従業員の事情聴取を行う際に，弁護士の同席が認められる場合もあり，その場合には必要に応じて弁護士の同席を求めるべきである（日本では，公正取引委員会による事情聴取に弁護士の同席は認められないので，これと同じと思って対応していると結果的に不適切な対応となってしまう可能性がある）。また，法制度上**秘匿特権**が認められる国・地域の立入検査において，秘匿特権の対象となる文書が押収されそうになった場合には適時に秘匿特権を主張する必要がある[39]。また，競争当局からの情報提供要求に対しては，法的な回答義務がある場合とない場合があり，法的な回答義務があるにもかかわらずその義務に違反すると制裁を科される可能性がある。よって，情報提供要求を受けた場合には，法的な回答義務の有無・程度，適切に対応しなかった場合に何が起こるかなどを検討した上で，対応方針を決定する必要がある。

　競争法違反により会社だけでなく個人も刑事罰等の制裁の対象となる法制度の国もあり，そのような場合には，会社と個人の利害が対立する可能性がある[40]ため，調査開始の段階から，刑事罰等の制裁の対象となり得る個人との関わり方にも注意が必要である。

　また，国・地域によっては，競争当局の調査に協力しない場合には罰金や制裁金が増額されることがあり，また，競争当局の調査を妨害したことそれ自体が刑事罰の対象となることもある。特にカルテル等の証拠となるメールや文書を廃棄した場合に，**調査妨害罪**として個人が刑事罰を科されることもあるため，調査の初期段階から注意が必要である。

　第6節のとおり，競争法違反を認定された場合のリスクが非常に大きいこと等を踏まえると，外国競争当局の調査に適切に対応するためには，日本の競争法に精通した弁護士に加え，現地の競争法に精通した弁護士からも法的アドバイスを受ける必要がある。

---

39)　なお，米国訴訟の秘匿特権については，**UNIT9第4節3**参照。

40)　特に後記**2**のリニエンシーが活用できる事案の場合に，会社は違反を認めてリニエンシーを活用することにより罰金や制裁金を減額してもらいたいという希望を持ち，他方，個人は刑事罰を科されないために違反を認めたくないという考えを持つと，会社と個人の利害が対立することになる。

436 UNIT 17 競争法（独占禁止法）

2 リニエンシーの活用

(1) リニエンシーとは

リニエンシー（アムネスティと呼ばれることもある）とは，カルテル等の参加者が競争当局に自主的に違反行為を申告することにより，当該申告者に対する罰金や制裁金が免除または減額される制度のことをいう。

多くの国・地域において，競争当局が把握するよりも前に，カルテル等を競争当局に「最初に」自主申告した会社については，罰金や制裁金を免除するという制度が取られている。これに対し，2番目以降に自主申告した会社については，その申請の順位や申請者が当局調査にもたらす付加価値の程度等に応じて罰金や制裁金が減額されるという仕組みとなっていることが多い。減額幅は，国・地域によって様々であるが，その申請が早ければ早い程，あるいは調査協力の程度が大きければ大きい程，減額幅が大きくなることが多い。

リニエンシーは世界的に活発に活用されており，リニエンシーにより芋づる式にカルテル等が発覚することが少なくない。

なお，リニエンシーは，当局による罰金や制裁金の免除または減額という効果が得られるものであって，リニエンシー申請者が被害者からの損害賠償請求を全面的に免れることができるわけではない。[41] したがって，そのリスクも踏まえてリニエンシーを申請するかどうかを判断する必要がある。

(2) 調査開始前のリニエンシー

競争当局の調査開始前のリニエンシーは，それにより多額の罰金や制裁金が免除または減額される可能性もあることから，仮に競争当局の調査開始前に内部通報や社内調査によってカルテル等が発覚した場合には，積極的にリニエンシーの活用を検討することとなる。

疑わしい行為が発見された場合には，①関係者に対する事情聴取，②関係するメール・資料・データのレビューなどによって速やかに調査を進めていく。特に外部とのメールや社内のメールが重要な証拠となることが少なくない。社内調査の際には，競争法違反行為の有無だけでなく，当該行為がどの国・地域

---

41) 但し，米国では，リニエンシーにより刑事免責を受けた者は，一定の要件を満たせば，被害者からの損害賠償請求において，連帯責任を免除され，3倍賠償責任を課せられない（実損害額に限定される）というメリットがある。

に直接的・実質的な影響を与えるかを的確に把握するよう努めなければならない。一部の国でのみリニエンシーを行ったが，他の国が直接的・実質的な影響を受けることに気づいておらず，当該国ではリニエンシーを申請しなかった場合，他のカルテル等の参加者によって先を越されてしまい，当該国で多額の制裁金を課されることとなるという結果が生じることもあり得る。

　他方で，国際的なカルテル等の疑いがあったとしても，関係する競争当局に発覚する可能性，同当局の法執行の活発度，違法性を否定できる蓋然性，想定される罰金や制裁金の額，被害者からの損害賠償請求の可能性，リニエンシー申請に要するコスト（競争当局の多くは，リニエンシー申請者に対して徹底的な協力を求める傾向にあり，その負担も併せて考える必要がある）等を総合的に考慮して，リニエンシーを申請しないという判断もあり得る。

　したがって，競争当局の調査開始前にカルテル等の疑いが発覚した場合には，迅速に調査を進め，適時適切にリニエンシーを申請するかどうか，申請する場合にはどの国・地域で申請するか等を決定する必要がある。

(3)　調査開始後のリニエンシー

　競争当局の調査開始後でもリニエンシーを活用できる場合がある。他のカルテル等の参加者にも同時に調査が行われている場合には，迅速に行動することによってより大きな減額が得られる場合もある（逆に行動が遅れると減額幅が小さくなったり，そもそも申請が認められなくなる可能性がある）から，競争当局の調査開始後には，調査に対して適切に対応するだけでなく，迅速にリニエンシーを行うかどうかを検討することも重要である。

　また，一部の競争当局の調査開始後でも，他の国・地域では未だに競争当局が競争法違反を把握していないという場合もある。そのような場合には，他の国・地域では調査開始前のリニエンシーを申請できる可能性もある。

　さらに，米国などにおいては，アムネスティプラスという制度もある。アムネスティプラスとは，Ａという製品について調査を受けている場合に，まったく別のＢという製品のカルテル等について一番初めに米国司法省に対して申告した場合，Ｂという製品につき罰金・制裁金を免れるだけでなく，Ａという製品についての罰金・制裁金の減額も得られるというものである。

　一旦カルテル等の調査が開始されると，当該調査の対象製品だけでなく，他

の製品についてもカルテル等がなかったかの調査を行う企業が多い。カルテル等の嫌疑で競争当局の調査を受けた場合，競合他社がこのようにして調査している以上，自社としても同様に調査をしておかないと，より深刻な被害が生じるおそれがある点に留意して対応する必要がある。

(4) リニエンシーの方法

　国際的なカルテル等の案件の場合には，各国競争当局へのリニエンシーの申請において，詳細な内容については口頭による報告を行うことも検討の必要がある。被害者からの損害賠償請求において，競争当局に提出した書類の開示を求められるケースがあるためである。たとえば，日本では，リニエンシー申請の際の書式が定められているところ，国際的な案件の場合には，特定の事項につき口頭による報告をもって代えることができるとされている（課徴金の減免に係る報告及び資料の提出に関する規則3条2項および4条3項）。

3　和解手続・確約手続等

　国・地域によっては，競争法違反の事件処理に関して和解手続や確約手続等が活用されることがある。

　たとえば，欧州委員会によるカルテル事件の処理においては，**和解手続**が存在する。当事者が違反事実等について同意して和解する場合には，処分までの手続が簡略化される一方で，当該当事者に対する制裁金は1割減額される（当事者はリニエンシーによる減額と合わせて和解による減額を受けることができる）。通常は，欧州委員会が制裁金を課す際の決定文には非常に詳細な違反事実等が記載されるが，和解手続による場合には，この記載が簡略化されるので，被害者からの損害賠償請求において決定文が利用されにくいというメリットもある。他方で，違反事実を認めることによって，被害者からの損害賠償請求においても違反があったこと自体を否定することが困難になるというデメリットがある。

　また，欧州委員会による調査では，当事者が，欧州委員会の指摘する競争上の懸念を解消する措置を自主的に申し出て，その内容について欧州委員会が合意した場合に，約束した措置の実施を法的に義務づける行政処分（確約決定）を行うという**確約手続**も存在する。

　米国では，最初にリニエンシーを申請した会社以外の会社は，刑事罰を免れ

第 7 節　競争当局への対応　　439

ることができないため，違反を争う場合を除いては，当局との間で**司法取引**を行うことが多い。司法取引において，当事会社は有罪を認め，調査協力や罰金の支払を約束する一方で，当局は当該当事会社に対する量刑を軽減することを約束することになる。この司法取引における罰金の減額幅は当局に対する協力度合いによって異なるため，他社に先んじて協力するのかどうかなどを早期に決断する必要がある。

　このように，各国・地域によって，競争法違反事件の処理の仕方も異なっているところ，調査の初期の段階から終盤まで各国・地域の制度を踏まえた適切な対応を行う必要がある。

4　複数の競争当局が関係する場合

　社内調査において，複数の国・地域に影響を与える競争法違反行為が発覚する場合がある。そのような場合，関係する国・地域において，どのように対応するかにつき，各国・地域の法制度や法執行状況なども踏まえ，総合的な戦略を検討する必要がある。たとえば，ある国ではリニエンシーを申請しながら，別の国ではリニエンシーを申請しないというように国ごとにバラバラの対応を取った場合にどのようなことが起こるかを事前に検討した上で，バラバラの対応を取るのか，統一的な対応を取るのかを決定していく必要がある。複数の競争当局に同時にリニエンシーを行うと決定した場合には，各競争当局に提供する情報についても齟齬がないようにしておく必要がある。

　また，ある会社が複数の競争当局から同時に調査を受ける場合がある。特にある一連の行為が複数の国・地域に影響を与える場合には，同じ行為に対して複数の競争当局による調査が同時並行的に行われることも珍しくない。

　世界の競争当局間では一定の情報交換が行われている。たとえば，立入検査は，事前に立入検査があるとわかっていると，証拠隠滅が行われる可能性があることから，複数の競争当局間で立入検査の時期について情報交換を行い，ほぼ同時に立入検査が行われることもある。[44]国際的なカルテル等の事案でどこか

---

42)　日本でも 2018 年 12 月 30 日に確約手続が導入された。

43)　司法取引において，当局は，当事会社の役職員につき，一部の者を除き，刑事免責することも約束することになる。司法取引の対象から一部の者を除くことをカーブ・アウトという。

440   UNIT 17   競争法（独占禁止法）

で立入検査を受けた場合には，同時立入検査の可能性も考慮しつつ，そのような事態となった場合にはすぐに各地で適切な法律事務所を起用できるようにしておくなどの対応が必要である。

第8節 ＼ 被害者からの損害賠償請求

1 請求の主体等

　競争法に違反した者は，当該違反の被害者から損害賠償請求を受けることが多い。典型的には，カルテル等を行った企業は，カルテル等の対象製品を購入した者から，カルテル等によってつり上げられた価格での購入を余儀なくされたが，本来であれば（カルテル等がなければ）もっと安く購入できたはずなので，その損害を賠償せよという請求を受ける。当該企業から対象製品を直接購入した者（**直接購入者**）にとどまらず，直接購入者が対象製品を組み込んで販売した最終製品を購入した者（**間接購入者**）からも請求を受けることがある[45]。

　たとえば，自動車部品メーカーらがある自動車部品を自動車メーカーに販売するにあたってある部品の販売価格についてカルテルを行った場合には，対象部品を直接購入した自動車メーカーから損害賠償請求を受けるだけでなく，対象部品が組み込まれた自動車を自動車メーカーから購入した自動車ディーラーや，自動車ディーラーから最終的に自動車を購入した人たちからも損害賠償請求を受けることがある。

　特に米国では，**クラスアクション**の制度があることによって[46]，そのような民事訴訟が起きやすい。なぜなら，少数の者が，特定の期間にカルテル対象製品が組み込まれた最終製品を米国内で購入した膨大な数の人を代表して，訴訟を

44）　時差があるため，まったく同時ということにはならない。たとえば，日本で朝に公正取引委員会の立入検査を受け，その対応をしていると，同日夕方に欧州の子会社が欧州委員会の立入検査を受けたとの情報が入り，その対応もしていると，同日夜には米国の子会社が同国司法省の立入検査を受けたとの情報が入る，というような具合である。

45）　米国では，連邦法の下では間接購入者は損害賠償を請求できないとする最高裁判決（Illinois Brick Co. v. Illinois）があるが，他方で，間接購入者による請求を認める州法を制定している州がいくつもある。

46）　一人または数名の者が，共通の利害関係を有する一定範囲の人々（クラス）を代表して，クラス全員のために訴訟を遂行する訴訟形態のこと（田中英夫編『英米法辞典』〔東京大学出版会，1991年〕150頁）。**UNIT9 第4節4** 参照。

第8節 被害者からの損害賠償請求 441

提起することができるからである。

また，米国では，州の司法長官が州内の消費者等を代表して損害賠償請求を起こすこともある。

通常，カルテルの参加者らは**連帯責任**を負うとされており[47)]，請求額が多額となることが多い。また，米国では，競争法違反の被害者が実損害の**3倍の損害賠償**を請求できるとする法律が存在する。

2 競争当局の調査対応等との関係

競争当局が競争法違反であると認定した事実については，被害者からの損害賠償請求の場面で否定することが困難となる。したがって，競争当局による認定において，製品，地理的範囲，期間等が狭く限定されるように，競争当局の調査に対応していくことも必要である。

また，広範な**ディスカバリー**[48)]を有する国・地域が関係する場合，実際に被害者から損害賠償請求を受けた時点でその対策を検討し始めるのでは遅い。社内で弁護士の関与なく競争法違反の有無を調査した結果をまとめた報告書を作成してしまうと，後に提起された民事訴訟におけるディスカバリーで原告に対して当該報告書を提出しなければならなくなるという事態に陥りかねない。このような事態を防ぐために，弁護士に報告書を作成させるなどとすることにより，秘匿特権のある文書に該当するようにして，ディスカバリーにおける提出要求を拒むことができるようにしておくべきである。また，**第7節2**(4)のとおり，各国・地域の競争当局へのリニエンシーの申請においても詳細な内容については口頭で報告するなどの配慮が必要となる。

このように，国際的な案件では，競争法違反の可能性を認識した時点（多くは，競争当局による調査を知った時点または社内調査等で競争法違反が発覚した時点）から，被害者からの損害賠償請求も見据えた対応を採ることが肝要である。

---

47) リニエンシー制度により責任が免除された者は連帯責任を負わないとする法制度の国もある。また，カルテル等の参加者の一人が被害者に損害を賠償した場合に，他の参加者に求償を求めることができるかどうかは，国によって異なる。

48) 米国訴訟の手続の一つで，トライアルの前にその準備のため，法廷外で当事者がお互いに，事件に関する情報を開示し収集する手続のこと（田中編・前掲注46）258頁。**UNIT9 第4節3**参照。

442　UNIT 17　競争法（独占禁止法）

3　損害賠償請求への対応

　被害者から実際に損害賠償請求を受けるケースとしては，訴訟・仲裁外で請求を受ける場合と，訴訟・仲裁が起こされる場合とがある。

　前者の場合，最終的に訴訟や仲裁になると，どのような結論となる可能性が高いかや，どの程度のコスト（弁護士費用，経済専門家の費用，ディスカバリーに係る費用等）を要するかといったことを踏まえて，訴訟・仲裁外で和解的に解決することにメリットがあるかを検討する必要がある。国際的なカルテル等に関する損害賠償請求訴訟であれば，どの裁判所で訴訟提起される可能性が高いか，各裁判所における訴訟制度がどのようなものか（ディスカバリー，陪審制，関係書類の公開度合い等），各裁判所（または裁判官）における判断の傾向はどのようなものか（最終的な判断だけでなく，訴訟手続に関する判断等も含めて，原告・被告のいずれに有利な判断がなされることが多いかなど）等も踏まえる必要がある。

　また，海外の裁判所で訴訟が提起された場合には，管轄を争うかどうかも含め，早急に当該訴訟が提起された地の弁護士とも連携して適切に対応していく必要がある。不適法な訴えであることを理由に早期に訴訟を終了させることができる場合がある。また，クラスアクションの場合には，クラスアクションとしての承認がなされるべきでないとして争うことも多い。他方で，通常，訴訟が提起された後でも当事者間で和解をすることは可能であり，実際にも多くのケースが和解により解決されている。

事項索引

●A〜Z

accounting provisions ……………………176
ADA………………………………………331
ADEA ……………………………………331
ADR ………………………………………177
AD 協定 …………………………………64
Agent ……………………………………49
Alternative Fines Act …………………179
American Depository Receipt …………177
ancillary proceeding ……………………382
answer ……………………………………212
anti-bribe provisions ……………………176
A Resource Guide to the U.S. Foreign
　Corrupt Practices Act …………………175
Articles of Association …………………100
automatic stay ……………………………381
Bankruptcy Act …………………………373
Base Erosion & Profit Shifting …………399
Battle of Forms …………………………8
BEPS ……………………………………399
BIS ………………………………………69
Block Exemption Regulation …………425
books and records provisions …………176
Break-up Fee ……………………………149
Bribery Act ………………………………167
――2010 …………………………………167
Bribery of foreign public officials ………184
Call Option ………………………………117
centre of its main interests ……………371
CFIUS ……………………………………158
Change of Control ………………………132
Chapter7 …………………………………380
Chapter11 …………………………………380
Chapter15 …………………………………380
CIETAC …………………………………232
CISG ……………………………………42
CISTEC …………………………………66

civil law …………………………………3
COMI ……………………………………371
common law ……………………………3
Companies Act …………………………373
Competition Law ………………………417
complaint …………………………………212
Completion Account Mechanism ………138
concurrent proceedings …………………372
Confidentiality Agreement………………90, 127
Conflict of Laws ………………………20, 208
Consideration ……………………………4
Convention on Combating Bribery of Foreign
　Public Officials in International Business
　Transactions ……………………………166
coordinator ………………………………392
Corruption Perception Index …………165
CPI ………………………………………165
damages…………………………………12
D/A 決済 …………………………………37
debtor-in-possession ……………………381
deed ………………………………………4
deferred prosecution agreement…………180
Definitive Agreement ……………………93
Department of Justice …………………177
deposition…………………………………213
DIP ………………………………………381
discovery …………………………………212
Distributor…………………………………50
Distributorship Agreement ……………49
DOJ ………………………………………177
DPL（Denied Persons List）……………70
D/P 決済 …………………………………37
Drag-Along Rights………………………115
Due Diligence ……………………………130
due process ………………………………203
EAA（Export Administration Act）………69
EAR（Export Administration Regulation）…69
――99………………………………………69

ECRA ·····70	——Guidelines for Drafting International
EEOC ·····332	Arbitration Clauses（国際仲裁条項ドラフ
Employment at will の法理 ·····328	ティング・ガイドライン）·····237
Entity List ·····69	——Guidelines on Conflicts of Interest in
EPA ·····63	international Arbitration（国際仲裁におけ
equity ·····4	る利益相反に関するガイドライン）·····248
Escrow ·····140	——Rules on the Taking Evidence in
establishment ·····371	International Arbitration（国際仲裁証拠調
EU 機能条約 ·····419	べ規則）·····250
EU 基本権憲章 ·····347	ICC ·····30, 231
EU 倒産手続規則 ·····387	ICDR·····232
exclusive license·····296	ICSID ·····232
e プライバシー指令 ·····347	——条約 ·····261
Failure of commercial organisations to	implied covenant of good faith and fair
prevent bribery ·····184	dealing ·····329
Fair Labor Standards Act ·····334	improvement ·····300
FCPA ·····167	Incoterms ·····30
——Corporate Enforcement Policy ·····176	Indemnification ·····13, 150
——企業執行ポリシー ·····176	Information Memorandum ·····128
federal court ·····202	injunction ·····12
FIRRMA ·····159	IN-OUT ·····122
Foreign Investment Risk Review	INSOL ·····369
Modernization Act of 2018·····81, 158	——International ·····369
foreign proceeding·····370	insolvency practitioner ·····388
foreign main proceeding ·····371	internal control provisions ·····176
foreign non-main proceeding ·····371	International Bar Association ·····237
foreign representative ·····370	involuntary case ·····383
Foreign Trade Antitrust Improvements Act	ISDS 条項·····260
·····418	JCAA ·····232
Forum Shopping·····275, 387	JIDRC ·····251
FTA ·····63	job description ·····333
FTAIA·····418	Joint Venture ·····86
GATS ·····62	Joint Venture Agreement ·····92
GATT ·····62	Knock-out Rule ·····8
GDPR ·····342	Last Shot Rule ·····8
GINA ·····331	L/C ·····37
group coordination proceedings ·····392	LCC·····79
HKIAC·····232	Letter of Credit ·····37
Hotchpot rule ·····372	Letter of Intent ·····91, 128
IBA（International Bar Association, 国際法曹	Limited Liability Company·····79
協会）·····237	liquidated damage ·····7

Liquidation ……380	protocol ……392
litigation hold notice ……214	public policy ……370
Locked Box Mechanism ……138	——法理 ……329
LOI ……91, 128	punitive damages, exemplary damages ……222
M&A ……122	Put Option ……117
Madrid Protocol ……270	reasonable accommodation ……331
main insolvency proceedings ……387	Reorganization ……380
material breach ……13	Representation and Warranty ……144
Memorandum of Association ……100	request for production ……213
Memorandum of Understanding ……91, 128	Reverse Break-up Fee ……149
minimum contact ……203	right in rem ……372
Mirror Image Rule ……8	Right of First Refusal ……114
motion to dismiss ……213	Rule of reason ……420
MOU ……91, 128	Sandbagging ……151
NDA ……90, 127	Scheme of Arrangement ……126
NDAA ……70	SDN リスト ……73
negligent hiring ……333	SEC ……177
Non-Disclosure Agreement ……90, 127	secondary insolvency proceedings ……387
non-exclusive license ……296	secured claim ……372
NYSE ……177	Securities Exchange Act of 1934 ……176
OECD ……167	SHA ……92
OECD8 原則 ……356	Shareholders Agreement ……92
OECD 外国公務員贈賄防止条約 ……166	SIAC ……232
OFAC ……73	SIMC ……242
Offences of bribing another person ……184	sole license ……296
Offences relating to being bribed ……184	Special Indemnification ……151
Organisation for Economic Co-operation and	state court ……202
Development ……167	subject matter jurisdiction ……202
OUT-IN ……122	summary judgment ……213
Parol Evidence Rule ……6	Tag-Along Rights ……115
PCT ……268	Terms of Reference ……249
——ルート ……269	territoriality principle ……368
penalty ……7	The Foreign Corrupt Practices Act of 1977
Permanent Establishment ……400	……167
Per se illegal ……420	The New York Stock Exchange ……177
personal jurisdiction ……203	The Securities and Exchange Commission
plea agreement ……180	……176
Pregnancy Discrimination Act ……330	Third party funding ……264
Principles of Federal Prosecution of Business	TPP ……63
Organization ……188	Transparency International ……165
promissory estoppel ……4	

trial ……………………………………212

TRIPS（協定）………………………62, 266

UCC ………………………………………40

UCP600 ……………………………………38

UNCITRAL ………………………230, 369

UNCITRAL Model Law on Cross-Border
Insolvency ……………………………370

UNCITRAL Model Law on International
Commercial Arbitration（国際商事仲裁モ
デル法）………………………………230

UNCITRAL 国際倒産モデル法 ……………370

undertaking………………………………389

undue burden ……………………………331

Uniform Commercial Code………………5, 40

United Nations Convention Against
Corruption ……………………………166

United States Sentencing Commission,
Guidelines Manual ……………………188

universality principle……………………368

verdict ……………………………………212

voluntary case …………………………383

Warranty …………………………………40

Whereas 条項 ……………………………11

WIPO ……………………………………266

WTO ……………………………………62, 266

　　──上級委員会………………………62

WTO 協定 …………………………………62

●あ　行

アウトバウンド …………………………122

明らかな密接関連性 ……………………208

アサインバック …………………………300

アムネスティ ……………………………436

アムネスティプラス ……………………437

安全配慮義務 ……………………………326

安全保障貿易管理…………………………66

安全保障貿易情報センター………………66

アンチ・ダンピング………………………63

　　──税……………………………………63

アンブレラ条項 …………………………260

域外適用……………………………………70

意向表明書………………………………91, 128

一債務者一手続主義 ……………………375

一債務者一手続進行の原則 ……………375

一般データ保護規則（GDPR）…………342

移転価格税制 ……………………………402

遺伝子情報差別禁止法 …………………331

違約罰 ………………………………………7

イラン経済制裁……………………………73

インコタームズ……………………………30

インバウンド ……………………………122

インフォーム通知…………………………68

インフォーム要件…………………………68

インフォメーション・メモランダム ………128

ウィーン売買条約…………………………42

訴えの却下の申立て ……………………213

営業所 ……………………………………371

英米法 ………………………………………3

営利団体の贈賄防止懈怠罪 ……………184

エクイティ …………………………………3

エスクロー ………………………………140

越境データ移転 …………………………351

援助処分 …………………………………378

欧州人権条約 ……………………………347

欧州連合の機能に関する条約（EU 機能条約）
…………………………………………419

オートマティックステイ ………………381

オプトアウト権 …………………………366

●か　行

海外出張 …………………………………314

　　──規程 ………………………………320

　　──手当 ………………………………321

海外派遣 …………………………………314

海外赴任規程 ……………………………324

海外旅行傷害保険 ………………………326

会計条項 …………………………………176

解雇 ………………………………………329

外国為替及び外国貿易法（外為法）…………67

外国為替令別表……………………………67

外国関係会社 ……………………………408

外国管財人 ………………………………370

事項索引　　447

外国公務員贈賄罪 ……………167, 184
外国公務員贈賄防止指針 ……………170
外国公務員等に対する不正の利益の供与等の
　禁止 ……………………………………167
外国子会社……………………………78
外国子会社合算税制 ……………408
外国子会社配当金益金不算入制度 ………402
外国裁判権法 …………………204
外国税額控除 ………………398, 401
外国仲裁判断の承認及び執行に関する条約…26,
229
外国手続 ………………………370
　　外国従手続 …………………371
　　外国主手続 …………………371
外国倒産処理手続の承認援助に関する法律
　…………………………………373
外国投資リスク審査現代化法………………81
外国等に対する我が国の民事裁判権に関する
　法律…………………………204
外国取引反トラスト改善法 ……………418
外国判決の承認・執行 ……………218
外国ユーザーリスト……………………68
解雇制限 ……………………337
外資規制…………………………80
会社単位の合算課税 ……………409
会社分割 ………………………126
会社法 …………………………373
ガイダンス ……………………184
該否判定…………………………71
改良発明 ………………………300
加害行為地 ……………………200
価格カルテル …………………419
価格調整条項 …………………142
確約手続 ………………………438
過失雇用 ………………………333
過少資本税制 …………………415
過大支払利子税制 ……………415
合　併 …………………………126
株式譲渡 ……………………113, 124
株式譲渡契約 …………………137
株式引受け ……………………125

株主間契約………………………92
株主協議会 ……………………105
株主総会 ………………………102
　　開催時期 …………………103
　　議長 ………………………105
　　決議要件 …………………104
　　招集通知 …………………103
　　定足数 ……………………103
株主代表訴訟 …………………434
仮名化されたデータ …………355
カルテル ………………………419
ガン・ジャンピング …………427
関税及び貿易に関する一般協定（GATT）…62
間接管轄 ………………………219
間接損害 ………………………13
完全合意 ………………………14
環太平洋経済連携協定（TPP）……………63
管理支配基準 …………………411
企業結合規制 …………………153
起訴猶予契約 …………………180
技能実習 ………………………317
忌　避 …………………………247
基本合意書………………………91, 128
客観要件…………………………67
キャッシュ・ボックス ………410
キャッチオール規制……………67
競業避止義務 …………………112
強制売却権 ……………………115
行政部門規章 …………………335
行政法規 ………………………335
競争者間の協力に関する反トラスト法ガイド
　ライン ………………………420
競争者間の情報交換 …………421
競争上重要な情報 ……………423
競争当局 ………………………417
　　――への対応 ……………434
競争法 …………………………417
　　――違反のリスク ………432
　　適用される―― …………418
共同研究開発契約 ……………305
共同売却権………………………115

448　事項索引

業務提携 ……………………………422
居住者 …………………………………316
拒否権事由 ……………………………108
クラスアクション ………………217, 440
クラス認証 ……………………………217
グラントバック ………………………300
クーリングオフ ………………………334
クリーンチーム ………………………430
グループ調整手続 ……………………392
グループ内役務提供 …………………404
クロージング ……………………98, 136
グロスアップ方式 ……………………324
クロス・ファイリング ………………376
経済活動基準 …………………………410
経済協力開発機構 ……………………167
経済制裁 …………………………………72
経済補償金 ……………………………337
経済連携協定（EPA） …………………63
契約債務の準拠法に関する規則 ………19
契約書式の争い …………………………8
契約法理による修正 …………………329
結果損害 …………………………………13
結果発生地 ……………………………200
健康診断 ………………………………327
　定期―― ……………………………327
健康保険 ………………………………318
源泉地課税 ……………………………398
現地法の抗弁 …………………………175
工会（労働組合） ……………………338
　基層―― ……………………………340
　地方総―― …………………………340
　中華全国総―― ……………………340
恒久的施設 ……………………………400
　サービス PE ………………………400
公　序 …………………………………370
更　生 …………………………………380
公正衡平待遇 ……………………………84
公正な情報取扱原則 …………………357
厚生年金保険 …………………………318
公正労働基準法 ………………………334
口頭証拠排除法則 ………………………6

購買力補償方式 ………………………324
衡平法 ……………………………………3
合弁会社 …………………………………86
合弁契約 …………………………………92
公民権法第 7 編 ………………………330
合理的で真正な促進費用の抗弁 ……175
合理的な便宜 …………………………331
合理の原則 ……………………………420
考慮期間 ………………………………334
国外関連者 ……………………………403
国外関連取引 …………………………404
国外所得免除 …………………………398
国際裁判管轄 …………………………199
　債務不存在確認の訴えの―― ……280
　知的財産権の侵害に関する訴えの―― …276
　知的財産権の存否または効力に関する訴え
　の―― ……………………………275
国際裁判管轄合意に関するハーグ条約 ………27
国際私法 …………………………………20
国際司法共助 …………………………209
国際商業会議所 …………………30, 231
国際商事仲裁モデル法 ………………370
国際商取引における外国公務員に対する贈賄
　の防止に関する条約 ………………166
国際仲裁における利益相反に関する IBA ガイ
　ドライン ……………………………248
国際調停 ………………………………241
国際的緊急事態経済権限法 ……………72
国際紛争解決センター（ICDR） ……232
国際法曹協会（IBA） …………………237
国際輸出管理レジーム …………………66
国内源泉所得 …………………………398
　――課税 ……………………………397
国内倒産手続優先の原則 ……………378
国防権限法 ………………………………70
国連腐敗防止条約 ……………………166
個人識別可能情報 ……………………343
個人情報 ………………………………343
個人情報の範囲 ………………………353
個人情報保護制度の地理的範囲 ……350
個人情報保護法 ………………………342

事項索引　　449

個人データ …………………………343
個人データの自動処理に係る個人の保護に
　関する条約 ………………………346
国家安全保障規制 …………………158
コモン・ロー …………………………3
雇用における年齢差別禁止法 ……331
雇用保険 ……………………………318
コールオプション …………………117
コンプライアンス・プログラム ……187
コンプリーション・アカウント方式 …138

●さ　行

最恵国待遇……………………………84
債権者申立事件 ……………………383
最高人民検察院 ……………………335
最高人民法院 ………………………335
財産収用………………………………84
再実施許諾 …………………………296
最小限度の接触 ……………………203
最低資本金……………………………82
最低賃金 ……………………………334
　――制度 …………………………339
サイバーセキュリティ法 …………349
裁判権免除 …………………………204
再販売価格拘束 ……………………425
最密接関係法の原則…………………20
最密接関連地 …………………206, 323
財務省外国資産管理局………………72
再輸出規制 …………………………70, 71
在留カード …………………………317
在留資格 ……………………………316
先買権 ………………………………114
詐欺防止法 ……………………………5
差止請求………………………………12
サブライセンス ……………………296
差別カテゴリー ……………………331
差別禁止 ……………………………328
暫定措置 ……………………………252
サンドバッギング条項 ……………151
　アンチ・―― ……………………151
　プロ・―― ………………………151

3倍賠償 ……………………………441
363セール …………………………385
指揮命令 ……………………………319
事業基準 ……………………………410
事業譲渡 ……………………………124
事業団体の連邦起訴原則 …………188
事業目的テスト ……………………177
自己申立事件 ………………………383
事実審理 ……………………………212
市場支配的地位の濫用 ……………426
市場分割カルテル …………………419
事前確認制度 ………………………407
実行前提条件 …………………101, 143
実体基準 ……………………………411
実体的公序良俗違反 ………………221
実体的併合 …………………………379
指定当局送達 ………………………210
支　店………………………………77, 401
自動承認制度 ………………………258
自動停止 ……………………………381
自発的申立事件 ……………………383
シビル・ロー …………………………3
事物管轄権 …………………………202
司法省 ………………………………177
司法取引 ………………………180, 439
資本金…………………………………97
　授権――額…………………………97
　払込済み――額……………………97
社会保険 ……………………………318
社会保障協定 ………………………318
シャーマン法 ………………………417
州裁判所 ……………………………202
州籍相違事件 ………………………202
重大な契約違反………………………13
州　法………………………………328
自由貿易協定（FTA）………………63
収賄罪 ………………………………184
主権免除 ………………………204, 264
主たる利益の中心 …………………371
出　向
　在籍―― …………………………320

450　事項索引

出資割合······97
出入国管理法······314
主倒産手続······387
ジュネーブ改正協定······271
準拠法······14, 206
　　知的財産権の侵害に基づく請求の――　···281
　　知的財産権の存否および効力について
　　　の――······280
　　労働法分野における――······315
準独占的ライセンス······296
準備手続会合······248
小委員会······62
障害を持つ米国人法······331
試用期間······336
商業的取引······205
商業賄賂······169
常居所地法······20
証券取引委員会······176
証拠開示手続······213
証拠調べ······212
承認援助法······373
消費者プライバシー法（CCPA）······345
情報提供要求······434
商務省・産業安全保障局······69
職務明細······333
所在地国基準······411
シンガポール国際仲裁センター（SIAC）···232
人的裁判管轄権······203
審問······251
信用状······37
信用状統一規則······38
随意的雇用······329
垂直的協定に係る一括適用免除規則······425
垂直的制限······425
垂直的制限に関するガイドライン······425
水平的協調に関するガイドライン······420
スキーム・オブ・アレンジメント······126
成果の帰属・利用······309
制限的免除主義······204
清算······380
生産物責任······207

製造物責任······207
世界知的所有権機関······266
世界貿易機関······62, 266
セクハラ······330
積極的抗弁······175
絶対的免除主義······204
セーフハーバー······425
全会一致事項······108
1934 年証券取引法······176
1964 年公民権法第 7 編······330
全世界所得課税方式······397
占有継続債務者······381
争議行為······340
相互協議······406
相互主義······370
相互保証······223
送達······210
送達条約······210
贈賄禁止条項······176
贈賄罪······184
属地主義······368
　　――の原則······267, 323
訴状······212
訴訟ホールド通知······214
ソース・ルール······398
租税条約······321
損害賠償額の予定······7

●た　行

対象外国関係会社······410
代替罰金法······179
対米外国投資委員会······158
大陸法······3
代理店······49
立入検査······434
脱退一時金制度······319
単一主義······369
ダンピング······61
担保付債権······372
チェンジ・オブ・コントロール条項······132
知的所有権の貿易関連の側面に関する協定

事項索引　　451

　　　　　　　　　　　　　　　　……62, 266
地方法規 ……………………335
チャプター7 ……………………380
チャプター11 ……………………380
チャプター15 ……………………382
中央当局送達 ……………………210
中国国際経済貿易仲裁委員会 ……………232
駐在員事務所 ……………………76, 400
仲裁可能性 ……………………234
仲裁合意 ……………………225, 335
　　──の準拠法 ……………………233
　　──の分離独立性 ……………………234
仲裁条項 ……………………225
　　Arb-Med-Arb ……………………242
　　Med-Arb 条項 ……………………241
　　ハイブリッド条項 ……………………241
　　被告地主義（クロス式）── ……………240
仲裁地 ……………………232
仲裁廷 ……………………247
　　──の長 ……………………247
仲裁適格 ……………………234
仲裁手続地 ……………………233
仲裁手続の準拠法 ……………………233
仲裁人
　　──の開示義務 ……………………247
　　──の忌避 ……………………247
　　──の独立性・中立性 ……………………247
　　緊急── ……………………253
　　第三── ……………………246
　　単独── ……………………246
　　当事者指名── ……………………246
仲裁判断 ……………………225
　　──の執行拒絶事由 ……………………259
　　──の取消事由 ……………………256
仲裁法 ……………………229
調査妨害罪 ……………………435
調整者 ……………………392
懲罰的損害賠償 ……………………222, 381
帳簿書類条項 ……………………176
直接管轄 ……………………219
直接郵送による送達 ……………………211

賃　金
　　海外支給── ……………………324
　　国内支給── ……………………324
通則法 ……………………19, 206
定　款 ……………………100
　　基本── ……………………100
　　付属── ……………………100
抵触法 ……………………20, 208
ディスカバリー ……………………213, 441
定年制 ……………………337
適用対象金額 ……………………412
データ侵害 ……………………366
データポータビリティ権 ……………………365
データマッピング ……………………358
データローカライゼーション ……………………351
手続的公序良俗違反 ……………………222
「手続は法廷地法による」の原則 ……………209
デッドロック ……………………109
デポジション ……………………215
デュー・ディリジェンス ……………………92, 130
転　勤 ……………………319
転　籍 ……………………320
統一商事法典 ……………………5
倒産実務家 ……………………388
投資協定 ……………………84
投資仲裁 ……………………84, 226
当然違法 ……………………420
答弁書 ……………………212
独占禁止法 ……………………417
独占交渉条項 ……………………129
独占的ライセンス ……………………296
特徴的給付の理論 ……………………20
特定技能 ……………………317
特定履行 ……………………4
特別一般包括許可 ……………………72
特別加入制度 ……………………325
特別補償条項 ……………………151
匿名化されたデータ ……………………355
独立企業間価格 ……………………405
特許協力条約 ……………………268
トライアル ……………………212

452　事項索引

トランスペアレンシー・インターナショナル
　………………………………………165
取締役会 ……………………………105
　開催時期 …………………………106
　議長 ………………………………107
　決議要件 …………………………107
　構成 ………………………………106
　招集通知 …………………………106
　定足数 ……………………………107
取引禁止顧客リスト（DPL）………70
取引禁止リスト（Entity List）………69
取引審査………………………………71

●な　行

内外無差別の原則 …………………371
内国民待遇……………………………84
　──の原則 ………………………371
内部統制条項 ………………………176
捺印証書 ………………………………4
荷為替手形……………………………37
二国間協議……………………………62
二次的倒産手続 ……………………387
二重加入の防止 ……………………318
日本・EU 経済連携協定 ……………63, 260
日本国際紛争解決センター …………251
日本商事仲裁協会 …………………232
入札談合 ……………………………419
ニューヨーク証券取引所 …………177
ニューヨーク条約 …………………229
妊娠差別禁止法 ……………………330
年金加入期間 ………………………318
　──の通算 ………………………318
年次有給休暇 ………………………339
ノックアウト・ルール ………………8

●は　行

ハイブリッド・エンティティ…………76
破産法 ………………………………373
パススルー課税………………………76
パネル…………………………………62
パリ条約 ……………………………266

パリルート …………………………268
反　致 …………………………………21
反トラスト法 ………………………417
販売店…………………………………50
　──契約………………………………49
非永住者 ……………………………316
非関連者基準 ………………………411
引受け ………………………………389
非係争義務 …………………………303
非識別化 ……………………………355
非自発的申立事件 …………………383
非独占的ライセンス ………………296
秘匿特権 ………………………250, 435
被保険者資格 ………………………325
秘密情報 ……………………………289
　──の返還・破棄 ………………291
秘密保持義務 ………………………290
秘密保持契約…………………90, 127, 288
評　決 ………………………………212
表明保証 ………………………101, 144
　──保険 …………………………146
ファシリテーション・ペイメント …168
フォーラムショッピング …………274, 387
フォーラム・ノン・コンビニエンスの法理
　………………………………………204
普及主義 ……………………………368
付随手続 ……………………………382
不正競争防止法 ……………………167
不争義務 ……………………………303
付託事項書 …………………………249
物　権 ………………………………372
プットオプション …………………117
腐敗認識指数 ………………………165
腐敗の防止に関する国際連合条約 …166
部分合算課税 ………………………413
部分対象外国関係会社 ……………413
部分適用対象金額 …………………414
不法行為に関する訴え ……………200
ブリュッセル規則……………………24
ブレークアップ・フィー …………149
プロジェクト事務所…………………77

事項索引 453

プロトコル ……………………………392
プロファイリング ……………………365
文書化 …………………………………407
文書管理規程 …………………………214
文書提出手続 …………………………250
文書提出要請 …………………………213
並行手続 ………………………………372
並行倒産 ………………………………375
並行輸入 ………………………………284
　登録商標を付した商品の―― ……286
　特許製品の―― ……………………285
米国統一商事法典………………………40
米国輸出管理改革法……………………70
米国預託証券 …………………………177
ペーパー・カンパニー ………………410
ベルヌ条約 ……………………………266
弁護士依頼者間秘匿特権 ……………214
法人格の否認 …………………………386
妨訴抗弁 ………………………………233
法廷地あさり …………………………387
法廷侮辱罪 ……………………………381
法の適用に関する通則法……………20, 206
補　償……………………………………13
　――条項 ……………………………150
保　証……………………………………40
ホッチポットルール …………………372
ホワイトカラー・イグザンプション …334
香港国際仲裁センター ………………232

●ま　行

マドリッド協定議定書 ………………270
ミニマムコンタクト …………………203
ミラー・イメージ・ルール ……………8
民事および商事事件における裁判管轄ならび
　に判決の承認および執行に関する規則……24
民訴条約 ………………………………210
黙示的な契約上の信義則違反 ………329
目的外使用禁止義務 …………………291
モデル法 ………………………………370

●や　行

約　因……………………………………4
約束的禁反言の法理 ……………………4
有期労働契約 …………………………336
輸出管理規制（EAR）…………………69
輸出管理内部規程………………………72
輸出管理法（EAA）……………………69
輸出管理法草案（中国）………………71
輸出者等遵守基準………………………72
輸出貿易管理令別表……………………67
ユニドロワ国際商事契約原則…………23

●ら　行

ライセンス契約 ………………………295
ライセンス料 …………………………297
ラスト・ショット・ルール ……………8
リスクベース・アプローチ …………188
リスト規制………………………………67
リソースガイド ………………………175
リニエンシー …………………………436
リバース・ブレークアップ・フィー …149
リミテッド・ライアビリティ・パートナー
　シップ…………………………………76
略式判決 ………………………………213
量刑ガイドライン ……………………432
領事条約 ………………………………210
領事送達 ………………………………210
リングリングサーカス事件 …………234
連帯責任 ………………………………441
連邦海外腐敗行為防止法 ……………167
連邦裁判所 ……………………………202
連邦倒産法 ……………………………380
連邦取引委員会 ………………………342
連邦取引委員会法（FTC法）…………342
連邦法 …………………………………328
連邦問題事件 …………………………202
連邦量刑ガイドライン ………………188
ロイヤリティ …………………………297
労災保険 ………………………………318
労働契約法（中国）……………………336

454　　事項索引

労働時間 ……………………………321
労働施策推進法 …………………………316
労働者災害補償保険 ……………………318
労務提供地 ……………………………323
ロックド・ボックス方式 ………………138
ローマ I 規則…………………………19

ロング・アーム法 ………………………203

●わ　行

和解手続 ………………………………438
ワークプロダクト法理 …………………214
ワシントン条約…………………………62

国際法務概説
International Legal Practice

2019年12月25日 初版第1刷発行

監　修	大江橋法律事務所	
編　者	国谷史朗	
	小林和弘	
発行者	江草貞治	
発行所	株式会社　有斐閣	

郵便番号 101-0051
東京都千代田区神田神保町 2-17
電話　(03)3264-1314〔編集〕
　　　(03)3265-6811〔営業〕
http://www.yuhikaku.co.jp/

印刷・株式会社理想社／製本・牧製本印刷株式会社
©2019, Ohebashi, S. Kuniya, K. Kobayashi. Printed in Japan
落丁・乱丁本はお取替えいたします。

★定価はカバーに表示してあります。

ISBN 978-4-641-04685-6

［JCOPY］本書の無断複写(コピー)は、著作権法上での例外を除き、禁じられています。複写される場合は、そのつど事前に(一社)出版者著作権管理機構(電話03-5244-5088, FAX03-5244-5089, e-mail:info@jcopy.or.jp)の許諾を得てください。

本書のコピー，スキャン，デジタル化等の無断複製は著作権法上での例外を
除き禁じられています。本書を代行業者等の第三者に依頼してスキャンや
デジタル化することは，たとえ個人や家庭内での利用でも著作権法違反です。